언약신학 시리즈 17
신학박사 논문 시리즈 40

A Critical Study on
Michael Horton's Covenant Theology

마이클 호튼의
언약신학

김찬영 지음

기독교문서선교회

기독교문서선교회(Christian Literature Center: 약칭 CLC)는 1941년 영국 콜체스터에서 켄 아담스에 의해 시작되었으며 국제 본부는 미국 필라델피아에 있습니다.

국제 CLC는 59개 나라에서 180개의 본부를 두고, 약 650여 명의 선교사들이 이동도서차량 40대를 이용하여 문서 보급에 힘쓰고 있으며 이메일 주문을 통해 130여 국으로 책을 공급하고 있습니다.

한국 CLC는 청교도적 복음주의 신학과 신앙서적을 출판하는 문서선교 기관으로서, 한 영혼이라도 구원되길 소망하면서 주님이 오시는 그날까지 최선을 다할 것입니다.

A Critical Study on Michael Horton's Covenant Theology

Written by
Kim Chan Young

Korean Edition
Copyright © 2018 by Christian Literature Center
Seoul, Korea

추천사 1

김찬영 박사의 호튼에 대한 비판적 연구서를 추천하면서

이 승 구 박사
합동신학대학원대학교 조직신학 교수

우리 시대에 정통적 개혁신학을 잘 제시하는 신학자들 중의 한 사람으로 마이클 호튼을 꼽을 수 있습니다. 그는 20세기 개혁파 정통주의적 입장에서 바른 신학을 잘 제시했던 게르할더스 보스, 루이스 벌코프, 코넬리우스 반틸, 존 머레이, 안토니 후크마, 로버트 레이몬드, 에드먼드 클라우니, 데이비드 웰스, 리처드 린츠, 제임스 패커, 싱클레어 퍼거슨, 로버트 레담 등에 이어서, 20세기 말과 21세기 초의 정황에서 개혁파 정통주의를 잘 대변하고 가장 열심히 작품을 써 낸 학자들 가운데 한 사람입니다.

호튼이 미국 캘리포니아 웨스트민스터신학교에서 석사학위를 받고, 영국 옥스퍼드에 있는 위클리프 홀에서 알리스터 맥그래스의 지도하에서 박사학위 논문을 쓰고 있을 때만 해도, 우리들은 그가 이 시대에 개혁파 정통주의를 대변하는 이렇게 중요한 사람이 되리라고는 생각하지 않았었습니다. 그러나 그는 참으로 개혁주의에 충실한 이론적이고 실천적인 노력을 다하여, 그가 이 방면에 뛰어난 전문가라는 것을 잘 드러냈습니다. 그리고 캘리포니아 웨스트민스터 신학교를 여러 동료 교수님들과 함께 매우 중요한 개혁신학의 중심지로 만들었습니다.

호튼은 자신이 21세기에 살고 있음을 아주 잘 의식하면서 개혁파 정통주의에 충실하고자 하며, 개혁파 전통주의와 그 입장을 21세기 현대 미국인들에게 잘 전해 보려는 귀한 노력을 하고 있습니다. 우리는 호튼의 이러한 점을 잘 배워야 합니다. 특히 그는 은사주의 기독교 운동이나 '목적이 이끄는 삶'류의 신앙에 저항하면서 복음이 이끄는 바른 교회와 바른 신학을 잘 제시하고, 곳곳에서 나타나는 이상한 운동들에 대해서도 매우 균형 있는 개혁주의적 입장을 잘 대변하고 있는데, 이러한 그의 모습도 우리는 잘 배워야 합니다.

그런데 잘 배운다는 것은 누군가가 하는 말을 그대로 앵무새처럼 따라 한다는 것이 아닙니다. 여기 『마이클 호튼의 언약신학』이 우리에게 선물로 주어졌습니다. 이 책에서 저자는 호튼이 언약신학을 21세기 정황에서 재진술한 점을 높이 평가하지만, 호튼이 개혁파 정통주의 전통과 대화할 때 드러내는 언급들이 때때로 개혁파 정통주의의 주류 목소리들과 차이점이 있다는 점을 인식하여 잘 드러냈습니다.

이 연구는 호튼의 노력 전체를 다 버리기 위한 것이 아닙니다. 오히려 호튼 교수를 존중하는 가운데, 그의 논의가 더 유익해지기를 바라는 안타까움에서 비판한 것입니다. 만일에 호튼이 자신의 구약 선생님이었던 메리데스 클라인과 입장을 같이 하지 않았다면 훨씬 더 전통적인 논의에 충실하지 않았겠는가 하는 아쉬움이 이 비판적 연구서에서 나타납니다.

이 책은 총신대학교 신학대학원에서 조직신학으로 신학석사(Th. M.)를 받고, 합동신학대학원대학교에서 조직신학으로 철학박사(Ph. D.), 즉 전공을 살려 더 정확히 표현하면 신학박사(Ph. D. in Systematic Theology) 학위를 취득한 김찬영 박사의 작품입니다. 그러므로 이 책은 한국에서 신학의 최고 학위를 한 성과물의 보고(報告)이기도 하고, 근자에 국내에서 학위를 하면서도 아주 좋은 논문을 쓰며 학문 활동을 아주 잘 하고 있는 여러 교수님들의 뒤를 잇는 귀한 작업이라고 할 수 있습니다.

김찬영 박사는 이미 조나단 에드워즈와 스프라울 등 여러 저자들의 신학 책을 번역하여 이미 한국 신학계에 잘 알려진 인물이기도 합니다. 김찬영 박사는 이런 좋은 책들을 우리말로 옮긴 능력을 잘 발휘하여 아직 번역되지 않은 호튼의 책까지 일일이 다 읽으면서 그와 대화하는 일을 시도했습니다. 저는 이 책 『마이클 호튼의 언약신학』의 토대가 된 학위 논문의 지도교수로서 논문의 심사 위원이었던 여러 교수님들과 함께, 김찬영 박사의 박사논문이 아주 잘 쓰여졌다고 평가합니다. 이 책을 읽으시는 분들은 이에 동의하게 될 것입니다.

그러므로 이 책을 많은 사람이 읽으면서 공부했으면 좋겠습니다. 이 책은 개혁파 정통주의를 계속해서 발전시키고 있는 논의의 한 부분입니다. 지금도 살아 있는 이 전통을 우리는 이 시대에 더 잘 표현하기 원합니다. 그러기 위해서는 많은 분들이 이 책을 읽고 같이 대화했으면 합니다.

2017. 11. 20.
합동신학대학원대학원 연구실에서

추천사 2

이상웅 박사
총신대학교 신학대학원 조직신학 교수

2017년 6월 합동신학대학원대학교에서 통과된 김찬영 박사의 박사학위 논문이 출간되어지는 것을 환영하는 바입니다. 이 책 『마이클 호튼의 언약신학』은 최근 20여 년 동안 왕성하게 저술 활동을 하고 있는 미국 캘리포니아 웨스트민스터신학교의 마이클 호튼(Michael Horton, 1964–)의 언약신학을 비판적으로 고찰한 것입니다.

십수 년 전부터 국내에서도 호튼의 많은 저술들이 출간되어 왔기에 호튼은 목회자나 신학도들과 일반 독자들에게 대중적인 어필을 하는 작가로 자리 매김하고 있는 상황입니다. 조직신학 교수인 본인도 그의 다양한 저술들을 읽어 왔고, 특히 그가 쓴 조직신학 교본인 『언약적 관점에서 본 개혁주의 조직신학』(*The Christian Faith*, 부흥과개혁사, 2015)이 그의 신학적 연구를 총집성하고 있음을 확인할 수가 있었습니다.

지난 수십 년 사이에 나온 여러 저자의 건전한 조직신학 교본들을 보면 각자의 장점들을 가지고 있기도 하지만 어느 정도 제한된 면모를 보여 주었다면, 호튼의 조직신학은 현대신학에 대한 직접적인 논의를 포함하여 다양한 신학의 스펙트럼과의 비판적 논의들을 포괄하고 있어서 단연 돋보인다고 할 것입니다. 우리는 호튼이나 그의 동료인 존 페스코(John V. Fesko, 1970-)의 저술들이 전해 주는 현대 개혁주의 신학의 풍성한 논의들을 통해 큰 유익을 얻을 수가 있습니다.

그러나 최근 들어 마이클 호튼의 신학 사상 전체가 칼빈, 개혁파 정통주의, 헤르만 바빙크 등의 전통적 신학과 전적으로 일치하는가 하는 점에서는 논쟁이 있어 왔습니다. 예컨대 캘리포니아 웨스트민스터 신학교에 재직하다가 리폼드신학교로 옮겨 가르치고 있는 존 프레임(John Frame) 교수 같은 경우는, 호튼이나 호튼이 영향을 받은 은사 메레디스 클라인(Meredith G. Kline, 1922-2007) 등에 대하여 『에스콘디도 신학』(*Escondido Theology*)이라는 비판서를 출간하기도 했습니다.

사실 호튼이 일반적인 신자들을 위해 쓴 수많은 저술들에 매료된 이들에게는 그의 신학에 주의할 점이나 유보적으로 검토해 볼 것이 있다는 말이 의아하게 여겨질 수도 있습니다. 그래서 김찬영 박사가 쓴 『마이클 호튼의 언약신학』이 신학자들뿐 아니라 일반 독자들에게도 유익을 끼칠 수 있다고 생각합니다. 김찬영 박사는 호튼의 대중적인 책들뿐 아니라 아직 번역되지 않은 학술 서적들을 다 검토해서 이 책을 썼습니다. 또한 호튼에게 가장 많은 영향을 미친 메레디스 클라인의 언약신학에 한 장을 할당하면서까지 논구하기도 했습니다. 그런 천착 과정을 통하여 그는 호튼의 언약신학의 여러 요소들이 정통신학과 다르다는 점을 입증해 보이고 있습니다.

물론 그렇다고 해서 호튼의 신학적 정체성이 역사적 개혁주의가 아니라거나 그의 수많은 장점들을 부인하는 것이 아니라는 점을 기억하면서 이 책을 읽어야 할 것입니다. 앞서 말한 대로 호튼의 장점들이 많지만 그의 신학 역시 한 인간이 수행하는 지상의 나그네 신학(*theologia viatorum*)이다 보니 정통 개혁주의에서 엇나간 부분들이 있다고 하는 학술적 논의인 것입니다. 그러한 문제점들이 무엇인지 궁금한 분들은 일단 이 책의 결론을 펼쳐서 읽어볼 것을 권합니다.

이제 이 책의 저자인 김찬영 박사에 대해서 몇 마디 적어 봅니다. 왜냐하면 바빙크가 즐겨 사용한 표현대로 "행위는 존재를 뒤따른다"(*opera sequitur esse*)는 표현이 적실하기 때문입니다. 그는 경북대에서 영문학을 전공하고 나서, 총신대학교 신학대학원을 수석으로 입학했습니다.

제가 처음으로 김찬영 박사를 만나게 된 것은 목회 중에 대학원 과정에서 다시 공부를 시작할 때입니다. 서철원 박사의 칼 바르트의 창조론 수업 시간이나 이상원 박사의 프랜시스 쉐퍼 전집 연구 시간들을 통해 그의 학문적 소질을 알아볼 수가 있었습니다. 후에 칼 바르트의 선택론에 대한 그의 탁월한 신학석사 논문을 읽으면서 어려운 원서들을 잘 소화해 내는 실력을 확인할 수가 있었습니다.

시간이 지나고 나서 제가 담임하고 있던 산격제일교회 교육목사로 청빙하여 함께 사역할 기회가 있었고, 그 시점에서 전문 번역가의 길을 제가 추천하여 열어 준 바가 있습니다. 지금까지 『웨스트민스터 신앙고백 해설 1, 2, 3』, 『워필드의 신학』, 에드워즈의 『원죄론』과 『의지의 자유』 등과 같은 두껍고 난해한 전문 서적들을 많이 번역한 바가 있습니다. 이러한 역서들을 통해서도 그의 언어적 기량과 신학적인 기량을 동시에 확인할 수가 있었습니다.

  이러한 역량을 갖춘 김찬영 박사가 국내에서 선두적인 개혁신학자 중 한 분인 이승구 교수님의 문하에서 박사학위 논문 지도를 받아 이 책을 썼기에, 이 책은 학문적으로도 믿고 읽을 만한 신학 작품입니다. 저는 박사학위 논문 심사 과정에 외부 심사 위원으로 초대되어 이 책을 꼼꼼하게 읽고 엄밀하면서도 따뜻한 심사 과정을 거친 적이 있어서, 이 책의 내용과 그 가치를 잘 알고 있습니다.

  국내에 이미 호튼의 『언약신학』(*God of Promise: Introducing Covenant Theology*, 부흥과개혁사, 2009)을 비롯하여 그의 수십 권의 저술들이 출간되어 있고 그에 대한 수많은 애호가들이 있는 상황에서 이제 우리는 호튼의 신학을 전문적인 수준에서 검토해 볼 만한 시점에 이르렀다고 판단이 되어져서 이 책의 출간을 전적으로 환영하고 추천하는 바입니다.

  물론 호튼의 저술들에 깊이 매료된 독자들에게는 이 책은 불편하게 느껴질 수도 있습니다. 하지만 그런 독자들도 이 책을 꼼꼼하게 읽어 보면서 비판적인 시각을 가질 수 있게 되기를 소망해 봅니다. 저는 이 때문에 호튼이나 클라인의 신학이 경시되거나 외면되기를 전혀 원하지 않습니다. 그들의 탁월한 신학적인 기여점들은 오히려 이러한 비판적 논의를 통해 더 분명하게 확인될 수도 있다고 생각합니다.

　언약신학에 관심 있는 독자들은 호튼과 클라인의 신학에 대해 우호적이든 혹시 비판적이든 이 책을 찬찬히 잘 읽어 본다면 많은 유익을 얻을 것이라 생각합니다. 부디 이 책으로 말미암아 많은 독자들의 언약신학 이해가 깊어지기를 바랍니다.

저자 서문

김 찬 영 박사

　먼저, 필자의 박사과정과 이 책의 기초가 된 박사학위 논문을 지도해 주신 이승구 교수님께 감사드립니다. 이승구 교수님은 수업 내내 개혁신학의 내용과 가치를 잘 가르쳐 주시고, 계시 의존적 신학하기의 모범을 늘 보여 주셨으며, 필자가 박사과정 수업을 마치고 논문을 쓸 엄두를 못 내고 있을 때, 논문을 시작할 수 있도록 격려해 주셨습니다.
　또한 이승구 교수님은 기쁘게 연구하고 씨름할 수 있는 매력적인 여러 논문 주제들을 제안해 주시고, 논문을 쓰는 동안 아낌없는 지지와 신뢰를 늘 보내 주시며, 적절한 논의는 발전시키도록 칭찬과 자극을 아끼지 않으시며, 개혁신학적 관점에서 부적절한 논의와 표현은 재고하도록 꼼꼼히 지적해 주셨습니다. 이승구 교수님의 지도와 격려가 없었다면 박사학위 논문을 끝마칠 수 없었을 것입니다.

그리고 필자의 박사학위 논문을 잘 읽어 주시고 부족한 부분을 잘 지적해 주시며 더 나은 논문이 되도록 지도해 주신 네 분의 교수님께 감사드립니다.

김병훈 교수님은 논문의 구조와 전개의 문제점과 한계를 지적해 주시고 발전적인 비판을 아끼지 않으셨고, 박사과정 수업 동안 진리에 대한 분명한 이해에 이르도록 늘 자극해 주셨습니다.

성주진 교수님은 맞춤법까지 꼼꼼히 교정한 수정문을 넘겨 주시고, 칭찬과 격려를 아끼지 않으셨습니다.

안상혁 교수님은 코멘트가 없는 페이지가 없을 정도로 상세히 지적해 주시고, 분에 넘칠 만큼 꼼꼼하고 구체적인 수정사항을 손수 적어서 필자의 논문을 보완하는 일에 큰 도움을 주셨습니다.

총신대학교 신학대학원의 이상웅 교수님은 필자에게 박사학위 공부를 해 보는 것이 어떠냐고 처음 권해 주시고, 논문에 대해 따뜻한 격려와 심사를 해 주셨습니다.

그리고 반평생 동안 학생들을 가르치셨고, 배우고 가르치는 일을 매우 가치 있는 일 가운데 하나로 여기시는 아버지(김 원 장로)와 기도하는 것을 가장 기쁘고 복된 일로 여기시는 어머니(최선자 권사)의 물심양면의 지원에 특별한 감사를 전합니다.

이 책을 쓰는 내내, 바로 옆에서 존재 자체만으로도 가장 큰 격려와 위로와 기쁨이 되어 준, '사랑하는 독자(獨子)' 유신에게 말로 다할 수 없는 사랑과 고마움을 전합니다.

또한 필자의 졸역들과 졸문을 언제나 크게 칭찬해 주시고, 사역의 길을 열고 격려와 지원을 아끼지 않으신 대구 성광교회 김홍석 목사님께도 큰 고마움을 전합니다.

추천사를 써 주신 이승구 교수님과 이상웅 교수님께 거듭 감사드립니다.

끝으로, 이 책의 출판에 힘써 주신 CLC(기독교문서선교회)의 박영호 목사님과 직원분들께 감사드립니다.

여기 언급한 분들뿐만 아니라 언급하지 못한 여러 사람들을 통해 큰 은혜를 베풀어 주신 하나님께 모든 영광을 돌립니다.

A Critical Study on Michael Horton's Covenant Theology

목차

추천사 1 _ 이승구 박사(합동신학대학원대학교 조직신학 교수) · 5
추천사 2 _ 이상웅 박사(총신대학교 신학대학원 조직신학 교수) · 9
저자 서문 · 14

서론   23

1. 저술 동기   23
2. 마이클 호튼의 언약신학에 대한 기존의 평가   30
3. 논문의 논지와 논의 방식   52

제1장 마이클 호튼의 언약신학   55

1. 창조 언약   55
   1) 호튼의 언약적 창조론   57
   2) 창조 언약의 기원: 은혜가 아닌 하나님의 선하심?   61
   3) 창조 언약과 하나님의 형상   65
   4) 창조 언약의 공로적 성격   70

2. 은혜 언약   77
   1) 구속 언약(*pactum salutis*)   77
   2) 은혜 언약의 시작: 원(原) 복음   81
   3) 노아 언약   85
   4) 아브라함 언약   90
   5) 다윗 언약   111
   6) 새 언약   119

3. 시내 산 언약   127
   1) 시내 산 언약의 행위의 원리   127
   2) 종주권 조약으로서 시내 산 언약   142

4. 소결론   158

제2장 메리데스 클라인의 언약신학   161

1. 창조 언약   162
   1) 창조와 언약의 구별 제거   165
   2) 클라인의 공로 개념의 재(再) 정의   172

2. "구속적 언약들"   186
   1) 삼위 간의 언약은 행위 언약인가?   186
   2) 은혜 언약의 시작: 원 복음   191
   3) 노아 언약   195
   4) 아브라함 언약   202
   5) 다윗 언약   217
   6) 새 언약   221

3. 시내 산 언약   224
   1) 시내 산 언약의 행위의 원리   224
   2) 시내 산 언약의 모형론   234

4. 소결론   242

제3장 시내 산 언약에 대한 고전적 이해 vs. 호튼의 이해_____245

1. 존 칼빈   246
   1) 칼빈의 행위 언약   246
   2) 율법과 복음의 구별   248
   3) 칼빈의 "율법 언약"   254

2. 헤르만 비치우스   268
   1) 은혜 언약의 실체의 동일성과 시행의 다양성   271
   2) 비치우스의 시내 산 언약   274

3. 프란시스 투레틴   282
   1) 투레틴의 이중 언약주의   284
   2) 투레틴의 시내 산 언약   290

4. 웨스트민스터 신앙고백서   306
   1) 행위 언약의 기원으로서의 하나님의 자발적인 내려오심   308
   2) 시내 산 언약의 성격에 대한 웨스트민스터 신앙고백서의 이해 313

5. 소결론   328

제4장 "바울에 대한 새 관점"에 대한 호튼의 응답과 호튼의 언약적 율법주의__333

1. NPP의 언약적 율법주의와 구원론에 대한 호튼의 응답   335
   1) NPP의 언약적 율법주의   337
   2) NPP의 "율법의 행위"   349
   3) NPP의 "칭의"   360
   4) NPP에 대한 호튼의 논박의 장점   374

2. 호튼의 언약적 율법주의와 그것의 문제점   391
   1) 언약적 율법주의로서 시내 산 언약   391
   2) NPP의 언약적 율법주의와 호튼의 언약적 율법주의의 구별   395
   3) 호튼의 언약적 율법주의와 통합적 언약신학   402
   4) 은혜 언약으로서 시내 산 언약의 조건성   412

3. 소결론   422

제5장 결론___425

1. 논의 요약   425
2. 본 연구의 제한점과 추가적 연구를 위한 제안   431

참고 문헌 · 433

A Critical Study on Michael Horton's Covenant Theology

서론

1. 저술 동기

"개혁신학은 언약신학이다."[1]

언약신학이 개혁주의의 구별된 특징이라는 것은, 존 머레이(John Murray)가 표현하는 것처럼, 하나님과 사람의 언약적 관계에 대한 개념이 개혁주의 신학 전통에만 있다는 의미가 아니라, 개혁신학에서는 "언약 개념이 하나님과 사람의 관계를 이해하는 조직적 원리"라는 의미이며,[2] 또한 이승구 교수가 표현하는 것처럼, 개혁신학이 "성

---

[1] I. John Hesselink, *On Being Reformed* (Ann Arbor, MI: Servant Books, 1983), 57. Cf. 이승구, 『21세기 개혁신학의 방향: 한국 신학의 개혁신학적 정향을 위하여』 (서울: SFC 출판부, 2005), 155; 이승구, 『개혁신학에의 한 탐구』 (서울: 웨스트민스터 출판부, 1995), 153.

[2] John Murray, *Collected Writings of John Murray: Studies in Theology and Review*, vol. 4 (Edinburgh: Banner of Truth Trust, 1982), 216.

경에 나타나고 있는 언약의 진전에 유의하는 성경신학적 작업"을 추구하는 신학이라는 의미이다.³ 이런 차원에서 본다면, 마이클 호튼(Michael S. Horton)은 오늘날 대표적인 개혁주의 언약신학자라고 평가할 수 있을 것이다.

호튼은 미국에서만 아니라, 전 세계적으로 유명한 개혁주의 신학자 가운데 한 사람이다. 호튼은 의사소통과 글쓰기에 재능을 갖고, 대중성과 학문성을 겸비한 신학자로서, 많은 대중적인 책들과 다수의 학문적인 책들을 써 왔다. 또한 그는 1998년부터 조직신학과 변증학 교수직으로 봉직하고 있는 캘리포니아 웨스트민스터신학교에서만 아니라 전 세계를 넘나들며 강의하고 있고, 라디오 방송 "화이트 호스 인"(White Horse Inn)의 공동대표이며, 「모던 리포메이션」(Modern Reformation)의 편집장을 맡고 있다.

호튼은 "개혁신학은 언약신학이다"라는 것에 전적으로 동의하고,⁴ 유능하게 이 구호를 구현해 온 신학자다. 호튼은 자신의 거의 모든 학문적인 저술을 언약신학과 연결한다. 그의 주저(主著)라고 할 수 있는, "교의학" 4부작이 있다.⁵

3　이승구, 『21세기 개혁신학의 방향』, 155.

4　Michael S. Horton, *Lord and Servant: A Covenant Christology* (Louisville, KY: Westminster John Knox Press, 2005), xii; Horton, *God of Promise: Introducing Covenant Theology* (Grand Rapids, MI: Baker Books, 2006), 11.

5　Horton은 "자신의 4부작"을 교의학으로 일컫는다. *The Christian Faith: A Systematic Theology for Pilgrims on the Way* (Grand Rapids: Zondervan, 2011), 29.

① 『언약과 종말론: 하나님의 드라마』

(Covenant and Eschatology: The Divine Drama, 크리스챤출판사, 2003).[6]

② 『주와 종: 언약적 기독론』

(Lord and Servant: A Covenant Christology).

③ 『언약과 구원: 그리스도와의 연합』

(Covenant and Salvation: Union with Christ).[7]

④ 『회원과 장소: 언약적 교회론』

(People and Place: A Covenant Ecclesiology).[8]

그리고 대중적으로 보다 잘 알려져 있는 그의 조직신학 책인 『언약적 관점에서 본 개혁주의 조직신학』(The Christian Faith: A Systematic Theology for Pilgrims on the Way, 부흥과개혁사, 2012)에서, 그리고 이것의 요약인 『천국 가는 순례자를 위한 조직신학』(Pilgrim Theology: Core Doctrines for Christian Disciples, 부흥과개혁사, 2015)에서도[9] 그는 신학의 모든 주요 주제를 언약적 맥락에서 다루고자 시도한다.[10] 호튼은 언약을

---

6 Horton, *Covenant and Eschatology: The Divine Drama* (Louisville, KY: Westminster John Knox Press, 2002).

7 Horton, *Covenant and Salvation: Union with Christ* (Louisville, KY: Westminster John Knox Press, 2007).

8 Horton, *People and Place: A Covenant Ecclesiology* (Louisville, KY: Westminster John Knox Press, 2008).

9 Horton, *Pilgrim Theology: Core Doctrines for Christian Disciples* (Grand Rapids, MI: Zondervan, 2013).

10 Horton 스스로도 신학의 각 주제를 해당하는 "언약적 맥락"에서 살피는 것을 자신의 목적으로 밝히고 있다(Horton, *Lord and Servant*, vii).

신학적 주요 주제를 다루는 맥락으로, 렌즈로, 그리고 해석의 길잡이로 사용할 뿐 아니라, 『언약신학』(*God of Promise: Introducing Covenant Theology*, 부흥과개혁사, 2009)에서는 언약신학 자체를 다루기도 한다.

대중적으로 호튼은 개혁주의 신학의 대변자로 간주되는 것 같다. 이러한 점은 중요한 신학적 주제에 대한 다양한 관점들의 대화를 엮은 다음의 책들에서 전통적인 개혁주의 입장의 대변자로 채택된다는 점에서 드러난다.

① 『한 번 받은 구원 영원한가?』
  (*Four Views on Eternal Security*, 부흥과개혁사, 2011).[11]
② 『동방 정교회와 복음주의에 대한 세 가지 관점』
  (*Three Views on Eastern Orthodoxy and Evangelicalism*).[12]
③ 『신학적 시각에서 본 인격적 동일성』
  (*Personal Identity in Theological Perspective*).[13]
④ 『칭의 논쟁: 칭의에 대한 다섯 가지 신학적 관점』
  (*Justification: Five Views*, 새물결플러스, 2015).[14]

---

11 J. Matthew Pinson, ed., *Four Views on Eternal Security* (Grand Rapids, MI: Zondervan, 2002).
12 James J. Stamoolis, ed., *Three Views on Eastern Orthodoxy and Evangelicalism* (Grand Rapids, MI: Zondervan, 2004).
13 Richard Lints, Michael S. Horton, and Mark R. Talbot, eds., *Personal Identity in Theological Perspective* (Grand Rapids, MI: Eerdmans, 2006).
14 James K. Beilby, Paul Rhodes Eddy, and Steven E. Eenderlein, eds., *Justification: Five Views* (Downers Grove: Inter-Varsity Press, 2011).

예상대로 그는 위의 책들에서도 자신의 언약신학을 활용하여 전통적인 개혁주의 교리들을 옹호하고 다른 입장들에 응수한다.[15]

그런데 호튼의 언약신학이 전통적인 언약신학을 충실히 대변한다는 것은 논란의 여지가 없는 것인가?

호튼은 자신의 언약신학이 고전적인 개혁주의 언약신학의 단순 반복이나 복원은 아니지만, 개혁주의 언약신학의 일반적인 합의에 기초하고, 고전적인 언약신학의 전통 안에서 대화하려는 시도라고 밝힌다.[16] 호튼은 자신이 개혁주의 언약신학의 일반적인 합의로 간주하는 것을 다음과 같이 요약한다.

> 성부는 한 백성을 선택하시기로, 성자는 그 백성의 중보자가 되시기로, 그리고 성령은 그 백성을 성자와 연합시키기로 약속하시는 삼위 간의 영원한 약정인 구속 언약은 역사 안에서의 모든 신적 언약 행위의 기초이다. … 역사 안에 실행된 두 언

---

15 Horton은 성도의 견인과 칭의에 대한 개혁주의적인 입장을 변호하고 다른 관점과 대화하는 데 자신의 언약 패러다임을 전면에 내세운다(Horton, "A Classical Calvinist View," in *Four Views on Eternal Security*, J. Matthew Pinson, ed. (Grand Rapids, MI: Zondervan, 2002), 31-42; Horton, "Traditional Reformed View," in *Justification: Five Views*, 95-110; Horton, "Traditional Reformed Response [to New Perspective View]," in *Justification: Five Views*, 201-206). Horton은 복음주의와 동방 정교회의 양립할 수 없는 차이를 지적할 때도(특히, Horton, "Are Eastern Orthodox and Evangelicalism Compatible? No: An Evangelical Perspective," in *Three View on Eastern Orthodoxy and Evangelicalism*, 133, 136), 양자의 건설적인 대화를 위한 출발점을 제시할 때도(특히, Horton, "A Response to [The Evangelical Theology of the Eastern Orthodoxy Church]Bradley Nassif," in *Three Views on Eastern Orthodoxy and Evangelicalism*, 93) 언약신학을 사용한다.

16 Horton, *Lord and Servant*, xii; Horton, *Covenant and Salvation*, 11-12.

약은 창조 언약과 은혜 언약이다. … 하나님의 '사역'을 본받는 과제를 성취하는 데 윤리적으로 부족함 없고 의롭게 창조된, 인류를 대표하는 머리인 아담은 미래를 종말론적으로 이미 지향하고 있었다. 만약 아담이 창조 언약에 신실했다면, 그 보상으로 아담은 의로움이 확정된 인류로 하여금 영원한 극치로 행진해 들어가게 할 것이었다. 그러나 아담의 불순종 … 의 결과로 인해 창조 언약의 형벌이 발동되었다. 그러나 하나님은 타락 이전 언약[창조 언약]의 조건성과 대조되는, 여자의 후손을 통해서 이 저주를 극복하는 편무적인 언약을 발하셨다. **창조 언약의 행위의 원리가 시내 산 언약에서 갱신된 것처럼**, 이 은혜 언약은 … 아브라함 언약에서 갱신되었다. (구속 언약에서 맡겨진 중보자직의 성취 안에서) 메시아의 행위 언약의 성취에 근거해서 하나님의 백성은 은혜 언약에 따라 받아들여진다.[17]

여기서 호튼은 "창조 언약의 행위의 원리가 시내 산 언약에서 갱신되는" 것을 개혁주의 언약신학의 우세한 합의에 포함시킨다. 호튼에 따르면, 존 칼빈(John Calvin)에게서 그 씨가 발견되고, 프란시스 투레틴(Francis Turretin)과 헤르만 비치우스(Herman Witsius)에 의해서 잘 표현되었고, 과거의 언약신학자들로부터 루이스 벌코프(Louis Berkhof)까지 이어지는 "개혁주의 언약신학의 지배적인 견해(dominant view)"

---

17 Horton, *Lord and Servant*, xi-xii (강조는 첨가한 것).

가 타락 이후의 언약을 은혜 언약으로만 이해하거나 "행위 언약의 단순한 재판"으로 이해하지 않고, "아브라함 언약의 약속의 원리와 나란히 행위의 원리(시내 산 언약)를 포함"하여 두 유형의 언약들이 함께 존재하는 것으로 이해했다고 주장한다.[18]

호튼은 말하기를, 두 유형의 언약들로 구별할 수 있는 이런 언약적 차이를 고전적 언약신학자들은 "한 언약의 다른 강조점들"이 아니라, "두 언약들"로, 즉 각각 행위의 원리와 은혜의 원리에 의해서 좌우되는 "율법 언약과 약속 언약"으로 구별했다고 한다.[19] 호튼은 바로 이 구별이 자신의 언약신학에, 더 구체적으로는 자신의 언약적 구원론에 "중심적"(central)이라고 한다.[20]

호튼은 자신이 고전적인 언약신학의 구별이라고 주장하는 이런 구별이 오늘날 메리데스 클라인(Meredith G. Kline)에 의해서 아주 잘 요약되었다고 주장하면서,[21] 자신이 지지하는 고전적 언약신학의 현대적 버전이 클라인의 것임을 밝힌다. 흥미로운 것은, 비록 호튼이 클라인의 견해가 특이한 것이 아니라 "개혁신학의 중요한 합의"라고

18　Horton, *Covenant and Salvation*, 97; Horton, "A Classical Calvinist View," 33.
19　Horton, *Lord and Servant*, x.
20　Horton, *Covenant and Salvation*, 12.
21　Horton, *Covenant and Salvation*, 98. Cf. Horton, *God of Promise*, 97. 전정구 박사도 Kline의 언약신학에 대해서 유사한 평가를 내린다. 그는 Kline의 언약신학을 "언약신학의 만개," 개혁주의의 "고전적" 언약신학의 재확립과 발전으로 평가한다(Jeong Koo Jeon, *Covenant Theology: John Murray's and Meredith G. Kline's Response to the Historical Development of Federal Theology in Reformed Thought* [Lanham, MD: University Press of America, 2004], 237, 276).

주장할지라도, 그는 동시에 이 견해가 개혁신학 내에서도 반발이 감지되는 "논쟁이 되는 주장"이라고 말한다.[22]

그렇다면 클라인의 언약신학을 고전적인 언약신학의 우세한 입장으로 채택하는 호튼의 언약신학에 대한 기존의 평가는 어떠한가?

2. 마이클 호튼의 언약신학에 대한 기존의 평가

일단, 언약신학과 직접적으로 관련된 호튼의 책들은 오늘날 개혁신학의 유명한 대변인들에게 큰 지지와 추천을 받고 있다. 예를 들어, 제임스 패커(James Packer)는 호튼의 『언약신학』을 추천하면서 호튼의 책을 계시된 언약 체계에 대한 "원숙한 고찰"로 평가하고, 브라이언 채플(Bryan Chapell)은 "전통적 언약신학의 철저하고 분명한 변호"라고 칭찬하며, 필립 라이컨(Philip Ryken)은 "언약신학에 대한 이상적인(ideal) 소개서"라고 추천한다.

이런 평가는 보수적인 개혁신학을 견지하는 자들의 입에 한정되지 않는다. 프린스턴신학교 교수인 조지 헌싱어(George Hunsinger)는 호튼의 『언약적 관점에서 본 개혁주의 조직신학』을 오늘날 독자가 "17세기 개혁주의 신학의 위대함"에 접근할 수 있게 해 주는 책으로 추천한다.

---

22 Horton, *God of Promise*, 97. Cf. Horton, *Covenant and Salvation*, 80–81.

한국의 대중적인 평가도 다르지 않다. 한국 교회에 호튼의 책을 소개하는 데 큰 힘을 쏟고 있는 백금산 목사는 호튼의 『언약신학』을 "개혁신학이 곧 언약신학"임을 보게 해 주고,[23] "개혁신학의 진수"를 알게 하는 책으로 평가한다.[24] 또한 그는 호튼의 『언약적 관점에서 본 개혁주의 조직신학』에 대해 다음과 같이 극찬한다.

> 마이클 호튼은 현존하는 개혁주의 조직신학자들 중에서 전통적인 개혁주의 언약신학에 대한 이해가 가장 깊습니다. 그래서 언약신학에 대한 충실한 이해를 바탕으로 조직신학의 모든 분야를 언약적인 관점에서 해석하고 적용할 뿐 아니라 특별히 복음과 율법에 대해 명쾌하게 설명해 줍니다.[25]

> 이 책은 20세기에 발간된 대표적인 개혁주의 조직신학서로서 그동안 교과서처럼 사용되어 온 바빙크의 『개혁교의학』(1895-1901년)과 벌코프의 『조직신학』(1932년)의 신학적 전통을 계승하면서 앞으로 수십 년간 **개혁주의 조직신학의 표준서 역할을** 하게 될 것입니다.[26]

---

[23] 백금산, "역자 머리말," 『언약신학』, 7.
[24] 백금산, "역자 머리말," 『언약신학』, 11.
[25] 백금산, "발간사," 『언약적 관점에서 본 개혁주의 조직신학』, 10.
[26] 백금산, "발간사," 『언약적 관점에서 본 개혁주의 조직신학』, 11 (강조는 첨가한 것).

박영돈 교수는 추천의 글에서, 호튼의 『언약적 관점에서 본 개혁주의 조직신학』을 "개혁파 정통주의 신학"의 재(再)발굴로 평가한다. 이런 진술들은 호튼의 장점이나 유익에 초점을 맞추는 추천이라는 것이 감안되어야겠지만, 단지 주관적인 판단에 불과한 것으로 간주될 수는 없다. 분명 이런 추천들은 호튼이 전통적인 언약신학의 충실한 대변자라는 인상을 준다.

상대적으로 보다 객관적이라고 할 수 있는 서평들의 경우는 어떠한가?

호튼의 언약신학에 대해 직접적으로 언급하거나 관련이 있는 전문적 서평들에 초점을 맞춰본다면, 호튼이 고전적인 개혁주의 언약신학의 충실한 대변자라는 것이 논란의 여지가 없는 일반적인 평가는 아닌 것 같다.

클라인의 언약 이해에 상당히 공감하는 개혁주의 신학자 마크 칼버그(Mark W. Karlberg)는 한 서평에서,[27] 호튼의 『언약과 종말론』(*Covenant and Eschatology*)을 새로운 천년을 위한 "개혁주의 언약신학의 신선한 제시"를 하는 서론적인 책으로 일단 평가한다.[28] 또한 호튼의 『언약신학』에 대한 서평에서 평가하기를,[29] 표현과 강조의 차이에

---

27 Mark W. Karlberg, "Review of *Covenant and Eschatology: the Divine Drama*. By Michael Horton," *Trinity Journal* 24/1 (2003): 125–28.
28 Karlberg, "Review of *Covenant and Eschatology*," 125.
29 Karlberg, "Review of *God of Promise: Introducing covenant theology*, by Michael Horton," *Journal of the Evangelical Theological Society* 49/3 (2006): 627–30.

도 불구하고 "근본적인 일치 또는 합의"가 존재하는 전통적인 언약신학에도 더 선명한 이해와 개선의 여지가 남아있는데, 이런 개선에 일조한 클라인의 이해를 사용하여 개혁주의 언약신학을 변호하고자 했다고 한다.[30]

달라스신학교 교수들인 존 다이어(John Dyer)와 글렌 크라이더(Glenn R. Kreider)는 『언약신학』에 대한 서평에서,[31] 호튼이 20세기 중반에 밝혀진 고대 근동의 조약들에 대한 통찰을 성경의 언약들을 이해하는 데 활용하고, 근래의 단일 언약주의적인 이해와 달리 고전적인 언약신학을 변호한다고 총평한다.[32]

상파울로의 맥켄지장로회대학교(Universidade Presbiteriana Mackenzie) 교수 헤버 카를로스(Heber Carlos)는 호튼의 『언약적 관점에서 본 개혁주의 조직신학』에 대한 서평에서,[33] 이 책이 "언약을 신학의 가장 중요한 구조적인 틀로서 간주하는 유일한 현대 조직신학"서임에 거의 틀림없다고 평한다.[34] 카를로스는 호튼이 클라인의 주해적인 작업에 기초해서 기존 교리들을 언약의 맥락에서 새롭게 이해하려고 시도한다고 평가한다.

30　Karlberg, "Review of *God of Promise*," 627–28.
31　John Dyer and Glenn R. Kreider, "Review of *God of Promise: Introducing Covenant Theology*, by Michael Horton," *Bibliotheca Sacra* 165/658 (2008): 234–36.
32　Dyer and Kreider, "Review of *God of promise*," 234.
33　Heber Carlos de Campos Jr., "Review of *The Christian Faith: a Systematic Theology for Pilgrims on the Way*, by Michael Horton," *Themelios* 37/1 (2012): 120–22.
34　Carlos, "Review of *The Christian Faith*," 121.

더글라스 밀네(Douglas Milne)는 호튼의 『천국 가는 순례자를 위한 조직신학』에 대한 서평에서,[35] 이 책에서는 "기독교의 믿음과 삶에 대한 교리 전체"가 "개혁신학의 독특한 언약적인 틀"과 조화를 이룬다고 총평한다.[36] 밀네는 이 책의 가장 돋보이는 부분으로, 호튼이 행위 언약을 신학과 삶의 열쇠로 설명하는 부분을 꼽는다.[37]

밀네는 말하기를, 비록 호튼이 "모세 언약을 행위 언약으로의 일종의 회귀(回歸)"로 이해한다고 알려져 있지만 호튼도 "모세 언약이 은혜 언약의 구별된 시행이었다"고[38] 말한다고 하면서, 호튼이 전통적 언약신학의 대변자임을 옹호한다.[39]

요컨대, 이런 서평들은 호튼의 언약신학에 몇몇 의문점이 있지만, 현대적인 통찰들(고대 근동의 조약에 대한 통찰, 클라인의 이해, 그리고 개혁주의 진영 밖에 있는 학자들과의 대화)을 통해서 고전적 언약신학을 새롭게 변호하고 제시하려는 시도라고 평가한다.

가장 긍정적이고 주목할 만한 평가는 마크 킴(Mark Kim)의 박사학위 논문, "Michael Horton's Covenant Theology as a Defense of Reformation Theology in the Context of Current Discussions"에서 발

---

35 Douglas J. W. Milne, "Review of *Pilgrim Theology: Core Doctrines for Christian Disciples*, by Michael Horton," *The Reformed Theological Review* 73/2 (August 2014): 134–36.

36 Milne, "Review of *Pilgrim Theology*," 135.

37 Milne, "Review of *Pilgrim Theology*," 135.

38 Horton, *Pilgrim Theology*, 161.

39 Milne, "Review of *Pilgrim Theology*," 136.

견할 수 있다.⁴⁰ 애초에 마크 킴의 논문의 주된 목적이, 호튼의 언약신학이 "17세기 개혁파 정통주의 언약신학의 충실한 재확인"임을 증명하는 것이다.⁴¹

마크 킴은 자기 논문의 주제가 고전적 언약신학을 충실히 대변하는 호튼의 언약신학이 행위 언약과 은혜 언약에 대한 전통적인 구별과 은혜 언약의 쌍방적 성격 둘 다 강조함으로써 율법주의와 반(反)율법주의 둘 다에 신학적 해독제를 제공해 준다는 것을 보이는 것이라고 밝히고 있다.⁴²

마크 킴은 웨스트민스터 신앙고백서로 대표되는 고전적 언약신학의 다수 견해와 호튼의 언약신학의 일치를 최대한 긍정한다. 마크 킴은 주장하기를, 고전적인 이중 언약주의(bi-covenantalism)는 종교개혁자들의 율법과 복음의 구별의 연장선상에 있으며 개혁주의 신학의 주류가 되었는데, 이것의 가장 분명하면서도 온건한 "표준적인" 표현을 웨스트민스터 신앙고백서에서 발견할 수 있다고 한다.⁴³ 그리고 호튼이 다름 아닌 이 고전적인 언약신학의 충실한 현대적 대변자라고 주장한다.

40　Mark Kim, "Michael Horton's Covenant Theology as a Defense of Reformation Theology in the Context of Current Discussions" (Ph. D. Dissertation, Wycliffe College of University of Toronto, 2013).
41　Kim, "Michael Horton's Covenant Theology," 213.
42　Kim, "Michael Horton's Covenant Theology," ii-iii.
43　Kim, "Michael Horton's Covenant Theology," 5-7.

호튼의 언약신학은 새롭거나 신기한 것이 아니라, 종교개혁 이후 시기에 정통 개혁주의 신학자들에 의해서 진술되고 정리된 언약신학의 충실한 현대적인 진술일 뿐이다.[44]

호튼의 언약신학은 새로운 것이 아니라, 종교개혁 이후 개혁파 정통주의의 고전적인 이중 언약주의의 되풀이일 뿐이다.[45]

또한 마크 킴은 호튼의 언약신학이 "종교개혁 이후 시기의 신앙고백적 견해와 일치한다"고 말한다.[46] 마크 킴에 따르면, 호튼이 고대 근동의 조약들에 대한 조지 멘덴홀(George E. Mendenhall)과 클라인의 통찰을 활용하여, 다름 아닌 개혁파 정통주의자들의 "다수 견해"(the majority opinion)를 제시한다고 한다.[47]

마크 킴은 70페이지 이상에 걸쳐 개혁파 정통주의자들이 행위 언약과 은혜 언약을 명백히 구별하는 이중 언약주의를 주장한다는 것을 제시한 후,[48] 호튼의 이중 언약주의가 개혁파 정통주의의 고전적인 언약주의에 대한 충실한 반영이라는 것을 증명하기 위해서 호튼의 언약신학을 분석한다. 마크 킴은 모세 언약을 창조/행위 언약의

---

44 Kim, "Michael Horton's Covenant Theology," 29.
45 Kim, "Michael Horton's Covenant Theology," 33.
46 Kim, "Michael Horton's Covenant Theology," 170.
47 Kim, "Michael Horton's Covenant Theology," 215.
48 Kim, "Michael Horton's Covenant Theology," 39–115.

일종의 재판(再版)으로 보는 호튼의 이해가 정통 개혁주의 언약신학의 주류로 간주한다.

마크 킴에 따르면, 호튼의 언약신학은 단순한 행위 언약과 은혜 언약의 이중 언약주의가 아니라, 종주권 조약 형식의 율법 언약(창조 언약과 시내 산 언약)과 왕적 하사 형식의 약속 언약(노아 언약, 아브라함 언약, 다윗 언약, 그리고 새 언약)의 이중 언약주의이라고 한다.[49] 마크 킴은 주장하기를, 호튼이 클라인의 언약신학에 크게 힘입어 시내 산 언약을 창조 언약의 재판(再版)으로 보고, 시내 산 언약과 창조 언약 둘 다를 종주권 조약 형식의 조건적인 율법 언약으로 간주한다.

> 다시 말해서, 동일한 행위-의(義)의 원리가 둘 다에 적용된다. 비록 전재[창조 언약]는 아담과 그 후손의 종말론적 유업을 다루었고, 반면 후재[모세 언약]는 가나안 땅에서의 이스라엘의 모형적 유업 및 관련된 복을 다루었지만 말이다.[50]

마크 킴에 따르면, 호튼에게 있어서 이런 시내 산 언약은 왕적 하사 유형인 아브라함 언약과 크게 다른 것이다. 또한 그는 말하기를, 호튼은 모세 시대에는 아브라함 언약(아브라함의 궁극적 자손의 공로에 기초해서, 은혜의 원리에 따라서, 택자의 칭의와 영원한 구원을 가져오는 약속

---

49 Kim, "Michael Horton's Covenant Theology," 143–45.
50 Kim, "Michael Horton's Covenant Theology," 178.

언약)과 시내 산 언약(종말론적 왕국과 구원의 모형인 가나안 땅의 지상적 유업의 보존을 행위의 원리에 따라서, 이스라엘의 국가적 순종에 기초해서 결정하는 율법 언약)이 나란히 존재하면서 함께 간 것으로 이해한다고 한다.[51]

마크 킴에 따르면, 이런 독특한 이중 언약주의는 호튼에게 주변적인 것이 아닌데, 왜냐하면 호튼은 칭의에 있어서 "율법과 복음의 구별을 손상 없이 유지하기" 위해서,[52] 다시 말해서, "율법과 복음을 합치는 위험(즉, 단일 언약주의)"을 피하기 위해서[53] 시내 산 언약이 종주권 형식의 율법 언약이라고 주장하기 때문이다.

마크 킴은 호튼이 주장하는 율법 언약으로서 시내 산 언약과 약속 언약으로서 아브라함 언약 및 새 언약이라는 "이분법"(dichotomy)은 독특한 것이 아니라, 은혜 언약의 은혜로움을 유지하는 데 필수적이고,[54] 종교개혁의 구원론을 타협 없이 보존하는 데 필수적인 것으로서, "정통 개혁신학자들의 다수"(the majority of orthodox Reformed thinkers) 견해라고 주장한다.[55]

요컨대 마크 킴은 호튼의 언약신학에 대해서 몇 가지 의문점을 제기하지만,[56] 호튼의 언약신학이 고전적인 언약신학자들의 우세한 견

---

51 Kim, "Michael Horton's Covenant Theology," 179.
52 Kim, "Michael Horton's Covenant Theology," 144.
53 Kim, "Michael Horton's Covenant Theology," 145.
54 Kim, "Michael Horton's Covenant Theology," 30.
55 Kim, "Michael Horton's Covenant Theology," 36.
56 Mark Kim이 Horton 언약신학에서 의심스러운 점으로 꼽는 문제점은 네 가지다. **첫째,** Horton이 개혁파 정통주의와 함께 긍정하는 구속 언약은 신학적 근거나 성

해의 충실한 현대적 재판(再版)으로서, 오늘날 만연한 율법주의와 반(反)율법주의에 아주 적절한 신학적 치료제가 된다고 평가한다.

그러나 호튼의 언약신학에 대해 긍정적인 평가만 있는 것은 아니다. 한편으로 호튼의 언약신학적 시도를 칭찬한 칼버그는 지적하기를, 비록 호튼이 16-17세기 언약신학자들을 등대로 간주하지만,[57] 그가 율법과 복음에 대한 구별을 언약신학에 적용하는 데 있어서, 특히 시내 산 언약에 대한 이해에 있어서, 그의 분석은 고전적인 이해와 거리가 있다고 한다.

유감스럽게도, 모세 언약에 대한 호튼의 견해는 개혁주의자들의 이해보다는 (그가 자라난) 세대주의 그룹의 이해에 훨씬 더 가깝다. 모세 경륜은 율법의 옛 시행의 독특함에도 불구하고 지속적인 단일한 은혜 언약의 일부이다. 모세 언약 자체는 아브라함

경적 근거가 아주 빈약한 교리이고, 개혁파 정통주의의 새로운 고안물이다(Kim, "Michael Horton's Covenant Theology," 147, n. 94). **둘째**, 노아 언약을 비구속적인 언약으로 일컫는 Horton은 노아 언약이 특별 은혜와 전혀 무관한 것으로 간주한다 (Kim, "Michael Horton's Covenant Theology," 171, n. 1). **셋째**, Horton은 아브라함 언약에서 언약적 순종을 메시아의 순종을 예표하는 데 한정함으로써 아브라함 언약의 조건성에 별 주의를 기울이지 않는데, 이것은 새 언약의 쌍방성에 대한 Horton의 주장에 비추어 볼 때 일관성을 결여한다(Kim, "Michael Horton's Covenant Theology," 176, n. 19). **넷째**, 시내 산 언약 아래의 이스라엘처럼, 새 언약 아래의 교회가 택자와 비택자의 혼합이라는 Horton의 주장은 성경(렘 31:31-34)에서 말하는 새 언약의 성격을 고려할 때, 허용되기 힘들다(Kim, "Michael Horton's Covenant Theology," 160-62). Mark Kim은 "교회는 중생한 자들의 공동체"라는 침례교적 시각에서, "은혜 언약이 택자의 범위보다 넓다"는 Horton의 주장은 타당하지 않다고 주장한다 (Kim, "Michael Horton's Covenant Theology," 163).

57 Karlberg, "Review of *Covenant and Eschatology*," 126.

언약의 갱신이다.[58]

칼버그에 따르면, 호튼은 아브라함 언약과 시내 산 언약의 불연속성을 지나치게 강조하는 경향이 있고, 시내 산 언약을 "일시적인 언약"으로 묘사하는 것은[59] 오해의 소지가 크다고 지적한다.[60]

북아일랜드 벨파스트(Belfast)에 있는 유니언신학교 교수인 스티븐 윌리암스(Stephen N. Williams)는 서평에서,[61] 호튼은 무조건적인 은혜 언약과 조건적인 행위 언약을 적절하게 구별하는 것을 언약신학의 가장 중요한 작업 가운데 하나로 보고,[62] 아브라함 언약과 구속 언약은 "은혜 언약들"로 간주하며, 창조 언약과 시내 산 언약은 "행위 언약들"로 간주한다고 말한다.[63]

그런데 윌리암스는, 설령 호튼이 자신의 언약신학이 개혁신학이라는 것을 증명하는 데 성공했는지 몰라도, 자신의 언약신학이 성경적 신학임을 증명하는 데는 성공한 것 같지 않다고 의문을 제기한다. 윌리암스는 아브라함 언약과 시내 산 언약을 서로 다른 종류의 언약으

---

58 Karlberg, "Review of *Covenant and Eschatology*," 127 (강조는 Karlberg의 것).
59 Horton, *God of Promise*, 38.
60 Karlberg, "Review of *God of Promise*," 629.
61 Stephen N. Williams, "Review of *God of Promise: Introducing Covenant Theology*, by Michael Horton," *The Evangelical Quarterly* 80/2 (2008): 187–88.
62 Williams, "Review of *God of Promise*," 187. Horton은 이 일을 "언약신학의 핵심"이라고 일컫는다(Horton, *God of Promise*, 77).
63 Williams, "Review of *God of Promise*," 187.

로 구별하는 호튼의 날카로운 언약적 구별을 받아들일 수 있으려면, 한편으로 아브라함 언약에도 "명백한 요구"가 붙어있는 것에 대해, 그리고 다른 한편으로 시내 산 언약에도 "명백한 자비"가 붙어있는 것에 대해서도 훨씬 더 충분한 설명이 필요할 것이라고 지적한다.[64]

다이어와 크라이더도 호튼의 언약신학에 대해 몇 가지 의문을 제기한다. 세대주의 신학자인 이들은 시내 산 언약이 일종의 종주권 조약으로서, 봉신인 이스라엘이 가나안 땅에 머물기 위해서 공로적인 행위의 원리를 따라서 종주이신 하나님의 율법에 순종해야 한다는 호튼의 주장에 많은 사람들이 동의할지 몰라도, 은혜로운 하사 언약인 아브라함 언약과 다윗 언약이 다름 아닌 아브라함과 다윗의 공로에 기초한다는 호튼의 견해에는 의문을 제기할 사람들이 많을 것이라고 지적한다.

> 호튼이 아브라함과 다윗의 행위가 궁극적으로 새 언약에서의 그리스도의 공로적인 행위의 예표라고 주장한다고 할지라도, 어떻게 아브라함 및 다윗 언약이 사람의 공로에 기초하면서 여전히 은혜로운 것으로 간주될 수 있는지는 이해하기 어렵다.[65]

---

64 Williams, "Review of *God of Promise*," 187–88.
65 Dyer and Kreider, "Review of *God of Promise*," 234–35.

그리고 다이어와 크라이더는 호튼이 은혜를 창조 언약에서 완전히 배제하고, 아담이 영생을 공로로 얻는 데 실패한 이후에만 은혜를 한정하는 것에[66] 대해, 창조 언약 자체를 "하나님의 은혜로운 성품의 나타내심"으로 보는 것이 더 적절할 것이라고 지적한다.[67]

카를로스는 지적하기를, 호튼이 클라인을 따라서 "언약적 관계가 인간 본성에 본질적이다"라고 주장하는 것은[68] 애초에 창조자에게 드려 마땅한 순종에 "하나님 편에서의 자발적인 낮아지심"으로 말미암아 언약이 더해진 것이 아니냐는 웨스트민스터 신앙고백서 7장 1절의 반발에 직면할 수 있다고 한다.[69]

더 나아가서, 호튼의 언약신학의 중요한 부분이 웨스트민스터 신앙고백서에 표현된, 전통적인 개혁신학자들의 다수 견해와 거리가 있다는 평가도 없지 않다. 이런 평가는 제임스 데니슨 주니어(James T. Dennison, Jr.), 스코트 샌본(Scott F. Sanborn), 그리고 벤자민 스윈번슨(Benjamin W. Swinburnson)이, 호튼이 속한 캘리포니아 웨스트민스터신학교의 교수들이 쓴 논문집인 『율법은 믿음에서 난 것이 아니다: 모세 언약의 행위와 믿음에 대한 소론』(*The Law is Not of Faith: Essays on Works and Grace in the Mosaic Covenant*)을[70] 비평하는 서평논문

---

66   Horton, *God of Promise*, 107.
67   Dyer and Kreider, "Review of *God of Promise*," 235.
68   Horton, *The Christian Faith*, 380–81, 384, 397, 425.
69   Carlos, "Review of *The Christian Faith*," 121.
70   Bryan D. Estelle, J. V. Fesko, and David Vandrunen, eds., *The Law is Not of Faith: Essays on Works and Grace in the Mosaic Covenant* (Phillipsburg, NJ: P&R Publishing, 2009).

에서 발견할 수 있다.[71] 이 서평논문의 저자들은, 호튼이 시내 산 언약에 대한 우세한 전통적 이해의 현대판으로 간주하는 클라인의 이해를 전통적인 이해에 대한 비정통적 수정과 "패러다임 전환"(paradigm shift)으로 평가한다.[72]

또한 코르넬리스 베네마(Cornelis P. Venema)가 이 논문집을 비평한 논문에서도[73] 유사한 평가를 발견할 수 있다. 호튼을 비롯한 캘리포니아 웨스트민스터신학교 교수들은 모세 언약의 행위와 믿음에 대한 이 논문집에서, 모세 언약이 영원한 구원의 모형인 가나안 땅을 유업으로 유지하는 것에 있어서 창조 언약에서와 마찬가지로 "행위의 원리"가 작용한다는 의미에서, 모세(또는 시내 산) 언약이 창조 언약의 재판(再版)이라는 것을 성경신학적, 조직신학적, 그리고 역사신학적인 관점에서 변호한다. 그리고 그들은 모세 언약의 율법에 대한 이스라엘의 국가적인 불순종과 신정 국가의 멸망이 에덴 동산에서

---

[71] James T. Dennison Jr., Scott F. Sanborn, and Benjamin W. Swinburnson, "Merit or 'Entitlement' in Reformed Covenant Theology: A Review (of Bryan D. Estelle, J. V. Fesko, David VanDrunen, eds., *The Law is Not of Faith: Essays on Works and Grace in the Mosaic Covenant*)," *Kerux: The Journal of Northwest Theological Seminary* 24/3 (2009): 3-152.

[72] Dennison Jr., Sanborn, and Swinburnson, "Merit or 'Entitlement' in Reformed Covenant Theology," 3. 이들에 따르면, 시내 산 언약에 대한 Kline 식의 이해는 "개혁파 정통주의가 아니고—심지어 개신교 정통주의도 아니다. 그것은 위험천만한 비정통(heterodoxy)이고 혼란이"며, "역사적 개혁주의 언약신학의 수정주의적 재정의"로 평가하기도 한다(Dennison Jr., Sanborn, and Swinburnson, "Merit or 'Entitlement' in Reformed Covenant Theology," 6).

[73] Cornelis P. Venema, "The Mosaic Covenant: A 'Republication' of the Covenant of Works?: A Review Article: *The Law Is Not of Faith: Essays On Works and Grace in the Mosaic Covenant*," *Mid-America Journal of Theology* 21 (2010): 35-101.

아담이 불순종으로 말미암아 영생 얻기를 실패한 것의 재현 또는 재판(再版)이라고 주장한다.

베네마는 인정하기를, 캘리포니아 웨스트민스터신학교 교수들의 이러한 주장은 역사적으로 전례를 찾아볼 수 없는 것이 아니며, 역사적 개혁신학 안에도 시내 산 언약의 독특한 성격에 대해 다양한 견해가 있었다고 한다.[74]

그러나 베네마는 비판하기를, 그들이 주장하는 식의 재판(再版) 이론이 웨스트민스터 신앙고백서에 요약된 개혁주의 신학자들의 우세한 견해라고 주장하는 것은 역사적 "자료에 대한 '조정된' 읽기" ('accommodated' reading of the sources)를 할 때만 가능한 주장이라고 한다.[75] 더구나 캘리포니아 웨스트민스터신학교 교수들이 주장하는 식의 재판(再版) 이론의 "기원은 정통주의 시대의 개혁신학자들의 글이 아니라 메리데스 클라인의 저술"에 있는 것 같다고 평가한다.[76]

그런데 이 상당한 분량의 서평 논문 중에서, 호튼의 "Obedience Is Better than Sacrifices"라는 글에[77] 대한 베네마의 분석과 평가는 다음과 같은 진술이 전부이다.

---

74 Venema, "The Mosaic Covenant: A 'Republication' of the Covenant of Works?" 98-99.
75 Venema, "The Mosaic Covenant: A 'Republication' of the Covenant of Works?" 99-100.
76 Venema, "The Mosaic Covenant: A 'Republication' of the Covenant of Works?" 100.
77 Horton, "Obedience Is Better than Sacrifice," in *The Law is Not of Faith: Essays on Works and Grace in the Mosaic Covenant*, eds. Bryan D. Estelle, J. V. Fesko, and David Vandrunen, 315-36.

호튼의 글은 이 책 『율법은 믿음에서 난 것이 아니다』의 주된 주장에 그 나름의 기여를 한다.[78]

또한 로버트 레담(Robert Letham)은 클라인과 클라인의 영향을 받은 사람들이 옹호하는 주장, 즉 시내 산 언약이 아담이 타락 이전에 하나님과 맺은 행위 언약의 일종의 재판(再版)이라는 주장을 역사적으로 평가하여, 재판(再版) 이론이 정통주의 시대에 우세한 입장이 아니며 신앙고백적인 지위를 누린 적도 없다는 것을 주장하는 논문을 썼다.[79] 비록 여기서 레담이 호튼을 한 번 밖에 거론하지 않지만,[80] 호튼의 언약신학과 관련해서 유의미한 분석과 평가가 제시된다.

레담의 평가에 따르면, 호튼은 클라인과 마찬가지로 아브라함 언약과 모세 언약을 고대 근동 조약의 형식인 왕적 하사와 종주권 조약에 상응하는 두 종류의 언약으로 간주하고, 아브라함 언약과 모세 언약이 모세 시대부터 그리스도가 오시기까지 함께 작용하며 일방적인 은혜의 원리와 "행위로 유업을 얻는 원리"라는 상반되는 원리를 구현하는 것으로 주장한다고 한다.

---

[78] Venema, "The Mosaic Covenant: A 'Republication' of the Covenant of Works?" 51.

[79] Robert Letham, "'Not a Covenant of Works in Disguise' (Herman Bavinck): the Place of the Mosaic Covenant in Redemptive History," *Mid-American Journal of Theology* 24 (2013): 143-177.

[80] Letham, "'Not a Covenant of Works in Disguise' (Herman Bavinck)," 146.

레담에 따르면, 호튼은 구약 시대에 개인의 구원이 아브라함 언약에 기초해서 은혜로 말미암고, 이스라엘이 지상적인 복을 소유하는 것은 모세 언약의 "행위-유업 원리"에 기초하며, 이스라엘이 행위의 원리로 가나안 땅의 복을 얻는 것은 "그리스도가 자기 백성을 위해 구원의 복을 공로로 획득하는 것을 예표하는 모형적인 의의"를 갖는 것으로 간주한다고 한다.[81] 레담은 평가하기를, 모세 언약이 행위 언약에 대한 일종의 되풀이라는 견해는 고전적 개혁신학자들의 다수의 견해가 아니라, 개혁주의 안에서 기껏해야 소수의 견해로서 어떤 개혁주의 신앙고백서에서도 고백된 적이 없는 입장이라고 한다.[82]

호튼의 언약신학과 관련된 보다 과격한 평가는, 존 프레임(John Frame)이 캘리포니아 웨스트민스터신학교 교수들의 "두 왕국 신

---

[81] Letham, "'Not a Covenant of Works in Disguise' (Herman Bavinck)," 146.

[82] Letham은 앞서 언급된 Venema와 유사한 결론을 내린다. Letham에 따르면, 타락 이전의 행위 언약이 모세 언약에서 모종의 방식으로 되풀이된다는 견해를 지지하는 고전적인 개혁신학자들이 없지 않았지만, 이런 견해를 지지했던 개혁신학자들은 "모세 언약의 율법적 요소"를 은혜 언약의 시행과 관련된 상황적인 것으로 간주했고, 이런 견해는 정통주의 시대에 다수의 견해가 된 적도, 신앙고백적인 지위를 가진 적도 없었다고 한다. Letham에 따르면, 고전적 개혁신학자들의 우세한 합의는 율법 자체만이 아니라 "전체로서의 모세 언약은 은혜 언약에 속하"고, 실체에 있어서 새 언약과 동일하고 언약의 시행과 상황에 있어서 다른 것으로 간주하는 견해였다. Letham은 이런 소수 견해를 지지했던 사람들 가운데 정통적인 개혁신학자들이 있었다는 사실은 이것이 올바른 견해였다는 증거가 전혀 못 된다고 지적한다. Letham은 Bavinck의 말을 인용해서, 시내 산 언약은 "위장한 행위 언약이 아니었"고(Herman Bavinck, *Reformed Dogmatics*, vol. 3, ed. John Bolt, trans. John Vriend [Grand Rapids: Baker Academic, 2006], 222), 가나안 땅의 유업은 아브라함 언약의 은혜로운 약속으로 말미암는 것이지 행위의 원리로 말미암는 것이 아니라고 결론짓는다(Letham, "'Not a Covenant of Works in Disguise'[Herman Bavinck]," 173-74).

학"(two kingdom theology)을 서평 논문의 형식으로 비판한 책에서[83] 발견할 수 있다. 프레임은 글쓰기와 소통에 뛰어난 호튼을 "두 왕국 신학" 또는 "에스콘디도 신학"(Escondido theology) 운동에 가장 크게 기여하고 있는 인물 가운데 하나로 평가한다.[84] 프레임은 호튼의 에스콘디도 신학을 그의 『그리스도 없는 기독교』(Christless Christianity: The Alternative Gospel of the American Church, 부흥과개혁사, 2009)[85]와 『언약과 종말론』을 중심으로 비판한다.

프레임에 따르면, 호튼은 여타 에스콘디도 신학자들과 마찬가지로 이신칭의 교리를 지키기 위해서, 율법과 복음의 분리를 주장한다고 한다. 프레임은 호튼에게 율법이란 "항상 정죄를 가져와야 하는" 것이고, 따라서 정죄하는 율법을 설교하지 않는 사람은 "율법을 **진짜로**

---

[83] John Frame, *The Escondido Theology: A Reformed Response to Two Kingdom Theology* (Lakeland, FL: Whitefield Media Publishing, 2011).

[84] Frame, *The Escondido Theology*, 13. Frame은 자신이 비판의 대상으로 삼는 독특한 신학 운동의 주축이 캘리포니아 웨스트민스터신학교 교수들이고, 그 신학교가 위치한 도시가 캘리포니아 주(州) 에스콘디도(Escondido)라는 것을 고려하여, 해당 신학 운동을 "에스콘디도 신학"이라고 일컫는다(Frame, *The Escondido Theology*, xxxviii). Frame은 에스콘디도 신학의 특징을 다음과 같이 요약한다. **첫째**, 율법과 복음을 엄격히 분리함. **둘째**, 종교개혁의 두 왕국 견해를, 그리스도인은 사회적 변화를 추구해서는 안 되는 것처럼, 교회와 국가 또는 교회와 문화를 분리하는 데까지 밀고 나감. **셋째**, 인간의 주관에 초점을 맞추는 모든 시도를 거부함. **넷째**, 사회에 대한 카이퍼, 구(舊)프린스턴, 그리고 Van Til의 견해를 거부함. **다섯째**, 극단적인 신조주의(confessionalism)를 추구함. **여섯째**, 구속사적 설교만 허용함. **일곱째**, 하나님과의 교제와 예배를 교회의 예배의식에 제한함. **여덟째**, 복음의 적절성을 위한 모든 시도를 금지함. **아홉째**, 바로 이런 특징을 정통 개혁주의의 시금석으로 삼음(Frame, *The Escondido Theology*, 17).

[85] Horton, *Christless Christianity: The Alternative Gospel of the American Church* (Grand Rapids: Baker Books, 2008).

설교하는" 것이 아니며, 호튼이 "율법은 칭의의 맥락에서만 설교될 수 있는" 것처럼 여긴다고 비판한다.[86] 프레임은 호튼이 "구원이 칭의뿐만 아니라 성화까지 포함한다는 사실과 그[호튼] 자신을 화해시킬 수 없을 것"이라고 지적한다.[87]

그리고 프레임은, 호튼이 율법과 복음을 "서로 날카롭게 분리되어야 하는," "구별된 두 세계"로 간주하는 것 같고, 이런 견해가 오늘날 개혁주의 진영에서 점점 더 인기를 얻어가고 있지만 이것은 루터주의적 입장이라고 평가한다.[88] 프레임은 "성경에서 율법과 복음이 함께 간다고 말하는 것은 구원의 수단으로서 은혜와 행위의 구별을 약화시키는 것이 아니다"라고 말하고, 이런 점에서 율법과 복음에 대한 호튼의 이해를 비판한다.[89]

프레임은 심지어 호튼이 성경뿐만 아니라 어떤 개신교 신앙고백서에 의해서도 정당화될 수 없는 독특한 주장들을 펼친다고 비판한다. 우리의 주제와 관련 있는, 프레임이 문제 삼은, 호튼의 주장들을 언급한다면 다음과 같다.

3. 하나님의 주권과 인간의 책임은 제로섬 게임(zero-sum game)이다. 사람이 뭔가를 행해야 한다는 생각은 하나님의

---

86 Frame, *The Escondido Theology*, 45.
87 Frame, *The Escondido Theology*, 46.
88 Frame, *The Escondido Theology*, 46.
89 Frame, *The Escondido Theology*, 47.

절대적인 주권을 손상시킨다.

4. 하나님의 구원 행위는 전적으로 객관적이고 외부적이지, 결코 주관적이지 않고 내적이지 않다.

5. 하나님은 우리에게 어떤 지상적인 복도 약속하지 않으시고 천상적인 복만 약속하신다. 따라서 지상적인 복을 바라는 것은 비난받아 마땅한 "영광의 신학"이다.

6. 율법과 복음은 전적으로 분리되어야 한다. 나쁜 소식 안에는 좋은 소식이 없어야 하고, 좋은 소식 안에는 나쁜 소식이 없어야 한다.[90]

그리고 프레임은 언약에 대한 호튼의 이해, 즉 아브라함 언약은 무조건적이고, 모세 언약은 이스라엘의 순종에 의존한다는 이해는 다음에 진술되는 클라인의 이해를 따른다고 말한다.

클라인은 아브라함 자신은 그리스도 안에서 하나님의 은혜로 말미암아 죄에서 구원되지만, 야곱의 후손들을 위한 약속의 땅의 일시적인 복(일시적인 복을 지속적으로 누리는 것까지는 아닐지라도)은 아브라함 자신의 공로적인 행위로 획득한다고 실제로 말한다. 클라인에 따르면, 모세 언약도 상징과 예언을 통해

---

90 Frame, *The Escondido Theology*, 59. 프레임은 어떤 개혁주의 신앙고백서에서도 찾을 수 없는 이런 입장을 Horton도 일관되게 견지하지 못하고, 종종 철회한다고 말한다.

서 그리스도를 고대함으로, 그리스도를 믿는 사람에게 오직 은혜로 말미암아 구원을 제공한다. 그러나 가나안 땅에서의 일시적인 복은 이스라엘의 공로적인 행위로 말미암아 받는다는 것이다. 이런 해석에 대해서는 이미 내가 몇몇 비평을 가했다고 생각한다.[91]

프레임은 호튼의 언약 이해가 클라인의 이해와 별 차이가 없고, 그래서 위 인용 마지막에 언급된 대로, 프레임은 클라인의 언약 이해에 대한 비평으로 호튼의 언약 이해에 대한 비평을 대신한다.[92]

---

[91] Frame, *The Escondido Theology*, 230-31.

[92] Frame은 Meredith, G. Kline의 *Kingdom Prologue: Genesis Foundations for a Covenantal Worldview* (Eugene, OR: Wipf and Stock, 2006), 『하나님 나라의 서막』, 김구원 옮김 (개혁주의신학사, 2007)에 진술되어 있는 아브라함 언약과 시내 산 언약에 대한 Kline의 이해에 대해서 각각 다음과 같이 비평한다.
첫째, 아브라함 언약의 경우: ① 성경은 아브라함이 구원은 믿음을 통해서 은혜로 받지만, 자기 자손을 위한 지상적인 복은 행위로 얻는다고 어디서도 말하지 않는다. ② 타락 이전 아담이 순종했다면 얻었을 의(義)는 "공로적"이었을지라도, 이미 하나님의 공로 없는 호의로 감싸져 있었다. ③ 아브라함의 선행들은 이미 하나님의 은혜와 믿음으로 말미암았다. ④ 아브라함 언약의 약속은 영적이면서 동시에 현세적이었다. ⑤ 아브라함의 행위와 믿음은 분리되지 않는다. 우리는 행위 없이 믿음으로만 구원받지만, 그 믿음은 살아 역사하는 믿음이다. 하나님은 아브라함의 경우와 마찬가지로 우리의 믿음도 보상해 주신다. ⑥ 성경은 현세적인 복과 영적인 복을 유기적으로 연결된 것으로 제시한다. 약속의 땅의 복은 현세적이면서 동시에 영적이다. ⑦ 우리는 이스라엘이 현세적인 약속만 받았다거나 신약 신자들이 영적인 약속만 받는다고 생각하지 말아야 한다(Frame, *The Escondido Theology*, 180-82).
둘째, 시내 산 언약의 경우: ① 이스라엘이 하나님의 은혜 없이 약속의 땅의 복을 얻도록 하나님이 정하셨다는 증거는 성경 어디에도 존재하지 않는다. ② 이스라엘 백성은 새 언약 신자들에게 적용된 믿음과 순종의 질서와 마찬가지로 오직 믿음을 통해서 은혜로 말미암아 구원받았고, 하나님의 구원에 대한 적절한 반응으로서 율법을 지켰다. ③ 이스라엘의 선택은 하나님의 은혜로운 역사였다. ④ Kline은 시내 산 언약을 수립할 때, 율법 준행에 대한 이스라엘의 맹세를 시내 산 언약을 아브라함 언약과 구

이런 프레임의 비평에 대해 호튼은 자신의 주장을 네 가지로 묶어서 응수하지만, 사실상 응수의 핵심은 프레임이 한낱 가상의 적에 대해서 비판한다는 것이다. 호튼은 프레임의 비평은 "희화(戲畫)화, 허위 진술, 가상의 적," 그리고 근거 없이 "모호한 의혹"으로 가득 차 있어서 건전한 논의를 차단한다고 응답한다.

> 내가 요청하는 바는, 내 주장에 동의하지 않는다는 사람들이 존 프레임이 말하는 내 주장이 아닌, 실제로 **내 주장**에 동의하지 않는 것이 전부다. 만약 당신이 『에스콘디도 신학』(*The Escondido Theology*)을 읽었다면, 나 또는 우리[캘리포니아 웨스트민스터신학교 교수] 가운데 누군가가 신학교에서 가르치는 것이 무엇인지 조금이라도 실제로 안다고 생각하지 말라.[93]

별시키는 특징으로 언급하지만, 시내 산 언약도 하나님의 은혜로 수립되었고, 새 언약의 신자들도 세례와 공적인 고백을 통해서 그리스도를 주로 따르기로 약속한다. ⑤ 시내 산 언약과 새 언약 둘 다 불순종으로 말미암는 출교가 존재한다. 새 언약 신자들도 죄를 범할 때 징계 당했다. 이것은 시내 산 언약과 새 언약에서도 "행위의 원리"가 존재한다는 증거가 못 된다. ⑥ 행위의 원리와 은혜의 원리에서 "원리"라는 말은 성경적인 용어가 아니다. 하나님과의 "외적" 관계와 "내적" 관계라는 말이 더 적절한 것 같다. ⑦ 언약의 약속은 성령으로 말미암아 믿음을 발휘하는 사람에게 실제로 속하고, 일시적인 복과 영원한 복 둘 다 속한다. ⑧ 아담의 순종도 하나님의 공로 없는 호의와 무관하게 작용하지 않는다. ⑨ 가나안 땅의 복에 대한 소유가 그리스도의 역사로 보장되지 않은 것처럼, 새 언약의 신자도 하나님에게서 떠나면 역시 하나님의 복에서 떠난다(Frame, *The Escondido Theology*, 185–88).

[93] https://www.whitehorseinn.org/2012/02/a-response-to-john-frames-the-escondido-theology (2012.2.10, 강조는 Horton의 것).

에스콘디도 신학에 대한 프레임의 비판의 정당성에 대한 문제를 떠나서, "내가 요청하는 바는, 내 주장에 동의하지 않는다는 사람들이 존 프레임이 말하는 내 주장이 아닌, 실제로 **내 주장**에 동의하지 않는 것"이라는 호튼의 요구 자체는 실로 정당하다.

필자는 호튼의 논의에 대한 이런 상반된 평가들 가운데 이 책에서 다음을 논의하고자 한다.

즉, "실제로" 호튼은 시내 산 언약을 행위-공로의 원리에 의해서 좌우되는, 종주권 조약 형식의 율법 언약으로 간주하는데, 그가 이렇게 이해하는 근거는 역사적인 개혁신학자들의 우세한 견해에 있기보다는 메리데스 클라인의 언약 이해에 크게 의존한다.

그리고 시내 산 언약을 창조 언약의 일종의 재판(再版)으로서, 은혜 언약과 구별하는 호튼의 이중 언약주의는 타락 이전의 행위 언약과 (시내 산 언약을 포함하는) 타락 이후의 은혜 언약을 서로 구별하는 정통 개혁신학자들의 다수 견해로서의 이중 언약주의와 거리가 있고, 정통 개혁신학자들의 다수 견해의 요약인 신앙고백서처럼 신앙고백적인 지위를 누린 적이 없다는 것이다.

3. 논문의 논지와 논의 방식

이 책에서 필자가 논증하고자 하는 바는, 시내 산 언약이 행위-공로의 원리를 비록 한정적일지라도 실제로 도입했다는 의미에서, 시내 산 언약이 타락 이전의 행위 언약의 재판(再版)이라는 호튼의 주장은 고전적 언약신학의 우세한 견해가 아니라는 점이다.

필자는 이것을 논증하기 위해, 호튼이 고전적 언약신학의 현대적 요약으로 평가하는 클라인의 언약신학과 호튼의 언약신학의 유사성을 확인할 것이다. 그리고 클라인의 독특한 언약신학에 크게 기대는 호튼의 언약신학, 특히 시내 산 언약에 대한 호튼의 이해가 역사적 개혁주의 언약신학을 충실히 대변한다고 할 수 있을 만큼 개혁주의 언약신학자들의 우세한 입장과 실제로 일치하는지, 그리고 호튼이 언약신학의 주된 유익으로 내세우는 통합적 이해에 유망한지 검토해 볼 것이다.

본서는 다음과 같은 순서로 진행될 것이다.

제1장에서는 호튼의 언약신학을 검토한다. 창조 언약, 구속 언약(pactum salutis), 은혜 언약의 시작으로서 원(原) 복음, 노아 언약, 아브라함 언약, 다윗 언약, 새 언약, 그리고 창조 언약의 재판(再版)으로서 시내 산 언약에 대한 호튼의 이해를 순서대로 살피고자 한다.

제2장에서는 호튼이 고전적 언약신학의 충실한 반영이며 현대적 진전으로 간주하며, 크게 의존하는 클라인의 언약신학을 검토한다. 창조 언약, 구속 언약(pactum salutis), 은혜 언약의 시작으로서 원 복음, 노아 언약, 아브라함 언약, 다윗 언약, 새 언약, 그리고 시내 산 언약에 대한 클라인의 이해를 순서대로 살피되, 공로적 행위의 원리에 대한 클라인의 이해에 초점을 맞춰 검토하고자 한다.

제3장에서는 호튼의 언약신학에서 가장 논란이 되는 시내 산(또는 모세) 언약에 대한 그의 이해가 시내 산 언약에 대한 전통적인 언약신학의 다수 견해와 일치하는지 검토한다. 호튼 자신이 "개혁주의 언약신학의 지배적인 견해"를 발견할 수 있다고 공언하는 대표적인 개혁주의 신학자들인 칼빈, 비치우스, 투레틴의 언약 이해와, 정통 개혁신학자들의 우세한 합의가 요약된 웨스트민스터 신앙고백서에 나타난 언약 이해를 호튼의 언약 이해와 비교해 보고자 한다.

제4장에서는 시내 산 언약을 언약적 율법주의로 묘사하는 호튼의 독특한 이해를 검토한다. 호튼의 이런 이해는 "바울에 대한 새 관점"에 대한 호튼의 응답 가운데 두드러지는데, 먼저 바울의 새 관점에 대한 호튼의 언약신학적 평가를 살펴보고, 그러고 나서 시내 산 언약을 언약적 율법주의로 묘사하는 호튼의 이해를 검토해 보고자 한다.

제5장은 결론이다. 앞의 논의들을 간략히 요약하고, 본 논문의 한계를 언급하며, 추가적인 연구가 필요한 주제들을 제안함으로써 마무리하고자 한다.

제1장
마이클 호튼의 언약신학

이번 장에서는 클라인의 언약신학에 크게 공감하는 호튼의 언약신학을 검토해 보고자 한다. 호튼의 언약신학이 클라인의 언약신학과의 직간접적인 유사성을 염두에 두고, 창조 언약, 구속 언약, 은혜 언약의 시작, 노아 언약, 아브라함 언약, 다윗 언약, 새 언약, 그리고, 창조 언약의 재판(再版)으로서 시내 산 언약에 대한 호튼의 이해를 순서대로 살펴볼 것이다.

1. 창조 언약

창조자 하나님이 인류의 대표로 삼은 아담에게 순종하면 복과 영생을 주고, 불순종하면 저주와 죽음을 내리기로 약속했다. 이 첫 언약은 전통적으로 "자연 언약," "창조 언약," "생명 언약," "율법 언약,"

"교제 언약," 그리고 "무흠 언약" 등으로 다양하게 불려왔다.[1] 호튼은 이런 용어들이 모두 가능하다고 보면서도 "창조 언약"(the covenant of creation)이라는 용어를 가장 선호하는데, 그 이유는 역사상의 첫 언약이 "창조 자체"에 기초하고 이 용어가 "논란이 가장 적고 가장 폭넓게 유용"하기 때문이라고 한다.[2] 클라인의 언약신학을 고전적 언약신학의 우세한 견해의 현대판으로 평가하는 호튼은 첫 언약에 대한 명칭에 있어서는 클라인을 일단 따른다.[3]

그렇다면 내용에 있어서도 그러한가?

---

1 안상혁, 『언약신학, 쟁점으로 읽는다』 (수원: 영음사, 2014), 40. Cf. Ernest F. Kevan, 『율법, 그 황홀한 은혜』, 임원택 옮김 (서울: 도서출판 수풀, 2006), 135.

2 Michael S. Horton, *God of Promise: Introducing Covenant Theology* (Grand Rapids, MI: Baker Books, 2006), 83: "it is the least controversial and most broadly useful." Cf. Horton, *The Christian Faith: A Systematic Theology for Pilgrims on the Way* (Grand Rapids: Zondervan, 2011), 414-23. 이후에 보게 되겠지만 "창조 언약"이라는 용어에 대한 Horton의 선호는 창조가 언약을 내포하는 것처럼 주장하는 Horton의 이해와 무관하지 않다. 이에 반해 Bavinck에 따르면, 타락 이전에 아담과 맺어진 언약이 전통적으로 "자연 언약"이라고 불리기도 했지만, 이런 용어는 오해의 소지가 있었기 때문에 개혁신학자들은 "은혜 언약"이라는 용어를 선호했다고 한다. "'자연 언약'이라고 불렸던 것은, 그것이 하나님의 본성 또는 인간의 본성에서 자동적으로, 그리고 자연스런 방식으로 흘러 나왔기 때문이 아니다. 그렇게 불렸던 까닭은, 그 언약이 기초한 토대, 즉 도덕법은 인간에게 자연적으로 알려져 있었기 때문이고, 그 언약은 본래 상태의 인간과 수립되었고, 인간은 창조 시에 자신에게 주어진 힘으로, 초자연적 은혜 없이, 그 언약을 지킬 수 있었기 때문이다. 나중에 그 명칭이 오해를 불러일으키자, 그것은 오히려 '행위 언약'이라는 명칭으로 대체되었다. 그리고 그것이 이 명칭을 지녔던 까닭은, 이 언약에서 영생은 오로지 행위, 즉 하나님의 계명을 준수함으로써 획득할 수 있었기 때문이었다. 그래서 개혁파 신학자들은 이 언약을 '은혜 언약'의 대비로서 특별히 애호하여 가르쳤다"(Herman Bavinck, 『개혁교의학』, 제2권, 박태현 옮김 [서울: 부흥과개혁사, 2011], 708).

3 Mark Kim, "Michael Horton's Covenant Theology as a Defense of Reformation Theology in the Context of Current Discussions" (Ph. D. Dissertation, Wycliffe College of University of Toronto, 2013), 121, n. 15.

1) 호튼의 언약적 창조론

호튼은 클라인과 마찬가지로, 창세기 1-3장에서 언약의 전형적 형식들을 발견한다. 창조 언약의 무대를 마련하는 역사적 서언(창 1-2장), 언약 조항(2:16-17), 상벌 규정(2:17b)과 그 실행(3:8-19).[4] 그리고 호튼은 창조 이야기가, 전통적인 언약신학이 행위 언약의 구성요소로서 간주하는 다음 내용들을 내포하고 있다고 말한다.

1. 아담은 하나님께 완전히 순종할 수 있는 온전한 상태로 창조되었다.
2. 하나님은 완전한 순종을 조건으로 생명나무를 먹을 "권리"를 약속하셨다. 생명나무를 먹을 권리는 시험을 성공적으로 통과할 때 주어지는 상(償)이었다. "창조 자체는 선물이지만, 하나님의 안식에 들어가는 것은 시험 기간 동안의 충실한 순종에" 약속된 보상이었다.
3. 아담과 둘째 아담인 그리스도의 유비라는 신약의 "정경적" 맥락을 고려할 때, 아담은 인류의 대표로서 언약적인 머리다. 따라서 아담이 하나님과 언약 관계에 있었을 뿐만 아니라, 모든 인류도 "아담 안에 연합적으로 참여함"으로써

---

[4] Horton, *Lord and Servant: A Covenant Christology* (Louisville, KY: Westminster John Knox Press, 2005), 128-29; Horton, *The Christian Faith*, 415.

하나님과 언약 관계에 있었다.[5]

호튼은 클라인만큼은[6] 명백히 표현하지 않지만, 클라인과 마찬가지로 창조 명령 자체를 언약적 명령과 부르심으로, 그리고 창조 행위를 언약 체결 행위로 이해하는 것처럼 보인다. 호튼은 클라인과 유사하게, 피조물이 "실존 자체에 있어서 그리고 바로 그 시작부터" 언약적이고,[7] "'언약'은 하나님과 피조물의 관계에 더해진 것이 아니라 본질적인 것"이라고 표현한다.[8] 호튼도 클라인과 마찬가지로, 창조가 언약에 선행한다는 것을 거부하기라도 하는 것처럼, "피조물이 먼저 있고 그 다음에 언약이 있는 것이 아니"라고 주장한다.[9]

그리고 하나님이 우리를 창조하시고 나서 언약을 주신 것이 아니라, 애초에 우리를 "언약적 피조물로서" 창조하셨고, 창조에 의해서 우리는 "본성상" 하나님과 언약적 관계를 맺고 있다고 한다.[10]

---

5 Horton, *Lord and Servant*, 129; Horton, *God of Promise*, 89-90; Horton, *The Christian Faith*, 325.

6 Meredith G. Kline, *Kingdom Prologue: Genesis Foundations for a Covenantal Worldview* (Overland Park: Two Age Press, 2000), 92.

7 언약을 "상호 헌신을 포함하는" "'맹세와 약정'의 관계"로 정의하는 Horton은 삼위의 상호 헌신적인 관계에 언약을 적용해서, "하나님의 실존 자체"가, 성부 성자 성령의 서로에 대한 영원한 헌신이 언약적이라고 말한다(Horton, *God of Promise*, 10). 이미 Bavinck가 "신적 본질 가운데 있는 삼위의 관계와 삶"이 "언약의 삶"이라고 말한 바 있다(Bavinck, 『개혁교의학』, 제2권, 261); Cf. 이승구, "헤르만 바빙크의 언약 사상," 26.

8 Horton, *The Christian Faith*, 332; cf. Kline, *Kingdom Prologue*, 20.

9 Horton, *Lord and Servant*, 70.

10 Horton, *God of Promise*, 10.

그래서 호튼에게 있어서, 하나님과 사람의 "언약적인 관계"는 "인간 본성에 더해진 뭔가가 아니라, 인간 본성에 본질적인 것이고," "우리는 언약적 주님의 능력 있는 말씀에 의해서 존재하도록 부름 받았기 때문에, 이 언약적인 관계성은 우리의 인간됨에 본질적"이라고 한다.[11] 호튼에게 언약적인 관계란 우리가 하나님의 형상으로 창조되고 나서 더해진 뭔가가 아니라 "우리가 하나님의 형상으로 창조됨에 본질적인 것이다."[12]

그러나 베네마에 따르면, 창조와 언약의 "(분리가 아닌) 구별"은 전통적 언약신학자들의 "거의 만장일치 된 견해"였고, 이런 합의가 웨스트민스터 신앙고백서 7장 1절의 진술로 표현되었다고 한다.[13]

또한 호튼은 하나님의 형상으로 창조되면서 시작된 관계, 즉 하나님과 이웃을 사랑하라는 도덕법 아래 있는 관계를 "창조 언약"적 관계와 동일시한다. 호튼은 하나님의 형상대로 창조된 사람의 본성에 새겨진, 하나님과 이웃을 사랑하고 하나님의 통치에 복종하라는 명령을 "최초의 언약"이라고도 일컫는다.[14] 이것은 호튼의 언약신학에서 반복되는 특징인데, 호튼은 도덕법과 창조 언약, 율법과 행위 언약을 동일한 의미로 자주 사용하는 경향을 보인다.

---

11 Horton, *The Christian Faith*, 380. Cf. Horton, *Pilgrim Theology*, 127, 132.
12 Horton, *The Christian Faith*, 384; Horton, *God of Promise*, 93.
13 Cornelis P. Venema, "The Mosaic Covenant: A 'Republication' of the Covenant of Works?: A Review Article: *The Law Is Not of Faith: Essays On Works and Grace in the Mosaic Covenant*," *Mid-America Journal of Theology* 21 (2010): 95.
14 Horton, *The Christian Faith*, 384.

호튼의 창조론은 언약적인 관계가 아닌 창조자와 피조물의 관계를 애초에 생각할 수 없는 것처럼 말한다. 호튼은 창조자와 피조물의 관계가 이신론적인 분리나 범신론적인 흡수의 관계가 아니기 위해서는 반드시 언약적인 관계여야 한다고 주장한다. 호튼에 따르면, 초월적이고 독립적인 하나님이 자신의 피조물과 참된 관계를 맺는 것이 가능해지는 콘텍스트가 바로 언약이라고 한다.[15] 호튼은 언약적인 관계 말고는 진정한 윤리적인 관계가 하나님과 피조물 사이에 존재하지 못하는 것처럼 말한다.[16]

그런데 전통적인 개혁신학에 따르면, 창조자와 피조물의 언약적인 관계는 창조자가 자발적으로 내려오셔서 맺으신 관계이고, 따라서 설령 하나님이 사람과 창조 언약을 맺지 않았다고 할지라도, 하나님과 피조물의 관계는 도덕적으로 하자가 없는 인격적 관계였을 것이다. 비록 하나님이 순종에 영생을 약속하는 창조 언약을 아담과 맺지 않으셨다고 할지라도, 하나님의 형상으로 창조된 아담은 하나님과 참으로 선한 도덕적 관계 가운데 있었을 것이다.[17] 하나님의 형상으로 창조된 아담은 창조와 '동시에' 하나님과 진정한 도덕적 관계 아래 있는 것이지, 창조 언약을 맺음으로써 비로소 참된 도덕적 관계에 들어가는 것이 아닐 것이다.

---

15 Horton, "Hellenistic or Hebrew?" *Journal of the Evangelical Theological Society* 45/2 (2002): 329; Horton, *Lord and Servant*, 48.

16 Horton, *Lord and Servant*, 84.

17 Kline과 Horton은 하나님의 형상으로 창조된 아담이 하나님과 선한 도덕적 관계 가운데 있는 것 자체를 창조 언약적 관계로 간주한다.

창조와 창조 언약이 구별된다면, 하나님의 형상과 도덕법은 창조 언약의 토대이지 창조 언약 자체는 아닐 것이다. 창조 언약에는 창조와 함께 심긴 도덕법 외에도 선악과를 먹지 말라는 실정법이 있었고, 순종하면 영생을 주시기로 약속하는 약속도 창조 자체에서 도출되는 자연적인 것이 아니었다. 하나님과 사람의 창조 언약적인 관계는 창조 자체와 함께 시작되는 자연적인 관계가 아니다. 이미 창조에 의해서 하나님께 대한 순종을 자연적인 의미로 빚지고 있는 피조물에게 하나님이 자발적으로 내려오셔서 언약을 맺으셨다. 게르할더스 보스(Geerhardus Vos)가 말하는 것처럼, 전통적인 개혁주의에 따르면 창조 언약은 "하나님과 사람 사이에 존재하는 자연적인 유대를 넘어서는 것이다."[18]

2) 창조 언약의 기원: 은혜가 아닌 하나님의 선하심?

웨스트민스터 신앙고백서는 창조 언약이 창조에 내재하는 자연적인 것이 아니라 하나님이 자발적으로 내려오셔서 맺으신 것임을 강조한다.[19] 호튼은 창조 언약의 기원을 하나님의 "자발적인 내려오심"으로

---

18 Geerhardus Vos, *Redemptive History and Biblical Interpretation*, ed. Richard B. Gaffin (Phillipsburg, New Jersey: Presbyterian and Reformed Publishing Company, 1980), 244. Cf. Francis Turretin, *Institutes of Elenctic Theology*, vol. 1, ed. James T. Dennison Jr., trans. George Musgrave Giger (Phillipsburg, NJ: P&R Publishing, 1992), 574.

19 WCF(웨스트민스터 신앙고백서), 7. 1.

말하는 신앙고백적인 표현에는 동의하지만,[20] 하나님의 "자발적인 내려오심"을 은혜로운 것으로 간주하기는 꺼린다. 호튼은 창조나 창조 언약의 토대는 하나님의 은혜가 아닌, 자발적인 내려오심과 사랑과 선하심이라고 주장함으로써, 자발적인 내려오심과 은혜를 대조한다.

호튼에 따르면, 창조 언약은 "하나님의 내려오심의 행위이고, 따라서 받을 자격이 없는 선물이지만, 자비의 행위는 아니"라고 못 박는다.[21] 여기서 호튼이 종교개혁자들이나 개혁파 정통주의자들의 이해와 달리, 창조 언약을 맺으시는 하나님의 자발적인 내려오심과 은혜를 대조하게 된 주된 이유 가운데 하나는, 호튼이 은혜에 대한 전통적인 정의보다 좁은 정의를 택하기 때문이다. 호튼은 은혜를 죄과가 있음에도 불구하고 베풀어지는 하나님의 호의로 보는 좁은 정의를 클라인과 공유한다.[22]

---

20 Horton, *Lord and Servant*, 59; *God of Promise*, 93.
21 Horton, *Lord and Servant*, 59.
22 Kline, *Kingdom Prologue*, 113. Horton은 Barth가 은혜를 죄가 전제된 구속적인 은혜로 한정하는 것에(Karl Barth, *Church Dogmatics*, II/1, trans. G. W. Bromiley [Edinburgh: T. & T. Clark, 1985], 355) 주목한다. Barth에 따르면, "은혜는 구속을 의미"하고, 은혜는 "이 반대[죄]의 실재를 전제"하고(Barth, *Church Dogmatics*, II/1, 355), 은혜는 "이 호의를 받아 마땅하지 않을 뿐만 아니라, 정반대되는 것을 받아 마땅한 자들에게로 향하시는 하나님의 향하심"이라고 한다(Barth, *Church Dogmatics*, II/1, 356). 한편으로 Horton은 은혜에 대한 Barth의 정의가 한 편으로는 "가치 있"는 "중요한 진전"(important improvement)이라고 평가하면서도(Horton, *Lord and Servant*, 58), Barth가 죄를 전제한 은혜를 "하나님의 존재의 본질 자체"로 간주하는 것에(Barth, *Church Dogmatics*, II/1, 356) 대해 반대하고, 은혜는 잘못을 전제하기 때문에 "절대적인 신적 속성"으로 간주하지 말아야 한다고 비판할 뿐만 아니라, Barth가 창조 자체를 구속 행위로 규정하는 것도 옳게 비판한다(Horton, *Lord and Servant*, 57). Cf. Horton, *Covenant and Salvation: Union with Christ* (Louisville, KY: Westminster John Knox Press, 2007), 194, n. 51.

호튼은 은혜에 대한 이런 좁은 정의에 근거해서, 창조 언약의 기초는 하나님의 자발적인 내려오심이지만 그것은 은혜가 결코 아니라고 강조한다.[23] 호튼은 은혜가 창조의 기초라면 창조 자체가 온전한 것으로서 간주되기 힘들다고 말한다. 만약 은혜가 죄를 전제하고 벌 받아 마땅함에도 불구하고 주어지는 호의로, 즉 구속적인 은혜로 한정되어야 한다면, 호튼의 주장은 타당할 것이다.

그러나 하나님의 "자발적인 내려오심"이란 표현을 신앙고백서에 사용한 17세기 개혁파 정통주의자들은 은혜를 구속적인 은혜로 한정하지 않았고, 하나님의 자발적인 내려오심도 하나님의 은혜로운 행위로 이해했다.

리차드 멀러(Richard A. Muller)에 따르면, 17세기 개혁주의 언약신학은 호튼과 달리, 은혜를 하나님이 죄와 상관없이 유한한 피조물과 관계를 맺기 위해 내려오시는 하나님의 관계적인 특성으로 간주했을 뿐만 아니라, 그런 관계의 토대가 되는 신적 존재의 본질적 속성으로도 간주했다.[24] 예를 들어, 개혁파 정통주의자인 에드워드 라이히(Edward Leigh)는 다음과 같이 말한다.

> 하나님의 은혜로움은 본질적 속성이다. 이 본질적 속성에 의해서 하나님은 그 자체로 가장 은혜롭고 친절하시다(시 145:8).

---

23 Horton, *Lord and Servant*, 78.
24 Richard A. Muller, *Post-Reformation Dogmatics: The Rise and Development of Reformed Orthodoxy, ca. 1520 to ca. 1725*, vol. 3: *The Divine Essence and Attributes* (Grand Rapids, MI: Baker Academic, 2003), 570.

하나님만이 그 자체로 은혜로우시므로, 친절하고 은혜로운 것은 무엇이든지 하나님으로부터 말미암는다.[25]

그리고 베네딕트 픽텟(Benedict Pictet)는 다음과 같이 말한다.

하나님은 은혜로 말미암아, 자기 자신을 피조물에게 전달하는 데로 자유롭게 그리고 자발적으로 기울지, 피조물에게 공로나 빚진 것이 있기 때문이 아니고, 하나님 자신 바깥에 어떤 다른 이유가 있기 때문도 아니며, 하나님 자신에게 뭔가를 더하기 위해서가 아니라, 이 은혜를 받는 대상의 유익을 위해서 그렇게 하신다. 왜냐하면 **은혜**는 공로 없는 호의 말고 다른 것이 아니고, 공로와 항상 반대되기 때문이다.[26]

이런 진술들을 고려할 때, 17세기 개혁주의 언약신학자들에게 은혜란 호튼처럼 죄를 전제하는 구속적인 은혜에 한정되지 않았고, 공로 없이(unmerited이지 demerited가 아니다) 베풀어지는 하나님의 모든 호의를 포함한다고 보았다. 그래서 멀러가 말하는 대로, 17세기 정통주의 개혁신학자들은 하나님과 사람의 창조 언약적 관계에도 은

---

[25] Edward Leigh, *Treatise*, II. xi (p. 84), in Muller, *Post-Reformation Dogmatics*, vol. 3, 571.

[26] Benedict Pictet, *Theol. chr.*, II. vii. 5, in Muller, *Post-Reformation Dogmatics*, vol. 3, 571 (강조는 본래의 것).

혜는 근본적이고, 창조 언약 자체가 은혜로운 것이라고 시종일관 주장할 수 있었다.[27] 비록 구속적인 은혜와 비구속적인 은혜는 전자의 경우에 공의에 대한 만족이 수반된다는 차이가 있지만, 본질상 은혜로우신 하나님이 은혜를 받는 당사자에게 공로가 없는데도 베푸시는 호의라는 점에서는 차이가 없다.

3) 창조 언약과 하나님의 형상

호튼은 사람이 타락 이전은 물론 타락 이후에도 언약적인 존재로 남는다는 것을 강조한다. 은혜 언약 아래 있는 자들은 물론이고, "여호와의 이름을 부르지" 않는 자들, 즉 은혜 언약을 받아들이지 않는 자들도 "아담 안에서" 창조 언약 아래 있다.[28] 호튼에 따르면, 하나님의 형상에 "언약적인 임무 또는 사명"이 본래적이고, 그래서 언약적인 사명과 법이 본성에 심겨진 자연법이라고 한다. 호튼은 말하기를, 모든 사람을 존귀하고 책임 있는 하나님의 형상 담지자로 만드는 것은 다름 아닌 창조 언약 때문이라고 한다.[29]

호튼은 하나님의 형상의 본질을 언약적 관계와 언약적 사명에서 찾는다.[30] 호튼에 따르면, 사람이 애초에 하나님의 언약적 말씀에 의해

27　Muller, *Post-Reformation Dogmatics*, vol. 3, 570, n. 512.
28　Horton, *Lord and Servant*, 93-94.
29　Horton, *Lord and Servant*, 94; *Lord and Servant*, 115.
30　Horton, 『천국 가는 순례자를 위한 조직신학』, 박홍규 옮김 (서울: 부흥과개혁사, 2015), 179: "형상은 모든 사람이 태어나면서 얻게 된 언약적 임무이거나 계명이다."

서 창조되었기 때문에, 하나님의 형상에는, 다시 말해서, 우리가 사람이 되는 것에 있어서 "언약적인 관계성은 본질적이다"라고 한다.[31] 이것은, 아담과 하나님의 언약적 관계가 아담의 창조와 함께 시작하고, 언약 없는 인간 상태란 애초에 존재하지 않는다는 주장과[32] 별 차이가 없어 보인다. 호튼에게는 하나님의 형상으로 창조된다는 것 자체가 하나님과의 창조 언약적 교제로 부름 받는 것이다.[33]

호튼은, 비록 칼빈의 형상론과 개혁파 정통주의의 형상론이 중세의 형상론에 비해서 보다 전인적이고 관계적이고 종말론적인 차원에서 큰 진전이 있었을지라도, 영혼을 형상의 주된 자리로서 말하는 존재론적 형상론을 완전히 탈피하지 못한 것으로 평가한다.[34]

호튼에 따르면, 칼빈과 개혁파 정통주의는 본성 자체의 선함과 온전함에 대한 올바른 강조로 말미암아 중세신학을 지배한 자연과 은혜의 이원론에 빠지지 않았고, 전인(全人)에 하나님의 형상의 명예를 돌림으로써, 몸과 정신의 인간론적 차이가 갈등이나 대립을 가정하지 않았다는 점에서 중세 인간론과 분명 구별된다고 인정한다.[35] 그

---

31 Horton, *The Christian Faith*, 380; cf. Horton, *Pilgrim Theology*, 132.
32 Cf. Kline, *Kingdom Prologue*, 17. 본서 제2장, 1. 1) "창조와 언약의 구별 제거"를 보라.
33 Horton, *Lord and Servant*, 96.
34 Horton, *The Christian Faith*, 392-93; Horton, *Lord and Servant*, 99. Horton은 Calvin의 형상론이 중세 형상론과 구별되는 차이를 세 가지로 요약한다. **첫째**, Calvin은 창세기의 형상과 모양을 동의어로 간주하고 양자에 대한 신학적인 구별을 거부한다. **둘째**, 비록 Calvin은 형상의 고유한 자리가 영혼이라는 기존의 입장을 따를지라도, 몸을 포함하는 전인(whole person)에 하나님 형상의 명예를 돌린다. **셋째**, Calvin은 형상의 참된 성격이 형상의 회복과 종말론적 완성에서 가장 분명하게 인식된다고 본다.
35 Horton, *Lord and Servant*, 103.

럼에도 불구하고, 칼빈과 개혁파 정통주의에는 존재론적 형상론의 잔재가 남아 있어서 전통적인 형상론을 넘어서 보다 관계적인 형상론으로 나아갈 필요성이 있다고 호튼은 제안한다.

호튼은 하나님의 형상을 사람의 특정 기능에 돌리는 것과 하나님의 형상을 관계에 불과한 것으로 환원하는 양 극단을 피하기 위해서, 하나님의 형상에 필요한 자연적인 조건과 하나님의 형상 자체를 구별할 것을 제안한다. 호튼은 사람은 하나님의 언약 상대자로서 독특한 자연적 능력을 갖고 있다는 것은 의심할 여지가 없지만, 하나님의 형상은 인간의 특정 능력이나 부분과 동일시 될 수 없다고 주장한다. 호튼에 따르면, 비록 "이성, 의도적 관계성, 도덕적 행위, 언어" 같은 자연적 능력은 "언약적 인간"의 필요조건일지라도,[36] "이런 능력 가운데 어느 것도 창조 언약에 앞서 존재하는 것이 아니라, 이런 것들은 창조 언약에 의해 이미 전제된" 것이라고 한다.[37]

호튼은 나머지 피조물과 구별되는 사람의 이런 자연적인 능력은 "형상과 동일시 될 수 없고," 하나님의 형상은 "종말론적 방향을 갖는 언약적 사명"이나 임무로서 이해되어야 한다고 주장한다.[38]

호튼은 하나님의 형상에 언약적 사명과 더불어 원의는 포함시키지만,[39] 전통적인 개혁주의 형상론과 달리, 전통적인 이해에서 넓은 의미

---

36 Horton, *Lord and Servant*, 104.
37 Horton, *Lord and Servant*, 104.
38 Horton, *Lord and Servant*, 104.
39 Horton, *The Christian Faith*, 397: 여기서 Horton은 "원의" 대신 "도덕적 닮음"(the moral likeness)이라는 표현을 사용한다.

의 하나님의 형상이라고 일컬어지는, 다른 피조물과 구별되는 사람의 자연적인 특성들은 하나님의 형상 자체에서 제외한다. 심지어 호튼은 이성적 사고, 언어, 의지적 행위 같은 자연적인 능력 자체는, 사람이 생물학적으로 더 고등하고 복잡한 존재라는 의미 이외의 다른 구별을 만들지 못한다고 말하기도 한다.[40] 호튼에 따르면, 사람을 다른 피조물과 참으로 구별하는 "인간 존재의 독특함"이 바로 언약이다.[41]

전통적인 개혁신학은 사람인 한 결코 상실할 수 없는 넓은 의미의 하나님 형상인 사람의 본질적 특성 및 능력과, 상실되어도 여전히 사람으로 머무는 좁은 의미의 하나님 형상인 원의를 구별해 왔다.[42] 그러나 호튼은 이 넓은 의미의 하나님의 형상을 "형상 담지자가 되기 위해 필요한 특성"이라고 부르면서 형상 자체와는 구별하고 하나님의 형상에 포함시키길 꺼린다.[43]

그렇다면 넓은 의미의 형상을 하나님의 형상에 포함시키길 꺼리는 호튼에게 있어서 타락하고 원의를 상실한 사람은 하나님의 형상이 아니며 사람이 아닌가?

물론 호튼도 원의를 상실한 사람도 여전히 사람이며 하나님의 형

40　Horton, *The Christian Faith*, 396.
41　Horton, *The Christian Faith*, 396-97.
42　Herman Bavinck, *Reformed Dogmatics*, vol. 2, ed. John Bolt, trans. John Vriend (Grand Rapids: Baker Academic, 2004), 554; Geerhardus Vos, *Reformed Dogmatics*, vol. 2: *Anthropology*, trans. and ed. Richard B. Gaffin, Jr. (Bellingham: Lexham Press, 2014), 12, 15; Louis Berkhof, *Systematic Theology* (Grand Rapids, MI: Eerdmans, 1996), 207.
43　Horton, *Lord and Servant*, 104.

상이라는 것을 인정한다. 대신 호튼은 넓은 의미의 하나님 형상의 지속 대신, 창조 언약적 관계와 그에 따른 사명과 책임의 지속을, 죄인도 여전히 사람이며 하나님의 형상인 이유로 제시한다. 원의(原義)로 일컬어지는 "도덕적인 형상"과 구별되는, 상실될 수 없는 "자연적인 형상"을, 호튼은 아담 안에서 태어남으로써 처하는 창조 언약적 관계를 의미하는 말로 사용한다.[44]

호튼에 따르면, 사람이 타락하고 원의(原義)를 상실할지라도, 사람은 애초에 "하나님과의 언약 안에서 창조"되었기에 언약적 관계와 사명과 책임에서 벗어나지 못하고,[45] 바로 이런 이유에서 여전히 사람이라는 것이다. 심지어 호튼은 불신자는 자신의 언약적 사명을 남용했지만, 여전히 선지자, 제사장, 그리고 왕으로 남는다고 말하기도 한다.[46]

호튼은 말하기를, 창조 언약이 우리를 하나님, 다른 사람, 그리고 모든 피조물에 대해서 책임 있는 존재로 만든다고 하지만,[47] 아담은 언약이 아니라 창조 때 이미 도덕적 책임을 지닌 하나님의 형상이었다. 호튼의 형상론은 전통적인 개혁신학에서 하나님의 형상에 포함되는 광의의 하나님 형상인 존재론적 측면을 하나님의 형상이 아니라 형상에 필요한 전제조건에 불과한 것으로 간주하는데, 이러한

---

44 Horton, *The Christian Faith*, 437.
45 Horton, *Lord and Servant*, 119.
46 Horton, *The Christian Faith*, 437.
47 Horton, *Lord and Servant*, 115.

형상론은 하나님의 형상으로 창조하는 행위가 다름 아닌 창조 언약을 맺는 행위라는 전제에서만 타당할 수 있는 것 같다.

그러나 아담은 하나님의 형상으로 창조되어 이미 도덕법에 순종할 책임 아래 있는 상태에서 하나님과 창조 언약을 맺게 된 것이지, 아담이 하나님과 창조 언약을 맺음으로써 비로소 하나님의 형상이 된 것이 아니다. 전통적인 개혁신학의 형상론에는 형상의 존재론적 요소와 관계적 요소의 충돌이 없음에도 불구하고, 호튼은 그릇된 양자택일을 제안하는 것 같다. 이는 다음과 같은 그의 진술에서 잘 드러난다.

> 나는 인간에게 있는 하나님의 형상 자체는 본질적이지 않고 직무적이며, 존재론적이지 않고 윤리적이며, 형이상학적이지 않고 종말론적이라고 결론 내리는 바다.[48]

4) 창조 언약의 공로적 성격

호튼은 아담이 하나님의 명령에 완벽히 순종할 수 있도록 올바르게 창조되는 것을 창조 언약에 필수조건으로서 강조한다. 애초에 창조된 대로의 아담의 본성은 하나님의 명령을 완전히 순종하는 일에 부족함이 전혀 없었고, 죄를 지을 수 없는 상태로 확정되지 않고 가변적이었음에도 불구하고 의롭고 거룩했다. 호튼은, 창조 언약의 기

---

48 Horton, *Lord and Servant*, 112.

원에서조차 은혜를 배제하고자 하는 자신의 주된 신학적 동기가 창조의 온전함을 긍정하기 위해서라고 밝힌다.[49]

호튼에 따르면, 사람의 온전한 상태가 창조 언약의 적합한 상대자가 되는 자격임을 고려할 때,[50] 창조에 은혜를 도입하면 창조의 온전함이 훼손되면 창조 언약도 제대로 성립될 수 없다고 한다.

호튼은 창조에 은혜를 도입하는 문제를 바르트와 로마교의 창조론에서 발견한다.[51] 호튼에 따르면, 바르트는 죄와 비참을 전제하는 은혜를 도입함으로써 창조의 온전함을 훼손하고, 로마교는 원의(原義)의 결여를 전제하는 은혜를 도입함으로써 창조의 온전함을 훼손한다고 한다. 호튼은 바르트와 로마교의 창조론 둘 다에 대하여 다음과 같이 비판한다.

> 구속하는 은혜든, 고양하는 은혜든 피조물이 은혜를 전혀 필요로 하지 않고, 하나님의 선하심과 돌보심에 의존하며 온전한 상태로 실제로 존재하는 순간이 결코 존재하지 않는다.[52]

이런 신학적 배경에서 호튼은 타락하기 전의 창조 질서와 온전한 아담에게 나타난 하나님의 선하심 또는 친절(호튼에 따르면, 이 친절은

49　Horton, *Lord and Servant*, 78. Cf. Horton, *God of Promise*, 84.
50　Horton, *God of Promise*, 89; Horton, *Lord and Servant*, 129.
51　Horton, *Lord and Servant*, 78-79; Horton, *The Christian Faith*, 336-37.
52　Horton, *The Christian Faith*, 337.

은혜가 아니다)을 타락한 질서와 죄인에게 나타난 하나님의 특별한 친절인 은혜와 구별하는 것이 절실하다고 주장한다.

그래서 호튼은 "은혜"라는 말에 죄나 불완전을 내포한다는 가정 하에, 은혜를 창조 언약을 맺는 대상의 존재에 있어서만 아니라 창조 언약의 시작과 과정에 있어서도 배제하고자 한다. 그래서 호튼은 창조 언약에서의 은혜에 대한 "율법의 우선성"을 주장한다.[53]

그러나 은혜를 호튼이 주장하는 것처럼 구속적인 은혜에 한정하지 말고 종교개혁자나 개혁파 정통주의에서처럼 비구속적인 과분한 친절, 다시 말해서, 하나님의 "자발적인 내려오심"을 포함하는 것으로 사용한다면 상황은 달라진다. 종교개혁자나 개혁파 정통주의에서는 창조 언약에서도 비구속적인 은혜가 율법에 우선하고 진정한 공로는 애초에 배제된다. 그리고 호튼도 인정하는 것처럼, 이런 비구속적인 은혜는 창조의 온전함을 훼손하기는커녕, 창조의 온전함의 원천이다.

마크 킴은 호튼의 창조 언약을 "비은혜적이고 공로에 기초한 언약"(non-gracious and merit-based covenant),[54] "배타적으로 공로에만 기초한 언약"으로 묘사한다.[55] 더 나아가서 마크 킴은 창조 언약에서 은혜를 배제하고 율법의 우선성을 강조하는 호튼의 공로적인 창조 언약 이해를 종교개혁자와 개혁파 정통주의자의 다수 견해, 그리고 웨

---

53 Horton, *Lord and Servant*, 133.
54 Kim, "Michael Horton's Covenant Theology," 122.
55 Kim, "Michael Horton's Covenant Theology," 135.

스트민스터 신앙고백서의 견해와 일치하는 것으로 평가한다.[56] 그러나 멀러가 잘 지적한 대로, 창조 언약이 기원에서조차 은혜가 배제된 공로적인 언약이라는 것은 정통주의자들의 다수 견해가 아니다.[57]

다음 장에서 보겠지만,[58] 창조와 창조 언약을 구별하기를 꺼리는 클라인은 언약 안에서 창조자와 피조물의 존재론적 차이와, 언약적인 순종과 보상 간의 가치 불균형을 고려하길 거부함으로써 공로 개념에 대한 전통적인 구별을 외면하고, 그리스도의 진정한 공로와 아담의 언약적 공로를 구별하지 않는다.

이점에 있어서도 호튼은 클라인을 따르는가?

클라인은 언약에 대한 계시가 하나님의 공의를 전적으로 규정하는 포괄적인 계시인 것처럼은 말했지만, 일단 호튼은 그렇지 않는 것 같다. 유비(類比)를 강조하는 호튼은 계시된 하나님을 하나님의 전부로 주장하지 않고도, 계시된 하나님을 진짜 하나님으로 인정할 수 있다고 인정한다.[59] 호튼은 하나님의 정체는 성경에 계시된 그대로이면서도 그 계시는 하나님을 포괄하지 않는다고 인정한다.[60] 호튼은 다음과 같이 말한다.

56　Kim, "Michael Horton's Covenant Theology," 121-22, 127.
57　Muller, *Post-Reformation Dogmatics*, vol. 3, 570, n. 512.
58　본서 제2장, 1. 2) "클라인의 공로 개념의 재(再)정의"를 보라.
59　Horton, *Lord and Servant*, 15, n. 63.
60　Horton, *Lord and Servant*, 33.

하나님은 자신의 계시에서 참되게 알려지지만, 계시에 의해서 포괄될 순 없다.[61]

그리고 호튼은, 죄가 없었더라도 창조자와 피조물의 존재론적 거리 때문에 하나님과 우리가 교제하기 위해서는 "창조 언약을 통한 하나님의 내려오심"이 필요하다고 분명히 말한다.[62] 또한 호튼은 하나님과 피조물의 존재론적 차이가 명백히 드러나는 비공유적인 속성을 강조한다.[63] 특히 호튼은 하나님의 독립성을 강조하며, 피조물은 하나님께 대가를 요구할 수 있는 어떤 것도 하나님을 위해서 행하거나 줄 수 없다고 말함으로써,[64] 창조자와 피조물 사이에 진정한 공로가 불가능하다는 것을 인정하는 것 같기도 하다.

그런데 위의 진술과 상반되어 보이는 호튼의 발언이 있다. 존 파이퍼(John Piper)가 라이트(N. T. Wright)의 칭의론을 반박하면서 다음과 같이 진술했다.

> 하나님의 의(義)는 언약이 존재하기 이전에, 죄에 대한 형벌이 언약 안에서(그리고 언약 밖에서도!) 발생할 요소가 되도록 결정했다. … 그러므로 '하나님의 의'를 이런 맥락에서 언약적인 범

---

61 Horton, *Lord and Servant*, 48.
62 Horton, *Covenant and Salvation*, 155.
63 Horton, *Lord and Servant*, 30-52.
64 Horton, *Lord and Servant*, 32.

주에 한정하는 것은 너무 제한적이다.[65]

호튼은 위와 같은 파이퍼의 진술에 대하여 다음과 같이 논평했기를, "하나님의 의(義)는 언약적 맥락을 떠나서는 형벌이 반드시 있게끔 결정할 수 없었을 것이다"(God's righteousness could not have determined that punishment was required apart from a covenantal context)라는 것이 "고전적 언약신학"의 견해라고 했다.[66] 호튼은 비록 하나님의 명령이 하나님의 의로운 본성과 일치할지라도, "제재(복과 저주)는 언약에서만 시행된다"고 말한다. 왜냐하면 "사람은 율법 언약 안에서 창조되었"기 때문이라는 것이다.[67]

비록 호튼은 클라인만큼은 아닐지라도 창조와 창조 언약을 충분히 구별하지 않기에, 창조 언약에 대한 순종이, 즉 애초에 창조로 말미암아 피조물이 본래 빚지고 있던 의무의 이행이 하나님 편에서 자발적으로 내려오셔서 맺으신 선한 언약에 따라서 풍성히 보상받는 단지 "언약적" 공로일 뿐이라는 것을 분명히 하지 않는 것 같다.[68] 피조

---

[65] John Piper, *The Future of Justification: A Response to N. T. Wright* (Weaton Illinois: Crossway Books, 2007), 68.

[66] Horton, "Covenant and Justification: Engaging N. T. Wright and John Piper," in *Justified: Modern Reformation Essays on the Doctrine of Justification*, Ryan Glomsrud and Michael S. Horton eds. (n.p.: CreateSpace, 2010), 26.

[67] Horton, "Covenant and Justification: Engaging N. T. Wright and John Piper," 26. 여기서 Horton의 진술은 신적 공의가 언약에 의해서 전적으로 정의된다고 주장하는 Kline의 진술과 유사하다.

[68] 언약적 공로에 대해서는, Turretin, *Institutes of Elenctic Theology*, vol. 2, ed. James T. Dennison Jr., trans. George Musgrave Giger (Phillipsburg, NJ: P&R Publishing, 1994), 712를 보라.

물의 완전한 순종과 영생 간에는 내적 가치가 다름에도, 영생이 순종에 대한 공의로운 보상이 될 수 있는 이유는, 다름 아닌 하나님이 은혜롭게 자신을 낮추어 맺으신 창조 언약 때문이다.

그래서 개혁파 정통주의자들은 창조 언약 안에 행위의 원리와 상반되는 은혜의 원리가 작용한다고 주장하지 않으면서도, 그들의 폭넓은 은혜 개념을 따라서, 창조 언약의 은혜로운 기원을 말할 수 있었다. 개혁파 정통주의자들이 말하는 창조 언약의 원천으로서의 은혜는 창조 언약의 법적 성격과 완전한 순종에 대한 엄격한 요구를 조금도 손상시키지 않으면서, 단지 인간의 공로만을 배제한다.

요컨대, 비록 호튼이 언약 상대자들의 존재론적 위치에 클라인보다는 더 관심을 기울임에도 불구하고, 전통적인 언약신학이 온전한 아담, 신인이신 그리스도, 그리고 구속받은 이스라엘의 존재론적 차이와 도덕적 상태를 충분히 고려하여 각각의 언약적 순종을 구별한 데 반해(아담의 행위 언약적 순종은 언약적 공로를 얻을 수 있고, 그리스도의 행위 언약 성취는 진정한 공로를 얻을 수 있지만, 이스라엘의 시내 산 언약적 순종은 어떤 공로도 얻을 수 없다), 호튼은 클라인과 마찬가지로 이 세 그룹의 순종 모두에 공로적인 행위의 원리를 적용할 수 있다고 간주하는 것 같다.[69]

---

[69] Horton, *Lord and Servant*, 130; Horton, *God of Promise*, 91.

2. 은혜 언약

1) 구속 언약(pactum salutis)

비록 구원에 대한 삼위일체 하나님의 영원한 작정을 언약 개념으로 묘사하는 것에 이의를 제기하는 사람들이 있을지라도,[70] 호튼은

---

[70] 안상혁에 따르면, Bert Loonstra, David Weir 등은 구속 언약이 성경적 근거를 결여하고 있다고 주장하고, James B. Torrance, Thomas F. Torrance, Chales Bell, 그리고 Karl Barth 등은 구속 언약 교리를 "율법주의의 표현"으로, 또한 "삼위 사이에 상업적인 계약 개념을 도입하는 인위적인 시도"로 간주한다고 한다(안상혁, 『언약신학, 쟁점으로 읽는다』, 70). 보수적인 개혁주의 신학자들 가운데서도 이를테면, John Murray는 성경에서 어떤 구속 계획이 언약의 요소들을 갖는 것처럼 묘사될지라도, 언약이라는 말로 일컬어지지 않으면, 언약이라고 일컫기를 거부했다. 그런데 Murray가 역사 이전의 언약을 표면적으로 거부하는 것은 내용의 문제라기보다는 표현의 문제다. Murray는 "구원에 대한 삼위일체의 내적 경륜"(inter-trinitarian economy of salvation)에 대해 말한다. 이것은 내용과 실체에 있어서는 구속 언약이라고 일컬어질 수 있는 것과 별 차이가 없다(John Murray, *Collected Writings of John Murray: Systematic Theology*. vol. 2. [Edinburgh: Banner of Truth, 1977], 130-31). 마찬가지로 Robertson도 구원에 대한 영원한 작정은 인정하지만 이를 언약 개념으로 묘사하는 것은 성경의 증거를 부적절하게 넘어서는 인위적인 시도라고 평가한다. "그러나 하나님의 영원한 협의[counsels]에서의 구속의 역할을 인정하는 것은 성부, 성자 사이에 창조 이전 계약이 존재한다는 것과는 다르다. 하나님의 영원한 협의의 수수께끼를 계약적인 용어로 하는 것은 너무 인위적인 느낌이 든다. 성경은 창조 이전의 하나님의 법규에 대해서는 별로 언급하고 있지 않다. 창세 이전에 성부와 성자 사이에 상호 승인된 그런 조건과 용어로서 삼위일체의 '계약'을 말한다면, 이것은 성경적인 증거의 한계를 넘는 부당한 것이 되어 버린다"(Palmer Robertson, 『계약신학과 그리스도』, 김의원 옮김 [서울: 개혁주의신학사, 2013], 62). Muller는 Robertson이 영원한 구속 언약 개념을 거부하는 것을 Robertson의 언약 개념과 17세기 언약신학 간의 가장 큰 차이로 평가한다. Muller는 Robertson이 "하나님과 피조물의 상호 관계"가 "성부, 성자, 그리고 성령의 삼위일체적 삶에 있는 결코 깨트릴 수 없는 영원한 상호성"에 근거한다는 옛 언약신학자들의 신학적 관심을 충분히 고려하지 않는다고 비판한다(Richard A. Muller, "Review of *The Christ of the Covenants*, by Palmer Robertson," *Reformed Journal* 31/11 [1981]: 23). 그리고 Rhalph Smith는 주권적으로 시행되는 피의 약정이라는(Robertson, *The Christ of the Covenants* [Grand Rapids, MI: Baker

역사 속의 모든 신적 언약의 기초가 되는, 택자들의 구속에 대한 삼위일체 하나님의 영원한 의논을 구속 언약(covenant of redemption)이라고 일컫는다. 호튼은 구속 언약을, 성자는 성부가 선택한 백성을 구속하는 중보자가 되기로 동의하시고, 성령은 그 백성을 성자와 연합시키기로 약속하시는 삼위 간의 영원한 약정으로 묘사한다.[71]

호튼은 구속 언약의 성경적 근거를, 성자의 구속의 성취와 성령의 구속의 적용을 하나님의 영원한 계획의 실행으로서 직간접적으로 말하는 성경의 가르침에서 발견한다. 그러나 호튼의 언약신학을 정통 개혁신학의 재확인이라고 평가하는 마크 킴은 구속 언약에 대한 이해에 있어서는 호튼과 다르다.

마크 킴은 구속 언약은 신학적 근거나 성경적 근거가 아주 빈약한 교리이고, 개혁파 정통주의의 새로운 고안물로 보인다고 말한다.[72] 그러나 안상혁이 지적하는 것처럼, 구속 언약의 교리는 성경 신학 및 주해와 무관하게 수립된 교리가 아니고, "구속 언약과 관련된 최초의 언급(명시적 혹은 암시적)"은 코케이우스 이전 시대에 이미 발견

Book House, 1980], 4) 언약에 대한 Robertson의 정의 자체가 역사 이전의 구속 언약 개념과 충돌한다고 말한다(Ralph A. Smith, *Eternal Covenant: How the Trinity Reshapes Covenant Theology* [Moscow, Idaho: Canon Press, 2003], 16). 구속 언약에 대한 20세기의 비판 및 그 비판에 대한 분석에 대해서는, J. V. Fesko, *The Covenant of Redemption: Origins, Development, and Reception* (Goettingen: Vandenhoeck & Ruprecht, 2016), 171-204를 보라.

71 Horton, *Lord and Servant*, xi; cf. Horton, *God of Promise*, 78. Vos는 구속 언약을 "성자를 택자들의 머리와 구속자로 주기로 하시는 성부의 뜻과 성자가 자신을 택자들의 보증인으로 내놓기로 하시는 성자의 뜻의 일치"로 요약한다(Vos, *Reformed Dogmatics*, vol. 2, 90).

72 Kim, "Michael Horton's Covenant Theology," 147, n. 94.

된다.⁷³ 또한 멀러나 페스코(J. V. Fesko)에 따르면, 구속 언약에 대한 가장 이른 시기의 언급은 마틴 루터에게까지 거슬러 올라간다.⁷⁴

멀러가 말하는 것처럼, 구속 언약의 교리는 "기존의 개혁주의 해석학적 용어를 따라서, 일련의 성경 구절들의 결합과 주해적 분석을 통해 도출된" 것으로서,⁷⁵ 성경적인 근거가 없는 신학적인 사변이 아니다. 그리고 바빙크는 구속 언약의 성경적 근거를 다음과 같이 밝힌다.

> 성자는 중보자로서 성부에게 종속되고, 성부를 자신의 하나님이라 부르며(시 22:3; 요 20:17), 수행해야 할 일을 짊어진(사 53:10; 요 6:38-40; 10:18; 12:49; 14:31; 17:4) 성부의 종이며(사 49장), 성자는 완수한 순종에 대해(마 26:42; 요 4:34; 15:10; 17:4, 5; 19:30) 포상을 받는다(시 2:8; 사 53:10; 요 17:4, 11, 17, 24; 엡 1:20ff.; 빌 2:9ff). 성부와 성자 사이의 이러한 관계는 비록 그리스도가 지상을 거닐 때에 가장 선명하게 드러날지라도, 성육신의 순간에 처음으로 시작되었던 것이 아니다. 왜냐하면 성육신은 이미 성자에게 부여된 사역의 수행에 속하되, 영원 가운데 발생하고, 따라서 이미 구약 시대에 존재했기 때문이다. … 결국

---

73 안상혁, 『언약신학, 쟁점으로 읽는다』, 70.
74 Muller, "Toward the *Pactum Salutis*: Locating the Origins of a Concept," *Mid-America Journal of Theology* 18 (2007): 12; Fesko, *The Covenant of Redemption*, 36.
75 Muller, "The Covenant of Works and the Stability of Divine Law in Seventeenth-Century Reformed Orthodoxy: A Study in the Theology of Herman Witsius and Wilhelmus à Brakel," *After Calvin: Studies in the Development of a Theological Tradition* (New York: Oxford University Press, 2003), 187.

하나님과 인간 사이에 단 한 중보자만 있으며(요 14:6; 행 4:12; 딤전 2:5), 그는 어제나 오늘이나 영원히 동일한 분이며(히 13:8), 영원 전부터 중보자로 선택되었고(사 42:1; 43:10; 마 12:18; 눅 24:26; 행 2:23; 4:28; 벧전 1:20; 계 13:8), 로고스로서 또한 영원히 존재한다(요 1:1, 3; 8:58; 롬 8:3; 고후 8:9; 갈 4:4; 빌 2:6 등).[76]

그리스도의 영원한 보증을 직간접적으로 언급하는 호튼이 제시한 구절이 구속 언약의 근거로서 빈약하거나 부적절하다는 마크 킴의 비판은 타당하지 못하다. 게다가 전통적인 개혁신학자들이 제시한 구속 언약의 성경적 근거는 호튼이 제시한 구절에 한정되지 않고 더 풍부하다.[77]

호튼은 "구속 언약을 긍정한다는 것은 성자가 자기를 내어 주고 성령이 중생시키는 것이 성부의 영원한 계획을 실행하는 것이었음을 긍정한다는 것과 매한가지"라고 말한다.[78] 호튼이 말하는 대로, 언약이라는 용어 자체에 집착하지 않고 언약이 아주 좁게 정의되지 않는 한, 그리스도가 택자들의 보증인과 중보자가 되시고, 성령이 택자들의 보존자가 되시는, 삼위일체 하나님의 창조 이전의 결정이 언약의 개념으로 묘사되는 것에는 무리가 없어 보인다.

---

76 Herman Bavinck, 『개혁교의학』, 제3권, 박태현 옮김 (서울: 부흥과개혁사, 2011), 261.
77 전통적인 개혁신학자들이 제시한 구속 언약의 성경적 근거 구절에 대해서는 Berkhof, *Systematic Theology*, 266-67; 안상혁, 『언약신학, 쟁점으로 읽는다』, 76-85를 보라.
78 Horton, *God of Promise*, 80.

전통적인 언약신학은 구속 언약을 은혜 언약의 원천과 토대와 보증으로서 이해해 왔고,[79] 호튼도 전통적인 이해와 마찬가지로 구속 언약을 은혜 언약의 토대와 원천으로서 이해한다. 호튼에 따르면, 구속의 성취와 적용에 대한 삼위 간의 협약인 구속 언약은 창세 전부터 구속을 보증하는 일종의 "변하지 않는 맹세"로서, 은혜 언약의 기초이고,[80] 역사적 은혜 언약은 구속 언약의 역사적인 실행이다.[81] 그래서 호튼은 구속 언약에 대한 이해에 근거해서, 히브리서에서 새 언약의 피는 "영원한 언약의 피"(히 13:20)로 일컬어질 수 있고,[82] 새 언약의 제사장직과 예수의 중보 자체가 "영원한 맹세"인 "구속 언약"에 의해서 수립된 것이라고 말한다.[83]

2) 은혜 언약의 시작: 원(原) 복음

호튼은 창세기 3장 15절의 "원(原) 복음"의 선언을 은혜 언약의 시작으로 간주한다.[84] 보스가 말한 것처럼, "복음 자체가 은혜 언약의 계

---

79 Vos, *Reformed Dogmatics*, vol. 2, 92–92; Berkhof, *Systematic Theology*, 270–71; cf. Bavinck, *Reformed Dogmatics*, vol. 3, 215.
80 Horton, *Covenant and Salvation*, 131.
81 Horton, *Covenant and Salvation*, 133.
82 Horton, *Lord and Servant*, 236.
83 Horton, *Lord and Servant*, 238.
84 Horton, *Lord and Servant*, 93; Horton, *Lord and Servant*, 147: "It is the beginning of the covenant of grace"; Horton, *God of Promise*, 105.

시"라면,[85] 복음의 시작이 은혜 언약의 시작일 것이다. 그러나 호튼은 은혜 언약의 공식적인 수립과 비준의 때가 하나님이 아브라함과 언약을 맺었을 때라고 주장하면서도,[86] 클라인과 마찬가지로, 원 복음에서 하사 언약으로서의 은혜 언약의 특징적 형식, "세상 죄를 지고 가는 어린 양"에 대한 예표, 심지어 은혜 언약의 성례까지 발견한다.

호튼은 역사 최초의 은혜 언약인 원 복음이 조건적인 종주권 조약의 형식과 대조되는 "무조건적인 왕적 하사 조약"의 유형이라고 주장한다.[87] 호튼에 따르면, "왕적 하사"는 하나님(종주)의 무조건적인 맹세로서, 하나님이 어떤 반대에도 불구하고 하나님 자신의 맹세를 이행할 의무를 자유롭게 지시는 것인 데 반해, "종주권 조약"에서는 하나님(종주)이 봉신에게 지켜야 할 의무를 부과하시고, 봉신은 상이나 벌을 의무 이행에 대한 대가로 받는다고 한다.[88]

호튼의 이런 언약 형식의 구별은 그의 "약속 언약"과 "율법 언약"의 구별에 상응하고,[89] 또한 그의 은혜 언약과 행위 언약의 구별에 상응한다. 호튼은 율법 언약이라는 말을 행위 언약이라는 말과 거의 동일한 의미로서 교호적으로 사용하면서, 은혜 언약과 대조한다.[90]

85　Vos, *Reformed Dogmatics*, vol. 2, 125.

86　Horton, "A Classical Calvinist View," *Four Views on Eternal Security*, J. Matthew Pinson, ed. (Grand Rapids, MI: Zondervan, 2002), 32.

87　Horton, *God of Promise*, 43.

88　Horton, *God of Promise*, 74.

89　Horton, "Meeting Stranger: A Covenantal Epistemology," *Westminster Theological Journal* 66/2 (2004): 347.

90　Horton, *Pilgrim Theology: Core Doctrines for Christian Disciples* (Grand Rapids, MI:

호튼은 은혜 언약의 시작이 최초의 행위 언약의 단순한 포기가 아니라고 옳게 말한다. 보스가 말하는 것처럼, 하나님은 한 번 정하신 언약을 그냥 내버려 두시기보다는, 사람의 죄에도 불구하고 그것을 친히 달성하심으로써 자신의 영광을 나타내신다.[91] 은혜 언약이 행위 언약과 달리 은혜로운 이유는, 행위 언약의 성취 자체가 불필요하기 때문이 아니라, 은혜 언약의 중보자가 택자들의 머리로서 행위 언약을 성취하심으로써 행위 언약의 요구가 대신 만족되기 때문이다.

게다가 호튼에게 있어서 은혜 언약이 "무조건적"이라는 말은 언약의 실현을 위한 조건이 아예 존재하지 않는다는 의미가 아니다. 호튼에 따르면, 은혜 언약은 행위 언약의 조건과 구별되지만, "진짜 조건"(real conditions)이 존재한다고 말한다.[92] 대신 은혜 언약에서는 언약의 조건인 "회개와 믿음"이 요구될 뿐만 아니라, 은혜 언약의 토대인 영원한 구속 언약의 약정과 중보자의 행위 언약 성취로 인해서, 언약의 조건 자체가 은혜로 충족된다고 한다.[93]

그런데 호튼은 원 복음에서 구원자에 대해 너무 많은 것을 읽어내는 경향을 보인다. 호튼은 하나님이 아담과 하와에게 입히신 가죽옷에서 "세상 죄를 지고 가는 하나님의 어린 양"을 발견한다.[94] 더 나

Zondervan, 2013), 160, 161.
91 Vos, *Redemptive History and Biblical Interpretation*, 245.
92 Horton, *God of Promise*, 105.
93 Horton, *God of Promise*, 105.
94 Horton, *The Christian Faith*, 437.

아가서 호튼은, 정경적인 맥락을 고려할진대, 세상 죄를 지고 가는 하나님의 어린 양을 "보지 않을 수 없다"고까지 말한다.[95] 그리고 호튼은 하나님이 아담과 하와에게 옷 입혀주신 가죽을 "희생의 가죽" (the skins of a sacrifice)으로 일컫는다.[96] 하지만 보스가 잘 지적한 것처럼, 여기서 사용된 "입히다"는 율법에서 속죄를 가리키는데 사용된 적이 없는 단어다.[97] 즉, 이승구 교수가 지적하는 것처럼, 원 복음이 주어진 때에는 희생 제사에 대한 계시가 주어지기 전이고, 따라서 가죽옷과 그리스도의 속죄를 연결시키려는 것은 그 당시 계시의 범위를 넘어가는 해석인 것 같다.[98]

호튼은 클라인과 마찬가지로,[99] 가죽옷을 입히신 사건을, 최초의 은혜 언약을 비준하는 희생적 속죄를 내포하는 의식으로 생각할 뿐만 아니라, 가죽옷을 역사 최초의 은혜 언약의 성례인 것처럼 말하기도 한다.[100] 하지만 벌코프가 주장하는 대로, 은혜 언약의 공식적인 수립인 아브라함 언약의 체결 이전에는 은혜 언약의 표가 없었다는 해석이 더 적절해 보인다. 더군다나 가죽옷을 성례로 간주하는 주장

---

95 Horton, *Lord and Servant*, 147.
96 Horton, "A Classical Calvinist View," 32.
97 Geerhardus Vos, *Biblical Theology: Old and New Testament* (Grand Rapids, MI: Eerdmans Publishing Co., 1948), 173.
98 이승구, 『전환기의 개혁신학: 20세기 후반 영미 개혁신학의 동향』 (서울: 이레서원, 2008), 438-39.
99 Kline, *Kingdom Prologue*, 152-53. 본서 제2장, 2. 2) "은혜 언약의 시작: 원 복음"을 보라.
100 Horton, *Lord and Servant*, 93.

은, 하나님이 아담과 하와에게 가죽옷을 입히신 때가 아니라 아브라함과 언약을 체결하고 비준하신 때를 은혜 언약의 공식적인 수립으로 말하는 호튼 자신의 주장과도 충돌하는 것 같다.[101]

3) 노아 언약

(1) 일반 은총 언약으로서 노아 언약

노아에 대한 성경의 기록에서 홍수 이전의 구속적인 언약(창 6:18)과 홍수 이후의 비구속적인 언약(창 9:9)이라는 구별된 두 노아 언약들을 발견하는 클라인과 달리, 호튼은 하나의 일반 은혜 또는 일반 은총 언약으로서 노아 언약을 말한다. 대신 호튼의 노아 언약은 클라인의 비구속적인 노아 언약에 대한 이해와[102] 거의 동일하다. 호튼에 따르면, 노아 언약은 피조물의 자연적인 질서를 유지시키겠다는 약속이지, 죄와 죽음에서 해방시키겠다는 약속이나 구속적인 언약이 아니다.[103] 그리고 노아 언약의 대상에는 노아와 그 가족만이 아니

101　Berkhof, *Systematic Theology*, 295. Cf. Horton, "A Classical Calvinist View," 32.
102　본서 제2장. 2. 3) (2) "홍수 이후의 비구속적인 노아 언약"을 보라.
103　Mark Kim은 노아 언약에 대한 Horton의 "비구속적인 견해"(non-redemptive view)에 다음과 같이 이의를 제기한다. "Horton views this particular covenant[the Noahic covenant] as a 'non-redemptive' covenant that *only* deals with 'common grace' for the world rather than 'special grace' for the redeemed. In other words, Horton understands the Noahic covenant as pertaining *only* to the preservation of the natural order rather than serving any salvific function. The consequence of Horton's approach is that it puts up a rigid division between the 'secular sphere' of the world [which is neither 'holy' or 'unholy'] and the 'redemptive sphere' of God's salvific in

라, 땅의 모든 생물을 포함한다.

> 내가 내 언약을 너희와 너희 후손과 너희와 함께 한 모든 생물 곧 너희와 함께 한 새와 가축과 땅의 모든 생물에게 세우리니, 방주에서 나온 모든 것 곧 땅의 모든 짐승에게니라. 내가 너희와 언약을 세우리니, 다시는 모든 생물을 홍수로 멸하지 아니할 것이라. 땅을 멸할 홍수가 다시 있지 아니하리라(창 9:9-11).

the church [cf. Horton, *God of Promise*, 113-19] … Against Horton's 'non-redemptive view' of the Noahic covenant, there appear to be valid reasons to argue that this covenant has a redemptive function for humankind. Since the Kingdom of God encompasses all of creation, it is theologically questionable to assert that there is a rigid division between the 'secular' and 'salvific' in God's redemptive purpose for the world"(Kim, "Michael Horton's Covenant Theology," 171, n. 1. [강조는 첨가한 것]). 여기서 Kim은 비구속적인 노아 언약에 대한 실제 Horton의 이해가 아닌 이해를 Horton의 이해인 것처럼 잘못 제시한다. Kim은 마치 Horton이 일반 은혜를 특별 은혜와 전혀 무관하다고 생각하기라도 하는 것처럼(아니면 Kim 자신이 일반 은혜는 특별 은혜와 전혀 무관하다고 오해하기라도 하는 것처럼), Horton의 노아 언약이 특별 은혜와 전혀 상관없는 일반 은혜를 다루는 것처럼 묘사한다. 노아 언약이 비구속적인 언약이라는 Horton의 말은, Horton 자신의 설명에 따르면, "노아 언약은 피조물의 자연 질서를 보존하신다는 약속이지, 피조물을 죄와 죽음에서 해방시킨다는 약속이 아니다(It is a promise to uphold creation in its natural order, not to release it from sin and death)"라는 의미다(Horton, *God of Promise*, 114). 그런데 Horton의 이 말을 두고 Kim은 "Horton은 노아 언약을 구원적인 역할은 전혀 하지 않고 자연 질서의 보존에만 속하는 것으로 이해한다"고 말한다. 노아 언약이 구속적이지 않다는 것은, 구속과 직접적인 관련이 없는 일반 은혜를 약속한다는 의미이지 구속과 전혀 무관하다는 점에서 구속적이지 않다는 의미가 아니다. Horton에게 있어서 일반 은혜가 구원을 산출하는 특별 은혜와는 구별되지만 특별 은혜와 밀접한 관련이 있는 것처럼, 노아 언약도 구속적인 언약이 아니지만 구속적인 언약과 밀접한 관련이 있다. 비구속적인 노아 언약은 구속적인 은혜 언약과 달리 하나님의 거룩한 나라를 직접적으로 실현시키지 않지만, 구속적인 은혜 언약이 펼쳐지는 무대를 마련하고 질서를 수립함으로써 구속적인 은혜 언약에 간접적으로 이바지한다. 한편, 우리가 노아 언약에 대한 Horton의 이해에 제기하는 이의는, Horton이 노아 언약을 일반 은총 언약으로 본다는 것이 아니라, 노아 언약을 과거 행적에 기초해 하사품을 내리는 하사 언약 유형에 속하는 것으로 본다는 것이다.

그래서 호튼은 노아 언약을 "전체 피조물과 맺은 평화 조약"이라고 일컫는다.[104] 호튼에 따르면, 노아 언약의 성례는 무지개고, 무지개는 하나님의 자기 저주적인 맹세를 의미한다고 한다.[105] 만약 하나님의 맹세가 지켜지지 않을진대, 스스로에게 활을 쏘겠다는 일종의 자기 저주라는 것이다.[106]

호튼은 노아 언약 이전에도 일반 은총이 작용했음을 인정한다. 호튼은 창조 언약이 위반되었음에도 언약적인 형벌의 극치가 즉시 뒤따르지 않은 것 자체가 일반 은총 덕분이라고 말할 때, 다름 아닌 클라인에게 호소한다.[107] 클라인은 홍수 이전의 일반 은총의 질서와 이후의 일반 은총의 질서 사이에는 근본적 연속성이 존재하고,[108] 노아

104　Horton, *God of Promise*, 114.
105　Horton, *God of Promise*, 42.
106　Horton, *God of Promise*, 114. Horton은 무지개가 휴전을 상징할지도 모른다고 말하면서도, Hillers를 따라서(Delbert R. Hillers, *Covenant: The History of a Biblical Idea* [Baltimore: Johns Hopkins University Press, 1969], 102), 공중에 생기는 무지개의 활 모양을 고려해, 화살의 방향이 땅이 아니라 하늘로 되어 있다는 데 착안해서 무지개를 하나님의 자기 저주적인 맹세를 상징한다고 주장한다. Horton은 "한때 사람을 향해 시위가 당겨졌고, 홍수 때 발사된 심판의 활이 지금은 자기 저주적인 맹세로 … 하나님 자신을 겨냥해 당겨진다"고 말한다(Horton, *People and Place: A Covenant Ecclesiology* [Louisville, KY: Westminster John Knox Press, 2008], 102). 이에 비해, Kline은 전쟁을 하다가 휴전 중인 왕에 대한 고대 근동의 그림에 호소해서, 무지개는 적을 향해 수직으로 당겨진 활이 아니라 활시위가 풀려 있는 활을 묘사하고, 따라서 하나님의 자기 저주적인 맹세라기보다는 반역적인 인류에 대해 심판의 활을 내려놓고 인내로 다스리시는 것을 상징하는 것으로 해석하는 것이 가장 타당할 것이라고 제안한다(Kline, *Kingdom Prologue*, 247-48; cf. Kline, "Genesis," *New Bible Commentary*, 3rd edition, D. Guthrie and J. A. Motyer, eds. [Grand Rapids, MI: Eerdmans, 1970], 90).
107　Horton, *Lord and Servant*, 151. Horton은 Kline의 *The Structure of Biblical Authority* (Grand Rapids, MI: Eerdmans Publishing Co., 1972), 155를 인용한다.
108　Kline, *Kingdom Prologue*, 244.

의 일반 은총 언약 이전에도 일반 은총에 대한 계시(창 3:16-19)가 이미 존재했다고 말한다.[109] 호튼도 노아 언약에 앞서 가인에게 주어진 표(창 4:15)에서 일반 은총에 대한 모종의 약속을 발견한다.[110]

(2) 하사 언약으로서 노아 언약

호튼은 노아 언약을 "사람이 어떻게 행하느냐에 달려있지 않는 일방적인 맹세"인[111] 무조건적인 언약으로 본다.[112] 호튼은 클라인과 마찬가지로, 노아 언약에 "하사 언약"이라는 용어를 사용한다.[113] 그런데 클라인의 하사 언약은 자신의 충성을 이미 증명해낸, "공로가 있

---

109 Kline, *Kingdom Prologue*, 245. 전정구 박사는 Kline의 "the disclosure of common grace and curse in Genesis 3:16-19"에 대해서, Kline이 사용하지 않은 표현인 "최초의 일반 은총 언약(common grace covenant)"라고 일컫는데(Jeong Koo Jeon, *Covenant Theology: John Murray's and Meredith G. Kline's Response to the Historical Development of Federal Theology in Reformed Thought* [Lanham, MD: University Press of America, 2004], 221), Kline은 창 3:16-19를 일반 은총 "언약"으로까지 생각하지 않은 것 같다.
110 Horton, *God of Promise*, 114.
111 Horton, *God of Promise*, 114.
112 Horton, *Covenant and Salvation*, 17.
113 Horton, *God of Promise*, 42. 양자의 차이점도 존재한다. Kline은 홍수에서 구원받는 구속적인 노아 언약과 홍수 이후의 비구속적인 언약으로 구별하고, "하사 언약"이라는 말을 전자에 한정하는 데 반해, Horton은 구속적인 노아 언약에 대한 특별한 구별 없이 노아 언약을 하사 언약이라고 일컫는다. 그리고 Kline에 따르면, 비록 노아의 일반 은총 언약에는 사람의 행위를 규정하는 법(이를테면, "고기를 그 생명 되는 피째 먹지 말 것이니라"[창 9:4], "다른 사람의 피를 흘리면 그 사람의 피도 흘릴 것이니라"[창 9:6])이 존재할지라도, 일반 은총 언약에 약속된 질서의 유지가 사람의 행위에 달려 있지 않고, 따라서 사람이 일반 은총 언약의 규정을 어길지라도 일반 은총 언약이 파기되지 않는 데 반해, Horton은 Hillers를 따라서(Hillers, *Covenant*, 101-102), 노아 언약에는 언약의 종에 대한 의무 규정이 존재하지 않는다고 주장한다.

는"(meritorious) 언약의 종에게 베풀어지는 것이다.[114]

호튼도 하사 언약을 클라인과 같은 의미로 사용하는가?

하사 언약에 대한 호튼의 이해는 클라인의 이해와 유사하다. 호튼에 따르면, "왕적 하사도 누군가의 개인적인 행위에 기초한다."[115] 호튼은 하사 언약을 봉신의 "과거의 어떤 행적을 고려한 종주의 무조건적인 맹세"로서 묘사한다.[116] 또 호튼은 다음과 같이 말한다.

> 하사 언약(종주권 조약과 구별되는)은 과거의 행적을 고려해서 주어지는 … 전적인 선물이며, 현재나 과거의 성취에 달려 있지 않다.[117]

호튼에게 있어서 하사 언약의 선물은 공로가 전적으로 배제된 선물이 아니고, 적어도 과거의 행적은 감안하여 하사되는 것이다. 비록 호튼이 노아 언약의 하사품이 하사되는 노아의 구체적인 과거 행적을 언급하지 않을지라도, 동일한 왕적 하사 언약들인 다윗 언약과 아브라함 언약을 고려하여, 다윗 언약의 하사품이 "다윗의 과거 신실함"을 고려해서 주어졌다고 말한다.[118] 그리고 그는 아브라함 언약

---

114 Kline, *Kingdom Prologue*, 234–35.
115 Horton, *Covenant and Salvation*, 20.
116 Horton, *Lord and Servant*, ix.
117 Horton, *God of Promise*, 44.
118 Horton, *God of Promise*, 44.

의 하사품이 그의 후손에게 주어지는 것에 있어서 아브라함의 순종이 "공로적인 근거"(meritorious ground)가 되었다는 클라인의 주장을 아무 이의도 제기하지 않고 채택한다.[119]

그리고 하사 언약에 대한 이런 이해에 마땅히 제기될 만한 의문(은혜 언약과 이런 공로적인 행위의 원리가 어떻게 조화될 수 있는가?)에 대해서 호튼은 클라인과 마찬가지로 응수한다.

호튼은 클라인과 마찬가지로,[120] 은혜 언약에서 이런 행위의 원리는 개인의 칭의가 아니라, 모형적 왕국에 작용하고, 따라서 순종은 칭의의 근거가 아니라, 택자들의 영생을 공로로 획득할 메시아의 순종에 대한 모형이라고 답한다.[121]

4) 아브라함 언약

(1) 하사 언약으로서 아브라함 언약

아브라함 언약은 창세 전의 구속 언약을 토대로 하고, 창세기 3장에서 처음 계시되고, 새 언약에서 절정에 이른 동일한 은혜 언약에 속한다. 비록 호튼이 원 복음에서 은혜 언약의 요소들을 과도하게 찾는 경향을 보임에도 불구하고, 호튼은 아브라함 언약이 은혜 언약

---

119 Kline, *Kingdom Prologue*, 325, in Horton, *God of Promise*, 45. 하사 언약에 대한 Horton의 이해와 Kline의 이해의 연속성은 Horton이 아브라함 언약의 하사 언약적 특징을 설명할 때, Kline의 주장을 인용하여 동일하게 설명한다는 데서도 엿볼 수 있다.

120 Kline, *Kingdom Prologue*, 236-37.

121 Horton, *God of Promise*, 45.

의 역사적인 공식적 수립과 비준이라고 말한다.[122]

호튼은 아브라함 언약의 성격을 이해하는 가장 중요한 자료가 창세기 15장일 것이라고 제안한다.[123] 왜냐하면 비록 아브라함 언약이 이미 창세기 12장에서 단순한 약속의 형태로 주어졌을지라도, 아브라함 언약은 창세기 15장에서 비로소 언약 비준 의식을 통해서 공식적으로 비준되기 때문이다.

호튼은 클라인과 마찬가지로, 언약 비준 의식에서 해당 언약의 정체와 성격이 가장 분명하게 드러난다고 생각한다. 언약 비준 의식에는 언약 당사자의 맹세가 수반되는데, 하나님과 사람 가운데 어느쪽이 언약적 의무 이행을 맹세하느냐에 따라서 언약의 성격이 결정된다고 본다. 해당 언약이 하나님의 맹세로만 비준되면, 그것은 일방적인 약속 언약인 은혜 언약이고, 해당 언약의 비준 의식에 사람의 의무 맹세가 포함된다면 그것은 율법 언약 또는 행위 언약이라는 것이다.

호튼은 창세기 15장에서 하나님만이 맹세하시고, 아브라함에게 가나안 땅을 주실 의무를 하나님 스스로 지신다고 주장한다. 호튼은 델버트 힐러스(Delbert R. Hillers)의 주장에 크게 호소한다. 힐러스에 따르면, 고대 근동의 언약 맹세 의식에는 여러 가지가 있지만, 가장

---

[122] Horton, "A Classical Calvinist View," 32. 창 3:15에 은혜 언약의 핵심 요소인 메시아에 대한 약속이 이미 담겨 있다고 할지라도, 그것은 은혜 언약의 공식적인 수립이 아니다. "은혜 언약의 공식적인 수립"(formal establishment of the covenant of grace)은 아브라함 때에 이르러서다(Berkhof, *Systematic Theology*, 295).

[123] Horton, *God of Promise*, 40.

일반적인 맹세 방식은, 맹세하는 자가 자기와 동일시하는 동물을 쪼개면서 맹세하는 것이었다고 한다.[124] 언약 비준 의식으로서 동물을 쪼개는 의식은 언약의 당사자가 언약을 위반할 경우에 당할 심판을 연출하는데, 호튼은 이런 맹세 의식을 창세기 15장에서 발견한다.

하나님은 아브라함에게 언약의 유업이 아브라함 자신의 행적에 의해서가 아니라 하나님의 약속으로만 말미암는다는 것을 확신시켜 주기 위해서, 동물을 쪼개는 의식을 명령하셨다. 그런데 아브라함 언약의 경우에는 쪼갠 동물 사이로 지나가는 것이 아브라함이 아니라 화로와 횃불이다.

호튼은 클라인이나 로벗슨과 마찬가지로,[125] 이 화로와 횃불을 하나님의 신현으로 보고, 언약 당사자들인 하나님과 사람 가운데 하나님만이 쪼갠 동물 사이로 지나가며 맹세하는 것으로 이해한다. 그래서 호튼은 이 의식이 오직 하나님이 약속을 완수할 모든 책임과 약속 파기의 모든 저주를 떠맡는 것을 나타내고,[126] 이 비준 의식은 언약적 의무를 위반할 경우에 당할 저주를 사람이 아니라 하나님 자신에게 돌리는 "자기 저주적인 맹세"라고 여긴다.[127] 호튼에 따르면, 아브라함 언약이 이런 하나님의 자기 저주적인 맹세에 의해서 비준된다는 것은 아브라함 언약이 일방적이고 무조건적인 약속 언약이고 은혜

---

124   Hillers, *Covenant*, 40; Horton, *God of Promise*, 40.
125   Kline, *Kingdom Prologue*, 296; Robertson, *The Christ of the Covenants*, 130.
126   Horton, *God of Promise*, 41. Cf. Horton, *People and Place*, 103.
127   Horton, *Lord and Servant*, 234-35.

언약이라는 결정적 증거라고 한다.

그리고 호튼에 따르면, 무조건적인 약속 언약인 아브라함 언약은 노아 언약과 마찬가지로 고대 근동에 흔한 왕적 하사 유형에 속하는 언약이다. 호튼은 힐러스의 말을 인용해서 "왕적 하사"를 다음과 같이 설명한다.

> [왕적 하사는] 왕이 신하에게 주는 전적인 선물이고 … 간략한 전형적인 사례는 다음과 같다.
> "Ugarit의 Ammistamru 왕의 아들 Niqmaddu는 Ullami에 있는 […] Pabeya의 집을 취해서, 이제부터 Nuriyana와 그의 자손들에게 영원히 주노라. Nuriyana나 그의 자손들의 손에서 그 집을 아무도 영원히 빼앗지 못하리라. 왕의 인(印)."[128]

그런데 힐러스에 따르면, 고대 근동에 일반적인 "왕적 하사"와 창세기 15장의 하나님의 자기 저주적인 맹세로 비준된 왕적 하사에는 유사성이 분명 존재하지만, "대조도 명백하다"고 한다.[129] 왜냐하면 일반적인 "왕적 하사"에는, 신실한 봉신(封臣)에게 상을 약속하고 하사할 때 증인의 소환과 왕의 도장은 있어도 왕의 자기 저주적인 맹세

128　Hillers, *Covenant*, 105, in Horton, *Covenant and Salvation*, 13 n. 6; Horton, *God of Promise*, 41.

129　Hillers, *Covenant*, 105.

는 포함되어 있지 않았기 때문이다.[130]

호튼도 창세기 15장에 있는, 종주의 자기 저주적인 맹세가 포함된 왕적 하사 같은 것은 고대 근동에 존재하지 않는다고 말한다.[131] 호튼은 아브라함 언약의 독특성에 대해서 다음과 같이 말한다.

> 아브라함 언약이 마치(as if) 하나님 편에서는 하나님이 언약의 모든 조건을 이행하고 언약 위반에 대한 모든 저주를 몸소 감당하기로 일방적으로 맹세하시는 종주권 조약인 것 같지만, 사람 편에서는 동일한 언약인 아브라함 언약이 **대왕의 행적**에 기초해서 아낌없이 전적인 은혜로 주어진 유업이고 왕적 하사이다.[132]

여기서 호튼은 아브라함 언약의 "왕적 하사"를 "대왕(Great King)의 행적에 기초해서 … 전적인 은혜로 주어진" 것이라고 말한다. "대왕"은 통상적으로 종주를 가리키는데, 호튼은 "대왕"을 종주이신 여호와나 메시아 왕을 가리키는 말로 사용한다.[133] 따라서 "대왕의 행적"은 아브라함의 행적이 아니다.

130　Hillers, *Covenant*, 105–106.
131　Horton, *God of Promise*, 41.
132　Horton, *God of Promise*, 41–42 (강조는 첨가한 것).
133　Horton, *God of Promise*에서 이 말은 24, 25, 26, 27, 28, 42, 44, 45, 46, 68, 112에 등장한다. 이 가운데 42, 44, 45에서 대문자 Great King이 사용된다. 소문자 great king은 종주를 가리키는 것이 명백하고, 44의 Great King은 메시아 왕을 가리키고, 45는 Kline의 글을 인용한 것인데, 종주이신 여호와를 가리킨다.

그러나 이것은 호튼이 왕적 하사 언약의 일반적인 특징으로 말한 것과 충돌하는 것 같다. 왜냐하면 다른 곳에서 호튼은 왕적 하사란 왕이 자신의 과거 행적이 아니라, 봉신의 과거 행적을 고려해서 봉신에게 주어지는 것이라고 말하기 때문이다.[134] 호튼에 따르면, 왕적 하사는 "종주를 위한 봉신의 과거 행적을 고려해서, 종주가 봉신에게 주는 선물이었다."[135]

만약 고대 근동의 왕적 하사가 봉신의 과거 행적을 고려해서 주어지는 것이라면, 고대 근동의 왕적 하사는 전통적인 언약신학에서 말하는 은혜 언약과 같은 전적으로 은혜로운 선물이 아닐 것이다. 그러나 호튼은 행위 언약을 성취할 그리스도에 대한 모형론을 주장함으로써, 하사 언약 또는 왕적 하사가 형식과 내용 모두에서 은혜 언약과 맞아떨어진다고 말한다.[136]

과거 행적에 기초해 주어지는 왕적 하사가 어떻게 무조건적인 은혜 언약과 조화될 수 있는가?

호튼은 하나님의 주권적인 은혜가 "아브라함을 그분의 수혜자로 만들었다"고 말하면서,[137] 동시에 모형론적으로는 아브라함이 그의 "과거 행적 때문에 하사 언약을 받는 사람이 된다"고 말한다.[138]

---

134 Horton, *Lord and Servant*, ix; Horton, *God of Promise*, 44.
135 Horton, *Covenant and Salvation*, 13.
136 Horton, *Covenant and Salvation*, 161.
137 Horton, *God of Promise*, 56.
138 Horton, *God of Promise*, 57.

호튼은 양자를 어떻게 조화시키는가?

(2) 아브라함의 순종은 공로적인가?

다음 장에서 보게 되겠지만, 호튼은 고대 근동의 왕적 하사 유형을 은혜 언약과 조화시키기 위해서, 클라인이 사용하는 것과 동일한 모형론을 도입한다. 호튼은 언약의 모형적 측면과 그 모형적 측면이 가리키는 실재를 적절히 구별한다면, 왕적 하사가 봉신의 과거 공적에 기초해서 주어진다는 것과 왕적 하사가 전적인 은혜 언약이라는 것이 전혀 충돌하지 않는다고 생각한다.[139]

호튼에 따르면, 아브라함 언약에 있어서, 아브라함의 과거 공적에 기초해서 주어지는 왕적 하사는 실재가 아닌 모형인 가나안 땅과 직접적인 관계가 있고, 실재인 천국과 개인의 구원은 오직 그리스도의 공로에 기초해서 주어지기 때문에 문제가 없다고 한다. 즉 행위의 원리와 은혜의 원리가 모형론을 통해서 서로 다른 차원에 작용하기 때문에 동일한 언약에 동시에 작용할 수 있다고 한다.

호튼은 창세기 26장 2절 이하에 있는, 아브라함의 순종과 신실함으로 인해 이삭과 아브라함의 후손들이 복을 받게 될 것이라는 구절

---

139 Horton, *God of Promise*, 57. 또한 역으로 Horton은 만약 모형인 땅과 성전과 나라에 대한 국가적 약속이 유지되는 원리(국가적 순종)와 이런 모형이 가리킨 하늘의 실재가 얻어지는 원리(언약적 머리의 순종에 근거한 전적인 약속)가 혼동된다면, 구원이 믿음이 아니라 "율법의 행위"로 말미암는다는 치명적 결론에 이르게 될 것이라고 경고한다(Horton, *Covenant and Salvation*, 20-21).

과 관련해서,[140] 아브라함의 순종과 신실함이 아브라함의 육신적 후손에게 하나님의 모형적 왕국이 주어지는 복(아브라함 언약의 모형적인 복)의 "공로적 근거"가 된다는 클라인의 주장을 아무런 이의 없이 인용한다.[141]

비록 호튼이 "공로"라는 말을 그리스도의 순종 이외의 다른 순종에 본인이 직접 사용하는 것은 자제한다고 할지라도,[142] 호튼은 아브라함이나 다윗의 순종을 하사 언약의 기초로서 말할 때, 그것이 공로적인 성격을 갖는다고 이해하는 것으로 보인다. 왜냐하면 호튼은, 여러 번 지적한 대로, 아브라함의 순종이 "공로적인 근거"가 된다는 클라인의 말을 조금도 문제 삼지 않을 뿐만 아니라,[143] 이 순종을 은혜 언약적 관계의 합당한 반응으로서의 믿음의 순종과 구별하기 때

---

[140] 창 26:3-5, "내가 너와 함께 있어 네게 복을 주고 내가 이 모든 땅을 너와 네 자손에게 주리라. 내가 네 아버지 아브라함에게 맹세한 것을 이루어, 네 자손을 하늘의 별과 같이 번성하게 하며 이 모든 땅을 네 자손에게 주리니 네 자손으로 말미암아 천하 만민이 복을 받으리라. 이는 아브라함이 내 말을 순종하고 내 명령과 내 계명과 내 율례와 내 법도를 지켰음이라 하시니라." 그러나 Calvin에 따르면, 하나님이 아브라함의 선행 이전에 주시겠다고 약속하셨던 동일한 복을 선행에 대한 보상으로 다시 말씀하시는 것은, 이미 받은 약속의 복을 순종의 공로를 세우고 나서야 비로소 받았다는 의미가 아니라, 신자들의 선행에 대한 보상이 선행 이전의 약속과 마찬가지로 하나님의 자비로 말미암는다는 것을 의미한다(John Calvin, *Institutes of the Christian Religion*, ed. John T. McNeill, trans. Ford Lewis Battles [Philadelphia: The Westminster Press, 1960], 3. 18. 2).

[141] Kline, *Kingdom Prologue*, 325, in Horton, *God of Promise*, 45.

[142] Horton, *Lord and Servant*, 232.

[143] 아브라함의 순종이 Kline의 "공로적 근거"가 된다는 주장을 아무런 이의 없이 인용하는 Horton의 태도는, Kline의 언약신학을 고전적 언약신학의 만개(滿開)로 평가한 전정구 박사조차 그러한 Kline의 주장만큼은 문제 삼는 것(Jeon, *Covenant Theology*, 226, n. 82)과 분명 대조적이다.

문이다.¹⁴⁴ 게다가 호튼은 다윗의 행적이 하사 언약의 기초라는 주장이 모형론 없이는 이신칭의 교리와 원리상 충돌한다는 것을 인정하기도 한다.¹⁴⁵

호튼은 다음과 같이 생각하는 것 같다. 즉 아브라함의 순종이 칭의의 근거가 조금이라도 된다고 주장한다면, 그 주장이 창세기 15장 6절("아브람이 여호와를 믿으니 여호와께서 이를 그의 의로 여기시고") 및 이 구절에 대한 신약성경 자체의 해석과 충돌하겠지만, 아브라함의 순종이 그리스도의 순종에 대한 모형으로서, 단지 영생의 모형인 가나안 땅을 아브라함 후손에게 얻어 주는 공로적 근거가 된다고 주장하는 것은 아무 문제가 없다는 것이다.¹⁴⁶

호튼이 인용하는, 아브라함의 순종이 모형적인 차원에서 공로적인 가치를 갖는다는 클라인의 말은 클라인의 공로 개념에¹⁴⁷ 비추어 볼 때, 아브라함의 순종이 천국을 얻는 공로적인 가치는 갖지 못할지라도, 천국의 모형인 가나안 땅을 얻는 공로적인 가치는 **실제로** 갖는다는 것을 의미하는 것 같다.¹⁴⁸ 아브라함의 순종이 모형적인 차원에서

---

144 Horton, *God of Promise*, 56.
145 Horton, *God of Promise*, 56–57.
146 Horton, *God of Promise*, 45.
147 본서 제2장, 1. 2) "클라인의 공로 개념의 재(再)정의"를 보라. Kline은 선한 요구를 행하는 대가로서 약속된 선을 받는 "언약적 공의"에 따라서 상을 받는 것은 엄격하고 진정한 의미의 공로라고 말한다. Kline에 따르면, 언약적 의무를 행한 종은 무익한 종이 아니라, "공로 있는 종"(meritorious servant)이라는 것이다(Kline, *Kingdom Prologue*, 111).
148 Kline, *Kingdom Prologue*, 325.

공로적 가치를 갖는다는 말은, 비록 가나안 땅이라는 지상적인 차원에 한정되지만 실제로 공로적인 가치를 갖는다는 것이다.

그러나 만약 호튼이 말하는 대로 아브라함의 순종이 칭의의 근거가 아니라면, 아브라함의 순종은 칭의의 열매일 것이다.[149]

아브라함의 순종과 신실함이 칭의의 열매라면 어떻게 아브라함의 순종이 조금이라도 공로적일 수 있는가?

아브라함의 순종이 칭의의 열매라면, 웨스트민스터 신앙고백서가 고백하는 대로, 아브라함의 순종에 대한 모든 상은 공로로 획득된 것이 아니라 은혜로 넘치게 상 받는 것이고,[150] 따라서 아브라함이 자신의 순종에 대한 상으로 땅을 받는 것은, 그리스도가 자신의 순종으로 영생을 공로로 획득하는 것과 차이가 있다.

물론 이것은 아브라함의 믿음의 순종이 그리스도의 죽기까지 십자가에 복종한 순종과 어떤 식으로도 연결될 수 없고 어떤 모형론적 관

---

149 Horton에 따르면, 믿음 자체가 은혜 언약의 열매로서 "왕적 하사의 선물"이다(Horton, *Covenant and Salvation*, 148).

150 WCF, 17. 5-6, "5. 우리 최선의 선행으로도 하나님에게서 죄 사함이나 영생을 받을 만한 공로를 세울 수 없다. 우리 최선의 선행과 장차 받을 영광 간에는 엄청난 괴리가 있고, 우리와 하나님 사이에도 무한한 간격이 있기 때문에, 우리의 선행으로 하나님께 유익을 끼칠 수 없고, 이전의 죗값도 갚을 수도 없다. 우리가 할 수 있는 모든 선행을 했을 때도, 단지 우리 의무를 행한 것뿐이고 우리는 무익한 종에 불과하다. 그리고 우리의 행위가 선할 때는, 그 행위가 하나님의 성령에서 비롯된 것이기 때문이다. 또한 우리의 선행은 우리가 행하는 것이기에, 오염되고 많은 연약과 불완전함이 섞여 있어서 하나님의 엄정한 심판을 견디어낼 수 없다. 6. 그럼에도 불구하고 신자의 인격이 그리스도로 말미암아 용납되기 때문에 신자의 선행 또한 그리스도 안에서 용납된다. 이 세상에서 신자의 선행이 하나님 보시기에 전적으로 흠이 없고 책망할 것이 없기 때문이 아니라, 하나님이 신자의 선행을 자기 아들 안에서 보시기 때문에, 비록 많은 연약과 불완전함이 있을지라도 진실하게 행한 것은 용납하시고 상 주기를 기뻐하신다."

계도 불가능하다는 의미는 아니다. 실제로 히브리서 기자는 아브라함을 포함한 신자들이 믿음의 순종으로 인해 복과 약속을 받는 것을 "믿음의 주요 또 온전하게 하시는 이인 예수"의 순종으로 인해 예수가 하나님 보좌 우편에 앉게 된 것과 연결한다.[151]

은혜 언약의 열매인 믿음의 순종 및 그 상이 행위 언약을 성취하는 그리스도의 순종 및 그 상과 모범적인 차원에서 연결되지 못할 이유가 없다. 그러나 이렇게 연결될 수 있는 이유는 둘 다 공로적인 순종이라는 점에서 하나가 다른 하나의 모형이 되기 때문이 아니라, 비록 아브라함의 순종이 은혜의 산물로서 아무런 공로가 없고 그리스도의 순종이 참으로 공로적이라는 차이에도 불구하고, 둘 다 진정한 순종으로서 상 받기 때문이다.

그러나 호튼은 모형과 원형의 원리적인 연속성과 실재의 동일성에 기초한 모형론을[152] 발견하지 않는다. 오히려 호튼은 단지 은혜 언약의 열매인, 공로가 전혀 없는 아브라함의 순종과 행위 언약을 성취한 그리스도의 진정한 공로적인 순종에 모두 상이 주어진다는 유사성에 기초해서 양자 모두에서 행위의 원리를 찾는다. 그러나 아브라함의 순종에 가나안 땅이 상으로 주어지는 이유와 그리스도의 순종

---

151 히 12:1-2, "이러므로 우리에게 구름 같이 둘러싼 허다한 증인들이 있으니, 모든 무거운 것과 얽매이기 쉬운 죄를 벗어 버리고 인내로써 우리 앞에 당한 경주를 하며, 믿음의 주요 또 온전하게 하시는 이인 예수를 바라보자. 그는 그 앞에 있는 기쁨을 위하여 십자가를 참으사 부끄러움을 개의치 아니하시더니 하나님 보좌 우편에 앉으셨느니라."

152 Vos, *Biblical Theology*, 162.

에 택자들을 위한 영생이 주어지는 이유가 하나는 은혜고 다른 하나는 공로라는 점에서 상반된다. 아브라함의 순종은 은혜의 원리가 작용하는 은혜 언약의 열매지만, 그리스도의 순종은 은혜 언약의 공로적 근거이다.

(3) 은혜 언약의 "본질적 무조건성과 시행의 조건성"

개혁신학자들은 은혜 언약의 대상 범위에 대해서 동일한 목소리를 내진 않았다. 벌코프에 따르면, 크게 두 종류의 답변이 존재한다. 하나는 은혜 언약이 신자 및 그 씨와 맺어졌다는 것이고, 다른 하나는 은혜 언약이 택한 자들, 즉 그리스도 안에서 택자들과 맺어졌다는 것이다.[153] 그러나 양자는 충돌하는 답변이 아니다. 벌코프가 말한 대로, 은혜 언약의 토대인 구속 언약에서 그리스도가 택자들만을 위한 보증인이 되셨다면, 은혜 언약의 진정한 내용과 본질인 하나님과의 참된 교제는 택자들에게 한정되는 것이 당연하다.[154]

그리고 택자들에게 있어서 은혜 언약은 반드시 실현되고 결코 취소될 수 없다는 점에서 무조건적이고 절대적이다. 하지만 동시에 개혁신학자들은 역사적 실재로서의 은혜 언약에는 은혜 언약의 본질인 하나님과의 살아 있는 교제가 실현되지 않는 자들까지 포함된다

---

153 Berkhof, *Systematic Theology*, 273. Berkhof는 후자가 개혁신학자들의 다수 견해라고 주장한다. Cf. Vos, *Reformed Dogmatics*, vol. 2, 97.
154 Berkhof, *Systematic Theology*, 276.

는 것을 인정해 왔다.[155] 그래서 대부분의 개혁신학자들은 역사적 현상과 시행으로서의 은혜 언약은 신자 및 그 후손들과도 맺어진 것임을 말해 왔다.[156]

호튼은 "은혜 언약은 구속 언약에 기초하기 때문에 그 기초에 있어서 무조건적이고, 깨어질 수 없으며, 철회될 수 없"기에, 따라서 회개와 믿음도 은혜 언약의 "선물이지, 은혜를 받기 위해서 사람이 성취해야 하는 조건이 아니"라고 말한다.[157] 호튼은 이것을 은혜 언약의 본질적 무조건성 또는 절대성이라고 말한다.[158] 동시에 "은혜 언약은 그 시행에 있어서는 조건을 포함한다"고 한다.[159] 역사적 실재로서의 은혜 언약 안에 있는 모든 사람에게 은혜 언약의 본질이 조건의 충족 없이 실현되는 것이 아니라, 그 시행상의 조건이 존재한다는 것이다. 호튼은 은혜 언약의 본질적 무조건성은, 시행의 조건이 반드시 성취되는 택자들에게 한정된다고 말한다.

> [은혜 언약은] 신자들 및 그 자녀들과 맺어진 언약이다. 은혜 언약 안의 모든 사람이 택자는 아니다. 아래 있는 이스라엘은 위에 있는 이스라엘보다 범위가 더 넓다. 광야에서 복음을 듣

---

155 Vos, *Reformed Dogmatics*, vol. 2, 99.
156 Bavinck, *Reformed Dogmatics*, vol. 3, 231.
157 Horton, *Covenant and Salvation*, 148.
158 Horton, *Covenant and Salvation*, 149.
159 Horton, *God of Promise*, 182.

고 믿음으로 반응한 이스라엘 사람들이 있었던 반면, 그러지 않은 이스라엘 사람들도 있었다. 그리고 히브리서 기자는 이 사실을 동일한 은혜 언약의 신약 상속자들에게도 경고로서 사용했다(히 4:1-11).[160]

호튼은 은혜 언약의 본질적 무조건성과 은혜 언약의 시행적 조건성의 구별을 개혁주의 언약신학의 일반적인 구별로서 주장한다.[161] 이때 호튼은 바빙크의 다음 진술에 호소한다.

창세기 15장 8절 이하에서 하나님이 아브라함과 언약을 맺으실 때, 사실 그것은 계약이 아니라 맹세다. 하나님은 자신의 약속을 주시고, 그것을 성취할 의무를 스스로에게 지우시되, 쪼갠 희생 제물 사이로 지나가신다. … 이런 일방적 성격은 역사의 과정 가운데 점점 더 분명하게 나타났다. 또한 하나님의 언약은 언약이 맺어진 사람들에게 의무를 부과했다는 것도 사실이다. 이 의무는 언약에 들어가는 조건이 아니라(왜냐하면 언약은 하나님의 긍휼에만 기초해서 맺어졌다), 은혜로 말미암아 언약에 가입된 사람들이 이후 처신해야 할 길로서 부과되었다.[162]

160　Horton, *God of Promise*, 182.
161　Horton, *Covenant and Salvation*, 149.
162　Bavinck, *Reformed Dogmatics*, vol. 3, 203-204, in Horton, *Covenant and Salvation*, 149.

이어서 호튼은 바빙크의 다음 진술에도 호소한다.

> 은혜 언약에는, 즉 은혜 언약의 선포인 복음에는 요구나 조건이 사실 존재하지 않는다. 왜냐하면 하나님은 자신이 요구하시는 것을 제공하시기 때문이다. 그리스도가 모든 것을 이루셨다. 비록 그리스도가 중생, 믿음, 그리고 회개를 우리 대신 이루시지 않았다고 할지라도, 그리스도가 우리를 위해 중생, 믿음, 그리고 회개를 획득하셨고, 그래서 성령이 그것들을 적용하시는 것이다. 그럼에도 불구하고 은혜 언약은 그리스도를 통한 그 시행에 있어서, 이렇게 요구하는 조건적인 형태를 취한다.[163]

은혜 언약이 일방적인 맹세임에도 불구하고 조건적인 요구의 형태를 취하는 것은 은혜 언약의 상대자가 죄인일지라도 여전히 하나님의 형상대로 창조된 책임 있는 존재이고, 언약의 본질이 하나님과의 교제에 있으며, 일방적이기만 한 교제란 있을 수 없기 때문이다. 바빙크가 말하는 대로, 은혜 언약의 기원은 일방적일지라도 은혜 언약은 "사람이 하나님의 능력 안에서 의식적이며 자발적으로 받아들이고 준수하는 쌍방적인 것이 되도록 작정되었다."[164]

호튼은 하나님이 아브라함에게 부과한 의무는 "언약의 조건이라기

---

[163] Bavinck, *Reformed Dogmatics*, vol. 3, 230, in Horton, *Covenant and Salvation*, 149.
[164] Bavinck, *Reformed Dogmatics*, vol. 3, 230.

보다는 언약의 결과"이고,[165] 책임은 "생명을 얻는 조건이 결코 아니라, 언약 상대자가 성부로부터, 성자 안에서 성령의 유효적인 작용을 통해서 얻은 생명의 특징"이라고 말한다.[166]

옛 개혁신학자들에게는 은혜 언약의 은혜성과 조건성이 충돌하는 문제가 아니었다. 멀러가 말하는 대로, 초기 개혁신학자들은 언약에 조건이 있다는 사실에 의해서 "구원의 완전한 은혜로움"이 조금이라도 타협된다고 생각하지 않았고, 신자의 믿음과 선행 둘 다 하나님의 은혜에 의존하고, 성령의 역사로 말미암는 것으로 이해했다.[167] 그들은 "일방적인 또는 절대적인 요소와 쌍방적인 또는 조건적인 요소들을" 충돌 없이 통합했다.[168] 그럼에도 불구하고 전통적인 개혁신학은, 김병훈 교수가 말하는 것처럼, 이런 은혜 언약의 조건성과 행위 언약의 조건성을 분명히 구별했다.

> 행위 언약과 은혜 언약을 구별하는 핵심은 그 조건성을 사람이 자연적인 능력으로 만족시키는가, 아니면 하나님의 능력에 의해서 사람이 행하게 되는 것인가의 차이에 있다. 요컨대 은혜 언약이 은혜인 것은 신자들의 믿음은 하나님께서 주시는 선물

---

165 Horton, *Covenant and Salvation*, 149.
166 Horton, *Covenant and Salvation*, 150.
167 Richard A. Muller, "Divine Covenants, Absolute and Conditional: John Cameron and The Early Orthodox Development of Reformed Covenant Theology," *Mid-America Journal of Theology* 17 (2006): 18.
168 Muller, "Divine Covenants, Absolute and Conditional," 20.

이며 신자들의 선행도 또한 성령 하나님께서 그들 안에서 행하심으로 나타나는 것이라는 사실에서 비롯되는 것이다. … 행위 언약에서 행위의 순종은 언약이 약속한 바를 얻기 위한 조건이지만, 은혜 언약인 옛 언약에서의 순종은 은혜 아래 있는 신자가 마땅히 행하여야 할 책임 또는 의무이기 때문이다.[169]

그런데 호튼은 은혜 언약의 본질과 시행을 은혜 언약의 무조건성과 조건성에 상응하는 것으로 서로 연결하지만, 일반적으로 개혁신학은 은혜 언약의 본질/시행을 은혜 언약의 무조건성/조건성과 일치시키지 않았다.[170] 벌코프는 은혜 언약의 본질과 시행의 구별에 대해서 다음과 같이 말한다.

언약의 본질은 내적 부르심과 이 부르심을 통해 형성된 무형 교회에 해당한다. 언약의 시행은 외적 부르심과 말씀을 통해

---

169 김병훈, "웨스트민스터 신앙고백서와 언약신학," 「신학정론」 32/2 (2014): 333.
170 Vos, *Reformed Dogmatics*, vol. 2, 101; Bavinck, *Reformed Dogmatics*, vol. 3, 231. Vos에 따르면, Olevianus는 은혜 언약의 "본질"과 "증거"(attestation)라는 표현을 사용하여 은혜 언약의 본질과 시행을 구별했는데, 이것은 각각 은혜 언약의 목적과 목적 실현의 수단에 해당한다. Vos에 따르면, Turretin도 은혜 언약의 "내적 본질"과 "외적 시행"을 구별했는데, 은혜 언약의 내적 본질은 내적 부르심과 택자들의 비가시적 교회에 상응하고, 외적 시행은 외적 부르심과 가시적 교회에 상응하는 것으로 말했다. 이렇게 볼 때, 은혜 언약이 외적 시행에 있어서는 가시직 교회 안에 있는 여러 유기자들을 포함하고, 믿음을 통한 그리스도와의 내적 교제와 유익의 수납이라는 은혜 언약의 내적 본질에 있어서는 오직 택자들에게 한정된다(Vos, *Reformed Dogmatics*, vol. 2, 101-102). Horton도 언약 가운데 외적으로 있으면서 믿음으로 그리스도와 실제로 연합되지 않은 자들에 대해서 말한다(Horton, *God of Promise*, 185).

외적으로 부르심을 받은 유형 교회에 해당한다. 언약의 시행은 다만 말씀 선포를 통한 구원의 시행, 그리고 선택받지 못한 많은 자들을 포함하여 교회 안에 참여하는 자들이 누리는 다른 특권들로 구성된다 그러나 언약의 본질은 언약이 규정하고 있는 모든 복을 영적으로 수납하고 그리스도와 더불어 연합하는 것을 의미하며, 선택받은 자들에게만 적용된다.[171]

이런 전통적인 구별을 생각할 때, 호튼의 본질적 무조건성과 시행적 조건성의 구별은 혼란을 일으킬 소지가 있는 것 같다. 호튼의 이런 구별은 은혜 언약의 본질은 무조건적이기만 한 것 같은 오해를 불러일으킬 여지가 있는 것 같다. 그러나 전통적으로 은혜 언약의 무조건성과 조건성의 구별은 본질과 시행의 구별에 일치하는 것이 아니라, 하나님과의 교제라는 은혜 언약의 본질 자체가 행위 언약의 조건성과는 다른 진정한 조건성을 함의한다. 이것이 전통적으로 이해되어 온 은혜 언약의 쌍방적 성격과 조건성이다.

보스나 벌코프가 말하는 대로, 사람을 매는 언약의 조건이 전혀 없고 하나님만 언약에 매인다면, 은혜 언약은 언약의 성격을 상실하고 말 것이다. 왜냐하면 모든 언약은 반드시 쌍방, 곧 양 당사자를 포함하기 때문이다.[172] 게다가 우리는 언약의 본질인 하나님과의 교제를

---

[171] Louis Berkhof, 『조직신학』, 권수경, 이상원 옮김 (서울: 크리스챤다이제스트, 2008), 509. Cf. Vos, *Reformed Dogmatics*, vol. 2, 102.

[172] Vos, *Reformed Dogmatics*, vol. 2, 115; Berkhof, *Systematic Theology*, 281.

의식적으로 누림에 있어서 은혜 언약도 조건이 없지 않다고 참으로 말할 수 있다. 왜냐하면 우리는 믿음을 통해서만 언약의 복을 의식적으로 누릴 수 있기 때문이다.[173]

앞서 언급된, 호튼이 인용한 바빙크의 말도 문맥을 고려할 때, 은혜 언약의 이런 조건성이 은혜 언약의 본질적 특성과 상관없이 단지 시행과만 관련 있다는 의미가 아니다. 왜냐하면 바빙크는 은혜 언약의 기원이 비록 완전히 일방적이고 하나님의 주권에 의해서 수립될지라도, 은혜 언약은 "사람이 하나님의 능력 안에서 의식적이며 자발적으로 받아들이고 준수하는 쌍방적인 것이 되도록 작정되었다"고 곧이어 말함으로써, 은혜 언약의 쌍방성이 은혜 언약의 목적으로서 애초에 포함된 것임을 말하기 때문이다.[174]

은혜 언약 관계의 수립에는 조건성을 말할 수 없을지라도, 언약적 교제에 참여하며 언약의 유익을 받는 것에 있어서는 조건성을 말하는 것이 참으로 정당하다.[175]

물론 은혜 언약에는 로마교나 아르미니우스주의자들이 말하는 조건은 존재하지 않는다. 그러나 보스가 잘 지적한 대로, 은혜 언약에는 언약의 유익을 얻는 공로적인 가치를 갖는 조건이 전혀 없다는

---

173 Berkhof, *Systematic Theology*, 280.

174 Bavinck, *Reformed Dogmatics*, vol. 3, 230. Vos는 일방적인 언약이라는 말 자체가 모순이라고까지 말한 바 있다. "A unilateral covenant is a *contradictio in adjecto*" (Vos, *Reformed Dogmatics*, vol. 2, 118).

175 Horton도 "하나님이 홀로 구원하실지라도, 언약 상대자는 언약의 주님에게 의무를 지는 책임 있는 행위자"라고 말한다(Horton, *Covenant and Eschatology: The Divine Drama* [Louisville, KY: Westminster John Knox Press, 2002], 273).

것, 은혜 언약 안에 약속된 선물이 아닌, 인간 자신의 능력으로 성취해야 하는 조건이 전혀 없다는 것, "절대적인 시작"이 되는 조건이 없다는 것, 그리고 모든 조건이 중보자 그리스도의 능동적 그리고 수동적 순종에 의해서 확보되었다는 것을 분명히 하는 한, 우리는 언약의 참된 교제에 처음 들어가는 데 믿음이 조건이라고 말할 수 있고, "언약의 완성"에는 "믿음뿐만 아니라 성화도 조건이다"라고 참으로 말할 수 있다. 왜냐하면 믿음은 "사람이 언약의 유익을 의식적으로 누릴 수 있게 되는 유일한 길"이기 때문이다.[176]

그런데 마크 김은 호튼이 아브라함의 믿음과 순종이 아브라함 언약의 복의 확대와 그리스도의 장래 순종과는 관계있지만, 개인적인 구원의 복을 누리는 것과는 별 상관없는 것으로 이해한다고 분석한다.[177]

그러나 호튼은 아브라함의 믿음과 순종을, 행위 언약의 조건처럼 은혜를 얻기 위해서 성취해야 할 조건으로는 간주하지 않을지라도, "시행"의 조건으로서는 "진짜 조건"(real conditions)이라고 말한다.[178] 호튼에 따르면, 비록 은혜 언약의 기초가 일방적일지라도, 은혜 언약에는 참된 교제 관계와 순종이 은혜의 "합당한 반응"(the reasonable response)으로서 요구된다.[179] 호튼은 "은혜 언약이 그 기초에 있어서

---

176 Vos, *Reformed Dogmatics*, vol. 2, 113-14.
177 Kim, "Michael Horton's Covenant Theology," 176, n. 19.
178 Horton, *God of Promise*, 105.
179 Horton, *God of Promise*, 56.

절대적이고 무조건적이지만, 언약적인 참된 동반자 관계를 낳는다"는 입장을 자신이 옹호한다고 말한다.[180]

아브라함의 순종은 구원의 기초가 아니라 아브라함의 복이 후손에게 전달되는 수단이고, 그리스도의 장래 순종의 모형이라는 호튼의 진술로부터,[181] 호튼이 아브라함의 순종을 개인적인 구원의 복을 누리는 길로도 여기지 않는 것처럼 판단하는 것은 지나친 것 같다.[182] 비록 호튼이 종주권 조약과 대조해서 은혜 언약의 무조건성을 지나치게 강조하고, 은혜 언약의 조건성과 쌍방성에 대해서는 전통적인

180　Horton, *People and Place*, 198.
181　Horton, *God of Promise*, 45.
182　또한 Mark Kim은, Horton은 은혜를 받기 위해 사람이 성취할 조건은 없다고 주장하지만, John Murray는 은혜의 지속적인 향유가 어떤 조건의 실현에 의존한다고 주장한다면서 양자를 대조한다. 그러나 Kim이 인용하는 Murray의 진술을 주의 깊게 살펴보면, Murray가 말하는 조건은 은혜가 베풀어지는 조건이나 은혜를 받기 위해서 사람이 성취해야 할 조건이 아니라, 살아있는 언약적 교제에 필수적인 상호 반응이다. Murray는 이렇게 말한다. "은혜는 주권적인 신적 시행에 의해서 베풀어지고 수립된 관계다. 그렇다면 우리는 지금까지 말해 온 [은혜 언약의] 조건들을 어떻게 이해해야 하는가? 이런 은혜와 수립된 관계를 지속적으로 향유하는 것은 어떤 조건들의 성취에 달려 있다. 베풀어진 은혜나 수립된 관계는 이런 조건들의 성취를 떠나서는 무의미하다. 왜냐하면 베풀어진 은혜는 은혜 받는 자와 은혜 받는 자편에서의 수납을 내포하기 때문이다. 그리고 수립된 관계는 상호성을 내포한다. 그러나 이런 조건들은 실제로는 수여의 조건이 아니다. 이런 조건들은 그것들 없이 언약적인 복이나 관계를 누린다는 것은 생각조차 할 수 없는, 단지 믿음, 사랑, 그리고 순종의 상호 반응일 뿐이다"(John Murray, *The Covenant of Grace: Biblical & Theological Studies* [Phillipsburg NJ: Presbyterian and Reformed Publishing Company, 1988], 19). 비록 Murray가 은혜 언약의 상호성과 향유적 조건성을 은혜 언약의 본질로 간주하며, Horton보다 더 강조할지라도, Horton과 Murray 둘 다 은혜 언약의 비(非)공로적인 조건성을 긍정한다고 보는 것이 정당해 보인다. 은혜 언약에 대한 Marray와 Horton의 이해의 주된 차이 가운데 하나는, Kim의 평가처럼 Murray는 은혜 언약의 비공로적인 조건성을 긍정하고 Horton은 부정하는 데 있는 것이 아니라, 둘 다 은혜 언약의 비공로적인 조건성을 긍정하지만, Horton은 모형적인 차원에서는 공로적인 조건성마저 인정한다는 데 있다.

언약신학이 강조하는 만큼은 강조하지 않는다는 것이 사실이다. 그러나 피터 젠트리(Peter J. Gentry)와 스티븐 웰룸(Stephen J. Wellum)이 평가하는 것처럼,[183] 호튼은 순종이 언약의 약속에 대한 필수적인 반응이고 언약의 복을 누리는 도구라는 차원에서는 은혜 언약의 조건성을 긍정한다.

> 모든 언약에는 명령이 있는데, 이는 하나님은 언제나 주이시며 인간은 언제나 그의 종이기 때문이다.[184]

5) 다윗 언약

(1) 하사 언약으로서 다윗 언약

호튼은 모세 바인펠트(Moshe Weinfeld)의 다음 주장을 현대 구약 학자들의 광범위한 합의에 대한 요약으로 평가하며 동의한다.

시내 산 언약은 "의무 형식"의 언약인 데 반해 노아와 아브라함과 다윗 언약은 "약속 형식"의 언약이고, 율법 언약은 의무적인 언약인 "종주권 형식의 조약"을 모델로 하지만, "약속 언약은 왕적 하사를

---

[183] Peter J. Gentry and Stephen J. Wellum, *Kingdom through Covenant: A Biblical-Theological Understanding of the Covenants* (Wheaton, Illinois: Crossway, 2012), 67.

[184] Horton, 『천국 가는 순례자를 위한 조직신학』, 220. Kline의 은혜 언약의 조건성에 대해서는, 본서 제2장, 2. 4) (1) ② "은혜의 원리와 이스라엘의 실패"를 보라.

모델로 한다."185 그러나 설령 이런 구별이 호튼의 평가대로 고대 근동 학자들 다수의 합의라고 할지라도, 이것이 전통적인 언약신학의 언약 구별과 일치하느냐, 또는 성경적으로 타당한 구별이냐는 다른 문제다.

먼저, 다윗 언약도 하사 언약으로 이해하는 호튼의 이해에는, 앞서 노아 언약이나 아브라함 언약에 대한 호튼의 이해에서 드러나는 특징이나 문제가 다시 나타난다. 호튼은 "봉신이 종주를 위해서 행한 과거 행적을 고려해서 종주가 봉신에게 주는 선물"186인 고대 근동의 왕적 하사 형식과 은혜 언약을 일치시키기 위해서, 은혜로 넘치게 상 받는, 은혜 언약의 열매인 순종과 신실함에서 그리스도의 행위 언약 성취와 그 보상의 모형을 찾는다. 호튼에 따르면,

> [왕이신 하나님은] 다윗 자신의 현재나 장래 죄조차 무효화할 수 없는, 다윗의 과거 신실함을 고려해서 이런 왕적 하사품을 내린다. 이 점에 있어서 다윗은 그리스도의 모형인데, 그리스도는 자신의 과거 행적(죄와 죽음에 대한 자신의 승리)을 기초로 해서 자신의 유업(하사 언약)을 받는다.187

---

185 Moshe Weinfeld, "berith," *Theological Dictionary of the Old Testament*, vol. 2, eds. G. Johannes Botterweck and Helmer Ringgren, trans. John T. Willis (Grand Rapids: Eerdmans, 1975), 255, 270, cited in Horton, *Lord and Servant*, x.

186 Horton, *Covenant and Salvation*, 13. Horton은 아브라함의 순종이 언약적 하사품이 주어지는 "공로적인 근거"가 된다는 Kline의 주장에 조금도 의문을 제기하지 않는다(Horton, *God of Promise*, 45; Kline, *Kingdom Prologue*, 325).

187 Horton, *God of Promise*, 44. Cf. Horton, *God of Promise*, 57.

호튼은 은혜 언약을 고대 근동의 왕적 하사 형식에 맞추기 위해서, 봉신의 행적을 하사의 기초로 삼는 행위의 원리를 심지어 은혜 언약에도 모형론을 통해서 한정적으로 도입한다. 호튼은 은혜 언약에 행위의 원리를 도입할 수 있는 신학적 근거로서 구속 언약을 내세운다. 비록 구속 언약의 어떤 점에서는, 즉 성자 자신의 경우 언약적 보상을 은혜로운 선물로서가 아닌 율법의 요구를 만족시킨 공로로 획득했다는 의미에서는, 행위의 원리가 작용한다고 할 수 있지만, 성자는 택자들의 보증인으로서 행위 언약의 요구를 대신 만족시키시기로 하신 것이다.

그리고 은혜 언약에서도 그리스도의 행위 언약 성취에 행위의 원리가 작용한다고 할 수 있지만, 은혜 언약이 여전히 은혜로운 이유는 택자들을 위해 행위 언약을 대신 성취할, 언약의 보증인에게만 행위의 원리가 적용되기 때문이다.[188]

그런데 호튼은 순종에 대해서 은혜로 풍성하게 상 받은 아브라함이나 다윗에게서도 행위의 원리가 작용하는 일종의 언약 보증인을 찾으려 한다. 비록 다윗 후손들의 행적은 전혀 고려되지 않는다고 할지라도 다윗의 과거 행적이 고려되어 왕적 하사가 내려진다면,[189] 다윗 언약은 적어도 다윗에게는 은혜 언약일 수 없을 것이다.

---

[188] 전통적인 이해에 따르면, 구속 언약은 하나님과 언약의 보증인이 맺은 언약인 데 반해, 은혜 언약은 삼위일체 하나님이 언약의 보증인 안에서 택한 죄인들과 맺은 언약이다(Vos, *Reformed Dogmatics*, vol. 2, 92; Berkhof, *Systematic Theology*, 270).

[189] Horton, *God of Promise*, 44.

벌코프의 표현을 빌리자면, 마치 구속 언약이 "그리스도에게는 은혜 언약이 아니라 행위 언약이었"던 것처럼,[190] 다윗 언약이 적어도 다윗에게는 일시적으로 행위 언약이 될 것이다.

호튼의 예상대로, 다윗 언약의 하사품이 다윗 자신의 과거 행적을 기초로 주어진다는 주장과 이신칭의 교리가 어떻게 서로 조화될 수 있느냐는 것은 충분히 제기될 법한 의문이다.[191]

호튼은 이 질문에 대해서, 양자에는 서로 다른 원리가 작용하지만, 모형과 원형에 따로 작용하기 때문에 문제없다는 식으로 재차 답한다. 호튼은 원형인 영원한 구원과 복은 다윗이 아니라 그리스도가 홀로 자신의 언약적 신실함을 통해서 공로로 획득하기 때문에, 그리고 다윗은 바로 이 그리스도의 공로에 기초해서, 영원한 나라를 오직 은혜로 받기 때문에,[192] 다윗이 영원한 왕국의 모형인 다윗 왕조를 다윗 자신의 과거 행적에 기초해서 받는 것은 문제되지 않고 전자와 충돌하지 않는다고 답한다.

그러나 다윗이 동일한 실재에 대한 모형과 원형을 상반되는 기초와 원리를 따라서 얻음에도 불구하고 충돌이 없다는 호튼의 주장은 납득하기가 쉽지 않다. 근본적인 문제는 다윗에게서 그리스도의 모형을 발견하는 것이 아니라, 모형론을 발견하기 위해서 모형이 되는 다윗의 행위에서조차 공로적인 행위의 원리를 실제로 도입한다는

---

190 Berkhof, *Systematic Theology*, 268.
191 Horton, *God of Promise*, 56-57.
192 Horton, *God of Promise*, 57.

것에 있다. 만약 그런 모형론을 위해서 다윗이 지상 왕조를 얻는 일에 행위의 원리가 실제로 도입되는 한, 동일한 실재에 대한 모형과 원형에 다른 원리가 작용한다는 충돌은 여전히 남는다는 비판을 피하기 힘들 것이다.

(2) 다윗 언약의 무조건성

호튼이 말하는 대로, 사무엘하 23장 1-5절에 따르면, 하나님은 다윗과 다윗의 후손이 범죄할 것을 아심에도 불구하고, 다윗과 "영원한 언약"을 맺으셨다.[193] 그리고 하나님은 다윗의 왕위를 영원히 보존하시겠다고 분명히 약속하셨다(삼하 7:13). 그래서 호튼은 다윗 언약이 다윗의 과거 행적에 기초해서 일단 주어지고 나면 무조건적이고, 일시적이지 않고 영원하다고 주장한다.

호튼에 따르면, 시내 산 언약과 **대조적으로** 다윗 언약에서는 하나님은 다윗이나 다윗 후손의 행위와 상관없이, 다윗의 왕위에 앉을 후손을 "일방적이고 무조건적으로 보존하시겠다"고 하셨다는 것이다.[194] 호튼은 시내 산 언약의 조항에 대한 이스라엘의 집단적인 불순종 때문에 이스라엘 나라가 망하고 가나안 땅에서 쫓겨나 포로가 된 사실이, 시내 산 언약은 깨질 수 있는 조건적인 언약이고, 다윗 언약과 같은 하사 언약들과 구조적인 차이와 불연속성이 있음을 보여

---

193   Horton, *God of Promise*, 45-46.
194   Horton, *Covenant and Salvation*, 17.

준다고 주장한다.[195]

호튼은 다윗의 왕위 계승자들의 도덕성은 다윗 언약의 타당성에 필수적이지 않고, 이런 점에서 다윗 언약은 시내 산 언약과 "종류에 있어서 다른" 언약이라는 존 레벤슨(Jon D. Levenson)의 주장에 동의한다.[196]

호튼이 시내 산 언약은 조건적이고, 이와 대조적으로 다윗 언약과 같은 하사 언약은 무조건적이라고 주장할 때, 호튼은 하사 언약의 유익을 받고 참여하는 "시행"의 조건조차 부정하는 것이 아니다.[197] 호튼이 말하는 다윗 언약의 무조건성은 다윗이나 다윗 후손의 행위에 의존하지 않는 해당 약속의 절대적 성취를 의미하는 것이다. 사람의 죄나 연약함이나 실패에도 불구하고 다윗 언약은 무조건적으로 성취될 것이다.

호튼은 시내 산 언약은 "이스라엘 백성의 믿음만큼 불안하고 쉽게 깨지고," 다윗 언약은 자연법칙만큼 견고하고 "하나님만큼 믿을 만하다"는 힐러스의 말에 전적으로 동의한다.[198]

그러나 시내 산 언약의 불순종에 대한 저주의 위협과 다윗 언약의 왕의 범죄에 대한 매와 채찍의 위협은 질적으로 다른 위협인가?

---

195 Horton, *God of Promise*, 47.

196 Jon D. Levenson, *Sinai and Zion: An Entry into the Jewish Bible* (New York: HarperCollins Publishers, 1987), 100; Horton, *Covenant and Salvation*, 22.

197 Horton, *Covenant and Salvation*, 149; Horton, *God of Promise*, 182. 앞의 2. 4) (3) "은혜 언약의 '본질적 무조건성과 시행의 조건성'"을 보라.

198 Hillers, *Covenant*, 117-18; Horton, *God of Promise*, 49.

호튼에 따르면, 시내 산 언약은 국가적 율법 언약으로서 이스라엘의 국가적 신실함에 의해서 신정 국가로서의 지위가 좌우되는 언약이었고, 이스라엘은 적절한 국가적 신실함을 유지하지 못하여 신정 국가로서의 지위를 상실하고 포로로 잡혀갔다고 한다.

그렇다면, 시내 산 언약은 성취되지 못하고 좌절되었는가?

만약 시내 산 언약의 목표가 국가 이스라엘이 가나안 땅에 머무르는 것에 한정된다면 호튼의 주장은 설득력을 가질지 모른다.[199] 그러나 시내 산 언약의 목적은 제사장 나라와 거룩한 백성을 만드는 것이었다(출 19:5-6).

이 목적이 국가로서의 이스라엘의 죄와 실패로 말미암아 좌절되었는가?

이스라엘 백성이 가나안 땅에서 쫓겨나 포로로 잡혀간 것이 이스라엘을 제사장 나라로 만드시겠다는 하나님의 약속의 좌절을 의미하는가?

그리고 만약 이스라엘의 국가적인 반역으로 인해서 신정 국가로서의 이스라엘이 멸망한 것이 시내 산 언약이 조건적이고 일시적인 언약이라는 증거가 된다.

어째서 다윗의 후손이 지상 이스라엘 나라의 왕위에 앉는 일이 끝난 것(이스라엘 나라가 망할 때, 다윗의 후손이 이스라엘 나라의 왕위에 오르

---

[199] Horton은 시내 산 언약의 삽입적인 한정적이며 일시적 성격을 자주 강조하면서, 동시에 "시내 산의 율법"은 "제사장 나라"라는 종말론적인 목표를 갖는다고 말하기도 한다(Horton, *Covenant and Salvation*, 57).

는 일도 함께 끝난다)은 다윗 언약이 조건적이고 일시적인 언약이라는 증거가 되지 않는가?

다윗의 후손이 지상 이스라엘 나라의 왕위에 오르는 일이 중단될지라도 다윗 언약 자체의 좌절이 아닌 이유는 다윗 언약이 애초에 예수 그리스도의 영원한 통치를 목표로 하고, 메시아적 왕이 이스라엘 신정 국가의 원형인 영원한 나라를 왕으로 다스리는 일은 결코 중단되지 않기 때문이다. 마찬가지로 만약 시내 산 언약의 목표가 단지 모형인 지상의 신정 국가의 유지가 아니라 그 원형인 종말론적인 제사장 나라를 세우는 것이라면, 지상의 신정 국가의 멸망 자체가 시내 산 언약 성취의 좌절은 아닐 것이다.

로벗슨이 말하는 것처럼, 시내 산 언약도 다윗 언약만큼이나 영원하다.[200] 호튼도 시내 산 언약은 "이스라엘의 실패에도 불구하고 그 목표에 도달했"기 때문에, 시내 산 언약은 단지 대체되는 것이 아니라 성취된다고 말한다.[201] 따라서 이스라엘의 집단적인 죄와 부패로 인해 이스라엘의 신정 국가적 지위가 상실될지라도, 시내 산 언약의 궁극적 목표가 좌절되지 않고 성취된다면, 시내 산 언약은 궁극적 성취에 있어서는 다윗 언약과 질적으로 다르지 않을 것이다. 또한

---

200 Robertson, *The Christ of the Covenants*, 277. Robertson은 모세 언약의 영원성에 대한 증거 구절로 출 40:15; 레 16:34; 24:8; 사 24:5을 제시한다. 출 40:15는 아론 가문의 영원한 제사장직에 대해서 말하고, 레 16:34는 대 속죄일을 "영원히 지킬 규례"로 말하고, 레 24:8과 사 24:5에서는 "영원한 언약"이 직접적으로 언급된다. 다윗 언약은 시내 산 언약에 매여 있다.

201 Horton, *Covenant and Salvation*, 25.

다윗 언약에도 엄한 징계의 경고와 그에 따른 심판이 있었다는 것을 고려할 때, 언약적 책임과 의무의 조건성에 있어서도 양자는 본질적으로는 다르지 않을 것이다.

6) 새 언약

마크 킴은, 호튼이 "새 언약은 아브라함 언약의 확장이며 성취다"라는[202] 존 머레이의 진술에 주저 없이 동의할 것이라고 평가한다.[203] 실제로 호튼은 새 언약이 아브라함 언약에 약속된 성취고,[204] 새 언약에서 아브라함 언약의 복이 궁극적으로 실현된다고 말한다.[205]

그러나 머레이가 새 언약을 은혜의 주권적인 시행으로서, 시내 산 언약을 포함한 모든 은혜 언약의 극치로 보는 데 반해,[206] 시내 산 언약을 행위의 원리에 의해서 좌우되는 율법 언약으로 간주하는 호튼은 새 언약과 시내 산 언약의 원리적인 불연속성을 강조한다. 호튼은 새 언약은 아브라함 언약과 다윗 언약의 갱신일 수는 있어도 모세 언약의 갱신일 수는 없다고 강조한다.[207]

---

202   Murray, *The Covenant of Grace*, 27.
203   Kim, "Michael Horton's Covenant Theology," 182.
204   Horton, *Covenant and Salvation*, 51.
205   Horton, *God of Promise*, 53.
206   Murray, *The Covenant of Grace*, 29.
207   Horton, *Covenant and Eschatology*, 134.

호튼은 모세의 선지자 사역과 예수의 메시아적 선지자 사역의 연속성을 긍정하지만, 예수가 자신을 메시아적 선지자로 선언하는 것이 "모세 언약의 갱신"을 의미한다는 리처드 홀슬리(Richard A. Horsley)의 주장에[208] 반대하고, 이것이 "모세 언약의 갱신이 아니라 아브라함-다윗 언약의 갱신"을 의미한다고 주장한다.[209]

그리고 호튼은 예수가 출애굽을 기념하는 유월절의 "마지막 만찬에서 언약을 갱신한다"는[210] 홀슬리의 진술 자체는 긍정하면서도, 홀슬리와 달리 이 만찬은 "시내 산 언약의 갱신이 아님에 확실하다"고 주장한다.[211] 호튼은 마지막 유월절 만찬에서 갱신되는 언약이 시내 산 언약이 아니라 아브라함 언약인 이유를 다음과 같이 말한다.

먼저, 마지막 만찬에서 수립되는 언약이 일방적으로 생명을 주는, 완전히 편무적인 약속의 형태이고, 예수 자신이 이것을 "새 언약"이라고 말씀하셨으며, 새 언약은 "내가 그들의 조상들의 손을 잡고 애굽 땅에서 인도하여 내던 날에 맺은 것과 같지 않는"(렘 31:32) 언약이다.[212]

또한 호튼은 새 언약이 시내 산 언약의 "폐지가 아니라 갱신"이며 "연장"이라는[213] 라칭거(Joseph Ratzinger) 주교의 주장에 대해서도, 이

---

208 Richard A. Horsley, *Hearing the Whole Story: The Politics of Plot in Mark's Gospel* (Louisville, KY: Westminster John Knox Press, 2001), 248.
209 Horton, *Lord and Servant*, 213.
210 Horsley, *Hearing the Whole Story*, 250.
211 Horton, *Lord and Servant*, 213, n. 17.
212 Horton, *Lord and Servant*, 213, n. 17.
213 Joseph Cardinal Ratzinger, *Many Religions—One Covenant: Israel, the Church and the World* (San Francisco: Ignatius Press, 1999), 62.

런 주장은 새 언약에 대한 예레미야 31장 31-32절의 주장을 전적으로 뒤엎는 것이며, 이스라엘 백성이 율법을 준행하겠다고 스스로 맹세하는 피와, 그리스도가 율법의 형벌과 요구를 대신 만족시키겠다는 그리스도의 맹세의 피를 혼동하는 것이라고 비판한다.[214]

호튼은 마지막 유월절 만찬에서 수립되는 새 언약이 시내 산 언약의 갱신이 아니라 시내 산 언약과 원리적으로 다른 새 언약이라는 것은 새 언약과 시내 산 언약이 상반되는 성격의 언약의 피로 비준된다는 사실에서 명백히 드러난다고 주장한다.

호튼은 히브리서 10장 28-29절에서,[215] 시내 산 언약과 새 언약의 명백한 대조가 발견된다고 말한다.

그러나 여기에 호튼이 말하는 유업을 얻는 원리의 대조가 존재하는가?

같은 원리에 의해서 좌우되는 복과 저주가 정도에 있어서만 차이가 있는 것 아닌가?

마찬가지로 히브리서 4장 1-11절에 대해서도,[216] 호튼은 시내 산

---

214 Horton, *Covenant and Salvation*, 27.
215 히 10:28-29, "모세의 법을 폐한 자도 두세 증인으로 말미암아 불쌍히 여김을 받지 못하고 죽었거든, 하물며 하나님의 아들을 짓밟고 자기를 거룩하게 한 언약의 피를 부정한 것으로 여기고 은혜의 성령을 욕되게 하는 자가 당연히 받을 형벌은 얼마나 더 무겁겠느냐?"
216 히 4:1-11, "그러므로 우리는 두려워할지니 그의 안식에 들어갈 약속이 남아 있을지라도 너희 중에는 혹 이르지 못할 자가 있을까 함이라 ²그들과 같이 우리도 복음 전함을 받은 자이나 들은 바 그 말씀이 그들에게 유익하지 못한 것은 듣는 자가 믿음과 결부시키지 아니함이라 ³이미 믿는 우리들은 저 안식에 들어가는도다 그가 말씀하신 바와 같으니 내가 노하여 맹세한 바와 같이 그들이 내 안식에 들어오지 못하

언약에 불순종해서 지상적인 안식을 박탈당하는 것은 비극이지만, 새 언약의 약속을 믿지 않아서 하늘의 안식에 들어가지 못하는 것은 더 큰 비극이라고 말한다.[217] 그러나 정작 여기서도 유업을 얻는 원리의 불연속성은 나타나지 않는다. 시내 산 언약에서나 새 언약에서도 유업을 얻지 못하는 것은 믿지 않아서고(히 4:2), [믿음의] 순종이 없어서다(히 4:6).

히브리서 기자에 따르면, 모세는 충성스런 종이었으나 예수는 아들이었고(히 3장), 레위 제사장직은 일시적이지만 그리스도는 영원한 제사장이시고(히 7장), 예수는 더 좋은 약속이 있는 더 좋은 언약의 더 좋은 중보자시고(히 8장), 예수의 제사는 옛 언약의 반복되는 제사가 아니라 영 단번에 죄를 제거하는 제사이고, 예수는 자신의 "영원한 언약의 피"를 갖고 사람의 손으로 짓지 않은 참 성전인 하늘의 성소에 들어가서 우리를 위해 중보하신다(히 9-10장).

호튼은 시내 산 언약과 새 언약에 대한 히브리서 기자의 이런 비교

리라 하셨다 하였으나 세상을 창조할 때부터 그 일이 이루어졌느니라 [4]제 칠일에 관하여는 어딘가에 이렇게 일렀으되 하나님은 제 칠일에 그의 모든 일을 쉬셨다 하였으며 [5]또 다시 거기에 그들이 내 안식에 들어오지 못하리라 하였으니 [6]그러면 거기에 들어갈 자들이 남아 있거니와 복음 전함을 먼저 받은 자들은 순종하지 아니함으로 말미암아 들어가지 못하였으므로 [7]오랜 후에 다윗의 글에 다시 어느 날을 정하여 오늘이라고 미리 이같이 일렀으되 오늘 너희가 그의 음성을 듣거든 너희 마음을 완고하게 하지 말라 하였나니 [8]만일 여호수아가 그들에게 안식을 주었더라면 그 후에 다른 날을 말씀하지 아니하셨으리라 [9]그런즉 안식할 때가 하나님의 백성에게 남아 있도다 [10]이미 그의 안식에 들어간 자는 하나님이 자기의 일을 쉬심과 같이 그도 자기의 일을 쉬느니라 [11]그러므로 우리가 저 안식에 들어가기를 힘쓸지니 이는 누구든지 저 순종하지 아니하는 본에 빠지지 않게 하려 함이라."

[217] Horton, *Covenant and Salvation*, 30.

대조에 대해서 다음과 같이 주장하며 이것이 히브리서 기자의 이해라고 주장한다.

> 옛 언약 **자체**는 범죄에 대한 적절한 대책을 갖고 있지 않았고, [구약] 신자들이 믿음으로 참여한 새 언약을 모형적으로 지시할 수 있을 뿐이었다.[218]

그러나 보스가 지적하는 대로, 만약 옛 언약과 새 언약에 대한 히브리서 기자의 대조를, 시내 산 언약에는 "새 언약의 그림자만" 존재하고 시내 산 언약 자체는 행위의 원리에 의해서 좌우된다는 식으로 해석한다면, 히브리서 기자의 의도를 크게 벗어나서 옛 언약과 새 언약의 대조를 지나치게 과장하는 것이 될 것이다.[219] 보스가 말하는 대로, 동일한 천상의 영적 실재에 참여하는 수단으로서 구약의 제사와 정결의식의 연약함과 무익함(히 7:18)은 상대적인 것이지, 절대적인 것이 아니고, 살아계신 하나님과의 교제를 유지하는 데 있어서 그 당시에는 "참된 은혜의 수단"이었다.[220]

---

218 Horton, *Covenant and Salvation*, 30 (강조는 Horton의 것).
219 Vos, "Hebrews, the Epistle of the Diatheke," in *Redemptive History and Biblical Interpretation*, ed. Richard B. Gaffin (Phillipsburg, New Jersey: Presbyterian and Reformed Publishing Company, 1980), 202-203.
220 Vos, "Hebrews, the Epistle of the Diatheke," 203.

심지어 호튼은 "시내 산 언약 자체에는 긍휼이 존재하지 않는다"
고 말하기도 한다.[221]

시내 산 언약의 제사 제도는 하나님의 긍휼과 용서를 명백하게 가
르치지 않는가?

아니면 호튼의 말은 시내 산 언약의 제사 제도가 시내 산 언약에
본질적이지 않다는 의미인가?

보스는 시내 산 언약에서 제사 제도는 본질적인 요소라고 다음과
같이 지적한다.

> [히브리서 기자에게] 제사직은 언약의 중심이고 실체이다. …
> 히브리서 기자는 제사직이 두 시대 모두에서 중심적인 자리를
> 갖는다는 것을 완전히 확신한다. 심지어 히브리서 7장 11절은
> 레위 계통의 제사직을 전체 율법이 포함되는 더 높은 범주로
> 서 묘사한다. "백성이 그[레위 계통의 제사직] 아래에서 율법
> 을 받았으니."[222]

우리는 호튼이 시내 산 언약 자체에는 자비가 없다는 놀라운 발

---

[221] Horton, *God of Promise*, 50: "There is no mercy in the Sinaitic covenant itself."
[222] Vos, "Hebrews, the Epistle of the Diatheke," 221. cf. Vos, "The Priesthood of Christ in the Epistle to the Hebrews," in *Redemptive History and Biblical Interpretation*, 134-35. Horton도 우리가 방금 인용한 Vos의 말을 아무런 이의 제기 없이 인용한다. 그런데 Horton의 책에는 인용문 출처가 Vos, *Hebrews*, 203ff.로 잘못 되어 있다(Horton, *Lord and Servant*, 238, n. 65).

언을 하는 이유를, 그가 바로 이어서 한 말에서 발견할 수 있을 것 같다. 호튼에 따르면, "엄밀히 말해서 시내 산 언약은 이스라엘 백성이 율법 책에서 명령되는 모든 것을" 이행하기로 맹세하는, 그리고 가나안 땅에서 오래 사느냐 아니면 추방되고 죽느냐가 율법 준행의 상벌로 걸려 있는, 이스라엘 백성의 "충성 맹세"였다고 한다.[223]

다시 말해서, 시내 산 언약 자체는 행위의 원리에 의해서 좌우되는 율법적인 언약이기 때문에, 구약 신자들이 모형을 통해서 믿음으로 참여한 새 언약의 복과 자비는 시내 산 언약의 질서와 다른 질서나 원리로 말미암는다는 것이다.[224]

여기서 호튼은 "시내 산 언약 자체"는 은혜의 원리와 대조되는 행위의 원리에 의해서 좌우된다는 클라인의 주장을 따른다.[225] 호튼은 시내 산 언약 안에서 결합되어 있는 도덕법과 의식법에 대하여, 전자는 행위 언약에 후자는 은혜 언약에 속하는 것처럼 다룬다. 그러나 보스에 따르면, 의식법도 그리스도를 가리키는 모형적인 요소만 있는 것이 아니라 완벽히 성취되어야 하는 요구로서, 완전한 성취의 불가능함을 통해서 그리스도에게로 이끄는 요소가 있고, 십계명(특히 서문)도 행위 언약의 법에 불과한 것이 아니라, 은혜 언약을 상기시키는 요소를 함의한다고 한다.[226]

---

223 Horton, *God of Promise*, 50.
224 Horton, *Covenant and Salvation*, 71.
225 Kline, *Kingdom Prologue*, 320.
226 Vos, *Reformed Dogmatics*, vol. 2, 135.

호튼도 옛 언약과 새 언약의 "구속 역사적인"(the redemptive-historical) 연속성을 말한다.[227] 즉 그리스도가 구약 약속의 성취라는 점에서 옛 언약과 새 언약은 연속성을 갖는다는 것이다.[228] 그러나 호튼은 유업을 얻는 원리로서 시내 산 언약 자체는 새 언약과 완전히 상반된다고 주장한다. 호튼은 모세오경 또는 구약 전체를 가리키는 "율법"은 복음의 약속을 포함하고, 따라서 새 언약과 연속성을 갖지만, 시내 산 언약 자체는 율법으로서, 약속이나 복음과 정반대된다고 말한다.[229]

호튼은 율법과 복음의 구속 역사적 의미의 차이를 "제광 스위치"에 비교할 수 있다면, 언약의 원리로서의 율법과 복음의 차이는 "오프 온(off/on) 스위치"와 같다고 말한다. 다시 말해서, 구약과 신약의 차이가 양적이라면, 유업을 얻는 수단으로서 시내 산 언약과 새 언약의 차이는 "질적이고 대립적"이라는 것이다.[230] 호튼이 새 언약을 유업을 얻는 원리에 있어서 시내 산 언약과 대조되는 언약으로 간주하는 데는 시내 산 언약을 행위의 원리에 의해서 좌우되는 창조 언약의 재판(再版)으로 간주하는 그의 이해와 깊은 관련이 있다.

---

227 Horton, *Covenant and Salvation*, 88.
228 Horton은, Calvin이 은혜 언약의 통일성에 대한 재세례파의 도전에 맞서 그리스도가 율법의 성취라는 구속 역사적인 연속성을 크게 강조했음을 인정한다(Horton, *Covenant and Salvation*, 89). 그러나 Calvin은 구속 역사적인 연속성과 더불어, 시내 산 언약에 동일한 은혜의 원리가 작용한다는 것도 강조했다. 시내 산 언약에 대한 Calvin의 이해에 대해서는 본서 제3장에서 논의할 것이다.
229 Horton, *Covenant and Salvation*, 89.
230 Horton, *Covenant and Salvation*, 90.

3. 시내 산 언약

1) 시내 산 언약의 행위의 원리

(1) 호튼의 재판 이론과 행위의 원리

호튼에 따르면, 시내 산 언약 또는 모세 언약은 형식에 있어서 창조 언약과 마찬가지로 종주권 조약 형식이고, 창조 언약과 마찬가지로 하나님의 율법에 대한 순종을 조건으로 하는 조건적인 언약이라고 한다.[231] 호튼은 시내 산 언약이 창조 언약의 일종의 재판(再版)이라는 것이다.

더 구체적으로 말해서, 클라인이 주장하는 그런 식의 재판이라는 것이 "고전적 언약신학의 견해"고, "과거 개혁신학자들의 유의미한 합의"이며,[232] "개혁주의 언약신학의 지배적인 견해"로 평가하고[233] 거기 동의한다.[234] 시내 산 언약과 관련해서 호튼은 클라인의 "공로적인

---

231 Horton, *Covenant and Eschatology*, 133.
232 Horton, *God of Promise*, 97.
233 Horton, *Covenant and Salvation*, 97.
234 Horton은 시내 산(또는 모세) 언약이 창조 언약의 일종의 재판이라는 이해가 Kline 이전에 이미 Charles Hodge에 의해서 다음과 같이 요약된 바 있다고 주장한다. "모세 언약에 의심할 나위 없이 속하는 이런 복음적인 성격(이런 복음적인 성격이 모세 언약에 '속하는'[belong to] 것이지, 모세 언약과 '일치하는' 것은 아니다[Horton의 첨가]) 외에도, 모세 언약의 두 가지 다른 측면이 성경에 나타나 있다. **첫째**, 모세 언약은 히브리인과 맺어진 국가적 언약이다. 이런 관점에서 모세 언약의 당사자는 하나님과 이스라엘 백성이었다. 약속은 국가의 안전과 번영이었다. 조건은 모세 율법에 대한 하나의 국가로서 이스라엘의 순종이었다. 그리고 중보자는 모세였다. 이런 측면에서 모세 언약은 법적 언약(legal covenant)이었다. 그것은 '이것을 행

행위의 원리"라는 말 대신 그냥 "행위의 원리"라는 말을 사용하며, "공로"라는 말을 직접적으로 사용하기를 자제한다는 차이 말고는[235] 클라인의 이해에 전적으로 동의한다.

하면 살리라'고 말했다. **둘째**, 모세 언약은 신약도 그런 것처럼, 첫 행위 언약의 갱신된 선포를 담고 있었다"(Hodge, *Systematic Theology* [Grand Rapids: Eerdmans, 1946], 117, in Horton, *Lord and Servant*, 130, n. 24; Horton, *God of Promise*, 90, n. 25) 우리는 Hodge의 위 진술을 오해하지 않기 위해서 진술의 맥락에 유념할 필요가 있다. Hodge는 타락 이후 "모든 시대에서의 은혜 언약의 동일성"을 말하고 나서(Charles Hodge, *Systematic Theology*, 3rd edition, vol. 2 [Massachusetts: Hendrickson Publishers, 2003], 366), 시내 산 언약을 동일한 은혜 언약의 구별된 시행으로서 말한다. "비록 은혜 언약은 항상 동일했을지라도, 은혜 언약의 시대들은 변했다"(Hodge, *Systematic Theology*, vol. 2, 373). 여기서 첫째로 언급된 것, 즉 국가적 언약으로서의 시내 산 언약이 국가적 순종을 조건으로 국가의 안전과 번성이 약속되었다는 Hodge의 진술은 시내 산 언약에 대한 Kline이나 Horton의 묘사와 어쨌든 유사하다는 것이 일단 인정되어야 할 것 같다. 그럼에도 불구하고 둘째로 언급된, 모세 언약이 "행위 언약의 갱신된 선포"(갱신된 행위 언약의 선포가 아니다!)를 담고 있다는 진술은 행위 언약의 재수립이 아님에 틀림없다. 왜냐하면 Hodge는 신약도 행위 언약의 갱신된 선포를 담고 있다고 분명히 말하기 때문이다. Horton은 인용하지 않았지만, Hodge는 모세 언약만 아니라 신약도 담고 있는 "행위 언약의 갱신된 선포"는 "아담 때만큼이나 지금도 참이고, 항상 참이었고, 참이어야 하는" 하나님의 율법을 완벽하게 순종하는 사람만 하나님의 복을 누리고 죄를 짓는 사람은 저주를 받는다는 "영원하고 불변한 공의의 원리에 대한 선포"를 가리킨다고 말한다. Hodge에 따르면, 이것은 행위 언약을 실제로 재도입하는 것이 아니라, "만약 어떤 사람이 복음을 거부하거나 무시하면," 바로 이 영원하고 불변한 공의의 원리를 따라서 "그는 심판받을 것이다"라는 의미다. "만약 그가 은혜 아래 있지 않으면, 만약 그가 은혜로 말미암은 구원의 방법에 응하지 않으면, 그는 반드시 율법 아래 있을 것이다"(Hodge, *Systematic Theology*, vol. 2, 375).

235 이것은 Kline과 Horton 사이의 유의미한 차이가 아닌 것 같다. 애초에 Kline 본인이 "공로적인 행위의 원리"(Meredith G. Kline, "Gospel until the Law: Rom 5:13–14 and the Old Covenant," *Journal of the Evangelical Theological Society* 34/4 [December 1991], 434)라는 말과 "행위의 원리"(Kline, "Gospel until the Law," 434, n. 5)라는 말을 동일한 의미로 함께 사용한다. 또한 Horton은 "행위의 원리"를 율법의 원리라고도 일컫는데, 은혜의 원리 또는 약속의 원리와 대립되는 원리로 간주한다(Horton, *God of Promise*, 60). 따라서 Horton이 말하는 행위의 원리는 은혜 언약의 질서 아래서 순종이 풍성하게 상 받는 것을 의미하지 않는다.

호튼의 재판 이론은 시내 산 언약이 창조 언약의 단순한 반복임을 의미하지 않는다. 호튼에 따르면, 아담과 맺어진 행위 언약과 시내 산에서의 행위 언약의 재판에는 연속성뿐만 아니라 불연속성도 존재한다고 한다.

먼저 시내 산 언약은 어떤 점에서 창조 언약과 연속성을 갖는 창조 언약의 재시행인가?

호튼에 따르면, 이스라엘의 이야기는 아담의 창조와 시험과 타락 이야기의 되풀이이며[236] "최초 언약의 압축판"이고, 이스라엘의 시험은 보편적인 인류의 언약적 시험의 지역적이고 한정적인 반복이라고 한다.[237] 호튼은 이스라엘은 "하나님의 종말론적 나라의 모형적 신정 국가로서," "하나님의 신정적인 새로운 동산"이고, "하나님 앞에서 인류를 대표한다는 의미에서 새로운 피조물"이며, 이스라엘이 가나안 땅에 거주하는 것은 아담과 마찬가지로 조건적이라고 말한다.

호튼은 "이것을 행하라 그러면 이 땅에서 오래 살고 내 안식에 들어갈 것이라"는 동일한 조건과 동일한 재재가 아담과 이스라엘에 적용된다고 말한다.[238] 그리고 비록 창조 언약에서는 하나님의 은혜 없이 선하심이 전제되고, 시내 산 언약에서는 하나님의 은혜도 함

236　Horton, *God of Promise*, 94. Horton은 이스라엘의 출애굽을 묘사하는 표현에도 창조 이야기가 명백히 반영되어 있다고 말한다. 이스라엘은 애굽 노예 생활의 "공허와 흑암"(cf. 창 1:2)에서 건짐 받아, 이제 "새로운 아담"으로서 가나안 동산을 차지하고 완전한 안식에 대한 기대 속에 시험을 받는다고 한다(Horton, *Lord and Servant*, 151).

237　Horton, *Lord and Servant*, 120.

238　Horton, *Lord and Servant*, 130.

께 전제될지라도,[239] 하나님의 선하심만 고려한다면, 창조 언약과 시내 산 언약 둘 다 "하나님의 선하심이 언약 체결에 선행한다"고 주장한다.[240] 결정적으로 시내 산 언약에도 행위의 원리가 실제로 적용된다는[241] 점에서 시내 산 언약은 창조 언약의 재시행이라는 것이다.

그러나 시내 산 언약은 창조 언약의 단순한 반복에 불과한 것이 아니라 양자 사이에 불연속성도 존재한다. 호튼은 양자의 불연속성과 차이가 주로 "역사적인 환경의 변화," 즉 역사적인 타락의 발생으로 온 세상이 죄 가운데 있게 되었다는 사실과, 하나님이 시내 산 언약의 불완전한 신정 국가를 세상에 오실 메시아를 예표하는 모형으로 삼기 정하셨다는 사실에 기인한다고 주장한다.[242]

호튼에 따르면, 애초에 시내 산 언약은 "지정학적 영토에 있는 일시적 유산에 속해 있었으며, 아브라함과 이삭과 야곱의 물리적 후손들에게 제한되어 있었"고,[243] 게다가 이스라엘의 부름은 타락 이후이기 때문에 시내 산 언약은 신적 선하심과 사랑의 결과일 뿐만 아니라 창조 언약과 달리 자비와 은혜의 결과이기도 하다고 한다.[244] 시내 산

---

239 Horton, *Lord and Servant*, 130.
240 Horton, *God of Promise*, 90.
241 Horton, *Covenant and Salvation*, 97-98. Horton은 "언약적 원리로서의 율법," 즉 율법의 원리를 "행위의 원리"와 거의 동일한 의미로 사용한다. 여기서 율법의 원리는 율법 또는 율법의 행위가 "형벌과 보상의 원리나 근거" 역할을 하는 것을 의미한다(Horton, *Covenant and Salvation*, 87).
242 Horton, *God of Promise*, 32. Cf. Kline, *Kingdom Prologue*, 20.
243 Horton, 『천국 가는 순례자를 위한 조직신학』, 184.
244 Horton, *Covenant and Salvation*, 14. 심지어 Horton은 이렇게도 표현한다. "타락

언약은 은혜로운 역사에 기초할 뿐만 아니라, 시내 산 언약에는 언약 위반에 대한 하나님의 진노를 누그러뜨리는 제사 제도까지 마련되어 있었다.[245]

그리고 호튼은 시내 산 언약적 관계에서 "하나님이 인내를 발휘하신다"는 사실이 시내 산 언약이 창조 언약과 단순히 동일시 될 수 없음을 보여 주고,[246] 국가적 행위 언약으로서 시내 산 언약에서는 완전한 순종이 신정 국가가 유지되는 조건으로 요구되지 않는다고 강조한다.[247]

호튼은 클라인을 따라서, 시내 산 언약은 행위의 원리에 의해서 좌우되는 언약임에도 불구하고, 시내 산 언약의 필수적인 요구가 완전한 순종이 아니라, 신정 국가를 유지할 만큼의 적절한 정도의 국가적 신실함"[248] 또는 "적절한 순종"[249]이라고 말한다. 여기서 적절한 정도의 국가적 신실함이란, 이스라엘 국가가 참되고 영원한 하나님 나

이후로 어떤 의미에서는 하나님과 사람의 모든 관계가 은혜에 근거하고, 따라서 시내 산 언약조차 '펠라기우스주의적'이지 않다"(Horton, "Traditional Reformed Response [to New Perspective View]," in *Justification: Five Views*, 205).

245 Horton, *God of Promise*, 54-55.
246 흥미롭게도, Kline은 하나님이 이스라엘에 대해서 인내하시고 심판을 제한하시는 것을 "주권적인 은혜의 원리"에 기인하는 것으로 간주한다(Kline, *Treaty of the Great King: the Covenant Structure of Deuteronomy* [Grand Rapids, MI: Eerdmans, 1963], 65).
247 Horton, *God of Promise*, 32. Horton에 따르면, 시내 산 언약의 조건이 에덴 동산에서 창조 언약의 조건이 요구하는 것만큼 엄격하게 요구했다면 이스라엘이 가나안 땅에 이르지도 못했을 것이라고 한다.
248 Horton, *God of Promise*, 32.
249 Horton, *God of Promise*, 38.

라를 예표하는 모형적 타당성을 유지할 수 있을 만큼의 "언약적 순종"(covenantal obedience)을 가리킨다.[250]

호튼에 따르면, 창조 언약은 은혜의 원리가 작용하지 않을 뿐만 아니라 은혜를 전제하지도 않는 데 반해, 시내 산 언약은 은혜로운 역사에 기초할 뿐만 아니라, 은혜로운 용서 수단이 존재하고 은혜가 작용한다고 한다. 게다가 호튼은 시내 산 언약적 심판이 연기되고 이스라엘의 역사가 지속되는 것도 은혜 언약, 다시 말해서 은혜 때문임을 인정한다.[251]

그러나 이런 차이에도 불구하고, 호튼은 행위의 원리가 시내 산 언약에도 여전히 실제로 적용된다고 주장한다.[252] 호튼은 시내 산 언약의 은혜로운 토대와 은혜로운 조정에도 불구하고 결국 이스라엘은 불순종으로 말미암아 가나안 땅을 상실해버린 사실로부터 시내 산 언약에 행위의 원리가 작용하고 있다는 결론을 도출한다.[253]

그리고 호튼에 따르면, 시내 산 언약의 행위의 원리는 적용의 엄격함에 있어서만 아니라 애초에 적용되는 영역과 차원에 있어서도 창조 언약과 차이가 있다고 말한다. 창조 언약에서는 행위의 원리가 아담 개인의 영생에도 적용되는 종말론적인 유업을 얻는 원리였다

---

250 Horton, *God of Promise*, 32. 여기서 Horton은 Kline의 "모형론적 가독성"(typological legibility)과 동일한 것을 염두에 두고 있음에 분명하다. Kline의 "모형론적 가독성"에 대해서는, 본서 제2장, 3. 1) "시내 산 언약의 행위의 원리"를 보라.

251 Horton, *Lord and Servant*, 152.

252 Horton, *God of Promise*, 91.

253 Horton, *God of Promise*, 55; Horton, *Covenant and Salvation*, 98.

면, 시내 산 언약에서 행위의 원리는 개인의 구원에는 적용되지 않고 모형적이고 잠정적인 유업을 얻는 데 한정된다고 한다.

호튼은 행위 언약으로서의 시내 산 언약에 근거해서 결정되는 것은 이스라엘 개개인의 구원이 아니라, 이스라엘의 국가적 지위와 신정 국가의 지속이라고 말한다.[254] 여기서도 호튼은 자신이 고전적 언약신학의 현대적 요약이라고 평가한 클라인의 견해를 따른다.[255]

(2) 행위의 원리의 개인적 차원과 집단적 차원

호튼은, 시내 산 언약 질서에서 개인과 집단은 행위의 원리와 상당히 다른 관계를 맺고 있는 것처럼 말한다. 호튼에 따르면, 완전한 순종을 요구하는 엄격한 행위의 원리는 개인의 구원과 가정적으로(hypothetically) 관계있는 원리이지, 이스라엘 신정 국가의 유지에 적용되지 않는다고 한다. 호튼은 율법에 대한 완전한 순종을 요구하는, 개인의 구원과 관계있는 율법의 엄격함과, 모형적 가치를 유지할 만큼의 적절한 순종을 요구하는, 신정 국가의 유지와 관계있는 율법의 엄격함을 구별해야 한다고 주장한다.[256]

---

254 Horton, *Lord and Servant*, 153.
255 Horton, *Covenant and Salvation*, 97-98. Kline에 따르면, 시내 산 언약은 개인의 구원에 있어서는 여전히 은혜의 원리가 작용하기 때문에 은혜 언약과 연속성을 갖지만, 모형적인 왕국인 신정 국가를 유지하는 데는 "공로적인 행위의 원리"가 작용한다는 점에서 창조 언약과 연속성을 갖고, 이 공로적인 행위의 원리는 단지 가설적이고 애초에 불가능한 원리가 아니라, 이스라엘의 집단적 생활을 실제로 좌우하고 결정한 원리였다고 한다(Kline, "Gospel until the Law," 434-35).
256 Horton, *God of Promise*, 32.

호튼은 "율법 책에 기록된 대로 모든 일을 항상 행하지 아니하는 자는 저주 아래에 있는 자라"(갈 3:10)는 율법적인 행위의 원리는 개인과 관계있고, 특히 개인의 구원과 가정적으로만 관계있다고 이해한다. 여기서 가정적으로 관계있다는 의미는 다음과 같다. 즉 율법적인 행위의 원리는 하나님의 의도에 있어서 구원 얻는 길로서 주어진 것도 아니고, 구원의 길로서 현실적으로도 불가능하다는 것이다. 그리고 그것은 은혜 언약의 약속에 실제로 참여하는 사람들이 아니라, 은혜 언약의 약속을 믿음으로 받아들이지 않는 불신자나 외적으로 은혜 언약 안에 있으나 은혜 언약의 본질에 참여하지 않은 위선자들에게 정죄의 원리로서만 실제로 적용된다는 것이다.

그런데 호튼이 말하는 시내 산 언약의 '행위의 원리'는 이런 개인의 구원과 관계있는 행위의 원리와 구별된다. 호튼에 따르면, 개인의 구원에 있어서 아브라함 언약과 연속성을 갖는 시내 산 언약 질서에서, 앞서 언급한 개인적인 '행위의 원리'는 애초에 구원의 프로그램으로서 의도되지 않았다. 다만 그것은 은혜 언약의 약속을 거부하고, 믿음을 통해서 은혜 언약의 내적 본질에 참여하지 못한 사람들에게 결과적으로 적용되고 마는 원리다.

이에 반해, 시내 산 언약의 집단적 '행위의 원리'는 가정적이지 않고 실제로 적용되었다. 따라서 적어도 이스라엘의 집단적인 삶이 '행위의 원리'에 의해서 좌우되는 것은 시내 산 언약이 수립된 본래 의도라고 호튼은 간주한다. 이런 의미에서 호튼은 시내 산 언약의 질서 안에서 개인의 구원은 은혜의 원리에 의해서 좌우되고 이스라엘 신정 국가의 유업과 복은 행위의 원리에 의해서 좌우된다고 말하는 것이다.

시내 산 언약 안에서, 개인은 은혜의 원리를 따라서 구원을 얻는다. 시내 산 언약 안에서도 구원을 얻는 다른 길은 존재하지 않는다. 그런데 만약 믿음으로 은혜의 길을 따르지 않은 개인은 행위의 원리에 따라서 심판받게 될 것이다. 개인이 구원의 유업을 얻고 누리는 원리는 은혜다. 반면, 호튼에 따르면, 이스라엘 집단은 지상적인 유업과 복락을 위해서 애초에 행위의 원리를 따라서 율법을 지켜야 하고, 이 원리 외에 이스라엘의 집단적인 복과 유업을 유지하는 다른 원리가 시내 산 언약의 질서에 존재하지 않는다는 것이다.

또한 호튼은 시내 산 언약에서 집단적인 모형적 유업을 얻는 원리를 행위로 본다. 그러나 율법에 대한 완전한 순종을 요구하는 행위의 원리는 개인에게만 아니라, 집단에게도 불가능하다. 그래서 호튼은 율법적 행위의 원리를 정죄하는 목적으로만 아니라 복과 유업을 얻는 목적을 위해서도 실제로 적용하기 위해서, 율법적 행위의 원리를 불가피하게 수정 완화한다.

(3) 행위의 원리의 수정 완화

호튼의 재판 이론을 행위의 원리에 초점을 맞추어 요약해본다면, 시내 산 언약에서는 창조 언약에 작용한 행위의 원리가 타락이라는 환경적 한계와 하나님이 정하신 모형론적 의도에 의해서 **그 엄격함이 완화되어** 적용되되, 개인의 구원이나 천상의 종말론적 왕국 차원이 아닌, 그 모형인 지상의 신정 국가적 **차원에 한정적으로** 실제로 적용된다고 요약할 수 있다.

호튼은 완전한 순종을 요구하지 않는 행위 언약의 원리가, 비록 한정적일지라도 가능하다고 생각하는 것 같다. 그러나 창조 언약을 좌우하는 행위의 원리에 완전한 순종은 필수적인 것이고,[257] 완전하지 않은 순종은 창조 언약의 기준에 따르면 순종이 아니라 애초에 불순종이다. 데니슨, 샌본, 그리고 스윈번슨이 말하는 것처럼, 웨스트민스터 신앙고백서 7장 2절과 19장 1절에 따르면, 완전하고, 전체적이고, 정확하고, 영구적인 순종에 대한 요구는 행위 언약에 절대적으로 필요하기 때문에 완벽한 순종에 대한 요구는 행위 언약에 "본질적인 측면"이고, 이것이 "행위 언약에 대한 신앙고백적이고 정통적인 이해"다.[258]

사실 호튼이 말하는 적절한 정도의 국가적 순종이라는 것은 불완전한 순종이고, 불완전한 순종은 아무리 진실하더라도 은혜 언약적 질서 아래서만 선행으로 인정되고 하나님께 상을 받을 수 있다.[259] 웨스트민스터 신앙고백서 16장 6절에 따르면,

---

[257] Calvin에 따르면, 행위의 원리는 "하나님의 법을 어느 정도 지키지 않으면 저주를 받으리라"가 아니라, "율법 책에 기록된 대로 모든 일을 항상 행하지 아니하는 자는 저주"를 받으리라(갈 3:10)이다(Calvin, *Institutes*, 2. 7. 5).

[258] James T. Dennison Jr., Scott F. Sanborn, and Benjamin W. Swinburnson, "Merit or 'Entitlement' in Reformed Covenant Theology: A Review (of Bryan D. Estelle, J. V. Fesko, David VanDrunen, eds., *The Law is Not of Faith: Essays on Works and Grace in the Mosaic Covenant*)," *Kerux: The Journal of Northwest Theological Seminary* 24/3 (2009): 26.

[259] Dennison Jr., Sanborn, and Swinburnson, "Merit or 'Entitlement' in Reformed Covenant Theology," 27.

신자의 인격이 그리스도로 말미암아 용납되기 때문에 신자의 선행 또한 그리스도 안에서 용납된다. 이 세상에서 신자의 선행이 하나님이 보시기에 전적으로 흠이 없고 책망할 것이 없기 때문이 아니라, 하나님이 신자의 선행을 자기 아들 안에서 보시기 때문에 비록 많은 연약과 불완전함이 있을지라도 진실하게 행한 것은 용납하시고 상을 주시기를 기뻐하신다.[260]

행위 언약 아래서, 즉 행위의 원리를 따라서는 불완전한 순종은 불순종에 불과하고 어떤 보상의 근거도 될 수 없을 것이다.

하나님이 불완전한 순종에 상을 주시고 불순종을 인내하신다는 사실은, 호튼이 말하는 것처럼 시내 산 언약이 창조 언약의 단순한 반복이 아니라는 것을 증명할 뿐 아니라 시내 산 언약이 행위의 원리에 의해서 좌우되는 언약일 수 없음을 뜻하는 것은 아닌가?

그리고 율법에 대한 순종이나 신실함을 구원 은혜의 열매로 판단하는 유무에 따라 이냐 아니냐도 거기 공로적인 행위의 원리가 작용하는지를 판단하는 데 중요하다. 만약 적절한 정도의 국가적 충성과 순종이 애초에 은혜 언약의 열매라면,[261] 그것으로 인한 신정 국가의 유지는 행위에 대한 공로적인 보상일 수 없고, 행위의 원리가 아니

---

260 R. C. Sproul, ed., 『개혁주의 스터디 바이블』, 김진운 외 4명 옮김 (서울: 부흥과개혁사, 2017), 2525에서 재인용.
261 Kline은 적절한 정도의 국가적 순종을 "적절한 정도의 왕국의 의로움"이라고도 일컫는데, 그는 이스라엘이 소유한 의로움이 어떤 의로움이든 구원 은혜의 선물이라고 인정한다(Kline, *Treaty of the Great King*, 125).

라 은혜의 질서 가운데 있는 것이 될 것이다. 적당한 국가적인 순종이 애초에 은혜 언약의 열매라면, 영원한 구원과 관계있는 토대적인 차원에는 은혜의 원리가 작용하지만 모형적인 유업인 신정 국가와 관계있는 표층적 차원에는 공로적인 행위의 원리가 작용한다는 구별은 유지되기 힘들어 보인다.

(4) "집단적 아담"(Corporate Adam) 모형론

또한 신정 국가의 유지가 행위 언약의 원리에 의해서 좌우된다는 호튼의 주장은, 신정 국가의 주된 존재 이유 중 하나가 참되고 영원한 하나님의 나라를 예표하는 모형 역할에 있다는 그 자신의 주장과도 조화되기 힘들어 보인다.

만약 신정 국가가 하나님 나라의 모형이라면, 거룩함 없이는 "아무도 주를 보지 못한다"(히 12:14)는 것을 반영해야 한다는 호튼의 주장 자체는 타당할 것이다. 클라인의 표현을 빌리자면, 이스라엘 신정 국가는 "천상의 왕국에서 행복과 경건은 떼려야 뗄 수 없이 결합될 것이다"라는 메시지를 모형적으로 전달할 존재 목적을 갖는다.[262] 그러나 만약 호튼이 묘사하는 대로, 행위의 원리 아래 있는 이스라엘 신정 국가가 하나님 나라의 모형이라면, 원형적인 하나님 나라에서는 행복과 경건이 결합되어 있을 뿐만 아니라 하나님 나라의 행복이 그들 자신의 공로로 얻어져야 한다는 오해를 일으킬 소지가 큰 부

---

262 Kline, *Kingdom Prologue*, 237.

적절한 모형이 될 것이다.[263]

더 나아가서 호튼은 신정 국가의 유지와 연결되어 있는 국가적 순종에서, 경건과 행복이 결합되어 있는 영원한 하나님 나라의 모형만 찾는 것이 아니라 그 나라의 토대인 그리스도의 행위 언약 성취와 언약적 순종에 대한 모형도 찾고자 한다.[264] 호튼은 타락 이후의 순종에 대한 상과 불순종에 대한 징계나 벌에서 급하게 그리스도의 행위 언약 성취의 모형을 찾는 경향을 보인다.

성경에 따르면, "아담은 오실 자의 모형"(롬 5:14)이다. 아담은 자신과 자신의 모든 후손으로 하여금 영생과 종말론적 안식에 들어가도록 행위 언약을 성취해야 했으나 실패했고, 그리스도는 둘째 아담으로서 택자들로 하여금 의롭다 함을 받고 영생에 이르도록 행위 언약을 성취하셨다. 아담은 인류의 대표자로서 행위 언약의 요구를 이루는 데 실패했으나, 그리스도는 택자들의 대표자로서 행위 언약의 요구를 완전히 만족시키는 데 성공하셨다는 차이에도 불구하고, 둘 다 행위 언약적 사명 아래 있었다는 점에서 첫째 아담과 둘째 아담은 행위 언약적 연속성을 갖는다.

그러나 호튼은 시내 산 언약 아래의 이스라엘과 창조 언약 아래의 아담 사이에도, 그리고 시내 산 언약 아래의 이스라엘과 그리스도 사이에도 행위 언약적 원리의 연속성이 존재한다고 주장한다. 여기서

---

263 구약의 언약 공동체와 신약 교회의 연속성을 생각한다면 이런 의문은 더 커질 것이다.
264 Horton, *God of Promise*, 32–33.

호튼은 이스라엘을 "집단적 아담"처럼 간주한다.[265] 호튼에 따르면, 아담뿐만 아니라 이스라엘에게도 행위 언약적 사명과 시험이 주어졌고, 행위 언약적 시험이라는 차원에서 아담뿐만 아니라 이스라엘도 그리스도의 모형이라는 것이다. 호튼은 그리스도의 "40일 동안의 시험이 이스라엘의 40년 광야 생활의 재현으로 의도되었다"고 말한다.[266]

아담과 이스라엘은 "탐욕대로 음식을 구하여" 하나님을 시험했으나(시 78:17-20), 그리스도는 40일 동안 먹지도 마시지도 않고서도 다음과 같이 말씀하시며 사탄을 물리치셨다.

> 기록되었으되 사람이 떡으로만 살 것이 아니요 하나님의 입으로부터 나오는 모든 말씀으로 살 것이라(마 4:4).

그러나 언약의 종으로서 그리스도가 당한 광야 시험과 구약 이스라엘의 광야 시험 사이에 어떤 유사성이 있다는 것과, 바로 그 유사성이 행위의 원리에 의해서 좌우되는 행위 언약적 시험으로서 동일한 성격을 갖는다는 것은 다른 문제다.

히브리서 3장에 따르면, 이스라엘은 은혜 언약의 종으로서 광야를 유랑했다(히 3:8, 19). 숫자 40과 광야라는 표면적 유사성이 양자 사

---

265 Cf. Andrew M. Elam, Robert C. Van Kooten, and Randall A. Bergquist, *Merit and Moses: A Critique of the Klinean Doctrine of Republication* (Eugene, OR: Wipf & Stock, 2014), 73.

266 Horton, *Lord and Servant*, 221.

이에 행위 언약의 원리가 동일하게 작용하고 있다는 의미는 아니다. 그리스도는 40일 동안 먹지도 마시지도 않고 시험 받았으나, 사실 이스라엘은 반석에서 나는 물을 마시고 만나와 메추라기를 먹으면서 광야를 40년 동안 유랑했다.

고린도전서 10장은 이스라엘이 광야에서 반석에서 나온 물을 마신 것을 "신령한 반석"인 그리스도에게서 "신령한 음료"를 마신 것으로 말하고(고전 10:4), 그리스도로부터 은혜를 맛보며 광야를 유랑한 이스라엘을 행위 언약적 시험을 당한 그리스도의 모형이 아니라, "우리의 본보기"로서 말한다(고전 10:6).

성경에서 명백히 언급되는, 첫째 아담과 둘째 아담인 그리스도의 모형론에는 언약 성취에 완전한 순종을 요구하는 행위의 원리의 수정이나 완화가 존재하지 않고 그대로 유지된다. 그러나 호튼이 주장하는 집단적 아담으로서의 이스라엘과 그리스도의 모형론에서는 완전한 순종을 요구하는 행위의 원리(아담과 그리스도에게 적용되는)가 완전하지 않고 적절한 순종(행위 언약 안에서는 완전하지 않은 순종은 사실상 순종이 아니다)을 요구하는 행위의 원리(소위, 국가 이스라엘에 적용될 수 있는)로 수정된다.

호튼에 따르면, 아담 안에서 타락한 사람들로 이루어진 이스라엘 신정 국가가 행위 언약을 장차 성취하시는 그리스도를 예표하는 모형적 왕국 노릇을 조금이라도 유지하려면, 아니 시작조차 할 수 있으려면, 완전한 순종을 요구하는 행위의 원리를 수정하는 것이 불가

피하다고 한다.[267]

2) 종주권 조약으로서 시내 산 언약

호튼은 이스라엘 신정 국가를 일종의 "집단적 아담"으로서, 행위 언약을 성취하실 그리스도의 모형으로 삼기 위해서 창조 언약에 본질적인 완전한 순종을 요구하는 행위의 원리를 수정 완화한다.

호튼이 창조 언약에 본질적인 엄격한 행위의 원리를 완화하면서까지 시내 산 언약을 창조 언약의 재판으로 보는 주된 이유는 무엇인가?

호튼이 이렇게 보는 것을 타당하게 여기는 주된 근거는 무엇인가?

(1) 고대 근동의 종주권 조약 형식

호튼은 클라인과 마찬가지로,[268] 시내 산 언약을 창조 언약의 일종의 재판으로 보는 것은 성경 주해로부터 내용적으로나 형식적으로나 귀결되는 자연스런 결론이라고 말한다.[269] 호튼은 시내 산 언약을

---

267 Horton, *God of Promise*, 32. Horton은 시내 산 언약에 작용하는 수정 완화된 행위의 원리를 "국가의 근사치적 신실함의 원리"라고 일컫기도 한다(Horton, *God of Promise*, 44). 그리고 이렇게 수정된 행위의 원리에 의해서 좌우되는 이스라엘 신정 국가는 질대적으로 완전한 순종이 아니라, 완전한 순종에 근접한 구원자로 충분하다는 오해를 불러일으킬 위험이 큰 모형이 될 것이다.

268 Kline은 시내 산 언약이 창조 언약의 일종의 재판이라는 주장이 "논박할 수 없는 성경의 증거"를 따른 주장인 것처럼 말한다(Kline, *Kingdom Prologue*, 109).

269 Horton, *God of Promise*, 97.

일종의 행위 언약이라고 주장하는 근거로서, 고대 근동의 종주권 조약과 시내 산 언약의 형식적 유사성에 크게 호소한다. 호튼은 멘덴홀의 『이스라엘과 고대 근동의 율법과 언약』(*Law and Covenant in Israel and the Ancient Near East*)가[270] 고대 근동(특히 히타이트)의 조약과 구약 언약의 주목할 만한 구조적 유사성을 증명해냈다고 주장한다.[271] 호튼에 따르면, 종주권 조약의 특징적 요소들은[272] 시내 산 언약에서도 분명히 발견된다.

> 시내 산 언약은, 종주권 조약처럼, 이스라엘이 맹세한 맹세였다. 종주권 조약 형식의 요소들이 명백히 존재한다. 즉 역사적 서언(애굽으로부터의 해방), 조항(십계명), 그리고 이스라엘은 '단지 [하나님의] 소작인'(레 25:23, NIV)이며, 만약 이스라엘이 언약을 위반하면 쫓겨날 것이라는 경고가 동반된, 일반적인 복과 저주 공식의 상벌 규정.[273]

---

[270] George E. Mendenhall, *Law and Covenant in Israel and the Ancient Near East* (Pittsburgh: Biblical Colloquium, 1955).

[271] Horton, *Lord and Servant*, viii; Horton, *God of Promise*, 24.

[272] Horton은 고대 근동의 종주권 조약의 전형적 요소를 Hillers를 따라서(Hillers, *Covenant*, 29), 조약을 제정한 종주가 누구인지 밝히는 전문, 종주의 과거 행위에 근거해 백성들의 현재와 장래 의무를 정당화하는 역사적 서언, 조약의 의무들을 명령하는 조항, 의무들을 어겼을 때의 상벌 규정, 그리고 조약서를 종주와 봉신 양편의 신전에 보관하는 것으로서 요약한다(Horton, *Lord and Servant*, ix; Horton, *Covenant and Salvation*, 12–13). 고대 근동 조약의 전형적 구조에 대한 Horton의 보다 자세한 요약으로는 Horton, *God of Promise*, 25–28을 보라.

[273] Horton, *God of Promise*, 31. Horton은 출 19–20장, 신 5장, 그리고 수 24장에서 종주권 조약의 "정확한(exact) 형식"이 발견된다고 주장한다(Horton, *Covenant and Salvation*, 13).

그리고 호튼은 힐러스를 따라서,[274] 고대 근동의 종주권 조약의 의무와 의무 위반의 저주는 봉신에게만 부과되고, 종주는 어떤 공식적인 맹세도 하지 않으며,[275] 종주는 스스로 자유롭게 부과하지 않은 어떤 "의무도 짊어지지 않는다"고 주장한다.[276]

호튼에 따르면, 종주권 조약의 이런 특징은 시내 산 언약에 그대로 나타난다고 한다. 호튼은 또 다시 힐러스를 인용해서, 히타이트 종주권 조약과 마찬가지로 "[출애굽기 20장에서] 여호와에게는 공식적인 의무가 존재하지 않"고, 비록 여호와는 그의 계명을 지키는 자들에게 신실하실지라도 여호와는 무조건적인 "어떤 맹세도 하지 않으신다"고 주장한다.[277]

이 점에 있어서 호튼은 클라인과 차이가 나는데, 호튼은 멘덴홀을 인용해서, 아브라함에게 의무가 부과되지 않은 아브라함 언약과는 정반대로, 시내 산 언약에서는 여호와에게는 의무가 없고 이스라엘 백성에게만 구체적인 의무가 부과되었기에 시내 산 언약은 아브라함 언약과는 완전히 다른 형식인 종주권 조약 형식의 언약이라고 주장한다.[278]

반면 클라인은 도리어 멘덴홀을 비판하기를, 그가 모든 언약 관계

---

274 Hillers, *Covenant*, 34–35.
275 Horton, *God of Promise*, 28.
276 Horton, *God of Promise*, 31.
277 Hillers, *Covenant*, 52, in Horton, *God of Promise*, 39.
278 Mendenhall, *Law and Covenant*, 36, in Horton, *Covenant and Salvation*, 15; Horton, *God of Promise*, 33.

에서 함께 가는 하나님의 주권과 인간의 책임을 분리하여, 시내 산 언약에는 인간의 책임만을, 아브라함 언약이나 다윗 언약에는 하나님의 주권적인 은혜만을 돌리고, 아브라함 언약이나 다윗 언약을 시내 산 언약과 "완전히 다른 종류의 언약"으로 간주하는 잘못을 범했다고 한다.[279] 클라인은 호튼의 주장과 달리, 하사 언약에도 종주권 조약의 충성 서약에 상응하는 하나님께 대한 충성 요구(창 21:1; 17:1)가 있었고, 종주권 조약과 종주 편에서의 맹세는 양립할 수 있는 것이라고 오히려 더 균형 있게 주장한다.[280]

호튼은 멘덴홀과 힐러스의 이해에 크게 의존하여 언약 당사자 가운데 어느 편에 의무가 부과되느냐, 또는 어느 편이 의무 이행을 맹세하느냐를 언약의 형식과 종류를 좌우하는 결정적인 요소로 간주한다. 호튼에 따르면, 시내 산 언약은 왕적 하사 형식인 아브라함 언약과 대조적으로 이스라엘 백성에게만 의무가 부과되고, 의무 이행에 따른 상벌이 있는 종주권 조약이라고 한다. 그리고 호튼에게 있어서, 시내 산 언약이 종주권 조약이라는 것은 시내 산 언약이 행위의 원리에 좌우되는 언약적 질서임을 뜻한다.[281]

---

279 Kline, *The Structure of Biblical Authority*, 125; Kline, "The Two Tables of the Covenant," *Westminster Theological Journal* 22/2 (1960): 143. 본서 제2장, 2. 5) "다윗 언약" 부분도 보라.
280 Kline, *The Structure of Biblical Authority*, 125, 127.
281 Horton, *God of Promise*, 31.

(2) 시내 산 언약 비준 의식

호튼이 시내 산 언약이 행위의 원리에 의해서 좌우되는 종주권 조약이라고 주장하는 가장 중요한 주해적 근거를 발견하는 곳은 출애굽기 24장이다. 호튼에 따르면, 조약 "의식은 조약 자체와 불가분리적"이기에,[282] 시내 산 언약의 성격은 출애굽기 24장의 시내 산 언약 비준 의식에서 가장 선명하게 드러난다고 한다.[283] 호튼은 특히, 모세가 언약 맹세자에게 피를 뿌린 그 다음의 의식에서 시내 산 언약이 국가적인 행위 언약이라는 것이 분명히 드러난다고 주장한다.[284]

> 모세가 와서 여호와의 모든 말씀과 그의 모든 율례를 백성에게 전하매, 그들이 한 소리로 응답하여 이르되 여호와께서 말씀하신 모든 것을 우리가 준행하리이다. 모세가 여호와의 모

---

282 Horton, *People and Place*, 101.
283 Horton, *Covenant and Salvation*, 14-15. Kline도 언약의 종류와 정체가 언약 비준 의식에서 분명히 드러난다고 주장한다. Kline은 "어떤 언약이 하나님의 맹세로만 비준되면, 그 언약은 은혜 언약이"지만, "어떤 언약의 체결에 사람의 비준 맹세가 포함된다면" 그 언약은 행위 언약이라고 말한다(Kline, *Kingdom Prologue*, 5). 그런데 Horton이 시내 산 언약에는 하나님의 맹세가 존재하지 않는다고 주장하는 것과는 달리, Kline은 시내 산 언약을 포함해서 모든 언약에는 하나님의 맹세가 직간접적으로 포함되어 있다고 주장한다. Kline에 따르면, 시내 산 언약에서 하나님이 자신의 정체를 밝히는 언약적 전문(출 20:2)이 하나님의 "맹세 문구"와 마찬가지이므로 "시내 산 언약은 하나님이 성실을 맹세하는 것으로서 해석될 수 있다"(Kline, *Kingdom Prologue*, 15)고 한다. 그럼에도 불구하고 Kline은 시내 산 언약 체결 과정에서 공식적으로 맹세하는 쪽은 이스라엘 백성이고, 시내 산 언약은 주님의 맹세가 아니라 이스라엘의 맹세에 의해서 비준되기에, 이것은 하나님의 일방적인 맹세로 비준되는 아브라함 언약과 명백히 대조된다고 말한다. Kline은 시내 산 언약은 율법 순종을 공식적으로 맹세한 "율법 언약"으로서, 하나님의 일방적인 맹세인 아브라함 언약과 동일하지 않다고 주장한다(Kline, *By Oath Consigned*, 18).
284 Horton, *Covenant and Salvation*, 16.

든 말씀을 기록하고, 이른 아침에 일어나 산 아래에 제단을 쌓고, 이스라엘 열두 지파대로 열두 기둥을 세우고, 이스라엘 자손의 청년들을 보내어 여호와께 소로 번제와 화목제를 드리게 하고, 모세가 피를 가지고 반은 여러 양푼에 담고 반은 제단에 뿌리고, 언약서를 가져다가 백성에게 낭독하여 듣게 하니 그들이 이르되 여호와의 모든 말씀을 우리가 준행하리이다. 모세가 그 피를 가지고 백성에게 뿌리며 이르되 이는 여호와께서 이 모든 말씀에 대하여 너희와 세우신 언약의 피니라(출 24:3-8).

호튼은 출애굽기 24장 3-8절에 대해서 다음과 같이 결론 내린다.

[이스라엘 편에서만 언약 준수를] 맹세했고, 이 맹세는 모세가 이스라엘 백성에게 피를 뿌리는 행위에 의해서 인쳐졌다. … **그래서 시내 산 언약 자체는 율법 언약**(Law-covenant)**이다.**[285]

여기서 호튼은 시내 산 언약의 비준 의식으로부터 시내 산 언약이 율법 언약이라는 것이 당연히 도출되는 것처럼 말한다. 여기서 유념해야 할 것은 호튼이 말하는 율법 언약이란 언약 당사자의 율법 조항 성취를 조건으로 하는 행위 언약을 가리킨다는 점이다.[286] 대신, 창조

---

285 Horton, *Covenant and Salvation*, 14-15 (강조는 Horton의 것).
286 Horton은 "율법 언약"이라는 말과 "행위 언약"이라는 말을 교호적으로 사용한다. 그의 글에서 "율법(또는 행위) 언약"이라는 표현이 여러 번 등장한다(Horton, *Pilgrim*

언약과 달리, 시내 산 언약의 경우에는 율법적 행위의 원리가 개개인의 구원과 영원한 왕국의 차원이 아니라, 신정 국가로서의 이스라엘에 한정적으로 작용한다는 것이다.[287]

호튼은 시내 산 언약의 성격과 종류가 분명히 드러나는 언약 맹세 의식을 제대로 이해하기 위해서 언약 맹세 의식의 고대 근동적인 배

> *Theology*, 160, 161=Horton, 『천국 가는 순례자를 위한 조직신학』, 220, 221). 이에 반해 Robertson은 시내 산 언약을 "율법 언약"(the covenant of law)이라고 일컬을 때, 율법 언약을 행위 언약과 혼동하지 말아야 한다고 지적한다. "'율법의 계약'(the covenant of law)이란 말을 '행위 계약'을 말하는 전통적인 술어와 혼동해서는 안 된다. 행위 계약은 대개, 인간이 영원한 축복 상태에 들어가기 위해 하나님께 절대 복종해야 했던 창조 때의 상황을 말한다. 죄를 몰랐던 인간과 세워진 이 계약 관계와는 반대로, 모세 계약은 분명히 죄인인 인간에게 말씀하고 있다. 율법 계약은 인간이 완벽하게 도덕적으로 순종함으로써 계약이 보장하는 축복의 상태에 들어갈 수 있음을 알려주기 위하여 세워진 것이 아니었다. 모세 계약의 법적 규정에서 대리의 희생제도의 중요한 역할은 하나님과 죄 없는 인간과의 관계, 그리고 하나님과 죄 있는 인간과의 관계 사이를 구별하는 법을 알게 해 주려는 데 있다"(Robertson, 『계약신학과 그리스도』, 177). 그리고, "시내 산에서 나타난 '율법 계약'은 '행위 계약' 용어와 확실히 구분될 것이다. '행위 계약'은 창조 때 죄 없는 인간에게 부여된 법적 조건을 말한다. '율법 계약'은 하나님이 구속 계약의 내용을 펼치는 과정에서의 새로운 단계를 말한다"(Robertson, 『계약신학과 그리스도』, 178-79). 또한, "모세 언약 하에서는 율법을 어기는 것은 기정사실로 하고, 하나님의 은혜로 죄 사함의 방법이 마련되었습니다. 그러므로 이 은혜의 방법을 행위 언약으로 변형시키는 행위는 모세 언약의 의도와 내용을 왜곡시키는 것입니다. 모세 아래서 주신 율법 언약과 아브라함 아래서 주신 구원에 대한 약속은, 이 두 언약 모두 구원하시는 하나님의 은혜로운 뜻을 계시하고 있기 때문에 같이 갑니다"(Robertson, 『언약이란 무엇인가?』, 오광만 옮김 [서울: 도서출판 그리심, 2002], 95). 그래서 Robertson은 Kline이 시내 산 언약을 '약속이 아니라 율법으로-믿음이 아니라 행위로' 유업을 얻는 율법 언약으로 말하는 것은 율법주의적인 이해라고 비판한다(Robertson, *The Christ of the Covenants*, 174, n. 7). 이런 비판은 Horton에게도 해당되는 것 같다. Kline(이나 Horton)과 Robertson 양편 모두 시내 산 언약이 아브라함 언약과 충돌하지 않는다고 말하지만, 전자는 행위의 원리가 작용하는 율법 언약이 개인의 구원이 아니라 신정 국가의 운명에 한정되기 때문에 율법 언약과 약속 언약이 충돌하지 않는다고 주장하지만, Robertson은 행위 언약에 작용하는 행위의 원리는 시내 산 언약에 작용하지 않는다고 주장한다.

287 Horton, *Covenant and Salvation*, 15.

경을 이해하는 것이 필요하다고 말한다.[288]

힐러스에 따르면, 고대 근동의 언약 맹세 의식은 동물을 쪼개는 일을 흔히 포함했는데, 동물을 쪼개며 맹세하는 것은 언약을 지키지 못한다면 쪼갠 동물과 같은 운명에 처하게 되리라는 의미였다고 한다.[289] 힐러스는 출애굽기 24장의 "언약의 피"도 다음과 같은 의미를 갖는다고 한다.

> [언약의 피는] 저주가 발효되게 한다. 이스라엘 백성은 희생물과 동일시되는데, 만약 그들이 죄를 범한다면, 그들은 희생물의 운명과 같은 운명을 맞을 것이다.[290]

---

[288] Horton, *Covenant and Salvation*, 16.

[289] Hillers, *Covenant*, 40–41.

[290] Hillers, *Covenant*, 187. 그러나 Noel Weeks는 시내 산 언약의 피 뿌림을 저주를 상징하는 것으로 이해하는 Hillers의 해석에 대해서, 성경에 있는 피 뿌림의 다른 예들과 조화되기 힘들다고 지적한다(Noel Weeks, *Admonition and Curse: The Ancient Near Eastern Treaty/Covenant Form as a Problem in Inter-Cultural Relationships* [London: T. & T. Clark, 2004], 146). Weeks는 동일한 형식의 의식이 다른 문화 안에서는 다른 의미를 가질 수 있기에 각 문화는 자기 문화 안에서의 동물 희생의 본래 목적과 역할에 따라서 그 의미를 달리 해석할 수 있다고 말한다. Weeks는 피 뿌림의 의미에 대해서 해당 문화 안에서 그 의미를 찾는 것이 훨씬 더 타당하다고 옳게 말한다(Weeks, *Admonition and Curse*, 147). 이와 관련해서 이승구 교수의 제안대로, "우리는 성경에 나타나는 언약이 과연 그 당시 근동 문화 속에 있던 언약들과 과연 그렇게 깊은 연관성을 가진다고 할 수 있는가를 재고할 필요성"이 있는 것 같다(이승구, 『개혁신학에의 한 탐구』 [서울: 웨스트민스터 출판부, 1995], 166; 이승구, 『개혁신학 탐구』 [서울: 도서출판 하나, 1999], 394: "과연 그렇게 보는 것만이 언약 구조를 잘 설명하는 것인지에 대한 논의가 제기될 수 있다고 여겨진다"). Letham도 Kline주의자들이 성경 이외의 자료를 범례로 의존하는 것에 이의를 제기한다(Robert Letham, "'Not a Covenant of Works in Disguise' [Herman Bavinck]: the Place of the Mosaic Covenant in Redemptive History," *Mid-America Journal of Theology* 24 [2013]: 172). 성주진 교수도 성경의 언약을 이해하는 일에 고대 근동

호튼은 힐러스의 이런 해석에 전적으로 동의하면서, "여호와의 모든 말씀을 우리가 준행하리이다"(출 24:7)라고 맹세한 언약 맹세자에게 모세가 피를 뿌린 의식은 고대 근동의 종주권 조약에서 쪼갠 동물 사이로 지나가는 맹세 의식과 같은 의미라고 주장한다.[291]

호튼에 따르면, 아브라함 언약의 쪼갠 동물 사이로 지나가는 의식 자체와 시내 산 언약의 피 뿌리는 의식 자체는 맹세를 어긴 쪽의 운명을 상징하는 피의 맹세로서 동일한 의미를 갖는다. 그러나 약속 언약인 아브라함 언약에서는 하나님만이 쪼갠 동물 사이로 지나가심으로써 언약을 성취할 책임과 의무를 하나님만이 지시고 언약을 어길 때 내려질 저주가 하나님 자신에게 돌려지는 데 반해, 시내 산 언약에서는 하나님이 아니라 이스라엘 백성이 율법 준행을 피로

의 조약 형태에 지나치게 의존하는 해석에 문제를 제기한다. 구약성경이 "조약의 형태를 응용했다 하더라도 결국은 하나님의 계시라는 사실을 잊지 말아야 한다. 이러한 측면에서 볼 때 신명기를 해석하는 합당한 신학적 문맥은 고대 근동의 조약 문서가 아니라 신구약 전체의 계시라는 점을 기억해야 한다"(성주진, 『사랑의 마그나카르타: 신명기의 언약신학』 [수원: 합동신학대학원출판부, 2005], 72-73). 따라서 출애굽기 24장의 피 뿌림은 레위기의 피 뿌림이나, 정경적인 관점에서, 즉 신약의 피 뿌림과의 연속성에서 그 의미를 찾는 것이 더 타당할 것이다. Weeks는 시내 산 언약의 희생제사와 희생제물 식사는 시내 산 언약을 고대 근동 조약의 통상적인 형식과 구별시킨다고 옳게 지적한다(Weeks, *Admonition and Curse*, 156). 그러나 Weeks는 출애굽기 24장의 피 뿌림의 의식이 언약 체결에 덧붙여진 성별의 의식이라고 결론 내린다. Weeks는 피 뿌림을 시내 산 언약 체결에 필수적인 것으로 보지 않고, 언약 체결을 위해서는 율법 준행에 대한 이스라엘 백성의 맹세(출 24:7)로 충분했다고 주장한다(Weeks, *Admonition and Curse*, 149). 그러나 Vos가 말하는 대로, 율법 준행에 대한 백성의 맹세에 선행한 화목제에서 피 뿌림과 화목제 식사는 본질적인 구성 요소이고, "화목제는 식사 없이는 완결되지 않"을 뿐만 아니라, 식사는 "언약의 목표이며 극치이다"(Vos, *Biblical Theology*, 138).

291 Horton, *Covenant and Salvation*, 16. Cf. Horton, *God of Promise*, 66. Robertson도 출 24:8의 피 뿌리는 의식 자체는 창 15장의 쪼갠 고기 사이로 지나는 것 대신이고 동일한 효과를 갖는다고 말한다(Robertson, *The Christ of the Covenants*, 135, 137).

맹세한다고 한다. 이것으로부터 호튼은 시내 산 언약이 약속 언약인 아브라함 언약과 "형식과 내용 둘 다"에 있어서 다른 언약이라는 결론을 도출한다.[292]

(3) 시내 산 언약의 피와 새 언약의 피

호튼은 출애굽기 24장에서 모세가 율법 준행을 맹세한 이스라엘 백성에게 뿌린 "언약의 피"를, 속죄적 의미가 배제된 맹세의 피로 이해하는 것 같다.[293]

비록 호튼이 이스라엘 백성에게 뿌려진 언약의 피와 새 언약의 피가 연관성을 갖는다는 것에 동의할지라도,[294] 이 연관성은 연속성이 아니다. 호튼에 따르면, 아브라함 언약의 비준 의식에 내포된 피와 새 언약의 피는 은혜 언약의 피로서 연속성을 갖지만,[295] 시내 산 언약의 비준 의식 및 그 피는 은혜 언약의 비준 의식 및 그 피와 성격이 전혀 다르다고 주장한다.

호튼은 시내 산 언약의 피로 비준하는 의식은 은혜 언약의 그것과 달리 "여호와의 자기 저주적인 맹세가 아니라 이스라엘의 심판의 표

---

[292] Horton, *Covenant and Salvation*, 17.
[293] 이에 반해 Robertson은 출 24장의 언약의 피가 목숨을 건, 맹세의 피일 뿐만 아니라, 정결케 하는 피기도 하다고 주장하고(Robertson, *The Christ of the Covenants*, 135), Kline도 히 9:18 이하의 진술에 근거해서, 출 24장의 언약의 피는 맹세 위반자가 당할 저주를 상징하는 맹세의 피일 뿐만 아니라, "용서와 정결케 하는 은혜의 신적 약속"도 내포한다고 주장한다(Kline, *By Oath Consigned*, 18).
[294] Vos, *Redemptive History and Biblical Interpretation*, 175; Horton, *God of Promise*, 66.
[295] Horton은 예수의 마지막 유월절 만찬과 새 언약의 개시를 창 15장의 아브라함 언약 비준 의식의 "성취"로 간주한다(Horton, *People and Place*, 122).

와 인"이라고 주장한다.[296]

호튼은 시내 산 언약을 개시(開始)하는 피에는 행위의 원리가 작용하고, 새 언약의 피 흘림에는 은혜의 원리가 작용하는 것처럼 이해한다. 호튼은 말하기를, 새 언약의 피가 우리의 구원이 되는 이유는 이스라엘 백성이 율법 준행에 대한 맹세를 어기면 저주를 당할 것이라는 "위협"으로서 이스라엘 백성에게 "옛 언약의 피"가 뿌려졌는데, 그 피를 그리스도가 대신 흘리셨기 때문이라고 한다.[297]

여기서 주목할 것은, 호튼은 출애굽기 24장의 언약의 피가 적어도 이스라엘 백성에게는 전혀 복음이 아니라 위협만 되는 맹세의 피인 것처럼 말한다는 점이다. 시내 산 언약의 피가 이스라엘 백성에게 갖는 의미는 새 언약의 피가 신약 신자에게 갖는 의미와 상반된다. 호튼은 출애굽기 24장의 "언약의 피"를 새 언약의 피와 연속성을 갖는 모형으로 보지 않고, 이스라엘 백성이 맹세를 어기면 그들 스스로 흘려야 할 피로 한정한다.

만약 그렇지 않다면, 호튼은 이 언약의 피를 언약 위반자가 당할 저주에 대한 "위협"으로만 언급하는 것이 아니라 은혜의 약속으로도 간주했을 것이다. 그러나 호튼은 시내 산에서 이스라엘 백성에게 피 뿌리는 행위를 죄 사함의 행위가 아니라, 율법 "위반에 대해서 하나님의 심판을 비는 행위"와 마찬가지라고 말한다.[298]

---

296 Horton, *People and Place*, 113.
297 Horton, *Lord and Servant*, 214.
298 Horton, *Lord and Servant*, 236. 그러나 Horton 자신도 시내 산 "언약의 피"가 속

호튼은 시내 산에서 이스라엘 백성에게 뿌려진 언약의 피와 새 언약의 피의 근본적인 대조를 여러 번 언급한다. 호튼은 "또 너로 말할진대 내 언약의 피[개역개정, "네 언약의 피"]로 말미암아, 내가 네 갇힌 자들을 물 없는 구덩이에서 놓았나니"(슥 9:11)라는 말씀에서, 죄에서 자유롭게 하는 이 언약의 피가 "시내 산에서 이스라엘 백성에게 뿌려진 피"가 아니라, 아브라함 언약의 피, 곧 새 언약의 피고, 구속 언약의 "영원한 언약의 피"라고 말한다.[299]

그리고 호튼은 최후의 만찬에서 비준된 새 언약이 시내 산 언약의 폐지가 아니라 갱신이라는 라칭거 주교의 주장은[300] 행위의 원리인 "이 모든 말씀을 우리가 준행하겠습니다"와 은혜의 원리인 "이 모든 말씀을 내[그리스도]가 준행하겠습니다"를 혼동하는 것이고, 이스라엘의 맹세에 대한 확증으로서 뿌려진 피와 새 언약을 개시하는 그리스도의 피를 혼동하는 것이라고 비판한다.[301]

여기서 호튼은 시내 산 언약의 피는 속죄적 희생의 의미가 결여된 맹세의 피로서, 새 언약의 피와 원리적으로 반대되는 것으로 간주한다. 이에 반해 고전적인 언약신학자들인 비치우스나 투레틴은 출

죄를 내포하지 않는다는 입장을 항상 고수할 수는 없었던 것 같다. "위반에 대한 규정이 반드시 필요하다. 그래서 제사 제도가 마련되었다. '언약의 피'는 모세오경에 등장하는 초기 주제인데, 언약을 시행하는 의식은 물론이고 성막 안 언약궤의 뿔과 언약궤 안에 있는 돌판들을 덮은 속죄소 위에 뿌려지는 피의 상징성에서도 그러했다"(Horton, 『언약신학』, 백금산 옮김 [서울: 부흥과개혁사, 2009], 80).

299   Horton, *Lord and Servant*, 236.
300   Ratzinger, *Many Religions—One Covenant*, 62.
301   Horton, *Covenant and Salvation*, 27.

애굽기 24장의 언약의 피를 죄 사함을 믿고 소망을 갖게 하는 속죄의 피로서 말한다.[302]

또한 "하나님 아버지의 미리 아심을 따라 성령이 거룩하게 하심으로 순종함과 예수 그리스도의 피 뿌림을 얻기 위하여 택하심을 받은 자들"(벧전 1:2)이라는 베드로의 진술에 대해서 호튼은 말하기를, 신약 신자들에게는 이스라엘 백성의 경우처럼 "이 모든 말씀을 우리가 준행하리이다"(출 24:7)라는 의미로 그들 자신의 말을 비준하는 맹세의 피가 아니라 "아버지께서 내게 하라고 주신 일을 내가 이루"(요 17:4)겠다는 예수 자신의 맹세의 피가 뿌려진다고 말한다.[303]

호튼이 시내 산 언약을 행위의 원리에 의해서 좌우되는 율법 언약이라고 결론 내리는 데 있어서 주된 주해적인 근거로 삼는, 시내 산 언약을 개시하는 언약의 피가 죄 사함을 얻게 하는 피가 아니라 율법 위반에 대한 저주를 불러오는 맹세의 피라는 이해는 과연 타당한가?

시내 산 언약을 체결할 때 뿌려진 "송아지와 염소의 피"(히 9:19)가 유월절 마지막 만찬에 수립된 새 언약의 피와는 다르게 은혜 언약의 피가 아니었다는 호튼의 주장은 적절한가?

---

302 Herman Witsius, *The Economy of the Covenants between God and Man: Comprehending a Complete Body of Divinity*, 2 vols., trans. William Crookshank (Phillipsburg, NJ: P&R Publishing, 1990), 3. 3. 28=1:322 (Witsius의 책 대한 이후 인용에서 첫 번째 일련의 숫자는 원전(原典)에 있는 Book, Chapter, Paragraph를 가리키고, 그 다음 일련의 숫자는 영어 번역판의 페이지를 가리킨다); Turretin, *Institutes of Elenctic Theology*, 12. 7. 29=2:226; 12. 12. 13=2:265 (Turretin의 책에 대한 이후 인용에서 첫 번째 일련의 숫자는 책의 Topic, Question, Paragraph를 가리키고, 그 다음 일련의 숫자는 영어 번역판의 권(卷)과 페이지를 가리킨다).

303 Horton, *Covenant and Salvation*, 32.

호튼은 마지막 유월절 식사가 창세기 15장의 아브라함 언약 비준 의식에 나타난 하나님의 자기 저주적 맹세의 극치로서 은혜로운 것으로 간주하지만,[304] 시내 산 언약을 개시한 피와 시내 산 언약 비준 의식의 마침인 식사의 경우에는 유월절의 피나 식사의 원리와는 다른 원리를 따르는 것처럼 이해한다.

그러나 유월절과 시내 산 언약 비준 의식의 연속성을 생각할 때, 더군다나 호튼 자신도 유월절 식사를 언약 비준 식사로 간주한다는[305] 점을 고려할 때 아브라함 언약 비준 의식과 시내 산 언약 비준 의식에 상반되는 원리가 작용한다는 호튼의 이해는 타당하지 않는 것 같다.

보스가 말하는 대로, 유월절은 "시내 산에서의 언약 체결의 선취"로 일컬어질 수 있을 만큼, 유월절과 시내 산 언약 비준 의식에는 두 요소가 공통적으로 존재한다.

첫째, "희생적 속죄 및 정결의식"이다.

둘째, "희생제물 식사"이다.[306]

그리고 유월절이 일종의 화목제에 해당한다는 것이 정당하게 추론될 수 있고, 시내 산 언약 비준 의식의 경우 화목제가 드려졌다고 명백히 언급되어 있다(출 24:5).

---

304 Horton, *Lord and Servant*, 237-38. Horton은 유월절이 "과거의 구속적 사건들과 장래의 성취에 계속적인, 현재적 참여"에 대한 축하였다고 말한다(Horton, *People and Place*, 103).

305 Horton, *God of Promise*, 156.

306 Vos, *Biblical Theology*, 138.

출애굽기 24장의 시내 산 언약 비준 의식에서, 모세가 이스라엘 백성에게 뿌린 언약의 피의 출처는 다름 아닌 번제와 화목제이고 (출 24:5), 시내 산에서 모세와 아론과 나답과 아비후와 이스라엘 장로 칠십 인이 여호와와 함께 먹은 식사는 화목제 식사이다 (출 24:11).[307] 보스가 말하는 대로, 출애굽기 24장 9-11절에 묘사된 모세 "언약의 목표와 극치"인 이 식사는 속죄의 희생 제사가 선행하지 않고는 존재할 수 없는 희생 제물 식사다.[308]

이스라엘 백성에게 뿌려진 언약의 피의 출처도 화목제이고, 그 목표도 화목제 식사인데도, 이 언약의 피가 속죄의 피가 아니라 행위의 원리를 따르는 맹세의 피라는 호튼의 주장은 타당한가?

히브리서 기자는 출애굽기 24장의 언약의 피를 죄 사함과 정결케 하는 피로서 말한다.

> 이러므로 첫 언약도 피 없이 세운 것이 아니니, 모세가 율법대로 모든 계명을 온 백성에게 말한 후에 송아지와 염소의 피 및

---

307 Vos가 말한 것처럼, 본래 "화목제는 식사 없이는 완결되지 않는다"(Vos, *Biblical Theology*, 138). Horton과 달리 Kline은 시내 산에서의 식사가 희생 제사의 식사임을 인정한다. 즉 시내 산 언약 비준 의식의 식사는 "영광-성령께서 이스라엘 가운데 거하시며 백성들은 여호와의 집에서 벌어지는 화목제사 축제에 손님으로 참가하게 될 상황을 예견하게 한다. … 이러한 공동 식사가 이번에는 하늘 하르 마게돈 위의 완성된 하나님 나라에서 구속받는 자들이 즐기는 종말론적 연회를 예언하는 것이다. 주의 성만찬은 새 언약의 교회가 예배하는 가운데 그 연회를 미리 맛보는 성례인 것이다"(Kline, 『하나님 나라의 도래: 하나님 나라와 하나님의 산, 목적 인과론의 관점에서 본 우주론에 관한 언약 이야기』, 이수영 옮김 [서울: 개혁주의신학사, 2010], 176).

308 Vos, *Biblical Theology*, 138-39.

물과 붉은 양털과 우슬초를 취하여 그 두루마리와 온 백성에게 뿌리며 이르되, 이는 하나님이 너희에게 명하신 언약의 피라 하고, 또한 이와 같이 피를 장막과 섬기는 일에 쓰는 모든 그릇에 뿌렸느니라. 율법을 따라 거의 모든 물건이 피로써 정결하게 되나니 피 흘림이 없은즉 사함이 없느니라(히 9:18-22).

여기서 히브리서 기자는 백성에게 뿌린 피를 장막과 제사 그릇에 뿌린 피와 마찬가지로 정결하게 하는 피로 보고 있는 것이 분명한 것 같다. 게다가 히브리서 기자는 모세가 언약의 피를 백성에게 뿌릴 때 사용한 기구를 붉은 양털과 우슬초라고 구체적으로 밝혀주는데(히 9:19; cf. 출 24:8), 우슬초는 보스가 말하는 대로, "어디서나 정결 기구로서 표상"된다.[309] 요컨대, 시내 산 언약의 피는 맹세를 어길 때 저주를 부르는 피가 아니라 구원의 피로 보는 것이 타당한 것 같다.[310]

비록 언약이 출애굽기 24장에서 처음으로 "쌍방의 협정"으로 나타나고 언약에 대한 사람의 자발적인 수납과 동의가 강조될지라도,[311] 이스라엘 백성에게 뿌려진 시내 산 언약의 피가 호튼의 주장하는 것처럼 이스라엘 백성의 자기 저주적인 맹세의 피가 아니라 죄 사함을 얻게 하는 대속의 피라면, 시내 산 언약의 비준 의식은 아브라함 언

---

309 Vos, 『성경 신학』, 이승구 옮김 (서울: CLC, 1985), 139.
310 J. Barton Payne, *The Theology of the Older Testament* (Grand Rapids, MI: Zondervan Publishing House, 1962), 100.
311 Vos, *Biblical Theology*, 137.

약이나 새 언약의 비준 의식과 본질과 원리에 있어서 차이가 없을 뿐만 아니라, 시내 산 언약 비준 의식과 시내 산 언약의 피는 시내 산 언약이 행위의 원리에 의해서 좌우되는 율법 언약이 아니라 새 언약과 실체에 있어서 동일한 은혜 언약이라는 증거가 될 것이다.[312]

4. 소결론

이번 장에서는 호튼의 언약신학을 검토했다. 호튼은 창조 명령 자체를 창조 언약 관계로의 부르심으로 간주하는 언약적 창조론을 주장하고, 하나님의 은혜를 죄를 전제하는 하나님의 자비에 한정하는, 은혜에 대한 좁은 정의를 채택함으로써, 하나님 편에서 자발적으로 낮춰 내려오셔서 창조 언약을 맺으신 결정이 하나님의 은혜가 아니라 하나님의 선하심이라고 주장한다. 그러나 정작 하나님의 "자발적인 낮춰 내려오심"이라는 용어를 신앙고백서에 사용한 17세기 개혁신학자들의 은혜에 대한 용법은 호튼과 달랐다는 것을 확인했다.

---

312 Vos는 시내 산 언약은 아브라함과 맺어진 "옛 은혜 언약"(the old covenant of grace)과 "형태"는 다소 변했으나 내용의 "본질"은 같은 언약이라는 것이 "옳은 견해"(the correct view)라고 말한다. Vos에 따르면, 바울이 율법과 약속을 강하게 대조하는 것으로부터 시내 산 언약이 아브라함 언약과 "내용의 본질"이 다른 언약이라는 결론을 도출하는 사람들이 있지만, "어디서도 바울은 시내 산 언약 전체를 아브라함 언약과 대조하지 않고" 시내 산 언약 안에서 기능하도록 의도된 좁은 의미의 율법과 아브라함 언약을 대조한다고 한다(Vos, *Reformed Dogmatics*, vol. 2, 128-29).

호튼은 타락 이후에도 은혜와 공로적인 행위가 언약의 원리로서, 개인적인 차원과 집단적인 차원에 각각 동시에 작용한다는 이해를 고전적 입장으로서, 그리고 과거 개혁신학자들의 우세한 견해로서 평가했다.

호튼이 독특한 모형론을 사용하여, 타락 이후의 모든 언약에 공로적인 행위의 원리를 실제로 도입한다는 것을 우리는 확인했다. 노아 언약, 아브라함 언약, 그리고 다윗 언약 같은 하사 유형의 언약들의 경우에 호튼은 개인적인 메시아 역할 모형론을 사용해서 행위의 원리가 실제로 작용한다고 주장하고, 종주권 조약 형식인 시내 산 언약의 경우에는 집단적 아담 모형론을 사용하여 이스라엘 신정 국가의 유지와 보존에 공로적인 행위의 원리가 실제로 작용한다고 주장했다.

성경에서 분명히 언급되어 있는, 첫째 아담과 둘째 아담의 모형론에는 언약적 행위의 원리에 수정이나 완화가 존재하지 않고 그대로 유지된다.

반면 호튼이 제안하는 집단적 아담 모형론에서는 완전한 순종을 요구하는 행위의 원리가 적당한 불완전한 순종을 요구하는 행위의 원리로 수정되었다. 호튼은 창조 언약에 작용한 행위의 원리가 타락이라는 한계와 하나님이 정하신 모형론적 목적에 따라 **그 엄격함이 완화되어** 시내산 언약에 적용되고, 시내산 언약에서는 이런 완화된 행위의 원리에 따라 산출된 적당한 국가적인 순종이 적어도 지상의 신정 국가의 유지와 복에 있어서는 공로적인 근거가 된다고 주장했다.

하지만 적절한 국가적인 순종이 애초에 은혜 언약의 열매라고 한다면, 영원한 구원과 관계있는 토대적인 차원과, 동일한 실재의 모형인 신정 국가와 관계있는 표층적 차원에 상반되는 원리가 작용한다는 주장은 유지되기 힘들어 보인다.

끝으로, 호튼이 국가적 언약으로서 시내 산 언약을 공로적인 행위의 원리에 의해서 좌우되는 조건적인 언약 및 창조 언약의 재판이라고 주장하는 주된 주해적 근거는 시내 산 언약의 비준 의식인데, 오히려 이 비준 의식은 시내 산 언약이 은혜의 원리에 의해서 좌우되는 언약임을 보여 준다는 것을 확인했다.

이번 장에서 드러난, 창조와 언약의 연속성에 대한 강한 강조, 은혜에 대한 좁은 정의 채택, 창조 언약에서 은혜의 전적인 배제, 타락 이후 언약에도 공로적인 행위의 실제적 가능성, 그리고 은혜의 원리와 행위의 원리의 동시적 작용 같은 호튼의 언약신학의 독특한 점들은 호튼이 전통적인 개혁신학자들의 진술보다는 개혁주의 언약신학의 현대적 요약으로 평가하는 메리데스 클라인의 이해에 기초하는 것 같다.

다음 장에서는 호튼의 언약신학이 크게 기대고 근본적으로 유사한, 클라인의 언약신학을 검토해볼 것이다.

제 2 장

메리데스 클라인의 언약신학

    호튼은 옛 언약신학자들에게서 벌코프까지 이어지는, 개혁주의 언약신학의 우세한 견해가, 타락 이후 언약이 "아브라함 언약의 약속의 원리와 나란히 행위의 원리(시내 산 언약)도 포함하는" 이해로서[1] 오늘날 클라인의 재판(再版) 이론에 잘 요약되었다고 주장한다.[2] 호튼은 국가적 언약으로서 시내 산 언약이 "창조 언약의 재판"이라는 "클라인의 입장"이 "고전적 언약신학의 견해"일 뿐만 아니라 옛 개혁신학의 유의미한 합의이며, 개혁신학 전통 밖에 있는 학자들에 의해서도

---

1 Michael S. Horton, *Covenant and Salvation: Union with Christ* (Louisville, KY: Westminster John Knox Press, 2007), 97.

2 Horton, *Covenant and Salvation*, 98. Horton은 Kline 식의 재판이라는 말을 사용하지 않는다. 그러나 Horton은 고전적 언약신학의 지배적인 견해는 옛 언약을 "행위 언약의 단순한 재판(再版)"으로 이해하지 않는다고 말한 다음, Kline의 견해를 고전적 언약신학의 지배적인 견해의 현대적 요약으로 말한다(Horton, *Covenant and Salvation*, 97-98).

타당하게 뒷받침되는 이해라고 주장한다.³

이번 장에서는 호튼이 고전적 언약신학의 충실한 반영이며 현대적 진전으로 간주하면서 크게 기대는, 클라인의 언약신학을 검토할 것이다. 클라인의 언약신학을 공로적 행위의 원리와 모형론에 대한 그의 이해에 초점을 맞춰, 창조 언약, 구속 언약(*pactum salutis*), 은혜 언약의 시작으로서 원 복음, 노아 언약, 아브라함 언약, 다윗 언약, 새 언약, 그리고 시내 산 언약의 순서로 살펴볼 것이다.

1. 창조 언약

메리데스 클라인은 언약과 하나님 나라의 밀접한 관련성을 성경에서 발견하고, 언약을 하나님 나라의 관점에서 정의한다. 언약은 하나님의 왕권을 피조물에게 발휘하는 "법적 수단"이고,⁴ 하나님의 "왕권의 시행"이며,⁵ "하나님 나라의 시행"이다.⁶

---

3 Horton, *God of Promise: Introducing Covenant Theology* (Grand Rapids, MI: Baker Books, 2006), 97.

4 Meredith G. Kline, "Law Covenant," *The Westminster Theological Journal* 27/1 (1964): 17.

5 Kline, *Kingdom Prologue: Genesis Foundations for a Covenantal Worldview* (Overland Park: Two Age Press, 2000), 302: "하나님의 모든 언약들이 애초에 그의 왕권의 시행이다."

6 Kline, *By Oath Consigned: A Reinterpretation of the Covenant Sings of Circumcision and Baptism* (Grand Rapids, MI: Eerdmans, 1968), 84. Gordon J. Spykman에 따르면, 언약과 하나님 나라는 개혁주의 교의학의 중심 개념이다(*Reformational Theology: A New Paradigm for Doing Dogmatics* [Grand Rapids, MI: Eerdmans, 1992], 257, 『개혁주의 신학』, 류호준, 심재승 옮김 [CLC, 2002]).

클라인은 언약을 "은혜의 주권적인 시행"으로서 정의하는 존 머레이의 정의를[7] 염두에 두고, 하나님의 왕권의 시행은 은혜로운 시행에만 한정되지 않는다는 것을 강조한다. 클라인은 성경에는 "은혜의 원리와 정반대되는 행위의 원리"에 의해서 좌우되는 창조 언약과[8] 창조 언약의 일종의 재판(再版)인 모세 언약과 같은 행위 언약들이 존재하고, 따라서 언약을 단지 "은혜와 약속의 주권적인 시행"으로서 정의하는 것은 성경의 언약들을 포괄할 수 없는 부적절한 정의라고 평가한다.[9]

클라인은 창세기 1-3장에는 "언약"이라는 말이 등장하지 않지만, 성경 다른 부분들에서 언약으로 일컬어지는 "언약적 현상들"(covenantal phenomena)을 발견하고, 그것들을 창조 "언약"이라고 일컬을 뿐만 아니라[10] 창조 언약에서 발견되는 언약적 현상들을 고대 근동의 조약 형식인 종주권 조약의 주된 요소들(전문, 역사적 서언, 조약의 법, 상벌 규정)과 직접적으로 연결한다. 그런데 클라인은 창세기 1-3장을 분석하고, 창조 언약을 이해하는 데 고대 근동 조약에 대한 통찰에 지나치게 의존하는 경향을 보인다.[11]

---

7   John Murray, *The Covenant of Grace: Biblical & Theological Studies* (Phillipsburg NJ: Presbyterian and Reformed Publishing Company, 1988), 27.
8   Kline, *Kingdom Prologue*, 20. Kline은 창조 언약을 "창조자와 아담 간의 행위 언약"이라고도 일컫는다.
9   Kline, *Kingdom Prologue*, 5.
10 Kline, *Kingdom Prologue*, 14.
11 Kline은 구약 학자들이 창 1-2장을 포괄적으로 분석하는 데 있어서 고대의 율법 언약의 표준적 특징들을 사용하는 것이 가장 적절하다는 것을 증명했다고 주장한다 (Kline, "Law Covenant," *The Westminster Theological Journal* 27/1 [1964]: 9).

클라인은 말하기를 창세기 1-3장을 조약 문서의 형식으로 분석할 수 있지만 그 자체가 고대 근동의 "조약의 문학 형식"을 취하고 있는 것은 아니라고 한다.[12] 그러므로써 그는 창세기 1-3장과 고대 근동의 조약 문서 형식 사이에 거리를 두는 것처럼 보이지만, 이런 거리 두기에 실제로 성공하는 것 같진 않다.

왜냐하면 클라인은 창세기 1-3장에서 종주권 조약과 형식상 유사한 언약의 일반적인 구성요소들을 발견하는 데 그치지 않고, 고대 근동의 종주권 조약에서 전문, 역사적 서언, 조약의 법, 그리고 상벌 규정 등이 합쳐서 하나의 종주권 조약을 구성하는 것과 마찬가지로 창조와 창조 언약을 합치는 경향을 보인다.

창조 행위와 언약 체결이 구별되지 않는 것처럼 창조와 언약을 합치는 클라인의 이해는, 하나님이 자발적으로 내려오셔서[13] 창조 언약을 맺으시는 선한 기원의 성격과[14] 아담이 완전히 순종했다면 얻었을 "언약적 공로"에 대한 클라인의 독특한 이해와 직접적인 관련이 있다.[15] 더 나아가서 클라인이 시내 산 언약을 포함해서 은혜 언약에

---

12 Kline, *Kingdom Prologue*, 21.
13 WCF, 7. 1.
14 Kline은 자신의 초기 저술에서 창조 언약의 은혜로운 기원을 인정하는 발언을 한 바 있다. "또 다른 의미에서는 은혜가 구속 이전 언약[창조 언약]에 존재한다." 왜냐하면 하나님이 "사람의 최초 복된 상태의 극치"를 제안하시는 것은 "이것을 요구할 수 없는 피조물에 대한 하나님의 선하심과 은혜로우심의 나타내심"이기 때문이다(Kline, *By Oath Consigned*, 36).
15 Andrew M. Elam, Robert C. Van Kooten, and Randall A. Bergquist, *Merit and Moses: A Critique of the Klinean Doctrine of Republication* (Eugene, OR: Wipf & Stock, 2014), 62.

공로적인 행위의 원리를 도입하는 것과도 밀접한 관련이 있다.

1) 창조와 언약의 구별 제거

클라인에 따르면, 하나님의 창조 행위 자체가 언약을 체결하는 행위였다.

> 사람이 하나님의 형상으로서 창조되었다는 것은 … 세상을 창조하심이 언약을 체결하는 과정이었다는 것을 의미한다.[16]

클라인에게 있어서, 언약이 시간적으로든 논리적으로든 나중에 덧붙여지는 "본래 비언약적인" 자연 질서란 존재하지 않았다. 클라인에 따르면, "~있으라"라는 하나님의 창조 명령은 곧 언약 명령이었고,[17] 창조 질서는 "그 시작과 함께"(with its very existence) 언약적 성격을 가졌다고 한다.[18]

당연히 인간의 창조도 클라인에게 있어서, "시간적으로든 논리적으로든" 언약에 선행하지 않는다.[19]

---

16 Kline, *Kingdom Prologue*, 92.
17 Kline, *Kingdom Prologue*, 92.
18 Kline, *Kingdom Prologue*, 20.
19 Kline, *Kingdom Prologue*, 17.

인간 존재는 시작부터 언약적이었다.[20]

클라인은 하나님과 사람의 언약 관계는 "창조 행위 자체"(the very act of creating man)에 그 기원이 있고,[21] 하나님이 아담과 언약 관계를 맺는 것은 창조 행위와 구별된, 창조 이후의 언약 체결이 아니라 "글자 그대로 창조 행위"였다고 말한다.[22] 따라서 클라인에 따르면, 아담의 창조는 하나님과 아담의 언약에 "시간적으로든 논리적으로든" 선행하지 않고, 아담과 하나님의 언약적 관계는 아담의 "존재 자체와 함께"(along with existence itself) 주어진 것이다.

시간적으로든 논리적으로든 선행하는 언약이 없는 인간 상태에 언약이 덧붙여졌다는 것은 … 사실이 아니다.[23]

클라인에게 있어서 아담은 하나님과 언약 관계를 맺고 있지 않

---

20 Kline, *God, Heaven and Har Magedon: A Covenantal Tale of Cosmos and Telos* (Eugene, OR: Wipf & Stock Publishers, 2006), 62, 『하나님 나라의 도래』, 이수영 옮김 (개혁주의신학사, 2010).
21 Kline, *Kingdom Prologue*, 92.
22 Kline, *Kingdom Prologue*, 59. Kline은 창조 행위 자체가 언약 체결 행위라고 주장하는 중요한 근거로서, 시내 산 언약의 역사적 서언에 해당하는 출애굽 사건이 창조에 버금가는 사건으로 성경에 묘사되는 것을 든다. 그러나 출애굽 사건이 시내 산 언약의 역사적 서언으로서 언급된다는 것이 출애굽 사건 자체가 언약 체결 사건이라는 의미가 아닌 것처럼, 창조 행위가 언약 체결을 목적으로 한다고 해서 창조 행위가 언약 체결 행위인 것은 아니다.
23 Kline, *Kingdom Prologue*, 17.

은 상태인 적이 없었다. 이런 클라인의 이해를 두고, 전정구 박사는 자연과 언약의 대립을 배제하는 이해라고 긍정적인 평가를 내리지만,[24] 전통적인 언약신학은 창조와 언약의 밀접한 연관성을 인정하면서도, 창조와 언약의 구별을 간과하지 않았다. 예를 들어, 벌코프는 창조 언약적 관계를 하나님의 은혜로운 적극적 수립에 의해서 자연적인 관계에 더해진 것으로 말하고,[25] 헤르만 바빙크도 창조와 창조언약의 밀접한 관련성을 인정하면서도 둘을 분명하게 구별한다.

하나님은 남자와 여자를 하나님 자신의 형상대로 창조하시고 나서, 그들의 목적지와 거기에 이를 수 있는 유일한 길을 보여 주셨다. 도덕법은 그들의 마음에 기록되었기 때문에, 그들은 특별계시 없이도 도덕법을 알 수 있었다. 그러나 시험의 계명은 실정법이고 인간 본성 자체로부터 주어지지 않는 것으로서 하나님이 그들에게 전달해 주실 때만 알려질 수 있는 것이다. 또한 시험의 계명을 지키는 것이 영생을 가져오리라는 것도

---

[24] Jeong Koo Jeon, *Covenant Theology: John Murray's and Meredith G. Kline's Response to the Historical Development of Federal Theology in Reformed Thought* (Lanham, MD: University Press of America, 2004), 196. 이와 유사하게 VanDrunen도 창조와 언약의 이런 결합을 옛 언약신학자들이 직면한 딜레마로부터 해방된 이해라고 주장한다. VanDrunen, "Natural Law and the Works Principle under Adam and Moses," in *The Law is Not of Faith: Essays on Works and Grace in the Mosaic Covenant*, Bryan D. Estelle, J. V. Fesko, and David Vandrunen, eds. [Phillipsburg, NJ: P&R Publishing, 2009], 291을 보라.

[25] Louis Berkhof, *Systematic Theology* (Grand Rapids, MI: Eerdmans, 1996), 215.

자명한 것이 아니었다.²⁶

　게르할더스 보스도 전통적인 언약신학은 창조와 언약의 밀접한 연관성에도 불구하고 양자를 구별했다고 지적한다. 17세기 언약신학자인 요하네스 클롭펜버그(Johannes Cloppenburg)에 따르면, 하나님은 언약 없이 율법으로만 피조물인 사람을 다스릴 수 있으셨고(비록 이것이 현재는 가정적인 것에 불과할지라도), 사람이 율법에 순종할 의무는 언약체결 때가 아니라 창조될 때 본성에 심겨졌다. 따라서 율법에 순종할 의무는 언약 체결에 선행한다.

　즉 하나님은 이미 하나님 형상으로 창조되어 하나님에게 "이미 순종해야 하고 의무를 지고 있는 사람과 언약을 맺으셨다."²⁷ 그래서 코르넬리스 베네마(Cornelis P. Venema)는 하나님의 형상으로 창조됨과 행위 언약의 수립의 "(분리가 아닌) 구별"은 16-17세기 언약신학자들의 "거의 만장일치 된(almost unanimous) 견해"였다고 지적한다.²⁸

26　Herman Bavinck, *Reformed Dogmatics*, vol. 2, ed. John Bolt, trans. John Vriend (Grand Rapids: Baker Academic, 2004), 571. Bavinck는 Kline이나 Horton과 정반대로, 행위 언약은 하나님의 형상대로 창조된 "창조에 덧붙여진"(added to the creation) 것이라고 말한다(Bavinck, *Reformed Dogmatics*, vol. 2, 572). 바로 이 구별에서 Bavinck는 Kline과 달리 적어도 행위 언약의 기원과 출발에서는 하나님의 은혜를 발견했다. 언약의 "기원은 하나님의 낮춰 내려오시는 선하심과 은혜에 있다"(Bavinck, *Reformed Dogmatics*, vol. 2, 570).

27　Geerhardus Vos, "Doctrine of the Covenant in Reformed Theology," *Redemptive History and Biblical Interpretation*. ed. Richard B. Gaffin (Phillipsburg, New Jersey: Presbyterian and Reformed Publishing Company, 1980), 245-46, n. 6에서 재인용.

28　Cornelis P. Venema, "The Mosaic Covenant: A 'Republication' of the Covenant of Works?: A Review Article: *The Law Is Not of Faith: Essays On Works and Grace*

사람이 하나님의 형상으로 창조된 것 자체를 언약 체결로 이해하는 클라인은 하나님의 형상 자체에서 언약의 법을 발견한다. 도덕법이 하나님의 형상으로 창조된 사람에게 내재되어 있다는 클라인의 주장은[29] 전통적인 이해와 일치한다. 클라인은 아담이 본성적으로 알았던 도덕법을 "하나님의 형상-아들의 법"(Law of the image-son of God)이라고 일컫는다.[30] 하나님의 형상으로 지음 받았다는 사실 자체가 하나님을 닮으라는 요구를 내포한다.

그러나 클라인에게 있어서, 하나님을 닮으라는 이 내적인 법은 그 자체가 영생의 보상을 포함하는 행위 언약의 규범이다.[31] 클라인의 말은 창조 때 본성에 새겨진 도덕법이 이후의 행위 언약과 **내용상** 동일하다는 정도가 아니다. 클라인의 말은 아담이 창조되면서 행위 언

---

in the Mosaic Covenant," *Mid-America Journal of Theology* 21 (2010): 95. 이에 반해 Kline의 재판(再版) 이론에 동의하는, 캘리포니아 웨스트민스터신학교 교수 VanDrunen은 역사적 개혁신학은 하나님의 형상으로 창조되는 것과 창조 언약의 체결을 구별하는 데 모호한 입장을 취했다고 주장한다(VanDrunen, "Natural Law and the Works Principle under Adam and Moses," 291). VanDrunen은 Turretin과 Bavinck도 양자의 구별에 대해서 모호한 입장을 취했다고 주장한다. Bavinck에 대한 VanDrunen의 주장이 사실과 거리가 멀다는 것은 위의 각주 26에서 드러난다. Turretin도 "하나님은 보상을 전혀 약속하지 않고도, (하나님에 의해서 창조된) 사람에게 하나님 자신의 권리에 의해서 순종을 명령하실 수 있으셨"으나, 하나님은 "보상의 약속과 순종의 조건으로 이루어진 언약을 **더하셨다**"고 분명하게 말하므로 모호하지 않다(Francis Turretin, *Institutes of Elenctic Theology*, vol. 1, ed. James T. Dennison Jr., trans. George Musgrave Giger [Phillipsburg, NJ: P&R Publishing, 1992], 574 [강조는 첨가한 것]).

29 Kline, *Kingdom Prologue*, 62.
30 Kline, *Kingdom Prologue*, 62. Kline에 따르면, 이 법은 동전의 양면과 같은 "하나님에 대한 모방의 원리"와 "하나님을 사랑하라는 계명"으로 이루어진다(Kline, *Kingdom Prologue*, 65-66).
31 Kline, *Kingdom Prologue*, 65.

약을 맺고 행위 언약의 법이 주어졌다는 의미다.

클라인에 따르면, 언약적 규범뿐만 아니라 인간의 처음 상태의 종말론적 극치를 약속하는 "복 규정"(blessing sanction)도 "하나님의 형상으로서의 … 인간 본성"에 포함되어 있는 것이지, 더해진 것이 아니라고 한다.[32] 즉, 아담은 순종이 영생을 가져다 줄 것이라는 것을 하나님의 형상으로 창조됨으로써 자연적으로 알았고, 하나님의 형상 안에 이미 약속된 것이었다는 것이다.

반면 바빙크는 이 점에 있어서는 행위 언약이 "자연 언약"이 아니었다고 못 박는다.[33] 바빙크는 사람의 마땅한 의무인 하나님의 법을 지킨 사람에게 하나님이 천상의 복과 영생을 줄 의무가 전혀 없고, "행위와 보상 사이에는 자연적인 어떤 연관성도 존재하지 않는다"는 것이 언약신학의 일반적인 가르침이라고 말한다.[34]

심지어 클라인은 형상의 완성으로서의 극치에 대한 열망이 하나님의 형상으로 창조된 인간의 마음에 창조와 함께 심겨진 것이기 때문에, 처음 창조된 복된 상태가 극치에 이르지 않고 마냥 지속되는 것은 "결단코 복이 아니라 저주였을 것이다"라고까지 말한다.[35] 그러나 사람이 하나님의 형상으로 창조되었다는 사실 자체가 종말론적 극치를 위한 전제나 가능성은 될지라도 종말론적 극치의 영생의 복을

---

[32] Kline, *Kingdom Prologue*, 92.
[33] Bavinck, *Reformed Dogmatics*, vol. 2, 571.
[34] Bavinck, *Reformed Dogmatics*, vol. 2, 571.
[35] Kline, *Kingdom Prologue*, 92.

(행위를 조건으로 해서라도) 약속하지는 않는다.

클라인은 "언약의 복 규정"이 창조 이후의 시험의 계명과 함께, 하나님의 자발적인 내려오심과 은혜로써 더해진 것이 아니라, 시험의 계명이 주어지기 이전에 창조와 함께 시작된 언약의 법인 "하나님의 형상-아들의 법"에 내재하는 것이라고 말한다.[36]

요컨대 클라인에게 있어서 아담을 하나님의 형상으로 창조하는 행위는 아담에게 언약적 순종을 요구하고 영생과 영벌을 약속하는 것을 포함하는 언약 체결 행위와 동일한 행위다. 이런 이해에 대해서, 캘리포니아 웨스트민스터신학교 교수인 데이비드 반드루넨(David VanDrunen)은 다음과 같이 요약한다.

> 클라인에게 있어서 하나님의 형상으로 창조하는 창조 행위 자체가 순종에 대한 언약적 요구와 종말론적인 상벌에 대한 언약적 전망과 함께, 언약 수립을 내포한다.[37]

---

[36] Kline, *Kingdom Prologue*, 92. 그런데 Kline은 자신의 초기 저술에서 창조 언약의 은혜로운 기원을 인정하는 말을 한 적이 있다(위 각주 14를 보라). 초기 Kline은 후기 Kline보다 균형 있는 발언을 하는 것 같다. Dennison, Sanborn, 그리고 Swinburnson은 시내 산 언약의 성격과 관련해서 1970년대 Kline의 가르침과 20, 30년 후의 Kline의 가르침에 큰 차이가 있다고 지적한다. "다시 말해서, Kline은 *Kingdom Prologue*에서, *By Oath Consigned*에서 표명한 입장을 수정한다"(James T. Dennison Jr., Scott F. Sanborn, and Benjamin W. Swinburnson, "Merit or 'Entitlement' in Reformed Covenant Theology: A Review [of Bryan D. Estelle, J. V. Fesko, David VanDrunen, eds., *The Law is Not of Faith: Essays on Works and Grace in the Mosaic Covenant*]," *Kerux: The Journal of Northwest Theological Seminary* 24/3 [2009]: 23). Karlberg도 "언약에 대한 Kline의 생각에 변화와 발전"이 있다는 것을 인정한다(Mark Karlberg, *Journal of the Evangelical Theological Society* 52/2 [June 2009]: 410).

[37] David VanDrunen, "Natural Law and the Works Principle Under Adam and Moses," 291.

반드루넨은 클라인의 이런 이해를 전통적 언약신학의 애매한 부분이 더 선명해진 현대적 진전으로 평가하지만, 베네마는 16-17세기 언약신학자들의 다수 견해로부터의 이탈로 평가한다.[38]

창조와 언약의 구별을 제거하는 클라인의 이런 이해는 창조 언약의 기원인 "하나님의 자발적 낮아지심"의 은혜로운 결정의 필요성에 대한, 그리고 아담이 창조 언약의 조건을 이행했다면 얻었을 언약적 공로에 대한 그의 독특한 이해의 중요한 기초다.

2) 클라인의 공로 개념의 재(再) 정의

클라인은 창조 언약이 전적으로 공의에만 기초해서 체결된 언약이라고 주장한다. 클라인은 창조 언약의 복인 종말론적 극치에 이르는 원리를 "행위의 원리(이것을 행하면 살리라)"라고 말한다.[39] 그런데 클라인에게 있어서 행위의 원리란 순수한 공의에 기초해 공로를 낳는 원리를 가리킨다. 클라인은 아담이 언약적 시험의 계명에 순종해서 언약적 시험의 과제를 완수했다면, 언약에 약속된 영생의 상을 얻었을 것이고, 이 순종의 행위와 영생의 획득의 관계는 그야말로 순수하게 공의의 문제이므로 시험의 성공은 공로였을 것이라고 말한다.[40]

---

38 Venema, "The Mosaic Covenant: A 'Republication' of the Covenant of Works?" 94-96.
39 Kline, *Kingdom Prologue*, 107.
40 Kline, *Kingdom Prologue*, 107.

클라인은 이것이 전통적인 언약신학자들의 이해이고, 전통적인 언약신학자들은 은혜가 완전히 배제된, 단순한 공의에 기초한 이런 공로적인 언약 관계를 은혜 언약과 대조하여 행위 언약이라고 일컬었다고 주장한다. 클라인에 따르면, 행위 언약에 대한 이런 이해는 율법과 복음의 구별에 대한 개혁주의적인 이해의 연장선상에 있는 개혁주의 언약신학의 "표준적인"(standard) 이해라고 한다.[41]

클라인은 행위 언약에 대한 소위 표준적인 이해가 근래에는 개혁주의 진영 안에서도, "하나님 나라의 복을 주는 데 있어서, 하나님은 율법(즉, 은혜의 원리와 대조되는 행위의 원리)에 기초해서 사람을 다루신 적이 없었다"는 공격을 받고 있다고 말한다.[42] 클라인에 따르면, 이렇게 공격하는 자들은 하나님과 사람의 언약 관계는 아버지-아들 관계이고, 아버지-아들 관계는 엄격한 공의에 기초한 공로적인 보상 관계와 양립할 수 없다는 것을 자신들의 논거 가운데 하나로서 제시한다고 한다.[43]

---

41 Kline, *Kingdom Prologue*, 108. 초기 Kline은 타락 이전의 언약에 대해서 "행위 언약"이라는 용어보다 "율법 언약"이라는 용어를 선호했다. 왜냐하면, Kline에 따르면, 행위 언약이라는 용어는, 행위의 원리가 여전히 작용하는 은혜 언약 또는 "구속적 언약"과 충분히 구별되는 용어가 못 되기 때문이라고 한다(Kline, "Law Covenant," 13). 그럼에도 불구하고 초기 Kline도 행위 언약이라는 용어와 율법 언약이라는 용어를 교호적으로 사용했고, 이후 Kline은 "행위 언약"이라는 전통적 용어가 "은혜 언약"과 대조되어 율법과 복음의 대조를 강조하는 이점이 있기 때문에 "행위 언약"이라는 용어를 계속 사용한다고 말한다(Kline, *Kingdom Prologue*, 20).

42 Kline, *Kingdom Prologue*, 108. Kline은 특히 "Fuller-Shepherd theology"를 염두에 두고 있다. Kline, "Of Works and Grace," *Presbyterian* 9 (1983): 88-92를 보라).

43 Kline, "Of Works and Grace," 88.

이에 대해 클라인은 하나님과 사람의 언약 관계에서 "행위의 원리"를 무조건적으로 부정하는 것은 성경의 명백한 증거와 충돌하며, 성경의 증거에 따르면 하나님은 행위의 원리를 실제로 사용하셨다고 응수한다.

> 아버지의 사랑과 행위 원리의 법적 공의는 상호 배타적인 것이 아니라 완전히 양립 가능하다.[44]

더 나아가서 클라인은, 행위의 원리를 배제하여 아버지-아들 관계가 공로적인 보상 관계와 양립할 수 없다는 주장은 복음을 뒤엎는 치명적 오류라고 비판한다. 왜냐하면 아버지-아들 관계가 애초에 공로적인 보상을 배제한다면 둘째 아담인 예수의 어떤 행위도 공로적일 수 없을 것이고, 공로적인 행위로 말미암아 획득된 의(義)가 없다면 택자들에게 전가될 수 있는 의(義)도 존재하지 않고, 따라서 칭의는 법적 허구에 불과하게 될 것이기 때문이라고 한다.[45]

그러나 하나님과 사람의 언약 관계에서 공로 개념(언약적 공로조차)을 배제하여 타락 이전의 행위 언약과 타락 이후의 은혜 언약의 서로 다른 조건들을 단일한 언약의 단일한 조건으로 합치는 풀러-쉐퍼드 학파의 단일 언약주의에 대한 반작용으로 클라크는 또 다른 극단에

---

44 Kline, *Kingdom Prologue*, 110.
45 Kline, *Kingdom Prologue*, 108-109.

빠지는 것 같다. 다시 말해서, 클라인은 모든 공로 개념을 동일시하고, 공로적인 행위의 원리와 언약적 공로를, 타락 이전의 첫째 아담과 하나님 사이, 그리고 둘째 아담과 하나님 사이의 언약 관계에만 아니라 시내 산 언약에서도(심지어 노아, 아브라함, 그리고 다윗 언약에서도) 발견하는 경향을 보인다.

그러나 공로적인 행위의 원리는 역사 속에서 두 사람에게만 실현가능했다. 데니슨, 샌본, 그리고 스윈번슨이 말하는 것처럼, 타락 이전의 첫 아담과 타락 이후의 종말론적 아담을 제외하고는 부패한 어떤 사람과 부패한 사람들의 어떤 나라에게도 행위의 공로는 불가능하다.

> 왜냐하면 모든 부패한 사람이나 사람들의 나라는 행위-죄과(works-demerit)의 상태에 있기 때문이다.[46]

모든 공로 개념을 동일시하는 것과 관련하여 클라인은 지적하기를, 하나님과 사람의 언약 관계에서 공로 개념을 배제하길 원하는 자들은 언약 상대자인 하나님과 "무익한 종"인 피조물의 존재론적 차이[47] 및 언약적 조건과 언약적 보상 간의 가치 불균형에[48] 호소한다

---

46 James T. Dennison Jr., Scott F. Sanborn, and Benjamin W. Swinburnson, "Merit or 'Entitlement' in Reformed Covenant Theology: A Review (of Bryan D. Estelle, J. V. Fesko, David VanDrunen, eds., *The Law is Not of Faith: Essays on Works and Grace in the Mosaic Covenant*)," *Kerux: The Journal of Northwest Theological Seminary* 24/3 (2009): 5.

47 Kline, *Kingdom Prologue*, 108, 111.

48 Kline, *Kingdom Prologue*, 114-15; Kline, "Of Works and Grace," 89-90.

고 한다. 그러나 엄격한 공의에 기초한 완전한 공로와 넓은 의미의 "언약적인" 공로를[49] 구별하지 않고, "언약적인" 공로조차 행위 언약에서 배제하는 풀러-쉐퍼드 학파를 지나치다고 평가하는 것과, 행위 언약에서 보상의 성격을 규정하는 데 창조자와 피조물의 존재론적 차이 및 언약적인 행위와 보상 간의 가치 불균형을 고려하는 것을 잘못이라고 평가하는 것은 다른 것이다.[50] 풀러-쉐퍼드 학파에게서 발견되는 "전부 아니면 전무"(all or nothing)의 양자택일의 문제가 클라인에게서도 발견되는 것 같다.

(1) 창조자와 피조물의 존재론적 차이

물론 클라인도 창조자 하나님과 피조물인 사람의 존재론적 차이 자체는 인정한다. 그러나 창조와 언약을 뭉쳐서 생각하는 클라인에게 있어서 창조자와 피조물의 존재론적 차이는 공로 개념에 대한 전통적인 구별로 나아가지 않는 것 같다. 왜냐하면 사람은 애초에 언약적 피조물이기 때문이다. 그러나 바빙크가 말하는 것처럼, 창조자

---

49 "언약적 공로" 개념에 대해서는 다음을 보라. Francis Turretin, *Institutes of Elenctic Theology*, vol. 2, ed. James T. Dennison Jr., trans. George Musgrave Giger (Phillipsburg, NJ: P&R Publishing, 1994), 710-12; Bavinck, *Reformed Dogmatics*, vol. 2, 544.

50 이를테면, WCF가 창조자와 피조물의 존재론적 차이 및 언약적인 행위와 보상 간의 가치 불균형을 고려하여 공로의 불가능성을 주장한다. "우리 최선의 선행으로도 하나님에게서 죄 사함이나 영생을 받을 만한 공로를 세울 수 없다. 우리 최선의 선행과 장차 받을 영광 간에는 엄청난 괴리가 있고, 우리와 하나님 사이에도 무한한 간격이 있기 때문에, 우리의 선행으로 하나님께 유익을 끼칠 수 없고, 이전의 죗값도 갚을 수도 없다. 우리가 할 수 있는 모든 선행을 했을 때도, 단지 우리 의무를 행한 것뿐이고 우리는 무익한 종에 불과하다"(WCF, 16. 5).

와 피조물의 관계는 "근본적으로 그리고 영 단번에 공로에 대한 모든 생각을 제거한다."[51]

바빙크 이전에 투레틴도 피조물이기만한 존재는 진정한 공로를 결코 얻을 수 없다고 지적한다. 공로에 대한 투레틴의 정의에 따르면, 엄격하고 진정한 의미의 "공로"는 해당 "행위의 내적인 가치 때문에, 공의에 따라 보상이 마땅한 행위"다.[52] 투레틴은 진정한 공로가 존재하기 위해서는 다섯 가지 조건이 필요하다고 말한다.

① 자신이 빚진 것 이상의 의무를 넘어가는 행위.
② 타인이 아닌 자기 자신의 행위.
③ 죄가 있는 곳에 공로가 존재할 수 없기에, 절대적으로 완전하고 죄에서 자유로운 행위.
④ 보상과 동등한 가치를 갖는 행위.
⑤ 엄밀한 공의의 질서에 따라서 보상이 마땅한 행위.[53]

그래서 투레틴은 만약 아담이 행위 언약의 법에 완전히 순종했었다면, 아담의 완전한 순종이 "언약으로 말미암아 넓은 의미에서 공로적"이라고 일컬어졌을지라도, "엄격한 공의"에 따른 공로는 되지 못했을 것이라고 말한다. 왜냐하면 설령 무죄한 아담이 언약의

51　Bavinck, *Reformed Dogmatics*, vol. 2, 570.
52　Turretin, *Institutes of Elenctic Theology*, 17. 5. 2=2:710.
53　Turretin, *Institutes of Elenctic Theology*, 17. 5. 7=2:712.

법에 완전히 순종한다고 할지라도, 아담의 순종은 자신이 하나님께 본래 빚진 의무를 조금도 초과하지 못하고, 순종에 약속된 보상인 영생은 피조물의 순종의 내적 가치와 결코 동등하지 않을 것이기 때문이다.[54]

또한 빌헬무스 브라켈(Wilhelmus à Brakel)은 다음과 같이 표현한다.

> 우리의 행위들 중 어떤 것도, 그 행위가 아무리 완전할지라도, 본성상 하나님 앞에서 가치 있는 어떤 것이 아니기 때문이다. 행위와 보수(報酬) 사이에 어떤 비례도 없을 때 어떤 충족성도 없기 때문에, 하나님은 영원히 자유로우시고, 결코 채무자가 아니시며, 인간은 자신의 것 중 어떤 것도 하나님 앞에 가져올 수 없다.[55]

그래서 리차드 멀러가 말한 대로, 개신교 정통주의 신학에서는 **타락 이전이든 이후든** 사람의 어떤 행위도 진정한 공로를 갖는 것으로 인정되지 않았고, 그리스도의 공로만이 "유일하게 진정한 공로"로서 인정되었다.[56]

---

54 Turretin, *Institutes of Elenctic Theology*, 17. 5. 7=2:712.
55 Wilhelmus à Brakel, *Redelijke Godsdienst*, I. iii. 38 (pp. 99–100), in Richard A. Muller, 『하나님의 본질과 속성』, 김용훈 옮김 (서울: 부흥과개혁사, 2014), 785.
56 Richard A. Muller, *Dictionary of Latin and Greek Theological Terms: Drawn Principally from Protestant Scholastic Theology* (Grand Rapids: Baker Book House Company, 1985), 190.

이에 반해 클라인은 아담이 창조 언약의 요구를 만족시킬 때 얻는 공로를 완전한 공로로 간주한다. 클라인은, 하나님이 아담에게 약속한 영생은 "피조물이 공로로 얻을 수 있는 것"을 넘어서기 때문에, 아담이 순종으로 영생을 얻을 수 있었다면 그것은 "순수한 공의"에 따른 것이 아니라 모종의 은혜가 더해진 것이라는 식의 주장을 "전통적인 언약신학"(traditional covenant theology)에서 이탈하는 주장으로 간주한다.[57]

심지어 클라인은 아담의 행위가 순수한 공로적 행위라는 개념을 흐릿하게 하는 것은 "복음을 유대교화하는 전복"(a Judaizing subversion of the gospel)으로 반드시 이어진다고까지 비판한다.[58]

클라인의 이런 공로 이해는 하나님의 공의의 대한 그의 이해와 깊은 관련이 있다. 클라인은 "요구된 선(good)을 행하는 대가로 약속된 선을 받는" "언약적 공의"(covenantal justice) 외에 다른 공의를 생각하는 것은 사태를 비성경적이며 "추상적으로" 분석하는 것이라고 평가한다.[59] 클라인에 따르면, 하나님의 언약에서 공의가 전적으로 정의된다.

클라인은 하나님의 명령 이행에 대해서 천상의 보상을 내리시는 언약적 규정을 "순수하고 완전한"(pure and perfect) 공의로움으로 말하

57　Kline, *God, Heaven and Har Magedon*, 64.
58　Kline, *God, Heaven and Har Magedon*, 64.
59　Kline, *Kingdom Prologue*, 111.

고,[60] 여기서 은혜를 완전히 배제한다.

앞서 언급된 공로에 대한 전통적 이해와 달리 클라인에게 있어서는, "언약적 공의"에 따라 상 받을만한 것이 엄밀하고 진정한 의미의 공로다. 클라인에 따르면, 의무를 다 행한 종은 "무익한 종"(눅 17:10)이 결코 아니라, "공로 있는 종"(meritorious servant)이다.[61]

창조와 언약을 함께 보는 클라인에게는 의무를 행하지 않은 악한 종과 의무를 다 행한 공로 있는 종은 있어도, 언약적 보상이 없는 의무 이행이란 애초에 존재할 수 없고, 본래 행해야 할 의무를 다 행한 "무익한 종"이란 존재하지 않는다.[62] 클라인은 공로를 거론할 수 있는 상황에서는 "공로"(merit)가 있거나 "죄과"(demerit)가 있거나 둘 중 하나이지, "공로 없음"(unmerit) 같은 것은 없다고 말한다.[63]

클라인은 사태를 "추상적으로" 보지 말고, "창조된 언약적 실재"(the created, covenantal reality) 그대로를 보라고 제안한다. 여기서 "창조된 언약적 실재"란 애초에 아담이 행위 언약적 존재라는 것을 함의한다. 그래서 클라인에 따르면, 사람은 창조와 동시에 하나님과 언약적 관계를 맺는 언약적 존재가 되고, 언약적 명령에 대한 반응은 순종과 불순종 둘 중 하나이며, 언약적 명령에 대한 순종은 공로를, 불순종은 죄과를 초래할 뿐 "공로 없음"의 사태는 애초에 존재할

---

60 Kline, *God, Heaven and Har Magedon*, 64.
61 Kline, *Kingdom Prologue*, 111.
62 Kline, *Kingdom Prologue*, 111.
63 Kline, *Kingdom Prologue*, 114.

수 없다고 한다.⁶⁴

(2) 순종과 보상 간의 가치 불균형

클라인에 따르면, 피조물의 순종과 영생의 보상 간의 가치 불균형은 언약적인 관점에서 보면 애초에 존재하지 않는다고 주장한다. 일단 다음을 지적하는 것이 필요할 것 같다. 클라인은 마치 아담의 순종과 영생의 보상 간의 가치 불균형이 필연적으로 행위 언약을 부정하는 것으로 이어지는 것처럼 주장한다.

그러나 행위 언약에 대한 전통적인 이해에서는 아담의 순종과 보상 간의 가치 불균형 그리고 행위 언약 둘 다 긍정되었다. 사실 창조자와 피조물의 존재론적 차이에도 불구하고, 또 그로 인한 피조물의 순종과 영생의 가치 불균형에도 불구하고, 하나님이 자발적으로 내려오셔서 맺으신 행위 언약으로 말미암아 순종에 대한 참된 보상으로 영생이 주어질 수 있었다.

클라인은 아담의 순종과 보상 간의 가치 불균형을 주장하는 자들의 논리를 다음과 같이 묘사한다. 피조물로서의 아담의 존재론적 위치에 의해서 당연히 아담의 순종의 가치는 한정되고, 따라서 아담의 순종과 약속된 영생 사이에는 가치 불균형이 존재하며, 따라서 순종과 영생의 보상 사이에는 "순전한 공의"가 존재하지 않는다.⁶⁵ 심지어

---

64 Kline, *Kingdom Prologue*, 113–14.
65 Kline, *Kingdom Prologue*, 114.

클라인은 주장하기를, 이런 논리를 따라서 진행해 나가면, 아담의 불순종도 영벌을 받기에 마땅하지 않고, 예수가 죄인을 대신해서 지옥 형벌을 당하는 것도 공의롭지 않다는 끔찍한 결론에 이르고 말 것이라고 한다.[66]

클라인은 주장하기를, 만약 아담이 하나님과의 존재론적 차이 때문에 아담의 선행에 영생의 가치가 없다면, 아담의 불순종도 동일한 존재론적 차이 때문에 지옥의 형벌을 받아 마땅할 수 없어야 한다고 한다. 심지어 클라인은 주장하기를, 만약 그렇지 않다면, 인간의 죄에 대한 "하나님의 법적 대응이 공의롭지 못한" 것이라고 한다.[67]

그러나 전통적인 이해에 따라서 창조자와 피조물의 존재론적 차이를 고려할 때, 피조물인 사람은 창조자에게 빚지고 있는 순종을 다할지라도, 어떤 보상도 요구할 수 없었지만, 하나님은 자발적으로 낮추고 내려오셔서, 사람이 순종하면 복과 상을 보상으로 받을 수 있도록 언약을 맺으셨다.[68]

피조물의 순종은 무한하신 하나님과 하나님의 영광을 고려할 때 본래 마땅한 것이고, 불순종할 때 영벌을 받는 것도 마땅한 데 반해, 순종의 보상으로서 영생이 주어질 수 있는 이유는 오직 하나님이 자발적으로 은혜롭게 내려오셔서 언약을 수립하셨기 때문이다. 이런 점에서 행위 언약의 조건은 벌코프가 묘사하는 것처럼 "실로 은혜로

---

66 Kline, *Kingdom Prologue*, 114.
67 Kline, *God, Heaven and Har Magedon*, 64.
68 WCF, 7. 1.

운 조건들"이라고 일컬어질 수 있다.[69]

그래서 멀러에 따르면, 종교개혁자들과 개혁주의 언약신학은 "은혜"를 타락 이후에만 나타나는, 죄와 불법을 전제한 하나님의 호의에만 제한하지 않고, 타락 이전에 피조물과 관계를 맺으시기 위해서 자기를 낮추시는 하나님의 호의로도 이해했다.[70] 그래서 17세기 개혁주의 언약신학은 은혜를 하나님과 인간의 관계에 있어 근본적인 것으로서 간주하고, "자연 언약 혹은 행위 언약 자체가 은혜롭다"고 주장할 수 있었다고 한다.[71]

또한 보스도 옛 언약신학자들에게 있어서 행위 언약의 순종은 "엄격히 공로적인 것이 아니라, 값없는 호의에 의해서 풍성히 보상받는" 것이었다고 말한다.[72] 그러나 창조 과정을 언약 체결 과정으로 보는 클라인에게는, 행위 언약이 하나님이 피조물과의 존재론적 차이에도 불구하고 자발적으로 낮춰 내려오심으로써 피조물과 언약 관계를 맺으시는 은혜로운 결정이라는 이해가 결여되어 있는 것 같다.

영생과 극치의 안식은 아담의 순종이 가질 수 있는 공로나 내적 가치를 넘어서므로 순종에 영생이 주어지는 것은 순전한 공의의 차원

---

69 Berkhof, *Systematic Theology*, 213.

70 Richard A. Muller, *Post-Reformation Dogmatics: The Rise and Development of Reformed Orthodoxy, ca. 1520 to ca. 1725*, vol. 3: *The Divine Essence and Attributes*, (Grand Rapids, MI: Baker Academic, 2003), 569-71. Muller는 평가하기를, 은혜를 구원의 경륜에 엄격하게 제한해서, 하나님의 값없는 죄 용서나 공로 없는 자비로 정의하는 것은 그 당시 소수의 정의였다고 한다.

71 Muller, *Post-Reformation Dogmatics*, vol. 3, 570, n. 512.

72 Vos, *Redemptive History and Biblical Interpretation*, 240.

을 넘어선다는 주장을 클라인은 공의와 공로에 대한 "성경적이지 않고 사변적인" 개념에 기초하는 것으로서 평가하고,[73] 하나님의 공의를 하나님의 언약적 규정에 따라서 정의하지 않는 잘못된 주장으로서 평가한다.[74]

클라인은 자신이 주장하는, 은혜가 배제된 순수하게 공의롭고 진정으로 공로적인 행위 언약을 말하지 않으면, 전통적인 행위 언약 교리를 거부하는 것처럼 여기며 공의와 공로에 대한 자신의 이해와 전통적인 행위 언약 교리를 불가분리적으로 결합한다.[75]

그러나 대표적인 정통주의 개혁주의 신학자인 투레틴은 클라인이 행위 언약을 이해하는 데 있어서 사변적이라고 거부한, 다름 아닌 창조자와 피조물의 존재론적 차이, 피조물의 순종과 약속된 영생 간의 가치 불균형을 고려해서 아담이 순종을 통해서 영생을 "진정한 공로"로 얻을 수 있다는 것을 거부했다.[76]

여기서 주목할 것은, 클라인은 하나님의 공의가 "하나님이 제정하신 언약에서 표현된다"고 말하는 데에 만족하지 않고, 의무 이행 또는 불이행에 대한 행위 언약의 상벌 규정이 하나님의 공의를 완전하게 정의하는 포괄적이고 유일한 계시인 것처럼 말한다는 점이다.[77]

---

73 Kline, "Of Works and Grace," 89.
74 Kline, *Kingdom Prologue*, 115.
75 Kline, *God, Heaven and Har Magedon*, 65.
76 Turretin, *Institutes of Elenctic Theology*, 8. 4. 17=1:578. Turretin은 하나님의 관대한 약속으로 말미암는 "언약적 공로"는 인정한다.
77 Kline, *Kingdom Prologue*, 115; Kline, *God, Heaven and Har Magedon*, 64.

창조와 언약을 합쳐 생각하는 클라인에게는, 보상이 있든 없든 피조물인 사람에게는 순종이 마땅하고, 피조물의 불순종은 영벌로 심판당하는 것이 공의롭다는 이해가 결여되어 있다.

클라인은 평가하기를, 아담의 순종과 하나님의 보상에 존재론적으로 다른 가치를 부여하는 것은 하나님의 언약을 공의를 정의하는 기준으로 삼지 않는 것이며, "공의에 대한 자신이 만든 기준을 하나님의 말씀보다 높이는" 것이고, 언약의 주님이 절대적으로 완전히 공의로운 것은 아니라는 신성모독적인 결론으로 이어진다고 한다.[78]

요컨대, 클라인은 하나님과 피조물의 존재론적 차이나, 언약의 기원으로서의 하나님의 은혜로우심에 대한 고려를 배제한 채, "언약적으로만" 신적 공의와 공로를 정의한다.[79] 그래서 클라인은 만약 창조 언약 아래서 아담이 창조 언약적 명령을 지키고 시험을 통과했다면, (클라인이 말하는) "언약적 공의"에 따라서 참된 공로를 획득했을 것이라고 주장할 뿐만 아니라, 시내 산 언약 아래서도 이스라엘이 "언약적 공의"에 따라서[80] 공로를 얻는 것이 가능했다고 주장한다.

---

78 Kline, *Kingdom Prologue*, 115. Kline에게는 하나님은 창조 언약을 맺으시기 전에도 완전히 공의로우셨다는 이해가 결여되어 있는 것 같다.
79 Elam, Van Kooten, and Bergquist, *Merit and Moses*, 66.
80 Kline에 따르면, 언약적 공의란 주어진 언약이 요구하는 선(good)을 행하는 대가로 해당 언약에 약속된 선을 받는 공의다(Kline, *Kingdom Prologue*, 111).

2. "구속적 언약들"

클라인의 "구속적 언약"(redemptive covenant)이라는 용어는 전통적으로 이해되는 "구속 언약"(covenant of redemption)이라는 용어와 구별할 필요가 있다. 전통적으로 "구속 언약"이라는 용어가 삼위 간의 영원한 언약에 한정되는 데 반해, 클라인의 "구속적 언약"이라는 용어는 삼위 간의 영원한 언약에 한정되지 않고 구속을 위한 역사적인 은혜 언약에도 사용된다.[81]

그런데 클라인은 삼위 간의 언약과 역사 속의 은혜 언약을 둘 다 "구속적 언약"이라고 일컬으면서도, 양자의 "작용 원리"가 명백히 다르다고 말한다.[82] 영원한 구속적 언약의 작용 원리는 "행위"인 데 반해, 역사적인 구속적 언약의 작용 원리는 "은혜"이다.[83] 클라인에게 있어서 전자는 행위 언약이다.

1) 삼위 간의 언약은 행위 언약인가?

클라인은 전통을 따라서 구원에 대한 삼위 간의 영원한 의논과 협약을 언약으로 이해한다. 구원에 대한 삼위의 영원한 계획과 관련 있는 성경 구절들에서 언약의 본질적 요소들인 언약 당사자들, 약

---

81 Kline, *Kingdom Prologue*, 138.
82 Kline은 역사적인 은혜 언약에서도 공로적인 행위의 원리를 찾는다.
83 Kline, *Kingdom Prologue*, 138.

속, 조건, 그리고 보상 같은 것들이 발견되기 때문에 구원에 대한 삼위 간의 영원한 의논은 언약으로 일컬어질 수 있다.[84] 그러나 클라인은 구속 언약에서 그리스도의 행위 언약 성취에 지나치게 초점을 맞춰 구속 언약을 행위 언약으로 한정하고, "성부와 성자 간의 행위 언약"이라고 일컫는다.[85]

그러나 보스는 삼위 간의 언약을 역사적인 은혜 언약의 토대이면서 동시에 "영원한 전형"(eternal pattern)이고, 역사적인 은혜 언약의 "내적 본질"(internal essence)이 나오는 원천으로 이해한다.[86] 클라인에 따르면, 삼위 간의 언약은 역사적인 은혜 언약의 토대가 될지라도 행위 언약이다.[87] 실제로 클라인은 삼위 간의 언약과 역사적인 은혜 언약이 근본적인 점에서 차이가 난다는 것이 명백하다고 말한다.

---

84   Kline, *Kingdom Prologue*, 139.
85   Kline, *Kingdom Prologue*, 21, 138; Kline, *God, Heaven and Har Magedon*, 74; cf. Kline, *Kingdom Prologue*, 145.
86   Geerhardus Vos, *Reformed Dogmatics*, vol. 2: *Anthropology*, trans. and ed. Richard B. Gaffin, Jr. (Bellingham: Lexham Press, 2014), 92–93; "평화의 작정은 시간 안에서 [맺어진] 은혜 언약의 **영원한 전형**이다. 따라서 많은 사람들이 이 둘을 결합하여 하나의 언약으로 만들었다. … 평화의 작정은 영원하고, 은혜 언약은 시간 안에 있으며, 전자는 하나님과 보증자 사이에, 후자는 삼위일체 하나님과 보증자 안에 있는 죄인들 사이에 맺어진 것이다"(Vos, 『개혁교의학: 신론·인간론』, vol. 1, 김영호 옮김 [서울: 솔로몬, 2016], 518 [강조는 첨가한 것]). Vos, *Redemptive History and Biblical Interpretation*, 252: "구속 언약은 은혜 언약의 전형이다." Berkhof는 삼위 간의 언약이 은혜 언약의 영원한 기초이면서 "영원한 원형"(eternal prototype)이라고 말한다(Berkhof, *Systematic Theology*, 268). Cf. 안상혁에 따르면, 17세기 언약신학자들은 구속 언약 자체를 "은혜의 원천"으로 생각했다. "사무엘 루더포드는 구속 언약이 은혜 언약보다 더욱 은혜로운 이유는 그것이 후자에서 표현된 모든 은혜와 사랑의 궁극적인 원천이 되기 때문이라고 주장했다"(안상혁, 『언약신학, 쟁점으로 읽는다』 [수원: 영음사, 2014], 89).
87   Kline, *Kingdom Prologue*, 141; Kline, *Kingdom Prologue*, 153.

클라인에 따르면, 양자는 성자의 언약적 역할, 언약의 대상, 언약의 운영 원리가 다르다고 한다. 즉 성자의 역할이 삼위 간의 언약에서는 언약의 종인 데 반해 역사적인 은혜 언약에서는 언약의 주이고 중보자다.[88] 언약의 대상이 전자에서는 성자와 성자가 대표하는 택자들인 데 반해 후자에서는 택자 이외의 사람들도 포함하는 교회다. 언약의 운영 원리에 있어서 전자는 행위의 원리인 데 반해 후자는 은혜의 원리이다.[89]

클라인은 성자가 삼위 간의 언약에서 행위 언약 관계에 들어가셔서 행위 언약의 요구를 능동적인 순종으로 성취하심으로써 의와 영생을 은혜의 선물이 아닌 공로로, 즉 "행위의 원리"로 얻기로 성부와 협약한다는 점에서 삼위 간의 언약을 행위 언약으로 간주한다. 그래서 클라인은 삼위 간의 영원한 언약의 연속성을 은혜 언약이 아니라 첫 아담과의 행위 언약에서 찾는다.

클라인에 따르면 성부와 성자 간의 행위 언약과 아담의 행위 언약의 차이는 다음과 같다. 즉 후자는 언약의 대표자(아담)가 모든 인류를 대표하지만 전자는 언약의 대표자(성자)가 택자들만을 대표하므로 택자들만이 성자가 공로로 얻은 영원한 영광의 진짜 수혜자가 된다는 것이다.[90]

---

88 Kline은 삼위 간의 언약에서 성자가 언약의 중보자는 아니지만, 보증인은 되신다고 말한다(Kline, *Kingdom Prologue*, 307).
89 Kline, *Kingdom Prologue*, 138; Kline, *God, Heaven and Har Magedon*, 75.
90 Kline, *Kingdom Prologue*, 140.

삼위 간의 언약이 "**그리스도에게는** 은혜 언약이 아니라 행위 언약이었다"는[91] 벌코프의 진술은 삼위 간의 언약이 행위 언약이라는 클라인의 진술과 비교할 때 주목할 만하다. 벌코프의 진술은 클라인의 주장과 일견 같아 보이지만, 그 진술의 전체 맥락에 주의하면 차이가 있다.

벌코프는 위의 진술을 하기 전에, 삼위 간의 언약이 "죄인"에게는 은혜 언약의 원형임을 분명히 말한다. 삼위 간의 언약이 "그리스도에게는 행위 언약이었다"는 벌코프의 진술은 성자 자신의 경우에는 언약적 보상을 은혜로운 선물이 아니라 율법의 요구를 만족시킨 공로로서 획득했다는 의미이지, 구속 언약 전체가 행위 언약이라는 의미는 아니다. 왜냐하면 구속 언약에는 성자가 획득하는 언약적 보상으로 말미암아 죄인인 택자들이 언약의 보증인이신 그리스도의 의와 영생에 은혜롭게 참여하는 것도 포함하기 때문이다.[92]

---

[91] Berkhof, *Systematic Theology*, 268: "it was *for Christ* a covenant of works rather a covenant grace"(강조는 첨가한 것). Bavinck도 "은혜 언약이 그리스도와 수립되는 한 본질적으로 행위 언약이었다"고 말한다(Herman Bavinck, 『개혁교의학』, 제3권, 박태현 옮김 [서울: 부흥과개혁사, 2011], 277). Bavinck는 구속 언약과 역사적 은혜 언약 사이에 차이가 있음에도 불구하고, 양자의 연관성과 통일성을 간과하지 말아야 한다고 지적한다(Bavinck, 『개혁교의학』, 제2권, 278). Cf. 이승구, "헤르만 바빙크의 언약 사상," 「교회와 문화」 31 (2013): 26.

[92] Berkhof, *Systematic Theology*, 268. Vos에 따르면, 신약성경에서 "중보자"라는 명칭은 대부분의 경우에, "타인의 의무를 성취할 책임을 개인적으로 떠맡는 사람"인 "보증인"이란 의미도 갖는다(Vos, *Reformed Dogmatics*, vol. 2, 87). 그리고 은혜 언약과 행위 언약의 전통적인 구별 가운데 하나는 중보자의 유무였다. "행위 언약에는 중보자가 없고, 은혜 언약에는 중보자가 있다"(Vos, *Reformed Dogmatics*, vol. 2, 93).

그러나 클라인은 구속 언약에서 성자의 율법 성취를 그 은혜로운 맥락과 일단 구별하고 나서, 성자가 택자들의 영생을 은혜로운 선물로 받는 것이 아니라 율법에 대한 완전한 순종의 행위로 말미암아 공로로 얻는다는 이유 때문에 행위 언약이라고 말한다. 그러나 이것은 오해인 것 같다. 중보자가 엄격한 공의를 따라서 택자를 위해서 행위 언약을 대신 성취하는 것이 바로 은혜 언약이다. 클라인의 논리대로라면, 율법의 성취가 발견되는 모든 언약이 어떤 의미에선 행위 언약으로 일컬어질 수 있을 것이다.

그러나 율법의 성취 자체는 행위 언약과 은혜 언약의 차이가 아니라 둘 다에 반드시 요구되는 것이다. 양자의 차이는 언약의 보증인 또는 중보자의 유무이다. 즉 행위 언약의 성취가 신인이신 중보자의 순종에 의존하느냐, 아니면 인간일 뿐인 언약 상대자의 순종에 의존하느냐의 차이이다. 보스는 중보자와 관련해서, 은혜 언약과 행위 언약의 차이점을 다음과 같이 요약한다.

> 둘째, 언약 당사자들이 서로에 대한 관계에서 나타나는 측면: 행위 언약에서는 중보자가 없지만, 은혜 언약에는 있다.
> 셋째, 두 언약이 기초하고 있는 토대: 은혜 언약은 중보자의 확고하고 확실한 순종에 기초하고 있으나, 행위 언약은 변하는 인간의 불확실한 순종에 근거하고 있다.[93]

---

[93] Vos, 『개혁교의학: 신론 · 인간론』, vol. 1, 520.

요컨대, 삼위 간의 영원한 언약인 구속 언약은 역사 속의 은혜 언약의 토대이면서 동시에 그 본질이 나오는 원천이다.[94]

2) 은혜 언약의 시작: 원 복음

삼위 간의 영원한 언약에서 미리 정해진 구속 계획이 모든 은혜 언약의 원천이며 토대이다. 삼위 간의 언약에서 결정된 구속 계획은 행위 언약 파기에 대한 법적 판결 속에 이미 나타난다. 클라인은 교회의 전통적인 해석을 따라서, 사탄에 대한 하나님의 저주를 말하는 창세기 3장 15절에서 복음이 처음 계시되었고, 이것이 은혜 언약의 시작이라고 말한다.[95]

클라인에 따르면, 창세기 3장 15절에 있는 뱀의 후손과 여자의 후손의 대결은 첫째 아담이 행위 언약의 시험에서 뱀의 유혹과 마주한 것의 되풀이라고 한다.[96] 클라인은 여자의 후손은 "두 번째 아담," 즉 두 번째 "언약적 머리"로서, "또 하나의 행위 언약의 시험," 즉 "하늘을 떠나기 전에 성부와 맺었던" 행위 언약의 시험을 치른다고 한다.[97]

클라인에 따르면, 창세기 3장 15절의 약속은 영원 전에 맺어진 성부와 성자 간의 행위 언약이 역사 가운데, 땅 위에서 성취될 것이라

---

94   Vos, *Reformed Dogmatics*, vol. 2, 93.
95   Kline, *Kingdom Prologue*, 143.
96   Kline, *Kingdom Prologue*, 144.
97   Kline, *Kingdom Prologue*, 144-45.

는 약속이다.[98] 은혜 언약에서 행위 언약의 성취에는 적극적인 언약적 순종뿐만 아니라 고난도 포함된다. 클라인은 말하기를, 행위 언약 파기에 따른 저주와 벌에 대한 언약 규정은 존중되고 이행되어야 하며 하나님의 공의는 만족되어야 하기 때문에, 메시아의 승리는 "발꿈치가 상하는" 고난을 포함해야 했다고 한다.[99]

클라인에 따르면, 창세기 3장 15절에 계시된 은혜 언약은 행위 언약과 언약적 순종에 기초할지라도, 최초의 행위 언약과 달리 복된 결말이 보장되어 있었다고 하며, 그 이유는 무엇보다 두 번째 아담이 다름 아닌 성자의 성육신이기 때문에, 이번에는 언약 시험의 통과가 보장되어 있었다고 한다.[100]

클라인은 두 번째 아담의 "신-인 인격"으로 말미암아 행위 언약의 성취가 확실하다면, 회개, 신앙, 그리고 견인이라는 은혜 언약의 "조건성"에도 불구하고 구원은 하나님의 주권적인 은혜로 말미암아 보장된다고 말한다.[101] 즉, 행위 언약의 성취가 틀림없다면, 성부가 그 보상으로 약속한 보상도 틀림없이 주어질 것이고, 성령은 택자들을 그리스도에게 틀림없이 인도할 것이며, 하나님 나라로 틀림없이 데려갈 것이다. 클라인은 바로 이것이 하나님이 에덴 동산에서 선포하신 "주권적인 구속 은혜의 복음"이고, 창조 전에 삼위의 "언약적 의

---

98 Kline, *Kingdom Prologue*, 145.
99 Kline, *Kingdom Prologue*, 146.
100 Kline, *Kingdom Prologue*, 148.
101 Kline, *Kingdom Prologue*, 148-49.

논"에서 이미 보장된 것이라고 적절하게 말한다.[102]

클라인은 창세기 3장 21절에 있는, 하나님이 가죽옷을 지어 입히는 사건을 창세기 3장 20절에 묘사되어 있는 아담의 믿음과 헌신에[103] 대한 하나님의 맹세로 이해한다.[104] 즉, 클라인에 따르면, 이 사건은 최초의 은혜 언약을 비준하는 "하나님과 사람이 상호 맹세하는 상징적 의식"(symbolic ritual of mutual divine-human avowal)이다.[105]

클라인은 원 복음에서도 은혜 언약 비준 의식을 발견한다. 클라인은 가죽옷을 짓는 데는 동물의 희생적 죽음이 반드시 수반되고, 따라서 은혜 언약의 첫 비준 과정에도 "희생"이 존재했다고 주장한다.[106] 죄인이 죄를 용서받고 언약의 복을 받는 수혜자가 되게 하는 "희생적 속죄"가 은혜 언약의 체결에 필수적이고, 이 희생은 은혜 언약의 목적 달성을 보장한다는 것이다.

그래서 클라인에 따르면, 창세기 3장에서 시작된 최초 은혜 언약이 가죽옷이라는 상징적 희생으로 비준된 것처럼, 은혜 언약의 궁극적인 형태인 새 언약은 가죽옷이라는 상징적 희생의 원형인 그리스도의 피로 비준된다고 한다.[107]

---

102   Kline, *Kingdom Prologue*, 149.
103   Kline은 "아담이 그의 아내의 이름을 하와(생명)라 부"른 것(창 3:20)을, 창 3:15에 있는 여자의 후손을 통해서 죽음에서 생명으로 회복될 것이라는 약속을 믿고 "아멘" 한 것으로 본다(Kline, *Kingdom Prologue*, 150).
104   Kline, *Kingdom Prologue*, 152.
105   Kline, *Kingdom Prologue*, 152. Cf. Kline, *God, Heaven and Har Magedon*, 75.
106   Kline, *Kingdom Prologue*, 152-53.
107   Kline, *Kingdom Prologue*, 153.

그러나 보스는 창세기 3장 21절에서 희생적 속죄의 의미를 발견하는 시도를 다음과 같이 반박한다.

> 동물의 가죽으로부터 하나님이 옷을 지어 입히셨다는 것은 죄를 속하는데(covering) 동물의 생명이 필요하다는 함의를 가지고 있다는 것이다. 이에 대해서는 하나님의 이 행위에 대해서 사용된 용어가 희생제에 의해서 죄를 속하는 것에 대하여 율법에 사용된 전문적 용어(technical term)가 아니라는 것을 말할 수 있다. 이는 율법에서 죄를 속하는 데는 전혀 사용하지 않은 '입히다'(to clothe)는 의미의 단어이기 때문이다.[108]

물론 아담은 원 복음을 통해 죄에 빠진 인류의 구원 계획에 대한 하나님의 계시를 받았다. 그러나 이승구 교수가 지적하는 것처럼, 당시는 희생 제사에 대한 계시가 주어지기 이전이기에, "가죽옷을 지어 입히신 것에서 그리스도의 속죄와의 연관성을 찾으려는 것은 그 당시까지 주어진 계시의 내용을 넘어가는 것"이고,[109] 계시의 점진성을 충분히 고려하지 않는 것이다.[110]

---

108 Vos, 『성경 신학』, 이승구 옮김 (서울: CLC, 1985), 176.
109 이승구, 『전환기의 개혁신학: 20세기 후반 영미 개혁신학의 동향』 (서울: 이레서원, 2008), 438-39.
110 이승구, "헤르만 바빙크의 언약 사상," 34.

3) 노아 언약

(1) 홍수 이전의 노아 언약: 하사 언약의 행위의 원리

클라인은 노아 언약을 홍수 이전의 구속적인 노아 언약과 홍수 이후의 비구속적인 노아 언약으로 나눈다. 클라인은 홍수 이전의 창세기 6장 18절의 언약은 창세기 9장 11절의 "일반 은총"(common grace)의 언약과 구별된다고 주장한다. 클라인에 따르면, 창세기 6장 18절의 언약은 문학적 구조를 고려할 때, 특히 홍수 심판을 예고하는 창세기 6장 17절과의 대조를 생각할 때, "구원의 언약"(covenant of salvation)이라고 한다.[111]

클라인에 따르면, 창세기 6장 18절의 언약은 홍수 사건에서 실현되었는데, 그 성취는 타락 이후 아담과 맺은 은혜 언약에서 주어진 "왕국의 복"의 궁극적인 성취가 아니라 "예비적인 차원"의 성취로서 모형이었다고 한다.[112] 그런데 클라인은 하사 언약으로서 노아 언약이 은혜 언약이라고 말하면서도 거기에 공로적인 행위의 원리가 존재한다고 주장한다.

> 이 언약에는 방주—구원 사건의 모형론이 보여 주는 메시아적인 국면과 관련된 **행위 원리**가 있었다. 그 언약은 하나의 하사

---

111 Kline, *Kingdom Prologue*, 231.
112 Kline, *Kingdom Prologue*, 233.

언약(covenant of grant)으로서, 언약의 주께 드려진 신실한 섬김에 대한 상급으로 왕국 혜택이 주어지는 것이었다. 노아는 여호와의 신실한 종인 그리스도의 모형이었다. 그럼으로써 그는 방주 언약의 피수여자인 것이다.[113]

클라인에 따르면, 하사 언약은 고대 왕들이 자신들에게 충성하여 "공로가 있는" 사람에게 베푸는 언약이다.[114] 그런데 클라인은 아담의 행위 언약을, 대왕인 하나님이 언약적 봉신인 아담에게 언약적 충성 의무 이행을 조건으로 해서 "하사품"을 약속하는 종주권 조약에 비교한 바 있다.[115]

그러면 행위 언약으로서 아담의 종주권 조약과 은혜 언약으로서 노아의 하사 언약 사이에는 어떤 차이가 있는가?

클라인에 따르면, 행위 언약을 맺으면서 충성을 시험받는 아담과 달리, 노아 언약에서 노아는 "자신의 충성을 **이미** 증명한 언약적 종으로서" 이미 선한 수혜자라고 한다.[116] 그러나 이런 차이에도 불구하고 아담의 종주권 조약과 노아의 하사 언약은 하사품이 주어지는 원리가 은혜의 원리가 아니라 공로적인 행위의 원리라는 점에서는 차

---

113 Kline, 『하나님 나라의 도래: 하나님 나라와 하나님의 산, 목적인과론의 관점에서 본 우주론에 관한 언약 이야기』, 이수영 옮김 (서울: 개혁주의신학사, 2010), 117-18 (강조는 첨가한 것).
114 Kline, *Kingdom Prologue*, 234.
115 Kline, *Kingdom Prologue*, 21, 235.
116 Kline, *Kingdom Prologue*, 235.

이가 없다.

클라인은 말하기를, 창세기 6장 9절과 7장 1절을 보면 노아가 자신의 "언약적 행위의 완전함" 때문에, 또는 여호와가 그 세대에서 노아의 의로움을 보았기에 언약적인 하사품으로서 구원의 수단과 실현을 받는 것이 분명하다고 한다.[117] 비록 클라인이 노아의 의로움과 선행의 궁극적 원인은 하나님의 "용서하시는 은혜"였다고 단서를 달지라도,[118] "그러나 노아는 여호와께 은혜를 입었더라"(창 6:8)라는 구절에 있는 "은혜"는, 자격이 없음에도 하나님의 자비를 입는 공로 없는 긍휼이 아니라 노아의 의로움과 선행을 조건으로 보상받는 "언약적인 하사품"이라고 주장한다.[119]

그렇다면 노아의 하사 언약에 작용하는 행위의 원리는 은혜 언약과, 또는 은혜의 원리와 어떻게 조화될 수 있는가?

클라인은 "행위와 은혜의 상반된 원리들이 서로 다른 영역 또는 차원에서 작용하고 있다"고 답한다.[120] 개인의 영원한 구원은 그리스도로 말미암는 은혜와 하나님의 전적인 자비로 말미암고, "노아의 의로움"과 "그의 선행"에 의해서 획득된 것은 종말론적 왕국 자체가 아니라 그 모형일 뿐이라는 것이다.[121] 클라인에 따르면, 하사 언약으로

---

117 Kline, *Kingdom Prologue*, 235. Cf. Kline, *God, Heaven and Har Magedon*, 79.
118 Kline, *Kingdom Prologue*, 236.
119 Kline, *Kingdom Prologue*, 236.
120 Kline, *Kingdom Prologue*, 236.
121 Kline, *Kingdom Prologue*, 239.

서의 은혜 언약 안에서 공로적인 행위의 원리는 종말론적 구원의 실재를 얻는, 즉 개인이 영원한 천국에 들어가는 문제를 좌우하는 원리가 아니라 토대적인 차원 위에 덮어 씌어있는 모형적인 차원과 관계있는 원리라고 한다.

이런 이유에서 은혜 언약 안에서 행위의 원리는 종말론적인 구원의 실재에는 아무 영향을 미치지 않기 때문에, "행위-하사"(works-grants)의 원리는 은혜 언약 안에서 보조적인 역할을 하며 은혜 언약과 조화를 이룰 수 있다고 클라인은 주장한다.[122] 동일한 언약 안에서 상반되는 원리가 이런 식으로 조화를 이룬다는 것은 클라인의 언약 이해에서 가장 특징적인 것 가운데 하나로서, 클라인의 모든 은혜 언약 이해에 반복되어 나타나고 시내 산 언약의 재판(再版) 이론에서 절정에 이른다.

클라인에 따르면, 노아의 하사 언약을 포함해서 모든 하사 언약들은 행위의 원리가 발견된다는 점에서는 종주권 조약 형태인 시내 산 언약과 마찬가지이지만, 하사 언약은 시내 산 언약과 달리 "메시아 왕국의 성격이 아니라 메시아 왕의 역할"과 직접적인 관계가 있다고 한다.[123] 다시 말해서, 시내 산 언약에서는 메시아 왕국의 유업을 **유지하는** 데 행위의 원리가 작용하고 모형의 주체가 집단으로서의 신정 국가라고 한다면, 하사 언약에서는 메시아 왕국의 유업을 **얻는**

---

122 Kline, *Kingdom Prologue*, 236–37.
123 Kline, *Kingdom Prologue*, 237.

데 행위의 원리가 작용하고 모형의 주체가 개인이라는 점에서 양자는 서로 다르다.

노아, 아브라함, 다윗, 심지어 비느하스도 그리스도의 모형으로서, 장차 올 메시아가 어떻게 자신의 순종으로 의를 획득하고 자신과 자신의 백성을 위해 메시아 왕국을 확보할 것인지를 보여 준다는 것이다.[124]

그런데 클라인의 주장대로 노아의 하사 언약에 행위의 원리가 작용하고, 행위의 원리를 따라서 노아의 의로움이 노아 가족이 홍수에서 구원되는 근거가 되며, 그리스도의 백성들이 구원받는 근거가 되는 그리스도의 의로움의 모형이라고 할 때, 노아의 의로움과 그리스도의 의로움 사이에 차이가 없는가?

클라인은 이 두 의로움 사이에는 큰 차이가 있다고 한다. 즉 노아 언약의 조건으로서의 노아의 의로움은 "전반적인 삶이나 어떤 특별한 두드러진 봉사 행위처럼 눈에 띄는 신실함"이고,[125] 그리스도의 의로움을 판단하는 데 적용된 "절대적으로 철저한 기준"이 노아의 의로움에는 적용되지 않는다고 말한다.[126]

클라인은 노아 언약의 조건으로서의 의로움이나 시내 산 언약의 조건으로서의 "이스라엘의 언약적 순종"의 의로움에는 "절대적으로 철저한 기준"이 아니라 "상징적 적절함 또는 모형론적 가독성의 기

---

124 Kline, *Kingdom Prologue*, 237.
125 Kline, *Kingdom Prologue*, 237.
126 Kline, *Kingdom Prologue*, 239.

준"이 적용되었다고 주장한다.[127] 그러나 하나님이 온 세상 사람은 멸하시고 노아의 가족만 살리시는 근거가 된다고 주장하는 의로움에 철저한 기준을 적용하지 않으셨다는 클라인의 주장은 납득하기 쉽지 않고, "절대적으로 철저한 기준"이 적용되지 않은 의로움을 행위의 원리에 따른 의로움이라고 일컫는 것도 납득하기 힘들다.

클라인은 이런 결정적 차이와 노아의 의로움의 한계에도 불구하고 하나님이 노아의 의로움을 하사 언약의 근거로 말했으니, 노아는 새 언약의 성취를 보장하는 보증인인 그리스도를 가리키는 모형이고 하사 언약에는 행위의 원리가 작용한다고 주장한다.[128]

(2) 홍수 이후의 비구속적인 노아 언약

클라인에 따르면 창세기 9장 9절에서 언급된 노아 홍수 이후에 맺은 언약은 창세기 6장 18절에 언급된 홍수 이전의 언약과 달리 비구속적인 은혜 언약, 즉 일반 은총 언약이라고 한다. 홍수 이후의 노아 언약은 "구속적인 은혜가 아니라 일반 은총"에 대한 경영이라고 한다. 이 언약의 대상은 택자들만이 아니라 인류 전체와 지구의 다른 생명체를 포함하고, 그래서 이 언약은 성경에서(창 9:13) "하나님과 땅 간에 맺어진 언약"으로 묘사된다. 클라인에 따르면, 이 언약의 목적은 특정한 사람들에게 하나님의 거룩한 나라를 주는 데 있지 않

---

127 Kline, *Kingdom Prologue*, 239-40; Cf. Kline, *Kingdom Prologue*, 323.
128 Kline, *Kingdom Prologue*, 240.

고, 인류에게 "공통된 과도기적 질서의 지속"에 있다.

클라인은 이 언약의 은혜가 보편적인 것처럼, 하나님은 언약 구성원들에게만 행해지는 할례나 세례와 달리, "모든 사람에게 보이는 자연계"의 무지개를 언약의 표로 삼으셨다고 말한다.[129]

홍수 이후의 노아 언약이 일반 은총의 언약이라고 할 때, 그 이전에는 일반 은총에 대한 계시가 없었다는 의미는 아니다. 클라인에 따르면 홍수 이전에도 일반 은총(또는 저주)의 질서(창 3:16-19)가 존재했다. 홍수 이전과 이후에도 일반 은총적 질서의 "근본적 연속성"이 존재하고[130] 축복의 내용도 유사하다.[131]

클라인에 따르면, 노아의 일반 은총 언약은 사람의 행위를 규정하는 법을 포함하지만, 일반 은총의 질서가 유지되는 것은 사람의 행위에 달려 있지 않기에, 이 언약은 하나님이 일방적으로 맹세하시고 유지 기간을 정하시는 무조건적인 언약이다. 사람이 일반 은총 언약의 규정을 어길지라도 일반 은총 언약이 파기되거나 일반 은총의 질서에서 배제되지 않는다.[132]

클라인에 따르면, 일반 은총의 언약은 구속적인 은혜 언약이 약속하는 "회복-극치"를 제공하는 것이 아니라 저주의 "부분적이고 일시

---

[129] Kline, *Kingdom Prologue*, 245.

[130] Kline, *Kingdom Prologue*, 244. Kline에 따르면, 창 3:16-19에서 암시적으로 또는 부정적으로 표현된 것이 창 9장에서는 더 명시적으로 또는 더 긍정적으로 표현된다고 한다(Kline, *Kingdom Prologue*, 251).

[131] Kline, *Kingdom Prologue*, 251: "인류의 생육과 번성, 땅과 피조물에 대한 다스림, 그리고 식량 제공."

[132] Kline, *Kingdom Prologue*, 246.

적인 제한"을 제공하고,¹³³ 일반 계시를 갱신함으로써 특별 계시의 배경과 무대를 제공한다고 한다.¹³⁴ 따라서 일반 은총의 언약은 구속적인 은혜 언약과 달리 하나님의 거룩한 나라를 직접적으로 실현시키지 않지만, 구속적인 언약이 펼쳐지는 무대를 마련하고 질서를 수립함으로써 구속적인 언약에 간접적으로 이바지한다.¹³⁵

4) 아브라함 언약

클라인도 은혜 언약의 연속성과 시행의 다양성을 말한다. 아브라함 언약이 구속사의 새로운 단계임에도 불구하고 은혜 언약의 "연속성과 일관성"은 중단되지 않는다.¹³⁶ 아브라함 언약은 목적과 구원 방법에 있어서 동일한 은혜 언약으로서, 창세기 3장에서 처음 계시되고, 새 언약에서 절정에 이르는 "하나의 통일된 은혜 언약"의 이전과 이후를 잇는 다리이다.¹³⁷ 클라인은 아브라함 언약의 이런 연속성과 함께 아브라함 언약의 독특한 "배아적 의의"(germinal significance)도 강조한다.

아브라함 언약은 은혜 언약의 이후 역사적 전개, 장래 약속, 그리

---

133 Kline, *Kingdom Prologue*, 248.
134 Kline, *Kingdom Prologue*, 261.
135 Kline, *Kingdom Prologue*, 262.
136 Kline, *Kingdom Prologue*, 292.
137 Kline, *Kingdom Prologue*, 292.

고 "언약 왕국의 미래 전체"를 씨앗의 형태로 자기 안에 담고 있다.[138] 아브라함 언약의 비준 의식에서 은혜 언약의 성격이 구약에서 가장 분명하게 계시된다. 클라인에 따르면, 아브라함 언약은 창세기 나머지 부분의 초석으로서, 나머지 성경 전체의 초석이고 이후 구원 역사 전체의 "서곡"이라고 한다.[139]

(1) 아브라함 언약의 은혜의 원리

클라인에 따르면, 하나님의 약속이 아브라함에게 주어지는 대조적인 배경에서부터 은혜의 원리가 부각된다. 아브라함 언약이 약속의 형태로 처음 소개되는 창세기 12장은 자신의 야망을 성취하기 위한 인간의 자율적인 노력이 그려진 창세기 11장과 대조된다. 바벨은 인간이 저주받은 땅에서 하늘에 올라가려고 건설한 도시인 데 반해, "아브라함에게 약속된 도시는 하나님이 건축하시고, 신적 은혜의 초자연적인 선물로서 거룩한 하늘에서 사람에게 내려오는 도시다."[140]

① 아브라함 언약의 비준 의식

클라인에 따르면, 창세기 12장에서 단지 약속의 형태로 표현된 아브라함 언약은, 아브라함과 관련해서 "언약"이란 용어가 처음 사용된 창세기 15장에서 맹세 의식을 통해 "공식적으로 비준"된다. 여기

---

138 Kline, *Kingdom Prologue*, 293.
139 Kline, *Kingdom Prologue*, 292-93.
140 Kline, *Kingdom Prologue*, 294.

서 은혜 언약의 성격이 구약에서 가장 분명하게 계시된다. 아브라함은 자신의 후손이 약속을 상속받으며 자신과 자신의 후손이 땅을 소유하게 될 것이라는 하나님의 반복된 약속에 추가적인 확증을 원했다(창 15:8). 이에 하나님은 "죽여 쪼갠 동물들 사이로 지나가는 의식"을 통해서 자신의 약속을 인치셨다.

동물을 쪼개는 것은 언약을 비준할 때 흔한 의식이었고(렘 34:8, 18) 이 의식은 언약의 상대자가 언약을 위반할 때 당할 심판의 저주를 연출한다.[141] 그런데 쪼갠 동물 사이로 지나간 것은 화로와 횃불이었다.[142] 즉, 언약 당사자인 하나님과 아브라함 가운데 하나님만이 쪼갠 동물 사이로 지나가셨다. 클라인에 따르면, 이것은 "**만약** 하나님이 자신의 약속을 성취하는 데 실패한다면" 하나님 자신이 저주를 받으실 것이라는, 하나님의 조건적인 "자기 저주"(self-malediction)의 맹세라고 한다.[143]

클라인은 하나님이 자신의 약속을 깨트리는 일은 영원히 일어나지 않지만, 하나님의 이 자기 저주는 "사실과 반대되는," 있을 수 없는 가정에 불과한 것이 아니라 "메시아의 희생적 죽음과 저주"에서 궁극적으로 이루어질 일에 대한 예고였다고 말한다. 즉, 하나님이

---

141 Kline, *Kingdom Prologue*, 295.
142 Kline은 이 화로와 횃불의 신현은 출애굽 때의 구름기둥과 불기둥의 신현의 "예기"(anticipation)라고 주장한다(Kline, *Kingdom Prologue*, 296).
143 Kline, *Kingdom Prologue*, 297 (강조는 Kline의 것). Kline은 하나님이 쪼갠 동물 사이로 지나가는 이 의식을 통해서 하나님 나라의 약속을 성취하기 위해 자신이 "십자가의 저주"를 겪으실 것을 맹세하신 것이라고 주장한다(Kline, *God, Heaven and Har Magedon*, 96).

스스로 약속을 깨트리는 **"언약 위반자로서"** 언약 위반의 저주를 당하는 일은 있을 수 없겠지만, 하나님이 언약의 보증인으로서 죄인을 위한 언약을 성취하기 위해서는 필히 언약 위반의 저주를 당하셔야 한다는 것이다.[144]

클라인에 따르면, 창세기 15장의 언약 비준 의식에서 선택된 동물의 종류가 구약에서 희생 제물로 사용된 암소, 염소, 양, 그리고 산비둘기와 집비둘기라는 사실도 하나님의 자기 저주적 맹세가 메시아의 속죄적 희생에서 실현될 것임을 시사한다고 한다.[145]

클라인은 하나님이 언약의 성취를 위해서 죽음도 불사하시겠다는, 조건부 자기 저주적 맹세를 십자가의 길에 대한 예수의 헌신과 연결시킨다.[146] 창세기 15장의 "죽음의 통과"는 십자가의 길에 대한 일종의 예언이라는 것이다.[147] 히브리서 10장 20절("그 길은 우리를 위하여 휘장 가운데로 열어 놓으신 새로운 살 길이요 휘장은 곧 그의 육체니라")에서, 하나님의 지성소로 가는 "길"은 열린 "휘장," 즉 그리스도의 찢긴 "육체"와 동일시되는데, 클라인은 이런 이해의 배경그림을 창세기 15장의 언약 비준 의식에서 발견한다. 즉 이 비준 의식에서 "동물의 사체는 쪼개졌을 뿐만 아니라 그 사이를 통과하는 길이 되도록 줄지어졌다."[148]

---

144 Kline, *Kingdom Prologue*, 297.
145 Kline, *Kingdom Prologue*, 297–98.
146 Kline, *Kingdom Prologue*, 298.
147 Kline, *Kingdom Prologue*, 299.
148 Kline, *Kingdom Prologue*, 299.

클라인은 창세기 22장이 창세기 15장에 있는 아브라함 언약 비준 의식의 의미를 보다 선명하게 밝혀준다고 말한다.[149] 창세기 22장에 따르면, 아브라함은 자신의 독자 이삭을 모리아 산에서 번제로 바치라는 하나님의 명령에 순종했다. 아브라함이 이삭을 죽이려고 칼을 들었을 때, 하나님은 아브라함을 막으시고 이삭을 대신해서 번제물로 드릴 양을 친히 제공해 주시면서, 아브라함 언약의 약속을 확실하게 성취해 주실 것이라고 친히 다시 맹세하셨다.

클라인에 따르면, 동일한 언약에 대한 맹세가 창세기 15장의 비준의식에서는 하나님의 자기 저주적인 맹세로, 창세기 22장에서는 하나님이 자기 아들을 우리를 위한 대속 제물로 내어 주시겠다는 맹세로 표현된다고 한다. 그래서 창세기 15장과 22장에 대한 클라인의 이해를 종합하면, 아브라함 언약을 비준하는 하나님의 맹세는, 언약을 파기한 당사자가 아니라 하나님의 아들이 언약 파기자의 저주를 대신 감당하게 함으로써 죄인으로 하여금 믿음으로 아브라함 언약의 복을 누릴 수 있게 하리라는 신적 맹세라는 것이다.[150]

요컨대, 클라인에 따르면, 창세기 15장에서 하나님은 아브라함 언약의 성취를 일방적으로 보장하는 맹세를 하셨고, 이것은 아브라함 언약이 하나님의 주권적인 은혜에 좌우되는 은혜 언약임을 뜻한다고 한다.

---

149 Kline, *Kingdom Prologue*, 300.
150 Kline, *Kingdom Prologue*, 300-301.

② 은혜의 원리와 이스라엘의 실패

그런데 하나님의 주권적인 은혜에 의해서 약속의 성취가 보장된 아브라함 언약의 백성인 이스라엘은 새 언약의 복을 누리는 것에 집단적으로 결국 실패했다.

아브라함 언약의 약속을 주권적으로 이루시는 하나님의 신실함과 이스라엘 백성의 집단적인 실패가 어떻게 조화될 수 있는가?

클라인에 따르면, 로마서 9장에서 바울은 이스라엘 백성 가운데 개인적으로 선택된 자들만이 진정한 의미에서 아브라함의 후손이고, 이들만이 하나님이 보장하신 약속의 성취를 경험한다고 지적함으로써 이 문제에 답한다고 한다. 즉 애초에 아브라함 언약의 약속은 진정한 아브라함 후손인 택자들을 위한 것이었고, 혈통이 아니라 하나님의 주권에 의해서 영적인 아브라함 후손이 결정된다는 것이다.[151]

클라인은 바울의 이런 답변을 다음과 같이 요약한다.

> [아브라함 언약의] 약속은 참되고 궁극적인 의도에서는 선택과 일치하고, 선택은 언약의 역사적인 시행이라는 보다 넓은 원 안의 보다 좁은 원이다.[152]

---

151 Kline, *Kingdom Prologue*, 303.
152 Kline, *Kingdom Prologue*, 307.

언약의 궁극적인 의도와 역사적인 시행에 대한 클라인의 이런 구별 자체는 "언약의 본질과 언약의 시행"이라고 흔히 일컬어지는 전통적인 구별과 유사하다.[153]

그러나 클라인은 바울의 구별에는 아브라함 언약의 "의도와 성취"가 한 차원이 아니라 두 차원이라는 것이 전제되어 있다고 주장한다.[154] 여기서 클라인이 말하는 두 차원은 언약의 역사적 시행에 따른 외적인 실현의 차원과 개인적인 선택에 따른 궁극적이고 내적인 성취의 차원의 구별에 그치지 않고, 이 두 차원에 서로 다른 원리들(행위의 원리와 주권적인 은혜의 원리)이 작용한다. 여기서도 클라인은 행위의 원리를 도입한다.

클라인은 민족적 선택과 신정 국가의 보존이 하나님에 대한 집단적 충성에 근거하기 때문에 "행위의 원리"에 의해서 좌우된다고 주장한다. 클라인에 따르면, "보증이신 그리스도 안에 있는 하나님의 은혜만이 문제가 되는 개인의 선택과는 다르게, 민족적 선택은 상실될 수 있"는 것이며,[155] 이러한 사실이 민족적 선택에는 행위의 원리가 작용하고 있음을 증명한다고 한다.

그러나 선택된 개인의 구원과 이스라엘 민족의 전반적인 실패의 차이는 행위의 원리를 집단에 도입할 필요 없이, "언약의 본질과 시

---

153 Vos, *Reformed Dogmatics*, vol. 2, 101–102; Berkhof, *Systematic Theology*, 285.
154 Kline, *Kingdom Prologue*, 303.
155 Kline, *Kingdom Prologue*, 306. Cf. Horton, *People and Place: A Covenant Ecclesiology* (Louisville, KY: Westminster John Knox Press, 2008), 271.

행"에 대한 전통적 구별과 은혜 언약의 주권적인 은혜성과 조화되는 비(非)공로적인 조건성으로 충분히 설명되는 것 같다. 이스라엘 민족의 선택 자체를 개인에 대한 은혜로운 선택을 성취하기 위한 은혜 언약의 외적인 시행의 일부로 본다면, 행위의 원리를 도입할 필요가 없어 보인다.

클라인의 주장과 달리, 이스라엘의 민족적 실패에 대한 바울의 답변의 함의는, 이스라엘 민족에 대한 선택에는 은혜의 원리와 더불어 행위의 원리가 적용되고 개인의 선택에는 주권적인 은혜의 원리가 적용된다는 것이 아니라, 은혜로운 아브라함 언약의 외적인 시행과 내적인 실현이 결코 분리되지 않지만 하나님의 주권적인 뜻에 따라서 구별된다는 것이다.

게다가 아브라함 언약의 성취는 하나님의 맹세로 보장된 것이기 때문에 약속된 복은 주권적인 은혜로 반드시 실현되지만, 그럼에도 불구하고 인간의 책임은 부정되지 않는다. 클라인은 은혜 언약의 이런 조건성이 언약 성취에 대한 보장을 무효화하지 않고, "요구되는 의무는 순수한 은혜의 복음 원리와 모순되지 않았다"고 옳게 지적한다.[156] 클라인에 따르면, 비록 은혜 언약의 근거는 주권적인 은혜에 대한 하나님의 맹세였을지라도, 족장들 편에서의 맹세와 봉신으로서의 의무가 없지 않았다고 한다.[157]

156　Kline, *Kingdom Prologue*, 309.
157　Kline, *Kingdom Prologue*, 309.

클라인은 아브라함 은혜 언약의 첫 계시 자체가 약속이 있는(창 12: 2-3) 부르심의 "요구"(창 12:1)로 주어졌다는 사실을 잘 지적한다.[158] 클라인은 "너의 고향과 친척과 아버지의 집을 떠나 내가 네게 보여 줄 땅으로 가라"는 부르심을, "자기 십자가를 지고 나를 따르라"는 예수님의 부르심에 비견할 수 있다고 말한다. 클라인은 아브라함에 대한 하나님의 최초 부르심은 "주 하나님을 완전하게 사랑하라"는 부름과 마찬가지라고 말한다.[159]

클라인은, 창세기 17장에서는 약속이 진술되기도 전에 "너는 내 앞에서 행하여 완전하라"는 책임이 규정된다고 지적한다. 심지어 클라인은 창세기 22장 16절과 26장 5절에서 아브라함의 순종과 약속의 성취 사이에 모종의 "인과 관계"(causal relationship)를 발견한다.[160] 클라인이 이런 구절에서 발견하는 순종과 복의 인과 관계나 언약적 의무의 성격에 대한 그의 이해에 우리가 전적으로는 동의할 수 없다고 할지라도, 은혜 언약적 의무가 은혜 언약에 필수적이고 자연스런 요소라는 데는 동의할 수 있다.

클라인은 은혜 언약에도 모종의 조건이 있는데, "신적 은혜의 원리"나 "신적 은혜의 보증"과 일치하는 조건이 존재한다고 말한다.[161] 행위 언약이든 은혜 언약이든 하나님의 언약에는 인간 상대자에 대

---

158 Kline, *Kingdom Prologue*, 309.
159 Kline, *Kingdom Prologue*, 310.
160 Kline, *Kingdom Prologue*, 311.
161 Kline, *Kingdom Prologue*, 318.

한 요구가 없을 수 없다. 왜냐하면 언약의 핵심은 하나님과의 교제이고, 하나님과 교제하는 모든 자들에게는 "하나님의 윤리적 영광을 반영"할 의무가 항상 있기 때문이다.[162]

(2) 아브라함 언약의 행위의 원리

클라인에 따르면, "성부와 성자 간의 영원한 언약, 창조자와 아담 간의 언약, 그리고 모형적 왕국 차원에서의 시내 산 언약"에서는 의무인 순종이 언약의 복을 받거나 유지하는 "공로적인 근거"이므로, 여기서 순종은 행위의 원리에 따라서 작용하는 반면,[163] 은혜 언약에서 순종은 행위의 원리에 따라서 작용하지 않고 공로적인 가치를 갖지 못한다고 한다.[164]

클라인은 아브라함이 아브라함 언약에 약속된 복을 받는 공로적인 근거는, 성부와의 영원한 언약을 성취한 그리스도의 순종이라고 말한다.[165] 은혜 언약에서 사람은 그리스도의 성취와 그 복을 오직 믿음으로 받고, 순종은 이 믿음의 진위를 가리는 증거이고, 믿음과 더불어 "구원 은혜의 선물"이며, "성령의 선물"이다.

클라인은 은혜 언약에서 "언약의 복의 성취가 언약의 법에 대한 순종적인 헌신을 떠나서는 생각할 수 없"고, 순종도 은혜에서 비롯되

---

162 Kline, *Kingdom Prologue*, 318.
163 Kline, *Kingdom Prologue*, 318.
164 Kline, *Kingdom Prologue*, 319.
165 Kline, *Kingdom Prologue*, 319.

며, 순종 자체가 은혜 언약의 "복들 가운데 하나"로서, 은혜 언약의 목적이라고 말한다. 따라서 그는 은혜 언약에서 순종은 행위의 원리를 따르지 않고, 은혜의 원리를 따른다고 주장하기도 한다.[166]

그러나 클라인은 아브라함 언약에 대하여, 은혜의 원리와 일치하는 행위만 말하는 것이 아니라 공로적인 "행위의 원리"까지도 발견한다. 클라인은 "아브라함은 노아와 마찬가지로, 그가 행한 신실한 섬김 때문에 왕국의 언약적 하사를 받는 자가 되었다"고 말한다.[167]

클라인은 창세기 15장의 은혜 언약의 비준이 있기 전인 창세기 14장에 아브라함의 성공적인 군사 행동이 있었다는 데 주의를 환기시키고, 이 군사 행동을 종주에 대한 봉신의 "충성된 병역"(faithful military service)의 수행으로 간주한다. 그래서 클라인에 따르면, 창세기 15장 1절의 "아브람아 두려워하지 말라 나는 네 방패요 너의 지극히 큰 상급이니라"는 말씀은 왕이 신하의 충성스런 병역을 **보상하는** "왕적 하사"(royal grant)의 성격을 갖는다고 한다.[168]

클라인은 아브라함 언약의 복이 아브라함의 순종에 대한 보상으로 제시되는 가장 분명한 실례로서, 아브라함이 사랑하는 독자 이삭을 바치라는 명령에 순종할 때 하나님이 언약의 복을 주겠다고 맹세하

---

166 Kline, *Kingdom Prologue*, 320.
167 Kline, *God, Heaven and Har Magedon*, 102.
168 Kline, *Kingdom Prologue*, 323. Kline에 따르면, 창 15:1에서 사용된 "상급"(*sakar*)이란 말은 군사작전을 수행한 사람들에게 주어지는 마땅한 보상을 의미하고, 겔 29:19에서는 이 말이 군대의 "임금"(wages)을 의미했다(Kline, *Kingdom Prologue*, 324).

는[169] 창세기 22장의 사건을 든다. 클라인도 야고보가 아브라함의 이 순종을 아브라함의 살아있는 믿음의 증거로서 설명했다(약 2:21-26)는 데 동의한다. 그러나 클라인은 창세기 22장의 아브라함의 순종을 야고보처럼 구원서정으로만 아니라, 구속사적인 시각에서도 보아야 한다고 주장한다.[170]

여기서 구속사적으로 본다는 것은 모형론적으로 본다는 말인데, 아브라함의 순종을 그리스도의 희생적 순종의 모형으로서 공로적인 행위로 본다는 것이다.[171] 클라인은 아브라함의 순종은 의롭다 함 받는 믿음을 증명하는 증거일 뿐만 아니라, "그리스도의 순종의 모형으로서" "공로적인 행위"(meritorious performance)이기도 하고[172] 아브라함의 후손이 누릴 "보상을 획득하는 공로적인 성격"을 갖기도 한다고 말한다.[173]

그러나 동일한 아브라함의 순종이 구원서정적으로 은혜의 선물이면서 동시에 구속사적으로는 은혜의 선물과 상반되는 공로적인 행위일 수 있는가?

모형론을 통해 공로 없는 죄인의 선행이 공로 있는 행위가 될 수 있는가?

---

169 창 22:16-18, "여호와께서 이르시기를 내가 나를 가리켜 맹세하노니 네가 이같이 행하여 네 아들 네 독자도 아끼지 아니하였은즉, 내가 네게 큰 복을 주고 … 천하 만민이 복을 받으리니 이는 네가 나의 말을 준행하였음이니라 하셨다 하니라."
170 Kline, *Kingdom Prologue*, 324.
171 Kline, *Kingdom Prologue*, 326.
172 Kline, *God, Heaven and Har Magedon*, 102-103.
173 Kline, *Kingdom Prologue*, 325.

클라인의 언약신학을 전통적 언약신학의 만개로까지 평가하는 전정구 박사도 아브라함의 순종이 공로적인 성격을 갖는다는 클라인의 주장에 대해서만큼은 이의를 제기한다.[174] 전정구 박사는 구속사적인 관점에서, 아브라함의 순종이 이스라엘이 가나안 땅을 얻는 근거가 된다는 데는 동의하지만, "아브라함의 순종이 공로적이었다"는 클라인의 주장에는 동의할 수 없다고 말한다.

왜냐하면 아브라함의 순종은 "은혜 언약의 열매"였기 때문이다.[175] 전정구 박사는, 창세기 22장 16-18절에서 하나님이 아브라함의 순종에 대한 상(償)으로 약속하신 것이 애초에 아브라함의 행위를 전혀 고려하지 않고 하나님의 은혜로 주시기로 한 것과 동일한 복이었고, 따라서 신자의 순종에 대한 보상은 공로 개념을 함의하지 않는다는[176] 칼빈의 주장에 적절하게 호소한다.[177]

그런데 전정구 박사의 이런 이의 제기는 클라인의 언약신학의 핵심 원리에 의도치 않게 이의를 제기하는 것이 된다. 왜냐하면 클라인에게 있어서는, "아브라함의 순종이 이스라엘이 가나안 땅을 얻는 근거가 되었다"는 것과 아브라함의 순종이 이스라엘이 가나안 땅을 얻는 "공로적 근거"라는 것은 같은 의미이기 때문이다.[178]

---

174 Jeon, *Covenant Theology*, 226-27.
175 Jeon, *Covenant Theology*, 226, n. 82. Cf. Kline, *Kingdom Prologue*, 320.
176 John Calvin, *Institutes of the Christian Religion*, ed. John T. McNeill, trans. Ford Lewis Battles (Philadelphia: The Westminster Press, 1960), 3. 18. 2.
177 Jeon, *Covenant Theology*, 226, n. 82.
178 Kline, *Kingdom Prologue*, 325.

전정구 박사가 호소하는 칼빈의 주장, 즉 하나님이 아브라함의 순종에 대한 상으로 약속하신 것이 애초에 아브라함의 행위를 전혀 고려하지 않고 하나님의 은혜로 주시기로 한 것과 같은 복이었고, 따라서 신자의 순종에 대한 보상은 공로 개념을 함의하지 않는다는 주장은 "아브라함의 순종이 이스라엘이 가나안 땅을 얻는 근거가 되었다"는 클라인의 주장과 상반되는 주장이다. 전자는 은혜의 원리에 따른 순종이고, 후자는 행위의 원리에 따른 공로적인 순종이다.

클라인은 아브라함의 생애에서 행위의 원리("행위-보상의 모티브")가 발견되는 창세기 15장과 22장에는, 모형적인 신정 국가의 원형인 종말론적인 구원을 획득하는 공로적인 "메시아의 희생적 순종을 예언하는 상징적 행위가 있었다"고 말한다.[179]

창세기 15장에는 하나님 자신이 죽음의 길을 마다하지 않고 통과하시며 맹세하는 장면이, 창세기 22장에는 이삭을 대신해서 희생될 양을 하나님이 제공하시는 장면이 나타난다. 클라인은 그리스도의 희생을 가리키는 분명한 상징적 장면에서 아브라함의 순종이 거론되는 것은, 아브라함의 공로적인 순종은 "모형적인 영역에 한정"될 뿐, 그리스도의 공로만이 적용되는 "원형적인 차원으로 확장되지" 않는다는 것을 분명히 하는 안전장치가 된다고 말한다.[180]

---

179 Kline, *Kingdom Prologue*, 326.
180 Kline, *Kingdom Prologue*, 326.

그러나 아브라함의 순종이 그리스도의 희생을 가리키는 상징적 장면에서 거론되는 것은, 비록 아브라함의 순종이 공로적이지만 모형적인 차원에서만 공로적이라는 것을 분명히 하는 안전장치가 아니라, 아브라함의 순종이 애초에 공로적이지 않다는 것을 분명히 하는 안전장치인 것 같다.

즉 아브라함 언약을 하나님의 맹세로 비준하는 의식은 하나님이 죽음을 불사해서라도 언약을 성취하고 복을 주겠다는 맹세를 의미하고, 따라서 아브라함의 순종이 아브라함 언약의 복을 얻는, 아니 복의 모형이라도 얻는 공로적인 순종이 결코 될 수 없다는 것을 분명히 하는 것 같다.

그리고 클라인은 창세기 22장(특히 22:16-18)에서 하나님이 아브라함의 순종에 대해서 보상을 맹세하는 것을 "제사장의 희생적 사역"에 대한 공로적인 보상으로 말한다.[181] 그러나 히브리서 11장 17-19절에서는 앞서 언급된 야고보서 2장 21-26절의 경우와 마찬가지로 아브라함의 순종이 행위의 원리가 아닌, 은혜의 원리와 일치하는 믿음의 순종으로서 말해진다. 이것에 대해서도 아마도 클라인은 히브리서 11장의 진술도 아브라함의 순종을 구원서정의 시각에서 진술한 것이고, 구속사적인 시각, 즉 그리스도 순종의 모형으로 보는 시각이 고려되어야 한다고 응수할지 모른다.

그러나 그리스도의 순종의 모형으로 본다는 것이 아브라함의 순종

181　Kline, *Kingdom Prologue*, 326.

도 공로적인 것으로 보아야 된다는 것을 의미하지 않는다. 구속사적 해석은 순종에 대한 보상을 언급하는 모든 진술에서 그리스도 공로의 모형을 발견할 것을 요구하지 않는다. 히브리서 12장 2절은 믿음의 "저자요 완성자"이신 그리스도가 십자가에 죽기까지 순종하신 것이 아브라함의 믿음의 순종의 모범적인 원형임을 말한다.[182] 즉, 히브리서 11장과 12장은 아브라함의 순종을 구원서정의 시각으로만 아니라 구속사적인 시각으로도 보고 양자를 연결한다.

아브라함의 순종이 그리스도의 순종과 구속사적으로 연결될 수 있는 이유는 둘 다 공로적이지만 전자는 모형적인 차원에 적용되고 후자는 원형적인 차원에 적용되기 때문이 아니라, 그리스도의 순종만이 공로적이지만 "믿음의 저자요 완성자"이신 그리스도의 순종이 아브라함 믿음의 순종의 모범이기 때문이다.

5) 다윗 언약

클라인은 하나님이 "신실한 종"인 다윗에게 다윗 언약의 내용, 즉 다윗 왕조는 영원히 지속될 것이고 다윗의 후손이 하나님의 집을 건축할 것임을 언약적으로 보증한 것으로 정의한다.[183] 클라인에 따르

---

[182] 히 12:2, "믿음의 주요 또 온전하게 하시는 이인 예수를 바라보자. 그는 그 앞에 있는 기쁨을 위하여 십자가를 참으사 부끄러움을 개의치 아니하시더니 하나님 보좌 우편에 앉으셨느니라."

[183] Kline, *Kingdom Prologue*, 333-34.

면, 다윗 언약은 그 유형에 있어서, 아브라함 언약과 마찬가지로 "하사 언약"에 해당한다.[184] 하사 언약은 은혜 언약임에도 불구하고, 언약의 상대자인 하나님의 종이 행위 언약의 요구를 성취함으로써 종말론적인 하나님의 나라와 그 복을 획득하는 장차 올 메시아의 모형 역할을 한다.

그래서 클라인에 따르면, 하사 언약은 적어도 이런 모형론적인 차원에서는 행위의 원리가 작용하는 언약이다. 클라인은 다윗이 "신실함에 대한 보상"(rewards for faithfulness)으로 다윗 언약의 수령인이 되었다고 말한다.[185]

다윗은 어떤 행위에 대한 보상으로 왕조를 하사받았는가?

클라인에 따르면, 다윗 언약은 다윗이 "하나님 성소의 수호자"로서 하나님의 백성을 대적하는 원수들을 이기고 시온을 성소를 위한 자리로 확보한 이후에 주어졌고,[186] 이런 다윗은 "사탄적인 용을 무찌르고 나서" 자신의 집을 건축해 나가시는 그리스도에[187] 상응한다고 한다. 그러나 다윗 언약의 복이 다윗이 거룩한 전쟁에서 승리한 보상이라는 클라인의 주장은, 은혜 언약의 일반적인 성격뿐만 아니라 다윗 언약에 대한 성경의 진술과도 조화되기 힘든 것 같다.

---

184 Kline, *Kingdom Prologue*, 237.
185 Kline, *Kingdom Prologue*, 237.
186 Kline, *Kingdom Prologue*, 238; Kline, *The Structure of Biblical Authority* (Grand Rapids, MI: Eerdmans Publishing Co., 1972), 82.
187 Kline, *The Structure of Biblical Authority*, 86.

다윗 언약의 주된 약속 가운데 하나인 성전 건축에 대해서 말하는 역대상 22장 8절은 다음과 같다.

> 여호와의 말씀이 내게 임하여 이르시되 너는 피를 심히 많이 흘렸고 크게 전쟁하였느니라. 네가 내 앞에서 땅에 피를 많이 흘렸은즉 내 이름을 위하여 성전을 건축하지 못하리라(대상 22:8).

이 말씀에 따르면, 정작 거룩한 전쟁을 치르고 피를 흘린 다윗이 아니라 전쟁을 치르지 않은 솔로몬이 성전을 건축한다.

클라인이 제안하는 대로, 만약 다윗의 승리가 사탄적인 용을 물리치고 종말론적인 하나님의 집을 건축하시는 그리스도의 공로적인 승리에 대한 모형이고, 다윗 언약의 복이 행위의 원리에 따른 보상이라면 어째서 다윗이 아니라 솔로몬이 성전을 건축하는가?

클라인은 하사 언약으로서의 다윗 언약과 종주권 조약으로서의 시내 산 언약 둘 다에 행위의 원리가 모형적 차원에 작용하지만, 다윗 언약에서 왕국이 주어지는 것이 거룩한 전쟁의 승리라는 과거의 공로적 행위에 근거하는 반면, 시내 산 언약에서는 왕국이 유지되는 것이 지속적인 공로적 행위에 근거한다는 점에서 양자를 구별한다. 그럼에도 불구하고 클라인은 양자 모두 행위의 원리와 은혜의 원리가 충돌 없이 동시에 작용한다고 주장한다.[188]

---

188 Kline, *Kingdom Prologue*, 237.

클라인은 지적하기를, 다윗 언약에는 아브라함 언약처럼 언약의 복에 대한 신적인 보증만 존재하는 것이 아니라 "저주의 위협"(threats of curse)이 동반된 언약 조항에 대한 사람의 책임과 심판에 대한 선언도 존재한다고 한다.[189] 클라인은 신적인 주권과 인간의 책임은 하나님과 사람의 모든 언약 관계에 필수적인 요소이고, 다윗 언약에 두 요소가 모두 존재하는 것처럼 신명기 언약에도 복에 대한 보장이 존재한다고 말한다.[190]

클라인은 멘덴홀이 하나님과 사람의 모든 언약 관계에서 함께 가는 신적인 주권과 인간의 책임을 분리하여 시내 산 언약에는 인간의 책임만을, 아브라함 언약이나 다윗 언약에는 하나님의 주권적인 은혜만을 돌리고, 아브라함 언약이나 다윗 언약을 시내 산 언약과 "완전히 다른 종류의 언약"으로 간주하는 우를 범한다고 비판한다.[191] 클라인은 멘덴홀의 주장과 달리, 아브라함 언약 같은 하사 언약에도 종주권 조약의 충성 서약에 상응하는 하나님께 대한 전적 충성을 요구하는 조항(창 21:1; 17:1)이 있었고, 종주권 조약과 종주 편에서의 맹세는 양립할 수 없는 것이 아니라고 옳게 주장한다.[192]

---

189 Kline, *The Structure of Biblical Authority*, 146. Kline은 다윗 언약에서의 사람의 책임과 저주의 위협에 대한 선언을 삼하 7:14("그가 만일 죄를 범하면, 내가 사람의 매와 인생의 채찍으로 징계하려니와")에서 발견한다.
190 Kline, *The Structure of Biblical Authority*, 146.
191 Kline, *The Structure of Biblical Authority*, 125; Kline, "The Two Tables of the Covenant," *Westminster Theological Journal* 22/2 (1960), 143.
192 Kline, *The Structure of Biblical Authority*, 125, 127. Kline은 Abban-Iarimlim 조약에는 Abban이 양을 죽이는 자기 저주적인 맹세로 선물을 영원히 보증하는 것

6) 새 언약

클라인은 율법이 모든 은혜 언약의 "근본적 요소"(fundamental element)이고, 따라서 옛 언약과 구별되는 새 언약의 "새로움"이란 언약적 대표가 언약의 법에 순종하여 언약적인 복을 획득한다는 은혜 언약의 법적 성격을 부정하는 것과는 무관하다고 주장한다.[193] 클라인은 오히려 은혜 "언약의 본질적인 법적 성격"은 은혜 언약의 완전한 시행인 새 언약에서 가장 분명하게 나타난다고 말하고, 새 언약을 "신 율법 언약"(a new law covenant)이라고 일컫기도 한다.[194]

클라인에 의하면, 예레미야의 예언에서 묘사되는 새 언약은 "시내 산 언약의 신명기적 갱신"(the Deuteronomic renewal of the Sinaitic Covenant)의 절정이라고 한다. 클라인에 따르면, 새 언약은 시내 산 언약의 "갱신"이라는 점에서 옛 언약과 연속성을 갖지만, 이 갱신이 "최종적이고 완성된" 갱신이며 "성취"라는 점에서 새 언약의 새로움이 있다고 한다.

클라인은 말하기를, 예레미야에 따르면(31:33-34) 새 언약은 하나님 은혜의 "극치," 곧 신적 계시, 죄 용서, 그리고 하나님과의 교제에

과 Iarimlim이 Abban에게 충성하지 않으면 선물로 주어진 영토를 박탈당한다는 규정이 함께 존재한다는 것을 관련된 고대 근동의 증거로서 제시한다. Kline은 창 22:16-17을 볼 때 아브라함 언약에서도 만약 아브라함이 여호와께 반역했다면 약속을 상실했을 것이라고 말한다(Kline, *The Structure of Biblical Authority*, 126).

[193] Kline, *By Oath Consigned*, 74.
[194] Kline, *By Oath Consigned*, 75.

있어서 극치를 가져올 것이라고 한다.[195] 이 극치에서 발견되는 것은 새 언약과 옛 언약의 단순한 불연속성이 아니라, "심오하고 유기적인 통일성"이다.[196]

게다가 클라인은 지적하기를, 예레미야의 예언을 새 언약에 대한 포괄적인 묘사로 간주해서 새 언약에는 옛 언약의 상벌 규정 가운데 벌과 저주의 규정이 배제되는 것처럼 생각하는 것은 타당하지 않다고 한다.[197] 클라인은 말하기를, 성경적 증거에 따르면 복뿐만 아니라 저주도 새 언약의 질서에 포함되는 것이 명백하다고 한다.[198]

요한계시록 2-3장에 따르면 그리스도는 일곱 교회 가운데 서서 복과 약속뿐만 아니라 저주와 위협도 일곱 교회에 발하신다. 또한 그리스도는 "언약의 나무에 접붙여진" 이방인들에게 너희도 믿음으로 인내하지 않으면 이스라엘처럼 잘려질 수 있다고 사도를 통해서 경고하셨다(롬 11:17-21).

그리고 새 언약의 성례인 세례는 옛 언약의 성례인 할례와 마찬가지로 저주와 죽음의 심판에 대한 상징을 중심 요소로 갖는다. 클라인은 강조하기를, 해당 언약의 성례에 대한 신학은 그 언약 자체에 대한 신학과 일치해야 한다고 한다.[199] 그래서 해당 언약에 가입하는

195　Kline, *By Oath Consigned*, 75-76.
196　Kline, *By Oath Consigned*, 76.
197　Kline, *By Oath Consigned*, 76.
198　Kline, *By Oath Consigned*, 77.
199　Kline, *By Oath Consigned*, 79.

성례가 상과 벌 둘 다를 상징하는 표라면, 그 언약은 은혜를 베푸는 경영으로만 이루어진 언약일 수 없게 된다.

클라인은 할례에서 정죄와 자기 저주의 측면이 보다 두드러질지라도, 할례는 세례와 완전히 일치하고, 양자 모두 언약의 주님께 헌신하는 맹세의 표이며, 양자 모두 궁극적인 구속적인 심판을 내포한다고 말한다.[200]

그러나 클라인이 새 언약이 옛 언약의 갱신으로서 연속성을 갖는다고 할 때, 클라인의 옛 언약 안에는 서로 다른 원리에 의해서 좌우되는 두 층이 존재한다는 것을 기억해야 한다. 클라인에 따르면, 새 언약과 옛 언약의 연속성은 옛 언약의 토대적인 층인 영원한 원형적 왕국과 거기 작용하는 은혜의 원리에 대한 연속성이지, 원형적 왕국의 모형적 실현인 지상의 신정 국가와 거기 작용하는 행위의 원리까지 연속성을 갖는 것은 아니다.[201]

클라인에 따르면, 예레미야 선지자가 "깨질 수 있는" 옛 언약과 깨질 수 없는 새 언약으로 대조할 때(렘 31:32) 염두에 둔 것은 은혜의 원리가 작용하는 개인의 구원이 아니라 행위의 원리가 작용하는 모형적 신정 국가의 차원이라고 한다.[202]

클라인에 따르면, 새 언약에만 아니라 옛 언약의 토대적인 차원에서 이미 약속된, 영원한 원형적 왕국의 획득은 다름 아닌 그리스도

---

200 Kline, *By Oath Consigned*, 81–82.
201 Kline, *Kingdom Prologue*, 345.
202 Kline, "Of Works and Grace," 86.

의 공로적인 순종에 근거하기 때문에, 그 실현은 보증된 은혜이고 따라서 깨질 수 없는 데 반해, 원형적 왕국의 모형인 신정 국가의 유지는 행위의 원리에 좌우되는 이스라엘의 집단적인 언약 준수에 달려 있었기 때문에, 이스라엘 신정 국가는 집단적인 불충성으로 말미암아 멸망하고 말았다고 한다.

이와 같이 모형적인 신정 국가에는 은혜의 원리가 아니라 행위의 원리가 작용했기에 옛 언약은 깨질 수 있었고, 또한 실제로 깨졌으며,[203] 바로 여기에 새 언약과 옛 언약의 불연속성이 있다고 한다.[204]

3. 시내 산 언약

1) 시내 산 언약의 행위의 원리

모든 언약에서 '행위의 원리'를 발견하려는 클라인의 경향은 시내 산 언약에 이르러 절정에 이른다. 왕적 하사 유형의 언약에 있어서 언약의 종들의 특정한 순종에서 행위의 원리를 발견하는 데 그쳤던 클라인은 시내 산 언약의 경우 창조 언약과의 원리적 유사성을 제안한다. 클라인은 가나안 땅의 이스라엘이 에덴 동산의 아담의 상황을

---

203 Kline, "Of Works and Grace," 86-87.
204 Kline, "Of Works and Grace," 87.

"기본적으로 재현한다"고 주장한다.

> 모세 경륜에는 … 거룩한 낙원 왕국으로서 그리고 행위 언약의 시험으로서 첫 에덴 질서를 포함하는, 창조 질서의 전체적인 재현(타락한 상황이라는 상황적 한계 그리고 구속의 진행에서 비롯된 조정과 함께)이 존재했다.[205]

> 두 경우 모두, 보호되어야 할 영광-성령의 성소가 있고, 경작되고 향유되어야 할 젖과 꿀이 흐르는 거룩한 낙원의 땅이 있고, 그리고 복과 저주의 이중적 제재가 포함된 행위 언약이 있는 신정적 질서가 존재한다.[206]

> 그[시내 산] 언약 아래에서는 행위의 원리가 모형적인 하나님 나라를 계속해서 소유할 수 있는지 여부를 결정하게 되었다. 이스라엘의 처지는 창조 언약의 행위 원리에 의해 지배받았던 아담이 처지와 같았다.[207]

이와 같이 클라인은 시내 산 언약을 창조 언약의 재현 또는 재판(再版)으로 주장한다. 그러나 클라인은 시내 산 언약이 창조 언약의

---

205 Kline, *Kingdom Prologue*, 20.
206 Kline, *God, Heaven and Har Magedon*, 45.
207 Kline, 『하나님 나라의 도래』, 180.

단순한 반복이라고 주장하지 않는다. 클라인에 따르면, 시내 산 언약이 "토대적인 차원," 즉 "개인 구원의 프로그램으로서"는 은혜 언약과 연속성을 갖지만, "이스라엘의 잠정적이고 모형론적인 유업을 보유하는" 데 있어서는 "공로적인 행위의 원리"(principle of meritorious works)가 실제로 작용한다는 점에서 은혜 언약과 명백한 불연속성을 갖는다고 한다.[208] 그뿐만 아니라 이런 이해가 "고전적 언약신학"(classical covenantalism)이라고 주장한다.[209] 여기서 주목할 것은 클라인에 따르면, 시내 산 언약의 행위의 원리는 죄인을 그리스도에게로 몰아가는 역할만 하는 것이 아니라, 한정적인 영역에 실제로 작용하는 유효한 원리라고 한다.

> 행위의 원리는 단지 가설적인 것이 아니었고, **실제로 적용되었다.** … 율법 행위의 원리는 민족적 선택을 받은 이스라엘의 집단적 생활을 좌우한 법적 원리였고, 이스라엘이 가나안 땅의 모형적 나라를 보유하는 것을 결정한 법적 원리였다.[210]

클라인은 시내 산 언약에 대한 자신의 이해를, 언약들의 통일성과 연속성을 배타적으로 강조하는 조직신학적인 색안경을 벗고 시

---

208 Kline, "Gospel until the Law: Rom 5:13-14 and the Old Covenant," *Journal of the Evangelical Theological Society* 34/4 (December 1991): 434.
209 Kline, "Gospel until the Law," 434.
210 Kline, "Gospel until the Law," 435 (강조는 첨가한 것).

내 산 언약의 구별된 정체성에 대한 성경의 명백한 진술에 주의를 기울일 때 도출되는 당연한 주해적인 결론인 것처럼 말한다. 클라인은 모형적인 신정 국가의 유지를 좌우하는 시내 산 언약의 원리는 공로적인 행위의 원리라는 자신의 주장을 "논박할 수 없는 성경의 증거"로서 간주한다.[211] 물론 은혜 언약의 연속성에 대한 정당한 관심이 시내 산 언약의 독특성을 무시하는 데로 이어지지 말아야 한다는 경고 자체는 정당하다.[212]

하지만 클라인의 그런 경고 자체가 정당하다는 것과 시내 산 언약이 공로적인 행위의 원리가 작용하는 일종의 행위 언약이라는[213] 이해가 정당하다는 것은 다른 것이다.

클라인이 시내 산 언약 자체가 행위의 원리에 의해서 좌우되는 율법 언약이라고 주장하는 주된 주해적 근거 가운데 하나로 꼽는 것은, 출애굽기 24장의 시내 산 언약 체결 의식이다. 클라인은 주장하기를, 언약의 "비준 맹세를 하는 당사자의 정체가 해당 언약이 어떤 종류의 언약인지를 알려"주는데, "만약 어떤 언약이 하나님의 맹세로만 비준되면, 그 언약은 은혜 언약이다. … 그러나 어떤 언약의 체결에 사람의 비준 맹세가 포함된다면" 그 언약은 행위의 원리가 작

211　Kline, *Kingdom Prologue*, 109.
212　Kline, *By Oath Consigned*, 18.
213　Kline은 이스라엘 백성이 "신실함에는 복이, 불신실함에는 저주라는 이중적 제재가 있는 시내 산 행위 언약(the Sinaitic covenant of works) 가운데 있었다"고 말한다 (Kline, *God, Heaven and Har Magedon*, 128). Cf. 이승구, "헤르만 바빙크의 언약 사상," 24, n. 79.

용하는 행위 언약이라고 한다.[214]

우리가 성경에 있는 신적인 언약들을 율법 언약과 약속 언약으로 손쉽게 구별할 수 있도록 인식표를 제공해 주는 것이 바로 이런 언약 비준 맹세다. 만약 하나님이 언약 비준 의식에서 맹세하시면 해당 언약은 약속 언약인 반면, 만약 사람이 맹세하도록 요구되면 비준되는 해당 언약은 율법 언약이다.[215]

클라인에 따르면, 시내 산 언약을 포함해서 모든 신적 언약에는 하나님의 맹세가 직간접적으로 존재한다고 한다.[216] 그리고 하나님의 일방적인 맹세로 비준되는 창세기 15장의 아브라함 언약과는 대조적으로, 출애굽기 24장의 시내 산 언약 체결 과정에서 공식적으로 맹세하는 쪽은 하나님이 아니라 이스라엘 백성이고, 출애굽기 24장 7절("여호와의 모든 말씀을 우리가 준행하리이다")에서 드러나듯이 주님의 맹세가 아닌 이스라엘의 맹세에 의해서 시내 산 언약이 비준된다고 한다. 즉, 클라인은 시내 산 언약의 조건성을 공로적인 행위의 원리로서 이해한다.

---

214 Kline, *Kingdom Prologue*, 5.
215 Kline, "Law Covenant," 3.
216 Kline은 시내 산 언약에서는 하나님이 자신의 정체를 밝히시는 언약적 전문(출 20:2)이 사실상의 신적인 "맹세 문구"이므로 "시내 산 언약은 하나님이 성실을 맹세하는 것으로서 해석될 수 있다"고 말한다(Kline, *Kingdom Prologue*, 15).

그리고 클라인은 출애굽기 24장 8절의 "언약의 피"가 히브리서 9장 18절 이하에서 설명되는 것처럼 "용서와 정결케 하는 은혜의 신적 약속"을 내포하는 은혜의 피이기도 하다고 말하면서, 시내 산 언약 비준 의식에도 명백한 은혜의 요소가 있음을 인정한다.[217] 그럼에도 불구하고 클라인은 시내 산 언약이 율법 언약이라는 사실은 달라지지 않는다고 주장한다. 왜냐하면 시내 산 언약을 공식적으로 체결할 때, 아브라함 언약과 달리 율법 준행에 대한 사람의 맹세가 어쨌든 존재하고, 신적인 용서의 약속을 모형적으로 전달하는 피 뿌리는 희생 의식 자체가 "역사적-법적 맥락"에서, 맹세를 어긴 자가 받을 저주를 상징하는 맹세의 피로서 이해되어야 하기 때문이라고 한다.[218]

클라인은 바울이 갈라디아서 3장 10절 이하와 로마서 10장 4절 이하에서 '율법 vs. 약속,' '(율법의) 행위 vs. 믿음,' '율법 vs. 복음'을 대조하는 것을 시내 산 언약과 은혜 언약을 대조하는 것으로 간주한다.[219]

그런데 만약 갈라디아서 3장의 율법이 행위의 원리가 작용하는 율법 언약으로서의 시내 산 언약을 가리킨다면, 갈라디아서 3장 17절의 진술대로 행위의 원리가 작용하는 시내 산 언약에 의해서 은혜 언약인 아브라함 언약이 폐기되지 않는 일이 어떻게 가능한가?

217　Kline, *By Oath Consigned*, 18.
218　Kline, *By Oath Consigned*, 18.
219　Kline, *Kingdom Prologue*, 320-21. 초기 Kline은 구약과 신약에서의 율법의 기능의 연속성을 더 균형 있게 강조한 것 같다. Kline, "The Two Tables of the Covenant," 144를 보라.

클라인은 이런 질문에 대해서, 시내 산 언약에서는 행위의 원리와 은혜의 원리가 다른 두 층 또는 차원에 작용하기 때문이라고 말한다.

> 성경은 모세 시대의 경륜에서는 복음 은혜라는 이 기초 층 위에 이와는 분리된 두 번째 계층으로서 행위 협정이 덧붙여졌음을 가르쳐준다. 이는 "이를 행하라 그러면 그로 말미암아 살리라(cf. 레 18:5)라는 원리가 있는 율법 언약인데 은혜-믿음 원리와는 상반되는 것이다(갈 3-4; 롬 10:5, 6). 아브라함에게 약속의 언약을 주신 이후 수세기 후에 와서 이러한 율법 협정이 도입된 것이 먼저 이루어진 은혜 약속을 폐기하는 것은 아니다. 왜냐하면 그러한 행위 원리가 개인적인 영원한 구원과는 상관없기 때문이다(cf. 갈 3:17). 오히려 율법의 행위 원리는 가나안에서 일차적 수준의 나라를 소유하고 국가를 선택하는 모형론적 범위에서 지배적인 원리였던 것이다.[220]

클라인에 따르면, 동일한 시내 산 언약 안에서도 개인의 영원한 구원과 관련된 "토대 층" 또는 "아래층"에는 은혜의 원리가 작용하므로 이전과 이후의 은혜 언약과 연속성을 갖는 데 반해, 이 토대에 놓인 "위층," 곧 "잠정적인 지상 왕국인 모형론적 영역"에서는 행위의 원

---

[220] Kline, 『하나님 나라의 도래』, 141. Cf. Kline, "Gospel until the Law," 435.

리가 작용한다고 한다.[221]

그리고 시내 산 언약에서 작용하는 행위의 원리에 따른 율법적 요구의 성격에 대해서 클라인은 다음과 같이 설명한다.

> 모형적인 왕국 공동체의 복을 누리기 위해서는 **율법의 요구들**을 준수해야 한다. 영원한 구원에 있어서 선택받은 개인들조차 율법을 여러모로 심각하게 위반하면 그 벌로서 일시적이고 모형적인 왕국에서 끊어질 수 있다. 마찬가지로 이스라엘 백성이 집단적으로 하늘의 왕에 대해서 **적절한 정도의 국가적 신실(the appropriate measure of national fidelity)**을 유지했을 때만, 약속의 땅에서 신정 국가를 지속적으로 유지할 수 있었다.[222]

또한 클라인은 행위의 원리가 적용되는 이스라엘 국가의 시내 산 언약 시험의 판단 기준을 "상징적 적절함"(symbolical appropriateness),[223] 또는 "모형론적 가독성"(typological legibility)이라고도 일컫는다.[224] 여

---

221 Kline, *Kingdom Prologue*, 321.
222 Kline, *Kingdom Prologue*, 322 (강조는 첨가한 것). 그런데 적절한 정도의 국가적 신실을 "적절한 정도의 왕국의 의로움"이라고도 일컫는 Kline은 "이스라엘이 소유한 의로움은 어떤 의로움이든 은혜의 선물이었다"고 말한다(Kline, *Treaty of the Great King: the Covenant Structure of Deuteronomy* [Grand Rapids, MI: Eerdmans, 1963], 125). 만약 이것이 구원 은혜의 선물이라면, 이것이 어떻게 공로적인 행위의 원리로 말미암는 것일 수 있는가?
223 Kline, *Kingdom Prologue*, 239-40.
224 Kline, *Kingdom Prologue*, 323.

기서 모형론적 가독성이란 이스라엘 국가가 그 원형인 천상적이고 종말론적인 하나님 나라의 모형으로서 적절히 읽힐 수 있는 타당성을 의미한다.

즉, 하나님 나라의 모형인 신정 국가가 유지될 수 있기 위해서는, 하나님 나라의 복을 누리는 데 거룩함의 유지가 필수적이라는 원리를, 또는 거룩함 없이는 "아무도 주를 보지 못한다"(히 12:14)는 하나님 나라의 원리를 여전히 타당하게 반영해야 한다는 것이다.[225] 또는 시내 산 언약의 신정 국가는 "천상의 왕국에서 행복과 경건이 떼려야 뗄 수 없이 결합될 것이다"라는 메시지를 모형적으로 전달하는 목적과 의의를 갖는다고 한다.[226]

그런데 클라인이 "모형론적 가독성"이라고 일컬은 것을, 그 이전에 이미 보스가 상징적 모형적 영역에서의 **"표현의 적절함"**(appropriateness of expression)이라고 언급한 바 있다.[227] 주목할 것은, 보스는 클라인과 대조적으로 이것이 "공로적인 법적 영역"(the legal sphere of merit)에 속하는 것이 아니라고 분명히 밝히고 있다.

> 유대주의자들은 이 관계를 공로에 의한 것으로(meritorious) 생각하기에 그들 해석은 잘못된 것이다. 즉, 이스라엘이 여호와

---

[225] Kline, *Kingdom Prologue*, 323.
[226] Kline, *Kingdom Prologue*, 237.
[227] Vos, *Biblical Theology: Old and New Testament* (Grand Rapids, MI: Eerdmans Publishing Co., 1948), 143 (강조는 Vos의 것).

의 율법을 준수함으로써 여호와의 소중한 선물들을 간직한다면 이는 엄격한 공의의 원칙에서 그들이 얻은 것일 수밖에 없다는 것이다. 그러나 이 관계는 완전히 다른 종류의 것이다. **공로적인 법적 영역에 속하는 것이 아니라**, 표현상의 상징적 모형론의 영역에 속하는 것이다. 위에서 말한 바와 같이, 이스라엘의 가나안 정주는 하나님의 백성에 천상적 완전한 상태의 모형이다. 그러므로 하나님의 거룩한 법에 절대적으로 순종하는 이상이 유지되어야 한다. 그들이 바울의 의미, 즉 영적인 의미에서 이 법을 지킬 수 없을지라도, 아니 심지어 외적으로, 제의적으로도 지킬 수 없을지라도 요구 수준은 낮추어질 수 없는 것이다. 그러므로 대규모의 배교가 일어났을 때, 그들은 약속된 땅에 계속 있을 수 없었다. 그들이 거룩한 상태를 자신들로 모형화함에 부적절하게 됨은 사실(*ipso facto*) 스스로를 지복의 상태의 모형자로서 부적절하게 함이므로, 포수의 상태에 들어가야만 했던 것이다. … 비록 율법의 요구가 여러 번 불완전하게 수행되었어도 이스라엘은 오랫동안 하나님의 은총 중에 있었던 것이다. 또, 백성이 전체적으로 타락하고 쫓겨났을지라도, 그것으로 인해 언약이 파기되게 하지는 않으시고 적당한 징계 후에 회개로 이스라엘을 다시 은총 가운데로 돌아오게 하셨던 것이다. 이것이 율법 준수가 축복의 **공로적인 근**

거가 아님을 보여 주는 강력한 증거이다.[228]

이에 반해 클라인은 신정 국가가 배교함으로 거룩한 하나님 나라의 타당한 모형 역할을 할 수 없게 되므로써 포로로 잡혀가게 되었다는 점에서 공로적인 행위의 원리를 발견한다. 클라인은 이스라엘 백성이 언약을 깨뜨려 신정 국가를 상실하고 포로로 잡혀간 사실을 시내 산 언약에 공로적인 행위의 원리가 작용하고 있다는 증거로서 간주한다.

클라인에 따르면, 신정 국가의 보존이 그리스도의 공로에 기초한 은혜에 의해서 보증되었다면 신정 국가의 모형적인 복은 상실될 수 없었을 것이고, 상실될 수 있었다면 그것은 "율법에 대한 이스라엘의 순종 행위에 의해서 공로로 얻는" 것이라고 주장한다.[229]

2) 시내 산 언약의 모형론

클라인이 행위의 원리와 은혜의 원리가 동일한 언약 안에 동시에 작용하면서도 충돌하지 않는다고 주장하는 데 있어서 이용하는 핵심 열쇠는 모형론이다.

클라인에 따르면, 구약의 모든 "구속적 언약"들에 행위의 원리가

---

228 Vos, 『성경 신학』, 146–47 (강조는 첨가한 것)=Vos, *Biblical Theology*, 143–44.
229 Kline, *Kingdom Prologue*, 322.

작용한다. 클라인은 주장하기를, 아브라함 언약, 홍수 전 노아 언약, 그리고 다윗 언약과 같은 하사 언약에서는 노아, 아브라함, 그리고 다윗의 특정한 순종이나 신실함이 언약의 약속이 하사되는 근거라는 점에서 행위의 원리가 작용하고, 시내 산 언약에서는 이스라엘의 신정 국가와 그 복이 유지되는 근거가 이스라엘의 집단적인 순종이라는 점에서 행위의 원리가 작용한다고 한다.

이런 공로적인 행위의 원리가 타락 이후 내내 한결같은 구원의 길을 좌우하는 은혜의 원리와 어떻게 조화될 수 있는가?

클라인은 행위의 원리를 모형적인 차원에 한정함으로써 해법을 찾는다. 클라인은 말하기를, "원형적이고 종말론적인 왕국," 또는 "궁극적인 구원의 왕국"을 보장받는 근거는 오직 그리스도의 공로뿐이고, 아브라함의 순종이나 이스라엘의 공동체적 순종은 궁극적이고 원형적인 왕국의 모형인 신정 국가의 하사와 보존에 한정된다고 한다.[230]

클라인은 주장하기를, 아브라함의 순종은 하늘 왕국이 아니라 하늘 왕국의 모형인 가나안 땅이 이스라엘 민족에게 주어지는 공로적 근거이고, 이스라엘의 공동체적 순종은 하늘 왕국의 보존이 아니라 그 모형인 신정 국가가 보존되는 공로적 근거라고 한다.

---

230 Kline, *Kingdom Prologue*, 325. Kline에 따르면, 아브라함의 생애에서 행위의 원리에 따른 보상의 주제가 등장하는 두 경우 모두에서 원형적인 구원 왕국을 보장하는 메시아의 희생적 순종을 예언하는 상징이 등장하고, 이것이 아브라함의 순종의 공로적 성격이 원형적 차원으로 확장될 수 없게 못 박는다고 한다(Kline, *Kingdom Prologue*, 326).

또한 클라인은 주장하기를, 행위의 원리가 그리스도의 공로에 근거해서 은혜로 받는 궁극적인 구원 왕국에도 작용한다면 행위의 원리가 은혜의 원리와 충돌하겠지만, 모형적인 차원에서 아브라함의 순종이나 이스라엘 국가의 불순종에 작용하는 행위의 원리는 원형적인 차원에 작용하는 은혜의 원리와 충돌하기는커녕 은혜의 원리가 작용하는 공의로운 토대를 분명히 하는 데 기여한다고 한다.

클라인은 세대주의적 해석과 언약신학적 해석의 차이의 열쇠도 모형론에서 발견한다. 클라인에 따르면 세대주의의 근본 오류는, 세대주의가 정당한 모형론이 결여되어 있기에 시내 산 언약에 있어서 모형적인 차원에서 작용하는 행위의 원리를 원형적인 차원에서 작용하는 은혜의 원리와 조화시킬 수 없고, 그래서 구약의 잠정적이며 모형적인 왕국과 신약의 종말론적이며 원형적인 왕국의 연속성을 거부한다는 데 있다고 한다.[231]

그런데 모세 시대에 사람을 시험하는 기준이 행위였다는 고전적 세대주의의 주장 자체는 클라인에게 전혀 문제 되지 않는다. 클라인도 시내 산 언약에 행위의 원리가 작용한다는 것은 성경의 명백한 진술에 근거하는 기정사실로 간주한다.[232]

---

231 Kline, *Kingdom Prologue*, 340-41.
232 Kline, *Kingdom Prologue*, 109. 시내 산 언약에 공로적인 행위의 원리가 작용한다는 것을 Kline이 기정사실로 간주하는 주된 신학적 동기는, 시내 산 언약에서 행위의 원리를 부정하는 것이 종교적인 공로가 존재할 가능성 자체에 대한 부정으로 이어지고, 더 나아가 아담과의 행위 언약에서의 공로적인 행위의 원리에 대한 부정으로 이어지리라는 소위 Fuller-Shepherd 신학에 대한 반작용적인 우려에 있다. 심지어 Kline은 행위의 원리를 부정하면 결국 로마교 신학으로 회귀하고 말 것이라고 말

클라인에 따르면, 세대주의의 문제는 모세 시대에 행위의 원리가 작용한다고 주장한다는 데 있는 것이 아니라, 올바른 모형론이 결여되어 있어서 행위의 원리가 모형적인 차원에 한정되고 개인의 영원한 구원과 종말론적인 원형적인 왕국을 얻는 데는 한결 같이 은혜의 원리가 작용한다는 것을 알지 못하는 데 있다고 한다.[233]

클라인이 동일한 시내 산 언약 안에 상반되는 은혜와 행위의 원리가 충돌 없이 동시에 작용한다고 주장하기 위해 사용하는 모형론의 성격에 대해 우리는 묻지 않을 수 없다. 성경적 모형론에서 모형은 "하나님에 의해서 의도된, 신약의 영적 실재에 대한 구약의 예표"로,[234] 또는 "신약의 실재를 예시 또는 예표하는 사건이나 인물이나 제도를 포함하는 구약의 사실들"로[235] 간단하게 정의될 수 있다. 따라서 모형론은 모형과 원형이 가리키는 실재의 동일성을 그 본질로 한다.[236] 보스가 다음과 같이 말한다.

한다(Kline, "Gospel until the Law," 435).

[233] Kline, *Kingdom Prologue*, 346.

[234] T. Norton Sterrett, *How to Understand Your Bible*, revised ed. (Downers Grove, IL: InterVarsity, 1974), 107.

[235] Venema, "The Mosaic Covenant: A 'Republication' of the Covenant of Works?" 90.

[236] "성경의 모형론은, 구속사에서 이전의 사건, 인물, 그리고 장소가 이후의 사건, 인물, 그리고 장소를 해석하는 모형이 되는, 유비적인 일치를 필요로 한다"(G. R. Osborne, "Type, Typology," *Evangelical Dictionary of Theology*, 2nd Edition, ed. Walter A. Elwell [Grand Rapids, MI: Baker Academic, 2001], 1222-23).

[모형과 원형은] 실재에 있어서 동일한 것이고, 다만 구속의 더 낮은 발전 단계로 먼저 등장하고 나서, 나중에 다시, 더 높은 단계로 등장한다는 점에서만 다르다.[237]

모형론은 모형과 원형을 묶는, "구속의 진전에 필수적인 연속성"(vital continuity in the progress of redemption)을 전제한다.[238] 만약 모형과 원형을 묶는 필수적인 연속성이 깨지면, 해당 모형론은 기각될 것이다. 패트릭 페어베언(Patrick Fairbairn)도 같은 취지의 말을 한다. 페어베언은 구약과 신약 사이에 존재하는 "본질적 통일성"과, 구약을 신약의 준비와 디딤돌로 만드는 "하나님 계획의 진전"이 모형론이 성립하는 전제라고 말한다.[239] 그래서 모형과 원형에는 "동일한 진리 또는 원리가 구현"된다.[240] 페어베언이 말하는 것처럼, 모형론은 구약 시대와 신약 시대 간에 반대되는 원리가 아니라, 발전과 실현 정도에 있어서만 차이가 나는 공통적인 진리와 원리를 표현하기 위한 것이다.[241]

그러나 클라인은 동일한 실재에 대한 모형과 원형에 반대되는 원리

237　Vos, *Biblical Theology*, 162.
238　Vos, *Biblical Theology*, 162.
239　Patrick Fairbairn, *Typology Of Scripture* (Grand Rapids, MI: Kregel Publications, 1989), 57.
240　Fairbairn, *Typology of Scripture*, 3.
241　Fairbairn, *Typology of Scripture*, 62.

들이 작용한다고 가정하고 양자를 연결하는 데 모형론을 이용한다.[242] 클라인은 행위의 원리가 은혜의 원리에 의해서 좌우되는 원형적인 왕국이 아니라 지상의 모형적인 왕국에 한정적으로 작용한다고 주장함으로써, 행위의 원리가 시내 산 언약에 작용한다는 것과 이스라엘과 교회의 연속성 둘 다를 긍정할 수 있다고 생각하는 것 같다.

클라인의 모형론을 옹호하는 전정구 박사는 클라인의 언약신학이 세대주의적인 해석과 유사하다는 모세 실바(Moises Silva)의 의혹 제기에[243] 대해서, 클라인은 고전적 세대주의와는 다르게 행위의 원리를 "지상의 **모형적인** 왕국의 차원에만" 적용한다고 응수한다.[244]

그러나 이런 주장은 이스라엘의 지상적인 유업이나 복이 이스라엘의 영적인 유업이나 복과 상반되는 원리에 의해서 얻어지는 실재일 수 있다는 가정이 있는 것 같다. 그러나 개혁주의 언약신학의 일반적인 견해에 따르면, 이스라엘에 약속된 지상의 복은 당시의 영적인

---

242 Kline의 주장대로라면, 은혜의 원리가 좌우하는 영원한 구원 왕국의 모형적 성취인 신정 국가는 동시에 일종의 공동체적 아담으로서, 행위 언약 아래 있는 둘째 아담의 모형도 된다. Kline에게 있어서 구약의 이스라엘이 교회와 연속성을 갖는 차원은 개인적인 구원뿐이지, 언약 공동체의 원리나 성격에 있어서는 상반된다. Kline에 따르면, 전통적인 모형론과 달리, 이스라엘 신정 국가는 영원한 구원 왕국의 모형이 아니라, 율법 아래 태어나셔서 율법을 성취하는 둘째 아담인 그리스도의 모형이다.

243 Moises Silva, "Is the Law against the Promises? The Significance of the Galatians 3:21 for Covenant Continuity," in *Theonomy: A Reformed Critique*, eds. William S. Barker & W. Robert Godfrey (Grand Rapids, MI: Zondervan Publishing House, 1990), 153-54.

244 Jeon, *Covenant Theology*, 248, n. 113 (강조는 Jeon의 것). Kline은 시내 산 언약에 행위의 원리가 작용한다는 주장이 세대주의적이라면 심지어 바울도 세대주의 경향을 띤다는 비난을 감수해야 할 것이라고 말하기도 한다(Kline, "Gospel until the Law," 435).

복과 결합된 것으로 이해되었고, 종말에 누릴 하나님과의 복된 교제를 예표하는 것으로 간주되었다. 클라인의 모형론의 문제점을 팔머 로벗슨(Palmer O. Robertson)은 이렇게 잘 지적한다.

> 그러나 하나의 사건에서 "은혜"이자, 동시에 "공로를 내세우는 행위"가 양존할 수 없다. 모세 언약을 "행위 언약"으로 보는 Kline의 견해는 몇 가지 근본적인 오류가 있다. Kline의 견해는 하나님의 구속적 언약들(redemptive covenants) 안에서 일시적인 혜택과 구원적인 혜택 사이에 구분이 이루어질 수 있다는 가정에 근거한다. 그러나 성경에서 구속의 이 두 가지 측면들은 **둘 다 은혜의 문제이다.** 또한 Kline은 이스라엘의 모형론적인 경험과 구속적인 경험 사이에도 작용의 기초에 있어서 차이가 있을 수 있다고 가정한다. 그러나 Vos(*Biblical Theology*, 145-46)는 **모형은 모형에 의해서 상징되고 그려지는 실재와 본질에 있어서 다른 것은 결코 전달할 수 없다는 것을** 잘 지적한다. Kline은 모세 언약을 공로를 내세우는 행위 언약으로 규정함으로써 모세 언약을 아브라함 언약 및 다윗 언약과 근본 성격에 있어서 차이가 있도록 만드는 것은 오류이다. 아브라함 언약 및 다윗 언약에 존재하는 모형적 이미지들이 모세 언약에서도 동일하게 발견할 수 있으며, 약속과 관련된 율법의 조건에 대한 동일한 모형이 세 언약들 모두에서 발견할 수 있다. 다윗은 그의 아들이자 후계자인 솔로몬에게 "네 하나님

여호와의 명령을 지켜 그 길로 행하여 그 법률과 계명과 율례와 증거를 모세의 율법에 기록된 대로 지키라. 그리하면 여호와께서 내게 대하여 … 하신 말씀을 확실히 이루게 하시리라"고 권면한다(왕상 2:3-4, NIV). 다윗은 여호와가 자신과 맺으신 언약을 모세 언약의 연장으로 보았고, 명령을 약속과 결합하는 데 아무 문제도 느끼지 않았음에 분명하다.[245]

클라인은 시내 산 언약에서 발견되는 율법 순종에 대한 명령과 지상적인 복에 대한 약속에서 신정 국가의 운명을 좌우하는 행위의 원리를 발견하지만, 로벗슨은 시내 산 언약의 복에 대한 약속과 명령에서 동일한 은혜의 원리에 의해서 좌우되는 새 언약의 복에 대한 약속과 명령의 모형을 발견한다. 은혜 언약에 약속된 구원에는 믿음과 순종의 반응이 항상 요구되었고, 시내 산 언약의 경우도 마찬가지였다.[246]

---

245 Palmer Robertson, 『선지자와 그리스도』, 한정건 옮김 (서울: 개혁주의신학사, 2007), 383, n. 6 (Robertson, *The Christ of the Prophets* [Phillipsburg, NJ: P&R Publishing Company, 2004], 364-65, n. 6을 기초로 해서 몇몇 용어를 바꾸었다[강조는 첨가한 것]).

246 Venema, "The Mosaic Covenant: A 'Republication' of the Covenant of Works?" 91.

4. 소결론

이상에서 우리는, 호튼이 고전적 언약신학의 현대적 변호로 평가하고 크게 기대는 클라인의 언약신학을 그의 공로적인 행위의 원리에 초점을 맞춰 살펴보았다. 클라인은 하나님의 창조 행위를 언약 체결 행위와 동일시함으로써, 창조 행위 자체와 구별되는, 창조 언약의 은혜로운 기원을 인정하지 않았다. 그래서 그는 창조 언약적 관계가 그 기원에 있어서 은혜가 완전히 배제된다는 의미에서 순전히 공의로운 관계라고 주장했다.

그리고 클라인은, 아담이 이런 전적으로 공의로운 관계에서 언약적 요구를 이행했다면 순수하고 완전한 공로를 얻었을 것이라고 주장했다. 전통적으로는, 창조자와 피조물의 존재론적 차이와 더불어, 순종과 그 보상으로서의 영생 간의 가치 불균형이 고려되어, 진정한 공로와 언약적 공로가 구별되어 왔다. 그러나 클라인은 빚진 의무를 넘어 보상과 동등한 가치를 갖는 진정한 공로와 언약적 공로를 구별하지 않고, 언약적 의무 이행이 요구되는 모든 언약적 관계에서 공로적인 행위의 원리를 발견했다.

클라인은 첫째 아담이 행위 언약의 요구를 만족시켰다면 획득했을 언약적 공로와 둘째 아담인 그리스도의 유일하게 진정한 공로를 구별하지 않을 뿐만 아니라, 공로적인 행위의 원리가 시내 산 언약을 포함해서 타락 이후 모든 언약(하사 언약 유형과 종주권 조약 유형 또는 약속 언약과 율법 언약 둘 다)에 비록 한정적이지만 실제로 적용된다고 주장했다.

클라인은 하사 언약에서는 노아, 아브라함, 그리고 다윗이라는 개인의 특정한 순종이나 신실함이 언약의 약속이 하사되는 근거라는 점에서 공로적인 행위의 원리가 일시적으로 작용하고, 종주권 조약 유형인 시내 산 언약에는 이스라엘의 적당한 집단적 순종이 이스라엘의 신정 국가와 그 복이 유지되는 근거라는 점에서 행위의 원리가 작용한다고 주장했다.

우리는 클라인이 (개인적 또는 집단적) 그리스도 역할 모형론을 사용해서, 이런 공로적인 행위의 원리와 한결같은 구원의 길인 은혜의 원리를 조화시키려고 한다는 것을 보았다. 클라인은 개인의 구원과 종말론적인 왕국을 보장받는 근거는 오직 그리스도의 공로로서, 은혜의 원리에 의해서 좌우되고, 아브라함의 순종이나 이스라엘의 공동체적 순종이 공로적 근거 역할을 하는 것은 궁극적인 구원의 모형인 신정 국가의 하사와 보존에 한정된다고 주장했다. 성경적 모형론은 모형과 원형의 실재 및 원리의 동일성을 전제하지만, 클라인은 이스라엘의 지상적인 복과 유업이 이스라엘의 영적인 유업과 다른 원리에 의해서 획득되었다고 주장했다.

호튼은 이런 클라인을 따라서,[247] 모세 시대에는 시내 산 언약의 행위의 원리와 아브라함 언약의 은혜의 원리가 나란히 함께 작용했다

---

247   Kline은 모세 시대에는 "아브라함의 은혜 언약"(the Abrahamic grace covenant)과 "첨가된 시내 산 행위 언약"(the superimposed Sinaitic covenant of works)이 "동시에 작용"(the simultaneous operating)했다고 주장한다(Kline, *God, Heaven and Har Magedon*, 133).

고 주장할 뿐만 아니라,[248] 고전적 언약신학자들이 시내 산 언약과 아브라함 언약의 차이를 실체가 동일한 은혜 언약의 **"다른 강조점들"**에 불과한 것이 아니라, **"두 언약들"**로, 즉 다른 원리들에 의해서 좌우되는 **"율법 언약과 약속 언약"**의 차이로 이해했다고 주장한다.[249] 이런 이해를 호튼은 "고전적 언약신학"의 우세한 견해로 간주한다.[250]

호튼에 따르면, 이런 견해는 투레틴과[251] 비치우스에 의해서[252] 제시된 개혁주의 언약신학의 다수 견해로서, 옛 언약신학자들로부터 지금까지 이어진다고 한다. 다음 장에서는, 이런 이중 언약주의가 개혁주의 언약신학의 고전적인 견해라는 호튼의 역사적 평가가 정당한지 살펴보고자 한다.

---

248 Horton, *Covenant and Salvation*, 97. Letham도, Kline과 Horton이 상반된 원리에 의해서 좌우되는 아브라함 언약과 시내 산 언약이 "모세 시대부터 그리스도가 오실 때까지 함께 작용했다"고 주장한다고 지적한다(Robert Letham, "'Not a Covenant of Works in Disguise' [Herman Bavinck]: the Place of the Mosaic Covenant in Redemptive History," *Mid-America Journal of Theology* 24 [2013]: 146).

249 Horton, *Lord and Servant: A Covenant Christology* (Louisville, KY: Westminster John Knox Press, 2005), x. Horton은 창조 언약, 행위 언약, 그리고 율법 언약을 교호적으로 사용한다(Horton, *God of Promise*, 84-85).

250 Horton, *Covenant and Salvation*, 98.

251 Horton, *Covenant and Salvation*, 12, n. 4.

252 Horton, *Covenant and Salvation*, 97, n. 83.

제 3 장

시내 산 언약에 대한 고전적 이해 vs. 호튼의 이해

이번 장에서는 호튼 스스로가 고전적인 언약신학의 다수 견해를 대변한다고 여기는 개혁주의 언약신학의 대표자들 중에서 존 칼빈, 헤르만 비치우스, 프란시스 투레틴의[1] 진술, 그리고 웨스트민스터 신앙고백서의 진술이 시내 산 언약에 대한 호튼의 이해와 조화를 이루는지 살펴보고, 재판(再版) 이론의 이중 언약주의가 역사적인 개혁주의 언약신학의 우세한 입장이라는 호튼의 주장이 타당한지 검토해 볼 것이다.

---

1 Horton은 자신의 이중 언약주의를 직접적으로 뒷받침하는 옛 개혁주의 신학자들로, Calvin, Olevianus, Witsius, 그리고 Turretin 등을 언급한다(Michael S. Horton, *Covenant and Salvation: Union with Christ* [Louisville, KY: Westminster John Knox Press, 2007], 97, n. 83).

1. 존 칼빈

1) 칼빈의 행위 언약

존 칼빈(John Calvin, 1509-1564)은 타락 이전 아담과 하나님의 관계에 "행위 언약"(*foedus operum*)이라는 용어를 사용한 적이 없다. "행위 언약"이라는 교리적 용어 자체는 더들리 페너(Dudley Fenner)의 『거룩한 신학』(*Sacra theologia, sive veritas quae secundum peitatem*, Geneva, 1585)에서 처음 사용된 것 같다.² 그러나 멀러가 말하는 것처럼,³ 피터 릴백(Peter A. Lillback)에 의해서 다음 사실이 밝혀졌다.

칼빈 이후의 행위 언약적 표현과 실질적인 연관성을 갖는 개념들인, 하나님과 아담의 법적인 관계에 대한 강조, 생명나무에 대한 성례전적인 이해, 성례가 언약적인 표라는 가정, 모세 법을 율법적인 언약으로 간주하는 것, 그리고 아담과 그리스도의 관계가 그리스도가 구원을 위해서 율법을 대신 만족시키는 것을 이해하는 기초라는

---

2   Richard A. Muller, "Divine Covenants, Absolute John Cameron and The Early Orthodox Development of Reformed Covenant Theology," *Mid-America Journal of Theology* 17 (2006): 21, 22. Cf. Robert Letham, "'Not a Covenant of Works in Disguise' (Herman Bavinck): the Place of the Mosaic Covenant in Redemptive History," *Mid-America Journal of Theology* 24 (2013): 152.

3   Muller, "The Covenant of Works and the Stability of Divine Law in Seventeenth-Century Reformed Orthodoxy: A Study in the Theology of Herman Witsius and Wilhelmus à Brakel," in *After Calvin: Studies in the Development of a Theological Tradition* (New York: Oxford University Press, 2003), 182.

생각이 칼빈에게 이미 있었다.[4]

비록 타락 이전의 상태에 대한 칼빈의 진술에서 언약에 대한 명백한 언급이 없다고 할지라도, 멀러가 말하는 것처럼, 칼빈은 타락 이전의 상태가 "법에 의해서 좌우된다고 생각했음에 확실하다."[5] 마크 칼버그도 칼빈은 타락 이전의 창조 질서에 언약이라는 말을 사용하지 않지만, 타락 이전의 창조 질서에 대한 칼빈의 이해는 "그 이후 행위 언약 개념의 발전"과 완전히 일치한다고 할 수 있다고 말한다.[6]

앤드류 울시(Andrew A. Woolsey)도, 칼빈이 타락 이전 아담에 대한 하나님의 경륜에 대해서 "행위 언약"이라는 말을 사용한 적이 없지만, 칼빈이 아담에 대한 하나님의 경륜을 묘사할 때 등장하는 요소

---

[4] Peter Alan Lillback, "Ursinus' Development of the covenant of Creation: A Debt to Melanchthon or Calvin," *Westminster Theological Journal* 43/2 (1981): 274-86. Cf. Lillback, *The Binding of God: Calvin's Role in the Development of Covenant Theology* (Grand Rapids, MI: Baker Academic, 2001), 276-304, 『칼빈의 언약사상』, 원종천 옮김 (CLC, 2009). 그런데 Letham은 비록 Calvin에게 행위 언약의 구성 개념들이 존재할지라도, 행위 언약의 "공식 자체"는 Calvin에게 없기 때문에, Lillback이 주장하는 것처럼 Calvin에게서 행위 언약이 "막 시작되었다"고 말하기 보다는, Calvin에게서 행위 언약이 "막 시작하려고 한다"는 표현이 더 적절하다고 주장한다. "Lillback은 음식[행위 언약]에 필요한 모든 재료가 Calvin의 부엌에 있을 뿐만 아니라, Calvin이 그 재료들을 오븐에 넣었고, 제대로 요리된 음식을 꺼낼 참이라고 생각한다. 나는 Calvin에게 재료들이 있었다는 것에 동의한다. 그러나 … Calvin은 오븐에 아직 아무것도 넣지 않았음에 명백하다"(Letham, *The Westminster Assembly: Reading its Theology in Historical Context* [Phillipsburg, NJ: P&R Publishing, 2009], 227-28, 『웨스트민스터 총회의 역사: 웨스트민스터 총회』, 권태경, 채천석 옮김 [개혁주의신학사, 2014]).

[5] Muller, "The Covenant of Works and the Stability of Divine Law in Seventeenth-Century Reformed Orthodoxy," 182.

[6] Mark Karlberg, *Covenant Theology in Reformed Perspective: Collected Essays and Book Reviews in Historical, Biblical, and Systematic Theology* (Eugene, OR: Wipf & Stock Publishers, 2000), 23. Cf. 김병훈, "웨스트민스터 신앙고백서와 언약신학," 「신학정론」 32/2 (2014): 329.

들은 행위 언약을 성립시키기에 충분하다고 주장한다.[7]

울시는 칼빈의 묘사에는 행위 언약을 구성하는 요소인 "하나님의 낮추어 내려오심, 인간의 능력에 맞추심, 사람을 하나님께 묶고 연합시킴, 그리고 법적 윤리적 의무와 생명에 대한 약속의 일치"가 명백히 존재한다고 지적한다.[8] 호튼도 칼빈이 성숙한 언약신학의 대표자는 아닐지라도, 창조 언약의 주된 요소들을 인정한다고 주장한다.[9]

2) 율법과 복음의 구별

레담은 행위 언약 교리의 등장이 "율법과 복음의 관계에 대한 숙고"에 주로 기인한 것이라고 지적한다.[10] 호튼도 전통적 언약신학자들의 행위 언약과 은혜 언약의 구별이 율법과 복음의 구별에 대한 그들의 헌신에 기인한다고 주장하고, 칼빈의 신학적 계승자들의 행위 언약과 은혜 언약의 구별을 칼빈의 율법과 복음의 구별의 연장 및 발전으로 간주한다.[11]

7　Andrew A. Woolsey, *Unity and Continuity in Covenantal Thought: A Study in the Reformed Tradition to the Westminster Assembly* (Grand Rapids, MI: Reformation Heritage Books, 2012), 282.

8　Woolsey, *Unity and Continuity in Covenantal Thought*, 282.

9　Horton, *God of Promise: Introducing Covenant Theology* (Grand Rapids, MI: Baker Books, 2006), 88. Horton은 Calvin, *Institutes of the Christian Religion*, ed. John T. McNeill, trans. Ford Lewis Battles [Philadelphia: The Westminster Press, 1960], 1. 15. 8에서 행위 언약의 특징적 요소들을 발견한다(Horton, *God of Promise*, 88, n. 21).

10　Letham, "'Not a Covenant of Works in Disguise' (Herman Bavinck)," 152.

11　Horton, *God of Promise*, 85. 전정구 박사도 행위 언약과 은혜 언약의 대조가 "종교

칼빈에 따르면, 율법은 복음의 약속이 포함된 모세의 가르침 전체나 모세오경을 의미할 수도 있고, 복음 없이 명령과 상벌로만 이루어진, 복음과 구별되는 율법의 고유한 부분을 의미할 수도 있다.[12] 칼빈은 전자의 의미에서는 율법에 은혜 언약이 포함되지만, 바울이 율법을 복음에 반대되는 것으로 말한 경우에는, 바울이 은혜 언약을 배제하고 율법 자체에 고유하게 속하는 것만 고려한 것이라고 말한다.[13]

칼빈에 따르면, 넓은 의미의 율법은 "긍휼의 약속을 포함한다." 그러나 "율법의 본질"만 고려되는 좁은 의미의 율법은 긍휼의 약속을 포함하지 않는다. 율법 자체는 "의를 명하고, 악을 금하고, 의를 지키는 자에게 상을 약속하고, 범죄자를 형벌로 위협하지," "마음의 부패를 바꾸거나 고치지 못한다."[14]

호튼이 말하는 대로, 칼빈은 "율법"이라는 말을 때로는 약속을 포함하는 옛 언약 전체를 가리키는 의미로 사용하고, 때로는 약속과 대립되는 명령의 범주에 한정되는 율법 자체를 가리키는 의미로도

개혁자들이 발전시킨 율법과 은혜의 대조와 근본적인 차이가 전혀 없"다고 주장한다(Jeong Koo Jeon, *Covenant Theology: John Murray's and Meredith G. Kline's Response to the Historical Development of Federal Theology in Reformed Thought* [Lanham, MD: University Press of America, 2004], 34).

12 Calvin, *Commentaries on the Epistle of Paul to the Romans*, vol. 19, trans. and ed. John Owen (Reprinted, Grand Rapids, MI: Baker Books, 2005), on Romans 10:5. Cf. Calvin, *Commentaries on the Galatians and Ephesians*, vol. 21, trans. William Pringle (Reprinted, Grand Rapids, MI: Baker Books, 2005) on Galatians 4:22.

13 Calvin, *Calvin's New Testament Commentaries*, vol. 8, trans. Ross Mackenzie (Grand Rapids: Eerdmans, 1995), on Romans 8:15.

14 Calvin, *Institutes*, 2. 11. 7.

사용한다.¹⁵

호튼은 율법에 대한 칼빈의 이런 구별을 "율법 전체"(totus lex)와 "율법 자체"(nuda lex)의 구별로 일컫기도 하고,¹⁶ 율법의 "구속 역사적인 의미"(the redemptive-historical sense)와 율법의 "보다 전문적인 의미"(the more technical sense)로 구별하기도 한다. 호튼에 따르면, 구속 역사적인 의미의 율법은 약속-성취의 차원에서 복음과 연속성을 갖는 데 반해, "보다 전문적인 의미"의 율법은 의와 유업을 얻는 원리의 차원에서 복음과 불연속성을 갖는다고 한다.¹⁷

또한 호튼은 전자를 "언약적 역사로서의 율법"(law as covenantal history)으로, 후자를 "언약적 원리로서의 율법"(law as covenantal principle)으로 구별하고,¹⁸ 언약적 역사로서의 율법 또는 넓은 의미의 율법은 구약성경에 상응하고, 언약적 원리로서의 율법 또는 좁은 의미의 율법은 시내 산 언약에 상응한다고 주장한다.¹⁹

---

15 Horton, *God of Promise*, 202, n. 63.

16 Horton, "Calvin and the Law-Gospel Hermeneutic," *Pro ecclesia* 6/1 (1997): 31. 이것은 Calvin이 사용한 구별이다(Calvin, *Institutes*, 2. 7. 2, 4).

17 Horton, *Covenant and Salvation*, 87-88. 또한 Horton은 "종말론적"(eschatological) 의미와 "신학적"(theological) 의미로 구별하기도 하고(Horton, "Calvin and the Law-Gospel Hermeneutic," 28), 넓은 의미의 율법과 좁은 의미의 율법으로 구별하기도 한다(*Covenant and Salvation*, 88).

18 Horton, *Covenant and Salvation*, 87-88. Horton은 전자를 "성경으로서의 율법"으로, 후자를 "언약으로서의 율법"으로 일컫기도 한다(Horton, *Covenant and Salvation*, 90).

19 Horton, *Covenant and Salvation*, 88.

요컨대, 호튼은 유업을 얻는 원리에 있어서 아브라함 언약과 시내 산 언약의 관계는 칭의의 원리에 있어서 상반되는 복음과 율법의 관계에 상응한다고 주장한다.

호튼에 따르면, 율법과 복음에 대한 칼빈의 구별은 행위 언약으로서의 율법 언약을 판별하는 일에 중요하다. 해당 언약에 율법이 있다는 것 자체가 그 언약을 율법 언약으로 만드는 것이 아니라, 해당 언약에서 율법이 유업을 얻는 원리 역할을 실제로 하면 그 언약은 율법 언약이라고 한다.[20] 호튼은 시내 산 언약에서 율법이 유업을 얻는 언약의 원리로서 작용하기 때문에 시내 산 언약은 행위 언약적인 율법 언약이라고 주장한다.

그러나 호튼이 자신의 주장을 뒷받침하기 위해서 인용하는 칼빈의 진술, 즉 의롭다 함을 받고 유업을 얻는 원리로서의 율법이 믿음 또는 약속과 완전히 반대된다는 진술에서는,[21] 호튼의 주장과 정반대되는 진술, 즉 율법이 이스라엘 백성에게 영적인 유업만이 아니라 모든 유업을 얻는 원리로서 주어진 적이 없다는 결론이 도출되는 것 같다.

칼빈은 "하나님께서 미리 정하신 언약을 사백삼십 년 후에 생긴 율법이 폐기하지 못하고 그 약속을 헛되게 하지 못하리라"는 갈라디아서 3장 17절을 해설할 때, 언약이 주어지고 나서 430년 후에 주어진 율법이 칭의와 유업을 얻는 원리로서 주어진다면, 율법은 "약속을

---

20 Horton, *Covenant and Salvation*, 87.
21 Calvin, *Commentaries on Galatians and Ephesians*, vol 21, on Gal. 3:11–12.

무효로 만들 것이다"라고 말한다.[22]

호튼은 이런 타당한 반론에 대해서, 시내 산 언약에서 실제로 율법으로 말미암는 유업은 칭의와 그로 인한 종말론적인 생명이 아니라 단순히 그 모형인, 지상의 가나안 땅에서 오래 거주하는 것이고, 약속으로 말미암는 궁극적인 유업은 영원한 천상의 땅이기 때문에 충돌하지 않는다고 응수한다.[23]

그러나 칼빈은 영원한 유업의 상징인 가나안 땅에서 살며 복을 누리는 것을 율법 준행에 대한 상으로 말할 때, 복음과 상반되는 언약적 원리로서의 율법에 따른 상으로서 말하지 않는다. 칼빈에 따르면, 신자들의 순종이 불완전할지라도 의무를 완전히 이행하기라도 한 것처럼 그들의 노력에 상이 주어지는데, 이는 그들의 결함이 믿음을 통해서 은혜로 가려지기 때문이다. 다시 말해서,

> 하나님은 자신이 은혜로 주시는 것을 상이라는 이름으로 드높이시는 것이다.[24]

---

[22] Calvin, *Commentaries on the Galatians and Ephesians*, vol. 21, on Gal. 3:17. Calvin은 "율법이 하나님의 약속들과 반대되는 것이냐?"(갈 3:22)는 구절을 설명할 때도 유사한 논리를 펼친다.

[23] Horton, *God of Promise*, 101. Cf. Horton, *Covenant and Salvation*, 87.

[24] Calvin, *Commentaries on The Four Last Books of Moses*, vol. 3, trans. Charles William Bingham (Grand Rapids, MI: Baker Books, 2005), 214, on Lev. 26:3. Calvin은 하나님이 자기 백성에게 주시거나 약속하시는 모든 복은 하나님의 선하심과 친절에서만 비롯된다고 말한다(Calvin, *Institutes*, 2. 10. 2).

게다가 칼빈은 시내 산에서 주어진 율법의 준행에 대한 상벌을 일시적이고 지상적인 삶에만 제한하는 것은 이스라엘의 하나님을 우리 하나님과 다른 하나님으로 만들고, "하나님을 둘로 쪼개는" 마니교적인 오류라고 비판한다.[25] 칼빈에게 있어서, 하나님이 이스라엘 백성과 맺은 옛 언약이 지상의 복과 영원한 복 둘 다 포함한다는 것은 일종의 "난공불락의 원리"였다.[26]

이에 반해, 호튼의 주장대로 구약 시대에 동일한 실재의 원형인 천상의 복은 은혜의 원리로 말미암고 그 모형인 지상의 복은 행위의 원리로 말미암도록 하나님이 정하셨다면, 이것은 심각한 이원론을 하나님의 경륜에 도입하는 것 아닌가?

게다가 이스라엘 백성의 순종에 대한 상으로서 지상적인 삶의 복이 주어지는 것이, 신약 신자의 경건에 금생과 내생의 복이 주어지는 원리와 달리 행위의 원리를 따른다는 주장도 칼빈의 주장과 거리가 멀다.[27]

> 네 하나님 여호와는 하나님이시요 신실하신 하나님이시라 그
> 를 사랑하고 그의 계명을 지키는 자에게는 천 대까지 그의 언

---

25 Calvin, *Calvin's Commentaries on The Four Last Books of Moses*, vol. 3, 215, on Lev. 26:3; Calvin, *Institutes*, 2. 11. 3.
26 Calvin, *Institutes*, 2. 10. 23.
27 전정구 박사도 마치 Calvin에게 시내 산 언약이 이스라엘의 지상적인 복과 저주를 행위의 원리에 따라서 좌우한 율법 언약이었던 것처럼 읽어낸다(Jeon, *Covenant Theology*, 26을 보라).

약을 이행하시며 인애를 베푸시되(신 7:9).

위의 말씀에서 호튼이라면 행위의 원리에 의해서 좌우되는 율법 언약을 발견할 법하지만, 칼빈은 이 말씀에서 "자비의 언약"을 발견하고, 하나님이 친히 자비로운 언약의 교제로 허용하셔서 자기 백성에게 지우신 의무 이행에 대해 풍성히 베푸시는 은혜로운 상을 발견한다.[28]

칼빈은 말하기를, 하나님이 자비의 언약으로 이미 용납한 자들의 불완전한 순종을 거부하지 않으시고 우리가 율법의 조건을 성취하기라도 한 것처럼 우리에게 율법에 약속된 복을 주신다고 한다.[29] 이것은 호튼이 말하는 '행위의 원리'를 따라 복을 받는 것일 수 없다.

3) 칼빈의 "율법 언약"

호튼은 칼빈의 복음과 율법의 대조에서 은혜 언약과 율법 언약의 대조를 발견하고, 복음과 대조되는, 상벌을 얻는 행위의 원리로서의 율법을 율법 언약 또는 시내 산 언약과 "거의" 동일시한다.[30] 호튼에

---

28 Calvin, *Institutes*, 3. 17. 5.

29 Calvin, *Institutes*, 2. 7. 4.

30 여기서 Horton이 "거의"라고 표현한 이유는 율법과 마찬가지로 시내 산 언약의 경우에도, 넓은 의미의 시내 산 언약과 좁은 의미의 시내 산 언약, 즉 시내 산 언약 자체를 구별하는 발언을 하기 때문이다. Horton에 따르면, "시내 산 언약 자체"는 율법의 모든 명령을 준행하는 것에 가나안 땅에서의 장수와 추방이 상벌로 걸려 있는, 이스라엘 백성의 충성 맹세이므로 "시내 산 언약 자체에는 긍휼이 존재하지 않는다"고 한다(Horton, *God of Promise*, 50). Horton은 좁은 의미의 율법과 시내 산 언약 자체를 자주 동일시한다.

따르면, 칼빈은 율법과 복음의 대조를 "율법 언약"과 "복음 언약"의 대조로서 말한다고 한다.

호튼은 이것이 칼빈 이후 행위 언약과 은혜 언약에 대한 개혁주의 언약신학의 고전적인 구별의 예고편이었다고 주장한다.[31]

실제로 칼빈은 "율법 언약"을 어떤 의미로 사용하는가? 호튼이 주장하는 대로, 칼빈이 "율법 언약"을 좁은 의미의 율법으로 한정하고, 행위의 원리가 작용하는 모종의 행위 언약으로 간주하는가?

릴백에 따르면, 칼빈은 "율법 언약"이라는 말을 이중적으로 사용한다.[32] 릴백은 칼빈에게 있어서 넓은 의미의 율법 언약은 은혜 언약의 구약적 시행으로서 새 언약과 시행 방식에 있어서는 다르지만 실체에 있어서는 동일한 은혜 언약인 데 반해, 좁은 의미의 율법 언약은 율법에 대한 완전한 순종으로 의로움과 유업을 얻는 원리를 의미하고, 따라서 새 언약과 실체에 있어서도 다른 언약이라고 말한다.[33]

칼빈에게서 율법 언약에 대한 이런 이중적인 용법이 발견된다는 것은 사실이다. 그러나 칼빈이 "율법 언약"이라는 말을 사용하고 있는 맥락을 살펴보면, 칼빈의 용법은 시내 산 언약이 율법 언약으로서 '행위의 원리'에 좌우된다는 호튼의 주장을 뒷받침하지 않는 것 같다.

---

31   Horton, 『칼뱅이 말하는 그리스도인의 삶』, 김광남 옮김 (서울: 아바서원, 2016), 263.
32   Lillback, *The Binding of God*, 158-60.
33   Lillback, *The Binding of God*, 159.

(1) 은혜 언약의 동일성

칼빈은 『기독교 강요』에서 율법 언약과 복음 언약의 차이를 언급하기에 앞서, 은혜 언약의 실체적 동일성을 강력히 주장한다. 칼빈은 다음과 같이 말한다.

> 세상의 시작 이래로 하나님에 의해서 그 백성의 무리로 받아들여진 모든 사람들은 우리에게 있는 것과 동일한 법과 동일한 교리의 끈에 의해서 하나님과 언약이 맺어졌다.[34]

칼빈은 옛 언약과 새 언약은 비록 시행 방식에 있어서 차이가 날지라도, 실체에 있어서는 사실상 동일한 언약이라고 말한다.[35]

베네마가 말하는 것처럼, 여기서 칼빈은 우유(偶有, accidens)와 실체(substantia)에 대한 아리스토텔레스 철학의 전통적인 구별의 범주를 사용하여, 은혜 언약의 구속사적인 시행의 다양성과 실체의 동일성을 구별한다.[36] 칼빈에 따르면, 신약 성도와 구약 성도들의 차이는

---

34 Calvin, *Institutes*, 2. 10. 1.

35 Calvin, *Institutes*, 2. 10. 2; Calvin, *Institutes*, 2. 11. 1. Cf. Lillback, *The Binding of God*, 147.

36 Cornelis P. Venema, "The Mosaic Covenant: A 'Republication' of the Covenant of Works?: A Review Article: *The Law Is Not of Faith: Essays On Works and Grace in the Mosaic Covenant*," *Mid-America Journal of Theology* 21 (2010): 40, 60. Venema 는 실체를 "어떤 것으로 하여금 다름 아닌 바로 그것이게 만드는 것"으로 이해하고, "우유"를 어떤 것에 우연히 속하는 것으로 이해하여 양자를 구별한다. 우유와 실체에 대한 더 상세한 정의에 대해서는, Richard A. Muller, *Dictionary of Latin and Greek Theological Terms: Drawn Principally from Protestant Scholastic Theology* [Grand Rapids: Baker Book House Company, 1985], 19, 290-91을 보라.

"우유에 있고, 실체에 있지 않"고, 은혜 언약의 주된 모든 특성에 있어서 일치한다.[37]

시내 산 언약을 포함해서 옛 언약이 새 언약과 마찬가지로 은혜 언약이 되게 하는 실체는 무엇인가?

칼빈은 세 가지로 요약한다.

첫째, 비록 영생이 지상적인 번영과 행복으로 표현될지라도 옛 언약에도 영생이 약속된다.

둘째, 사람들 자신의 공로가 아니라 사람들을 언약으로 부르신 하나님의 긍휼에 의해서만 언약이 유지된다.

셋째, 옛 언약에서도, 하나님과 연합되고 하나님의 약속을 누릴 수 있게 하는 "중보자이신 그리스도를 소유하고 알았다."[38]

베네마가 말하는 것처럼, 은혜 언약의 통일성에 대한 칼빈의 이런 이해는 이후 개혁주의 언약신학에서 일반적인 주장이 되었다.[39]

호튼은 칼빈이 재세례파에 맞서 강조한, 은혜 언약으로서 옛 언약과 새 언약의 실체적 연속성을 "약속과 성취의 구속 역사적 연속성"으로 주장한다.[40] 그러나 칼빈이 말하는 은혜 언약의 실체적 연속성과 호튼이 말하는 옛 언약과 새 언약의 구속 역사적 연속성은 특히 시내 산 언약과 관련하여 차이가 있다. 호튼은 시내 산 언약 자체에

---

37 Calvin, *Commentaries on Galatians and Ephesians*, volume 21, 115, on Gal. 4:1.
38 Calvin, *Institutes*, 2. 10. 2. Cf. 이승구, 『개혁신학에의 한 탐구』 (서울: 웨스트민스터 출판부, 1995), 146.
39 Venema, "The Mosaic Covenant: A 'Republication' of the Covenant of Works?" 60.
40 Horton, *Covenant and Salvation*, 99. Cf. Horton, *Covenant and Salvation*, 89.

는 복음의 약속이 포함되지 않는다고 생각하기 때문에, 시내 산 언약은 아브라함 언약이나 새 언약과 같은 은혜 언약과 실체적 연속성을 갖지 않는다고 주장하고, 단지 시내 산 언약에서 "요구된 의로움과 동일한 의로움이 새 언약에서 주어진다"는 점에서 은혜 언약과 구속 역사적 연속성을 갖는다고 주장한다.[41]

시내 산 언약을 (좁은 의미의) 율법으로 축소하는 호튼은, 시내 산 언약을 포함하는 옛 언약이 새 언약과 연속성을 갖는다고 주장하는 칼빈의 진술들을, 동일한 약속, 동일한 은혜의 원리, 그리고 동일한 중보자라는 언약의 실체적 연속성이라 관점에서 이해하지 않고, 율법의 요구가 복음에 의해서 만족된다는 의미에서 율법과 복음의 구속사적 조화를 의미하는 것으로 읽어낸다.

(2) 은혜 언약의 시행적 차이

칼빈은 옛 언약과 새 언약의 실체적 연속성뿐만 아니라 차이도 인정한다. 칼빈은 옛 언약과 새 언약의 차이를 다섯 가지로 요약한다.

첫째, 구약 교회는 신약 교회에 비해 어리고 미성숙한 교회이기 때문에, 옛 언약의 영적인 복은 일시적이고 지상적인 복으로 표상되었다.[42]

둘째, 구약 시대에는 그리스도가 아직 오시지 않았고, 그리스도와

41　Horton, *Covenant and Salvation*, 88.
42　Calvin은 Horton과 달리 구약 시대 지상에서의 장수와 복이 단지 행위의 원리에 따른 보상이 아닌 "신적 은혜의 표"로서 분명히 말한다(Calvin, *Institutes*, 2. 11. 3).

그리스도에 대한 진리가 "모형"과 "그림자"로 주어졌다. 이를테면 넓은 의미의 "율법 언약"은 그리스도의 피를 가리키는 상징에 의해서 인쳐진 데 반해, 복음 언약은 그리스도의 피에 의해서 인쳐졌다.

셋째, 좁은 의미의 옛 언약은 문자적인 것으로 그치는 데 반해, 새 언약은 영적이다.

넷째, 옛 언약은 이스라엘 백성으로 하여금 두려움과 종노릇을 경험하게 하지만, 새 언약은 자유와 확신을 준다.

다섯째, 옛 언약에서는 하나님이 "은혜 언약"을 자신이 구별한 한 민족에게 한정하신 데 반해, 신약 시대에는 은혜 언약의 복과 자비가 이스라엘 민족의 경계를 넘어 확대되었다.[43]

칼빈에 따르면 이런 모든 차이는 진정한 차이일지라도, 은혜 언약의 실체와 관련된 차이가 아니라 시행 방식의 차이다.[44] 릴백은 이런 차이를 "언약에 일시적이고 따라서 우유적인" 차이라고 일컫는다.[45] 그리고 구속사에 따른 은혜 언약의 시행 방식의 차이는, 칼빈이 말하는 대로, 하나님의 변덕스러움에 기인하는 것이 아니라 구속사의 진행에 따라 해당 시대에 가장 적절한 방식으로 사람을 구원하시는 하나님의 지혜와 자비에 기인한다.[46]

---

43 Calvin, *Institutes*, 2. 11. Cf. 이승구, 『개혁신학에의 한 탐구』, 151-52.
44 Calvin, *Institutes*, 2. 11. 1. Calvin은 언약 시행 방식을 언약의 실체와 구별하여 "언약의 우유적 특성"(the accidental properties of the covenant)이라고 일컫기도 한다 (Calvin, *Institutes*, 2. 11. 4).
45 Lillback, *The Binding of God*, 152.
46 Calvin, *Institutes*, 2. 11. 13.

(3) 칼빈의 율법 언약

릴백의 표현을 빌리자면, 칼빈은 율법 이전에 공포된 약속들까지 포함하는 "율법 언약," 즉 넓은 의미의 율법 언약은 "복음 언약"과 약속의 실체에 있어 다르지 않다고 주장한다. 칼빈은 만약 율법 언약과 복음 언약이 시행 방식에 있어서만 다른 것이 아니라, **약속의 실체**에 있어서도 다르다면, 구약과 신약의 통일성은 깨어질 것이라고 말한다.[47] 칼빈에게 있어서 넓은 의미의 율법 언약은 언약의 우유적 특성인 시행 방식에 있어서는 복음 언약과 차이가 날지라도 실체에 있어서 동일한 은혜 언약이다.

그런데 때로 칼빈은 "율법 언약"이라는 말을 은혜 언약의 모세적 시행을 가리키는 포괄적인 의미로만이 아니라, 복음의 약속을 배제하고 율법 자체에 속하여, 완전한 순종을 조건으로 의와 유업을 얻는 원리를 의미하는 좁은 의미로도 사용하는 것 같다.[48] 몇몇 예를 살펴보면, 칼빈은 창세기 15장 6절을 주석하면서, 바울이 "율법 언약 아래 외에는 행위가 공로적이지 않다"고 말씀한다고 한다.[49]

---

[47] Calvin, *Institutes*, 2. 11. 4. 여기서 Calvin은 율법 언약이라는 말을 동일한 은혜 언약의 모세적 시행을 가리키는 말로 사용한다.

[48] 그러나 Dennison, Sanborn, 그리고 Swinburnson은, Calvin은 *foedus legale*(율법 언약)와 *foedus evangelicum*(복음 언약)을 "별개의 언약들"이 아니라, 동일한 은혜 언약의 다양한 시행을 가리키는 용어로 "거의 항상" 사용한다고 주장한다(James T. Dennison Jr., Scott F. Sanborn, and Benjamin W. Swinburnson, "Merit or 'Entitlement' in Reformed Covenant Theology: A Review [of Bryan D. Estelle, J. V. Fesko, David VanDrunen, eds., *The Law is Not of Faith: Essays on Works and Grace in the Mosaic Covenant*]," *Kerux: The Journal of Northwest Theological Seminary* 24/3 [2009]: 34).

[49] Calvin, *Commentaries on the First Book of Moses called Genesis*, vol. 1, trans. John

여기서 율법 언약은 약속을 포함하는 넓은 의미의 율법 언약이 아니다. 그리고 예레미야 32장 40절에 대한 주석에서는, 예레미야 31장에서 언급된 새 언약과 대조되는 "율법 언약"이 사람이 율법을 지켰다면 유효했겠지만, 사람들의 잘못으로 무효화되었다고 말한다.[50] 여기서 칼빈은 "율법 언약"이라는 말을 율법에 대한 사람의 완전한 순종에 좌우되는 것을 가리키는 말로 사용한다.

칼빈의 갈라디아서 4장 24절 주석에서도 "율법 언약"이라는 용어를 좁은 의미로 사용하는 것 같다.[51] 칼빈은 바울이 "율법"을, 하나님께 완전히 순종하지 않으면 생명의 소망을 주지 않고 조금이라도 어긋나면 저주를 받는다고 위협하는 하나님의 의로운 규범을 의미하는 용어로 사용한다고 말한다.[52]

칼빈은 "아브라함의 집에 두 어머니가 있었던 것처럼, 하나님의 교회에도 그러하"여서, 율법과 복음의 가르침이 우리를 낳는 어머니라고 말한다.[53] 칼빈에 따르면, 이 두 어머니는 두 언약인데, "율법적 언

King (Grand Rapids, MI: Baker Books, 2005), 409, on Gen. 15:6.

50 Calvin, *Commentaries on the Book of the Prophet Jeremiah and the Lamentations*, vol. 10, trans. and ed. John Owen (Grand Rapids, MI: Baker Books, 2005), 215, on Jer. 32:40. Cf. 렘 31:32에 대한 Calvin의 주석도 보라. Calvin은 도덕법 자체를 언약으로 간주하기도 한다. "예레미야는 심지어 도덕법을 언약하고 깨지기 쉬운 언약으로 일컫는다"(Calvin, *Institutes*, 2. 11. 8).

51 Horton은 Calvin이 갈 4:24 주석에서, 율법 언약과 복음 언약의 대조를 직접적으로 언급한다고 주장한다(Horton, 『칼뱅이 말하는 그리스도인의 삶』, 263).

52 Calvin, *Institutes*, 2. 9. 4.

53 Calvin, *Commentaries on Galatians and Ephesians*, volume 21, 137, on Gal. 4:24.

약은 종을 만들고, 복음적 언약은 자유자를 만든다."[54] 그리고 칼빈은 율법 언약이 낳는 종을 "시내 산의 자녀"(the children of Sinai)라고 일컫는다.[55]

그러면 칼빈은 호튼이 주장하는 것처럼,[56] 좁은 의미의 율법 언약을 시내 산 언약이라는 의미로 사용하는가?

그런 것 같지 않다. 칼빈은 갈라디아서 주석에서 율법 언약이라는 말을, 율법이 은혜 언약의 맥락에서 분리되어 율법주의적으로 악용되는 것을 염두에 두고 사용하는 것 같다.[57]

칼빈은 율법 언약이 낳은 자녀를 율법을 악용하여 하나님의 유업을 상실하는 "위선자"들로 일컫는다. 여기서 율법 언약의 자녀는 율법의 본래 의도와 달리 "율법 자체"만 고수해서, 율법이 '그들을 그리스도께로 인도하는 초등교사'(갈 3:24)라는 것을 인정하지 않는 "율법을 악용한" 자들이다.[58]

이로 보건대, 여기서 칼빈이 복음 언약과 대조하는 좁은 의미의 율법 언약은 하나님이 본래 의도하신 대로의 시내 산 언약이 아니다. 율법 언약과 복음 언약에 대한 칼빈의 대조는 호튼이 주장하는 것처

---

54 Calvin, *Commentaries on Galatians and Ephesians*, 137-38, on Gal. 4:24.
55 Calvin, *Commentaries on Galatians and Ephesians*, 138, on Gal. 4:24.
56 Horton, *God of Promise*, 96. Horton은 *Covenant and Salvation*, 15에서 "시내 산 언약 자체는 율법 언약이다"라고 말한다. Cf. Horton, *Covenant and Salvation*, 50.
57 Cf. Dennison Jr., Sanborn, Swinburnson, "Merit or 'Entitlement' in Reformed Covenant Theology," 36.
58 Calvin, *Commentaries on Galatians and Ephesians*, 138, on Gal. 4:24.

럼, 율법 행위의 원리로 유업을 얻는 시내 산 언약과 은혜의 원리로 의와 유업을 얻는 은혜 언약 간의 대조가 아니다.

율법 언약과 복음 언약에 대한 칼빈의 대조는 베네마가 잘 표현한 것처럼, "모세 율법이 모세 언약의 보다 넓은 시행 안이라는 그 맥락에서 떨어져서 하나님 앞에서 의롭게 되는 수단으로 사용되는, 모세 율법의 '율법주의적인' 오용과 복음"의 대조이고, "율법의 요구에 순종함으로써 하나님 앞에서 자신이 의롭게 되는 것을 거짓되게 자랑하는 자들에 의해 오용되는," 즉 복음적 맥락에서 분리되어 오용된 율법과 복음 간의 대조이다.[59] 물론 율법 자체는 완전한 순종에 대하여 생명을 약속한다. 그러나 율법 자체는 시내 산 언약과 동일한 것이 아니다.

더구나 호튼이 말하는 율법 언약으로서 시내 산 언약은, 칼빈이 말하는 좁은 의미의 율법 언약과도 엄연히 다르다. 왜냐하면 호튼의 시내 산 언약은 은혜로 완화된 행위의 원리를 따라서 적당한 정도의 국가적 충성을 요구하지만,[60] 칼빈의 좁은 의미의 율법 또는 율법 언약은 "율법 책에 기록된 대로 모든 일을 항상 행하지 아니하는 자"에게 가차 없이 저주를 선언하는 엄격한 행위의 원리를 따르기 때문이다.[61]

---

59 Venema, "The Mosaic Covenant: A 'Republication' of the Covenant of Works?" 63 (강조는 Venema의 것). Cf. Vos, *Reformed Dogmatics*, vol. 2, 129, 131.
60 Horton, *God of Promise*, 32.
61 Calvin, *Institutes*, 2. 7. 5.

칼빈은 시내 산 언약을 포함하는 옛 언약을, 하나님의 값없는 긍휼에 근거해 수립되고 그리스도의 중보에 의해서 굳건해진, "복음 언약"이라고 일컫는다.[62] 게다가 칼빈에 따르면, 바울이 율법 자체만이라는 좁은 의미로 율법이라는 말을 종종 사용하는 목적은 하나님 앞에서 율법의 행위로 의를 얻는다고 주장하는 거짓 교사들을 논박하기 위해서고, 다른 경우에는 율법이 "값없이 입양하는 언약"(the covenant of free adoption)인 은혜 언약과 분리되지 않는다고 말한다.[63]

그러나 호튼은 칼빈이 율법 언약이라는 말을 은혜 언약의 모세적 시행이라는 넓은 의미로도 사용한다는 것을 간과하고, 시내 산 언약에서 죄 용서와 정결케 하는 여러 수단을 포함하는, 그리스도에 대한 약속과 모형이 배제된 "시내 산 언약 자체"라는 개념을 구상한다.[64] 호튼은 시내 산 언약 자체는 일시적인 지상 신정 국가의 유업의 유지를 좌우하는 행위 언약으로서 율법 언약이었다고 주장한다.

그러나 호튼의 이런 주장은 앞서 언급된, 시내 산 언약을 복음적 맥락과 분리시킨 언약의 "율법주의적 오용"이라는 칼빈의 비판에 직면하게 될 것 같다. 로벗슨이 말하는 것처럼, 시내 산 언약 가운데서 율법은 애초에 은혜의 약속과 무관하게 유업의 원리로 작용하도록 의도된 적이 없었다.[65]

---

62 Calvin, *Institutes*, 2. 10. 4.
63 Calvin, *Institutes*, 2. 7. 2.
64 Horton, *Covenant and Salvation*, 15; Horton, *God of Promise*, 50.
65 Palmer O. Robertson, *The Christ of the Covenants* (Grand Rapids, MI: Baker Book House, 1980), 59.

(4) 율법의 약속과 행위의 원리

호튼은 클라인과 더불어, 시내 산 언약에서 발견되는 율법의 약속과 경고에서 "율법의 행위의 원리"(The law's principle of works)가 현실적으로 불가능한 "가정적"(hypothetical)인 것이 아니라, 가나안 땅에서의 신정 국가의 유지와 번성에 "실제로"(actually) 적용된 원리라는 결론을 도출한다.[66]

여기서 행위의 원리가 "가정적"이지 않고 "실제로" 적용되는 원리라는 말은 구원과 천국의 모형인 신정 국가의 보존과 번성에 있어서는 행위의 원리가 적용되는 것이 시내 산 언약의 (궁극적 목적은 아닐지라도) 실제 의도라는 의미이다. 이를테면 하나님이 창조 언약에서 행위의 원리를 아담이 영생을 얻는 원리로 실제로 정하고 행위의 원리로 영생을 얻는 것이 실제로 가능했던 것처럼, 하나님은 시내 산 언약에서 완화된 행위의 원리를, 일종의 집단적 아담으로서 이스라엘의 신정 국가가 모형적인 유업의 보존을 결정하는 원리로 실제로 정하셨고, 그것은 실현 가능한 원리였다는 것이다.

호튼과 클라인은 창조 언약의 행위의 원리를 시내 산 언약에 실제로 적용하기 위해서, 국가적인 적당한 충성을 요구하는 원리로 행위의 원리를 완화한다.

---

66 Meredith G. Kline, "Gospel until the Law: Rom 5:13-14 and the Old Covenant," *Journal of the Evangelical Theological Society* 34/4 (December 1991), 435; Horton, *Covenant and Salvation*, 98.

그러나 칼빈은 시내 산 언약의 율법의 약속은 행위의 원리로는 결코 이루어지지 않는다고 단언한다.[67]

> 왜냐하면 주님은 그분의 율법을 완전하게 지키지 않는 자들에게는 아무것도 약속하시지 않는데, 그런 사람은 아무도 없기 때문이다.[68]

칼빈은 율법의 약속이 율법의 완전한 이행이라는 완전한 의를 조건으로 해서만 유효하기 때문에, "의의 성취이신 그리스도"를 믿음으로 얻고 나서야 비로소 율법의 약속의 혜택을 누릴 수 있다고 말한다.[69]

칼빈에 따르면, 율법의 약속들은 "행위의 공로"와 관련지을 때, 또는 "그 자체로 고려될 때"는 약속을 누리는 것이 불가능하지만, 하나님이 율법을 지키는 사람에게 약속한 복은 복음을 통해서 신자의 불완전한 선행에도 주어진다고 한다.[70] 칼빈은 거룩한 하나님이 신자의 불완전한 선행을 보상하는 이유를 다음과 같이 설명한다.

첫째, 하나님은 책망 받아 마땅한 그 행위들에서 언제나 눈을 돌려 그리스도 안에서 그 종들을 영접하시고, 그들의 행위가 아닌 없이 오직 믿음만 보시며 그들을 자신과 친히 화목하게 하신다.

67　Horton과 Kline의 입장에서는, 완전한 순종을 요구하는 Calvin의 행위의 원리는 실제적이지 않고 "가정적"이라고 할 수 있을 것이다.
68　Calvin, *Institutes*, 3. 17. 1.
69　Calvin, *Institutes*, 3. 17. 2.
70　Calvin, *Institutes*, 3. 17. 3.

둘째, 하나님은 아버지 되신 너그러움과 자비로, 그들의 행위들의 가치는 고려하지 않으시고, 그 행위들을 존귀한 위치로 올리시며 친히 가치를 부여하신다.

셋째, 하나님이 용서 가운데 받아주시지 않으신다면 덕이 아니라 죄로 여겨질 만큼 부패한 행위들에 하나님은 불완전함을 돌리지 않으시고, 그 행위들을 용서로 받아주신다.[71]

그리스도 안에 있는 신자의 불완전한 선행이 풍성히 보상받는 데서 칼빈은 "율법의 약속과 복음의 약속의 일치"를 발견한다.[72] 릴백은 이것을 "자비 언약(the covenant of mercy)에서의 율법과 복음의 일치"라고 일컫는다.[73]

호튼은 시내 산 언약에 있는 율법의 약속을 유의미한 것으로 만들기 위해서 완전한 순종을 요구하는 행위의 원리를 적절한 정도의 순종을 요구할 수 있는 행위의 원리로 수정하는 것 같다. 그러나 칼빈은 시내 산 언약에 있는 율법의 엄격함을 조금도 완화하지 않고도, 그리스도에게로 인도하는 역할과 관련해서, 삶의 완전한 규범과 관련해서, 그리고 신자의 선행에 대한 보상과 관련해서도 복음과 율법이 완전히 조화를 이룬다는 것을 긍정한다. 그리고 이 조화는 하나님이 그리스도의 의로움 안에서 죄인을 용납하시는 은혜 언약 안에서만 가능하다.

---

71 Calvin, *Institutes*, 3. 17. 3.
72 이것은 Calvin, *Institutes*, 3. 17.의 제목이다.
73 Lillback, *The Binding of God*, 194

2. 헤르만 비치우스

호튼은 모세 이후 구약 시대에 아브라함 언약의 은혜의 원리와 시내 산 언약의 행위의 원리가 공존했다는 것이 개혁주의 언약신학의 지배적인 견해였고, 이런 견해는 헤르만 비치우스(Herman Witsius, 1636-1708)의 『언약들의 경륜』(*The Economy of the Covenants*)에[74] 분명히 표현되어 있다고 주장한다.[75]

호튼이 고전적 언약신학과 일치한다고 평가하는, 소위 재판(再版) 이론에 따르면, 창조 언약은 하나님의 은혜는 전제하지 않고 단지 하나님의 친절과 선하심만 전제한다.

그러나 그는 시내 산 언약이 하나님의 은혜도 전제한다는 점에서,[76] 게다가 시내 산 언약에서 완화된 행위의 원리(언약의 조건이 율법에 대한 완전한 순종이 아니라 적절한 정도의 국가적 충성이라는 점에서)가 한정적인 차원(영원한 구원과 복이 아니라 모형적인 지상의 유업과 복에 한정적이고 잠정적으로 참여)에 적용된다는 점에서 시내 산 언약은 타락 이전의 "행위 언약의 단순 반복"(a republication of the covenant of works *simpliciter*)일 수 없다고 한다.[77]

---

74 Herman Witsius, *The Economy of the Covenants between God and Man: Comprehending a Complete Body of Divinity*, 2 vols., trans. William Crookshank (Phillipsburg, NJ: P&R Publishing, 1990).
75 Horton, *Covenant and Salvation*, 97, n. 83.
76 Horton, *Lord and Servant: A Covenant Christology* (Louisville, KY: Westminster John Knox Press, 2005), 130.
77 Horton, *Covenant and Salvation*, 97.

그럼에도 불구하고 호튼은 하나님의 종말론적 동산으로서 "이스라엘의 국가적 실존"에 "창조 언약이 되풀이"(a repetition of the covenant of creation)된다고 한다.[78]

시내 산 언약에 대한 호튼의 이런 이해가 비치우스에게서도 발견된다는 호튼의 주장은 타당한가?

사실 호튼은 이런 재판 이론이 비치우스에 의해서 잘 표현된 고전적 이해라는 자신의 주장을 뒷받침하는 비치우스의 구체적인 진술을 제시하지 않는다.[79] 이러한 점은 호튼이 시내 산 언약에 대한 자신의 이해 또는 재판(再版) 이론이 고전적 언약신학과 일치한다고 주장할 때의 전형적인 약점인 것 같다.

호튼이 재판 이론이 고전적 언약신학이라는 자신의 주장을 뒷받침할만한 구체적인 진술로서 언급하는 진술 중 가장 이른 것은 19세기 찰스 핫지의 진술이다. 호튼은 핫지의 해당 진술을[80] 재판 이론에 대한 "보다 현대적인 요약"이라고 일컫는데,[81] 호튼은 핫지보다 오래된 개혁신학자들의 진술 가운데서 재판 이론을 직접적으로 뒷받침할 구체적인 진술을 언급하지 않는다.[82]

---

78 Horton, *Lord and Servant*, 130.
79 Horton이 재판 이론과 관련해서 Witsius를 언급하는 곳은 세 곳이다. Horton, *Lord and Servant*, 130, n. 24; Horton, *Covenant and Salvation*, 24, n. 48; Horton, *Covenant and Salvation*, 97, n. 83.
80 Charles Hodge, *Systematic Theology* (Grand Rapids: Eerdmans, 1946), 117.
81 Horton, *Lord and Servant*, 130, n. 24.
82 비록 Horton이 은혜 언약과 율법 언약의 구별에 대한 자신의 설명(재판 이론과 밀접한 관련이 있는)과 유사한 설명이 이미 Turretin, *Institutes of Elenctic Theology*, vol.

호튼이 클라인 식의 재판 이론이 옛 언약신학의 지배적인 견해와 일치한다고 주장하면서 제시하는 역사적 논거라고는, 칼빈을 포함한 전통적인 개혁주의 언약신학자들이 칭의의 원리에 있어서 율법과 복음의 대립을 고수했고, 이런 핵심적인 해석학적 틀에 대한 헌신에서 행위 언약과 은혜 언약에 대한 전통적 언약신학의 구별이 비롯되었다는 것뿐이다.[83]

그러나 시내 산 언약이 창조 언약의 모종의 재판이라는 이해가 옛 언약신학의 지배적인 견해라는 주장을 뒷받침하기 위해서는 단지 전통적인 개혁주의 언약신학자들이 율법과 복음의 구별에 근거해 행위 언약과 은혜 언약을 구별했다는 사실로 충분하지 않고, 옛 언약신학자들도 호튼처럼[84] 시내 산 언약이 은혜의 원리가 아닌 행위의 원리에 의해 실제로 좌우된다고 주장했다는 논거가 필요할 것이다. 왜냐하면 행위 언약과 은혜 언약이 구별된다고 주장하는 것과 시내 산 언약이 행위 언약이라고 주장하는 것은 다른 문제이기 때문이다.

2, ed. James T. Dennison Jr., trans. George Musgrave Giger (Phillipsburg, NJ: P&R Publishing, 1994), Twelfth topic의 특히 QQ. 4, 6, 7에서 상세히 진술되었다고 말할지라도(Horton, *Covenant and Salvation*, 12, n. 4), Horton은 Turretin의 구체적인 진술로써 자신의 이해를 뒷받침하는 것까지는 나아가지 않는다. 게다가 Turretin이 시내 산 언약의 성격을 직접적으로 다루는 부분은 *Institutes of Elenctic Theology*, Twelfth topic, Q. 12인데, Horton은 이 대목을 언급하지 않는다.

83 Horton, *God of Promise*, 85.
84 Horton, *Covenant and Salvation*, 100.

1) 은혜 언약의 실체의 동일성과 시행의 다양성

비치우스의 다음 진술만 보면, 호튼의 주장대로 비치우스의 진술이 재판 이론과 일치하는 것처럼 보일지도 모른다.

> 모세의 직무에는 행위 언약의 법에 대한 가르침이 반복되었다.[85]

> 시내 산, 곧 호렙산에서 율법이 주어졌을 때, 행위 언약이 반복되었다.[86]

그러나 이런 진술에 선행하는 진술들, 이런 진술의 맥락, 그리고 관련된 여러 진술들을 고려해볼 때, 시내 산 언약이 행위의 원리에 의해서 실제로 좌우된다고 주장하는 재판 이론과 비치우스의 진술은 거리가 있는 것 같다.

먼저 우리는 비치우스가 이런 진술들을 하기에 앞서, 칼빈과 마찬

---

85 Witsius, *The Economy of the Covenants*, 4. 4. 47=2:182 (첫 번째 일련의 숫자는 책에 본래 있는 Book, Chapter, Paragraph를 가리키고, 그 다음 일련의 숫자는 영어 번역판의 페이지를 가리킨다).

86 Witsius, *The Economy of the Covenants*, 4. 4. 48=2:183: "when the law was given from mount Sinai or Horeb, there was a repetition of the covenant of works." Witsius는 시내 산 언약이 행위 언약이냐 은혜 언약이냐는 문제를 *The Economy of the Covenants*, 4. 4. 47-54=2:182-86(사전 논의에 해당하는 부분은 4. 4. 47-50=2:182-84이다)에서 직접적으로 다룬다.

가지로 은혜 언약이 모든 시대에 걸쳐 실체가 동일하다고 주장한다는 것을 기억할 필요가 있다. 비치우스는 주장하기를, 은혜 언약의 "**실체 또는 본질**"과 시대에 따라서 다른 방식으로 제시되는 은혜 언약의 "**환경**"을 구별할 필요가 있고, "은혜 언약의 **실체**"는 "단 **하나뿐**"이라고 한다.[87] 비치우스에 따르면, 은혜 언약의 동일한 실체를 이루는 것은 크게 세 가지다.

첫째, 동일한 영생이 약속되었다.

둘째, 예수가 동일한 구주로서 제시되었다.

셋째, 그리스도에 대한 살아있는 참 믿음이 구원에 참여하는 동일한 방식이었다.

비치우스가 말하는 대로, "만약 구원이 동일하고, 구주가 동일하고, 구주와 교통하는 방식이 동일하다면," 은혜 언약은 하나일 수밖에 없고,[88] 하나님은 "동일한 은혜 언약을" 시대에 맞게 다른 방식으로 시행하시기를 기뻐하셨다.[89]

비치우스는 동일한 은혜 언약의 시행과 환경의 차이를 칼빈과 마찬가지로 구약과 신약, 즉 옛 언약과 새 언약으로 구별한다. 보스가 말하는 대로, 그리스도 이전과 이후로 나누는 이런 구별은 언약에 대한 "최고의 그리고 가장 오래된" 구별이다.[90]

---

87 Witsius, *The Economy of the Covenants*, 3. 2. 1=1:291.
88 Witsius, *The Economy of the Covenants*, 3. 2. 2=1:292.
89 Witsius, *The Economy of the Covenants*, 3. 3. 1=1:307.
90 Vos, *Reformed Dogmatics*, vol. 2, 136. Vos에 따르면, 은혜 언약의 시행에 있어서 모세 이전과 이후의 차이는 비록 옛 은혜 언약과 새 은혜 언약의 차이에는 미치지 못할

비치우스에 따르면, 옛 언약은 "은혜 언약과 완전히 다른, 우리 자신의 행위로 구원을 얻는 **율법 언약**"을 결코 의미하지 않고, 약속된 유업의 동일한 실체가 모형으로 가려진 채로, 그리스도가 육체로 오시기 전에 주어진 은혜 언약을 말한다.[91] 비치우스는 구약과 신약의 차이는 "동일한 구원의 은혜"를 제시하고 제공해 주는 방식과 환경적 부속물의 차이에 있다고 말한다.[92]

비치우스는 옛 언약 시대를 다시 아담으로부터 노아까지, 노아부터 아브라함까지, 아브라함부터 모세까지, 그리고 모세로부터 그리스도까지의 네 시기로 구별한다.[93] 이 네 시기의 구별도 실체와 관계된 것이 아니라 은혜 언약의 시행 환경과 관계된 것들이다. 그래서 비치우스는 동일한 은혜 언약이 시내 산에서 이스라엘 백성에게 엄숙하게 갱신되었다고 말한다.[94]

지라도, 세 가지 "주목할 만한 차이"가 있다. **첫째**, 모세 이전 시기인 족장 시대에 은혜 언약의 "은혜로운 성격이 보다 분명했고," 이에 반해 모세 시대에는 행위 언약을 재수립하기 위해서가 아니라 그리스도에게 이끌기 위해서 "행위 언약의 요구"를 보다 꼼꼼히 상기시키는 일이 있었다. **둘째**, 족장 시대에는 은혜 언약적 유익의 "영적 성격"이 더 잘 이해되었다. 왜냐하면 족장들은 가나안 땅을 실제로는 소유하지 못한 나그네이고 지상적인 약속이 아직 성취되지 않았기에, 약속의 지상적이고 일시적인 유익에 온 마음이 빼앗길 위험이 적었기 때문이다. **셋째**, 모세 이전 시기에는 모든 이방인을 포함하는 "은혜 언약의 온 세상 포괄적인 목표"가 보다 분명했다(Vos, *Reformed Dogmatics*, vol. 2, 136-37).

91 Witsius, *The Economy of the Covenants*, 3. 3. 2=1:307 (강조는 Witsius의 것).
92 Witsius, *The Economy of the Covenants*, 3. 3. 3-4=1:308.
93 Witsius, *The Economy of the Covenants*, 3. 3. 11-14=1:313-14.
94 Witsius, *The Economy of the Covenants*, 3. 3. 15=1:314. 여기서 Witsius가 말하는 시내 산에서의 언약 갱신은 다음 이유에서 행위 언약의 갱신이 아니다. **첫째**, Witsius는 여기서 동일한 은혜 언약의 다양한 시행을 다루고 있고, **둘째**, Witsius는 행위 언약은 결코 갱신될 수 없다고 말한다(1. 9. 20=1:159).

비치우스가 말하는 대로, 이전의 은혜 언약은 시내 산에서 새로워졌지만, 새롭게 변화된 것은 언약의 "실체"가 아니라, 언약의 실체가 주어지는 "환경적인 것들에 대해서만"이다.[95] 또한 언약의 법에 있어서도 시내 산 언약은 이전의 은혜 언약과 시행에 있어서는 차이가 있지만 실체에 있어서는 마찬가지다. 비치우스에 따르면, 하나님은 시내 산에서 언약의 법을 주실 때, 족장들의 경우와 달리 천둥과 번개 가운데 말씀하셨지만(부속적인 시행 환경의 차이), 시내 산 언약의 법의 주요 부분인 십계명의 "실체"는 "감사와 새 생명의 규칙"으로서 옛 족장들에게도 마찬가지로 이미 주어진 것이었고 한다.

> 옛 족장들과 맺어진 언약도 십계명을 첫째가고 주된 법으로 하는 언약이었다.[96]

2) 비치우스의 시내 산 언약

(1) 언약적인 행위의 원리의 반복 불가능성

시내 산 언약에서 "행위 언약의 법에 대한 가르침"이나 "행위 언약"이 반복된다는 비치우스의 진술들은, 행위의 원리가 유업을 얻는

---

[95] Witsius, *The Economy of the Covenants*, 3. 3. 30=1:322.
[96] Witsius, *The Economy of the Covenants*, 3. 3. 31=1:323-34. Witsius는 "나는 전능한 하나님이라 너는 내 앞에서 행하여 완전하라"(창 17:1)에서 시내 산 언약의 주된 법인 십계명과 실체에 있어 동일한 언약의 법을 발견한다.

원리로서 실제로 작용하는 행위 언약의 재수립을 의미하지 않는다. 비치우스는 다음과 같이 분명히 말한다.

> 이스라엘 사람들이 행위 언약 안에서 의로움과 구원을 추구하는 그런 행위 언약의 재수립을 위해, 행위 언약에 대한 가르침이 반복되었다고 생각하지 말아야 한다.[97]

비치우스는 행위 언약은 그 자체의 성격상 죄 용서를 허용하지 않기 때문에, 죄인에게 행위 언약이 재수립되는 것은 애초에 불가능하다고 지적한다.[98]

비치우스에 따르면, 하나님이 죄인을 용서하지 않고 죽음으로 벌하신다는 형벌 규정이 행위 언약의 본질적 구성요소이기 때문에, 기존 죄에 대한 용서를 전제하는 행위 언약의 재수립이란 행위 언약을 "파괴하는" 것이고, 만약 하나님이 행위 언약을 재수립한다면, 하나님은 행위 "언약 및 하나님 자신의 진리"와 상반되게 행하는 것이라고 한다.[99]

> 율법은 우리 의무의 규칙으로서는 남아있지만 그 언약적 성격은 폐지되었다.[100]

---

97 Witsius, *The Economy of the Covenants*, 4. 4. 49=2:183.
98 Witsius, *The Economy of the Covenants*, 4. 4. 49=2:183, cf. 4. 4. 50=2:184.
99 Witsius, *The Economy of the Covenants*, 1. 9. 20=1:159.
100 Witsius, *The Economy of the Covenants*, 1. 9. 21=1:159. Letham은 행위 언약이

멀러가 말하는 것처럼, 아담의 행위 언약 위반에 의해서 삶의 궁극적 규칙으로서의 율법이 폐지된 것이 아니라, 언약으로서의 율법이 폐지되었다.[101]

그러므로 비치우스가 시내 산 언약에서 반복된다고 말하는 행위 언약은, 재수립될 수 없는 행위 언약의 원리가 아니라, 멀러가 잘 표현한 대로, "거룩함과 의로움의 표준으로서 하나님의 법의 항구성, 고로 거룩하고 의로우신 하나님과의 교제의 토대로서 하나님의 법의 항구성"이 재천명되는 것이다.[102]

반면 호튼은, 시내 산 언약에서 비록 이스라엘 신정 국가의 운명에 한정적일지라도 언약으로서의 행위의 원리가 재도입되는 것처럼 이해한다. 그러나 레담이 클라인 식의 재판 이론에 대해서 지적한 것처럼, 하나님의 율법의 한결같음에서 행위 언약의 영구적이고 보편적인 작용이 도출되지 않는다.[103]

시내 산 언약에서 되풀이될 수 없는 네 가지 이유를 지시한다. **첫째**, 시내 산 언약을 맺는 이스라엘은 이미 은혜 언약인 아브라함 언약으로 하나님과 언약을 맺고 있었다. **둘째**, 시내 산 언약에는 죄 없는 언약의 머리가 존재하지 않았다. **셋째**, 시내 산 언약이 행위의 원리에 의해서 좌우되는 언약이었다면, 시내 산 언약은 체결되자마자 끝장났을 것이다. 왜냐하면 시내 산 언약이 맺어지자마자 이스라엘은 금송아지를 섬겼기 때문이다. **넷째**, 만약 시내 산 언약이 행위의 원리에 기초했다면, 이스라엘 백성들은 영적 분열을 피할 수 없을 것이다(Letham, "'Not a Covenant of Works in Disguise' [Herman Bavinck]," 147–48).

101 Muller, "The Covenant of Works and the Stability of Divine Law in Seventeenth-Century Reformed Orthodoxy," 185.
102 Muller, "The Covenant of Works and the Stability of Divine Law in Seventeenth-Century Reformed Orthodoxy," 185.
103 Letham, "'Not a Covenant of Works in Disguise' (Herman Bavinck)," 151.

제3장 시내 산 언약에 대한 고전적 이해 vs. 호튼의 이해

비치우스에 따르면, 시내 산에서 행위 언약의 가르침이 되풀이되는 목적은 행위 언약을 갱신하기 위한 것이 아니라 은혜 언약을 촉진하기 위해서, 즉 죄인을 은혜 언약으로 몰아가 은혜 언약을 받아들이게 하기 위해서이다.

> 그러므로 이스라엘 백성에게 행위 언약을 상기시킨 것은 그들의 죄와 비참을 일깨우고, 그들 자신에게서 빠져나오게 하며, 그들에게 속죄의 필요성을 보여 주며, 그들을 그리스도에게로 몰기 위해서이다.[104]

게다가 비치우스에 따르면, 시내 산 언약에서는 은혜 언약으로 이끄는 행위 언약의 가르침만 반복되는 것이 아니라, 은혜 언약도 반복된다.

> 또한 율법의 이런 주어짐에, 은혜 언약에 속하는 것들도 반복되었다.[105]

비치우스가 말하는 대로, 죄인들과 하나님의 언약적 교제, 하나님이 자신을 죄인들의 하나님으로 일컬으시는 것, 죄인들에게 "천국

---

104 Witsius, *The Economy of the Covenants*, 4. 4. 49=2:183-84.
105 Witsius, *The Economy of the Covenants*, 4. 4. 50=2:184.

의 담보"로서 가나안 땅을 주시는 것, 그리고 "하나님을 사랑하고 하나님의 계명을 지키는 자들에게 하나님의 은혜를 약속하시는 것"은 "메시아의 보증"을 전제하므로 이것들은 은혜 언약에 명백히 속하는 것들이다.[106]

(2) 비치우스의 절충주의

그러면 비치우스는 시내 산 언약을 은혜 언약이라고 일컫는가?

비치우스는 시내 산 언약은 "정식적으로"(formally)는 은혜 언약이 아니라고 말한다.[107] 비치우스에 따르면, 예레미야 32장 39절에 알려진 새 언약은 "순종을 요구만 하는 것이 아니라, 순종할 힘도 베풀고 약속하는" 것인 데 반해, 시내 산 언약에는 순종에 대한 요구는 있어도 순종할 힘을 주신다는 약속은 존재하지 않는다.[108]

그러면 시내 산 언약은 행위 언약인가?

비치우스는 말하기를, "시내 산에서 이스라엘과 맺어진 언약은 정식적으로는 행위 언약이 아니었다"고 한다.

비치우스에 따르면, 시내 산 언약은 다음 세 가지 이유에서 행위 언약이 아니다.

첫째, 행위 언약은 죄인에게 애초에 재수립될 수 없다.

---

106 Witsius, *The Economy of the Covenants*, 4. 4. 50=2:184.
107 Witsius, *The Economy of the Covenants*, 4. 4. 53=2:185. Cf. Witsius, *The Economy of the Covenants*, 4. 4. 54=2:186.
108 Witsius, *The Economy of the Covenants*, 4. 4. 53=2:185.

둘째, 하나님이 시내 산 언약에서 요구하신 것은, 하나님의 복과 상을 받기 위한 조건으로서, 행위 언약의 조건인 완전한 순종이 아니라 하나님에 대한 "존경과 감사의 증거로서 진실한 순종"이다.

셋째, 만약 이스라엘이 행위 언약 아래 있었다면, 단 하나의 범죄도 용서받지 못하고 모든 소망이 완전히 끊어졌을 것이다.[109]

비치우스는 양쪽 주장의 신학적 합일점을 찾는 "절충주의"를 지향하는 신학자답게[110] 시내 산 언약이 행위 언약이냐 은혜 언약이냐는 질문에, 정식적으로는 은혜 언약도 행위 언약도 아니고 "국가적 언약"으로서 "진실한 경건의 언약"(a covenant of sincere piety)이라는 답변을 내놓는다.[111]

---

[109] Witsius, *The Economy of the Covenants*, 4. 4. 51=2:184. 이와 관련하여 Witsius는 Calvin과 마찬가지로, 바울이 갈 4:24-25에서 종을 낳은 "하갈" 언약을 말할 때, 하나님이 택자에게 주신, "하나님이 의도하신 대로의 시내 산 언약"을 염두에 둔 것이 아니라, 육적인 위선자들에 의해서 오용된 시내 산 언약의 오용을 염두에 두고 있다고 말한다. 다시 말해서 여기서 바울의 의도는 시내 산 언약이 "복음 언약과 정반대되는 행위 언약"이었다는 것이 아니라, 육적인 위선자들이 하나님의 의도를 오해해서 시내 산 언약을 악하게 오용했다는 것을 가르치고자 했다고 한다(Witsius, *The Economy of the Covenants*, 4. 4. 52=2:185).

[110] 박재은, 『칭의, 균형 있게 이해하기: 하나님의 주권 대 인간의 역할, 그 사이에서 바라본 칭의』 (서울: 부흥과개혁사, 2016), 125.

[111] Venema는 Witsius의 이런 답변을 "당혹스러운 답"(perplexing answer)으로 묘사한다(Venema, "The Mosaic Covenant: A 'Republication' of the Covenant of Works?" 70). 또한 그는 평가하기를, 시내 산 언약을 은혜 언약과 행위 언약 둘 다 전제하는 모종의 혼합된 언약으로 이해하는 Witsius의 이해는 Witsius의 전체 언약신학과 조화되기 쉽지 않고, 시내 산 언약과 관련해서 Calvin이나 Turretin의 이해만큼 선명하지 않고 "더 혼란스럽다"고 한다(Venema, "The Mosaic Covenant: A 'Republication' of the Covenant of Works?" 71-72). 이와 유사하게 Dennison Jr., Sanborn, 그리고 Swinburnson은 Witsius의 견해가 Calvin의 견해만큼 개혁신학의 합의를 대표한다고 보기 힘들다고 평가한다(Dennison Jr., Sanborn, and Swinburnson, "Merit or 'Entitlement' in Reformed Covenant Theology," 41).

[시내 산 언약에서] 이스라엘이 하나님의 모든 규범에 **진실한 순종**을 하기로 하나님에게 약속하고 … 하나님은 그런 순종이 자신에게 받아들여지고, 순종에 대한 보상이 이생과 내세, 영혼과 몸 둘 다에 있을 것이라고 이스라엘에게 약속한다.

이러한 약속을 하신 하나님과 이스라엘 사이의 "국가적 언약"이 시내 산 언약이다.[112]

일견, 비치우스의 이런 진술은, 완화된 행위의 원리에 따른 적당한 국가적 충성에 신정 국가의 유지와 복락이 달려 있다는 호튼의 주장과 유사해 보일지 모른다. 비치우스는 시내 산 언약에는 행위 언약적 특징과 은혜 언약적 특징이 둘 다 반복되고, 시내 산 언약은 행위 언약과 은혜 언약 둘 다 전제한다고 말한다. 그러나 이스라엘의 진실한 순종과 하나님의 보상 사이에서 호튼은 공로적인 행위의 원리를 발견하는 반면, 비치우스는 다름 아닌 은혜의 원리를 발견한다.

비치우스에 따르면, 이스라엘과 하나님의 이런 "상호적 약속"에는 행위의 원리가 아니라 은혜의 원리가 전제된다.

---

112 Witsius, *The Economy of the Covenants*, 4. 4. 54=2:186 (강조는 첨가한 것). 모세적 질서나 경륜 가운데서 영원한 구원은 은혜의 원리에 의해서 좌우되지만 그 모형인 지상적인 유업의 보유는 행위의 원리에 의해서 좌우된다는 Horton의 주장은 Witsius의 위 진술과 충돌한다. Witsius는 시내 산 언약에서 이스라엘이 맹세한, 하나님의 명령에 대한 진실한 준행은 "이생과 내세, 영혼과 몸" 모두와 관계있는 것이었다고 말한다. 모세 시대에도 신약 시대와 마찬가지로 "경건은 범사에 유익하니 금생과 내생에 약속이 있"었다(딤전 4:8).

> 왜냐하면 은혜 언약의 도움 없이는 사람이 진실한 준행을 약속할 수 없고, 또한 불완전한 준행이 하나님께 받아들여지는 것은 전적으로 은혜 언약 덕분이기 때문이다.[113]

다시 말해, 데니슨, 샌본, 그리고 스윈번슨이 말하는 것처럼, 진실한 경건의 언약으로서 시내 산 언약의 조건은 은혜 언약의 조건과 본질에 있어서 다르지 않고, 둘 다 요구하는 것은 불완전하더라도 진실하게 드리는 순종이다.[114]

또한 호튼이 시내 산 언약이 아브라함 언약과 형식과 내용에 있어서 모두 다른 율법 언약이라고 결론내리는 데[115] 주된 주해적 근거로 삼는 성경 말씀은 출애굽기 24장 7절이다.

> 언약서를 가져다가 백성에게 낭독하여 듣게 하니 그들이 이르되 여호와의 모든 말씀을 우리가 준행하리이다(출 24:7).

출애굽기 24장 7절과 내용상 거의 동일한 출애굽기 24장 3절로부터,[116] 비치우스는 호튼처럼 행위의 원리에 따른 율법 준수의 맹세를

---

113 Witsius, *The Economy of the Covenants*, 4. 4. 54=2:186. 그렇다면 은혜 언약의 열매인 순종에 약속된 상이 어떻게 행위의 원리에 따른 보상일 수 있는가?

114 Dennison Jr., Sanborn, and Swinburnson, "Merit or 'Entitlement' in Reformed Covenant Theology," 47.

115 Horton, *Covenant and Salvation*, 17.

116 출 24:3, "모세가 와서 여호와의 모든 말씀과 그의 모든 율례를 백성에게 전하매, 그들

발견하지 않는다. 그 대신 비치우스는 "신적 능력의 은혜로운 영향에 대한 믿음에 의존하여 순종을 약속하는," 은혜의 반응을 발견한다.[117]

비치우스의 진술과 재판 이론 사이에 표현상의 유사점이 발견되고, 비치우스와 호튼 둘 다 시내 산 언약에 반복되는 행위 언약적 가르침이 그리스도에게로 몰아가는 몽학 선생의 역할을 한다는 것을 강조한다. 그러나 호튼은 영원한 구원의 모형인 지상 신정 국가의 유업과 복의 유지가 행위의 원리에 의해서 실제로 좌우되었다고 주장하는 반면, 비치우스는 진실한 순종에 대한 이스라엘 백성의 맹세와 불완전한 순종에도 풍성히 보상하는 하나님의 약속은 모두 은혜 언약을 전제했다고 주장한다.

3. 프란시스 투레틴

우리가 세 번째로 살펴볼 개혁주의 신학자는 정통주의 시기의 대표적인 개혁주의 신학자인 프란시스 투레틴(Francis Turretin, 1623-1687)이다.[118] 투레틴은 자신의 주저(主著) 『변증 신학 강요』(*Institutes of*

이 한 소리로 응답하여 이르되 여호와께서 말씀하신 모든 것을 우리가 준행하리이다."
117 Witsius, *The Economy of the Covenants*, 4. 4. 46=2:182.
118 비록 Turretin이 Witsius보다 먼저 태어났을지라도, 우리가 다루는 그들의 주저(主著)에 있어서 Witsius의 *De oeconomia foderum Dei cum hominibus* (Leeuwarden, 1677)가 Turretin의 *Institutio Theologiae Elencticae* (3 parts, Geneva, 1679-1685) 보다 먼저 나왔고, 특히 시내 산 언약에 있어 Witsius보다 Turretin의 이해가 더 선

Elenctic Theology)에서 자신의 독창적인 견해를 개진하려고 하지 않고, 정통주의 시기의 개혁주의 신학의 합의를 안팎의 신학적 반대자들에게 맞서 분명히 변호하고자 했다. 그래서 투레틴의 설명은 옛 개혁주의 신학자들의 일반적인 견해 또는 합의로 일컬어질 수 있는 입장이 무엇인지에 대한 중요한 역사적 증거를 제공해 준다.[119]

그리고 투레틴은 시내 산 언약의 정확한 성격에 대해서, 즉 시내 산 언약이 은혜 언약의 시행인지, 행위 언약(또는 "자연 언약")의 시행인지, 아니면 은혜 언약도 아니고 행위 언약도 아닌 다른 언약인지에 대한 문제를 구별하여 직접적으로 다루고 있다.[120] 이로 보건대 시내 산 언약에 대한 투레틴의 설명을 살펴보는 것은 재판 이론이 고전적 언약신학의 지배적인 견해라는 호튼의 주장을 평가하는 우리의 목적에 있어서 중요한 가치를 갖는다.

게다가 호튼 스스로가 율법 언약과 약속 언약의 구별에 대한 자신의 이중 언약주의와, 은혜 언약 시행의 다양성에 대한 자신의 이해와 동일한 것이 투레틴에 의해서 이미 상세히 진술된 바 있다고 주장했다.[121]

명하며(Cf. Venema, "The Mosaic Covenant: A 'Republication' of the Covenant of Works?" 72) Horton과의 대조도 더 두드러지기 때문에, Turretin의 견해를 뒤에 다루는 것이 적절해 보인다.

119　Venema, "The Mosaic Covenant: A 'Republication' of the Covenant of Works?" 64. Cf. Letham, "'Not a Covenant of Works in Disguise' (Herman Bavinck)," 153.
120　Turretin, *Institutes of Elenctic Theology*, 12. 12. 1–25=2:262–69.
121　Horton, *Covenant and Salvation*, 12, n. 4.

1) 투레틴의 이중 언약주의

호튼은 주장하기를, 현대의 많은 개신교 신학자들이 단일-언약주의(mono-covenantalism)를 주장하지만, 고전적 개혁신학은 "율법 언약"과 "약속 언약"을 명백히 구별하는 이중 언약주의를 고수했다고 한다.[122] 분명 이중 언약주의는 개혁주의 언약신학의 표준적인 가르침이다. 호튼이 호소하는 고전적 개혁신학자의 대표자 가운데 한 사람인 투레틴은 이중 언약주의에 대한 고전적 개혁주의의 표준적인 가르침을 다음과 같이 요약한다.

> III. 그[하나님]는 사람들과 이중의 언약을 맺으셨다. 첫째, 무죄한 사람과는 율법 언약(또는 행위 언약)을, 타락한 죄인과는 믿음 또는 복음의 언약을 맺으셨다. 전재[율법 언약]에 의해서는 하나님이 율법을 완전히 수행하는 사람에게는 영생을 약속하고 죄인에게는 "이것을 행하면 살리라," 그리고 "계속 행하지 않는 사람은 저주를 받는다"는 말씀을 따라서 죽음으로 벌하기로 하셨다. 후재[복음 언약]에 의해서는 하나님이 신자에게 그리스도로 말미암아 그리고 그리스도 안에서 안전을 약속하셨다. 전자는 타락 이전에 아담 및 아담 안에서 모든 사람과 맺어졌고 … 후자는 타락 이후에 그리스도 안에서 택자들과 맺어졌다.[123]

---

122 Horton, *Covenant and Salvation*, 11-12.
123 Turretin, *Institutes of Elenctic Theology*, 12. 2. 3=2:174.

호튼의 이중 언약주의는 투레틴의 이중 언약주의와 일치하는가?

호튼은 율법 언약을 타락 이전에 아담 및 아담 안에서 모든 사람과 맺어진 언약에 한정하지 않고, 시내 산 언약에까지 적용한다. 호튼은 시내 산 언약을 은혜 언약으로 간주하는 것을 일종의 단일 언약주의인 것처럼 말한다.[124] 호튼은 옛 언약신학자들이 아브라함 언약과 시내 산 언약의 차이를 한 언약의 다른 강조점이나 시행의 차이에 불과한 것이 아니라 "두 언약들"로, 즉 "율법 언약과 약속 언약"으로 구별했다고 주장한다.[125] 호튼은 자신의 이중 언약주의와 투레틴의 이중 언약주의의 연속성을 주장하지만, 호튼의 이중 언약주의는 투레틴의 이중 언약주의와 다르게 창조 언약뿐만 아니라 시내 산 언약마저 행위의 원리에 의해서 좌우되는 율법 언약에 포함시킨다.

만약 전통적인 이중 언약주의에 두 기둥이 있어 한 쪽 기둥이 행위 언약과 은혜 언약의 구별이라면, 다른 쪽 기둥은 은혜 언약의 동일성일 것이다. 개혁주의 언약신학의 대표자 가운데 하나인 투레틴은 행위 언약과 은혜 언약의 구별과 더불어 은혜 언약의 동일성을 주장한다.

투레틴은 소치누스주의, 아르미니우스주의, 그리고 재세례파의 구약과 신약의 관계에 대한 견해에 맞서 주장하기를, 은혜 언약은

---

124 Horton은 주장하기를, 갈라디아서에서 바울이 비판한 자들의 주된 문제점 가운데 하나는 은혜 언약인 시내 산 언약에 있는 율법을 행위 언약으로 오해한 점이 아니라, 행위 언약인 시내 산 언약과 그 율법을 은혜 언약인 아브라함 언약과 혼동한 단일 언약주의였다고 한다(Horton, *Covenant and Salvation*, 73).

125 Horton, *Lord and Servant*, x. Horton은 시내 산 언약을 은혜 언약으로 간주하는 것을, "율법과 복음, 명령과 약속, 명령법과 직설법"을 적절하게 구별하지 못한 중세 교회의 잘못에 상응하는 것으로 평가한다.

"우유적인" 요소들에 있어서 차이가 나고 은혜 언약의 "시행과 나타남의 방식과 정도"가 다를지라도, 은혜 언약의 "실체와 본질적 부분"에 있어서는 구약과 신약이 동일하다고 한다.[126] 비록 은혜 언약의 시행과 경륜은 다양할지라도,[127] 은혜 언약의 실체인 "중보자"(그리스도), "그리스도에 대한 믿음," "영적이고 천상적인 복에 대한 약속," 그리고 "화해와 구원의 방법"은 구속사 내내 동일하다.[128]

시내 산 언약과 관련된 은혜 언약의 실체적 동일성에 있어서 투레틴은 호튼과 차이가 크다. 투레틴은 은혜 언약의 실체적 동일성을 시내 산 언약에서도 발견하지만, 호튼은 은혜 언약의 실체적 동일성이 시내 산 언약 자체에 해당되지 않는다고 주장한다.

투레틴은 시내 산 언약이 그 이전이나 이후의 언약에 대하여 갖는 차이는 실체적 차이가 아니라 시행상의 우유적인 차이라고 주장한다. 그러나 호튼은 평가하기를, 종주권 형식의 언약인 시내 산 언약은 왕적 하사 형식인 은혜 언약과 비교할 때 "구조적인 차이"가 있는 다른 종류의 언약이므로, 은혜 언약의 연속성을 내세우면서 은혜 언약과 시내 산 언약의 "구조적인 차이"를 인정하지 않는 것을 "신학

---

126 Turretin, *Institutes of Elenctic Theology*, 12. 5. 5=2:194.
127 Turretin은 Witsius와 마찬가지로, 은혜 언약의 경륜을 오실 그리스도를 약속하는 구약과 오셔서 실제로 구속을 이루신 그리스도를 선언하는 신약으로 일단 구별하고 (Turretin, *Institutes of Elenctic Theology*, 12. 7. 1=2:216), 구약을 다시 세 시기, 즉 아담으로부터 아브라함까지, 아브라함부터 모세까지, 모세부터 그리스도까지로 구별한다(Turretin, *Institutes of Elenctic Theology*, 12. 7. 11=2:220).
128 Turretin, *Institutes of Elenctic Theology*, 12. 5. 5=2:194.

적 편견"이라고 한다.[129]

호튼은 다음과 같이 명백하게 주장한다.

> 연속성은 구약과 신약 사이에 있지, 아브라함 언약과 시내 산 언약 사이에 있지 않다.[130]

정작 호튼이 시내 산 언약과의 실체적 연속성을 발견하는 언약은 아브라함 언약이 아니라 행위 언약인 창조 언약이라고 할 수 있다.[131] 오히려 타락 이전의 행위 언약과 시내 산 언약의 차이가 언약의 원리(행위의 원리)에 있지 않고, "역사적 맥락의 변화"에 기인한 차이라고 호튼은 주장한다.[132]

호튼은 투레틴과 달리, 모세 시대의 은혜 언약의 연속성을 시내 산 언약 자체도 동일한 은혜 언약이라는 데서 찾지 않는다. 호튼은 비록 시내 산 언약 자체는 행위의 원리에 의해서 좌우되고, "자비가 없으며,"[133] "은혜롭지 않"을지라도,[134] 모형적인 유업인 가나안 땅과 지상적인 행복을 결정하는 언약일 뿐이므로, 여전히 구원이 은혜 언약으로 말미암는다는 데서 모세 시대에서의 은혜 언약의 연속성을 찾

---

129 Horton, *God of Promise*, 47.
130 Horton, *God of Promise*, 102.
131 Horton, *God of Promise*, 97-98.
132 Horton, *God of Promise*, 32-33.
133 Horton, *God of Promise*, 50.
134 Horton, *God of Promise*, 54.

고 이러한 이해를 고전적 언약신학으로 간주한다.[135]

호튼도 "모세 언약은 이런 의미에서 이해될 때, 은혜 언약의 구별된 시행이었다"라는 고전적인 표현을 비록 드물지만 사용한 적이 있다.[136] 그러나 호튼의 이 표현은, 그가 모세 언약이 복과 저주의 조건과 기초로서 율법의 개인적인 성취를 조건으로 하는 "율법(또는 행위) 언약"이라고[137] 못 박은 이후의 발언이라는 사실에 주의해야 한다. 애초에 호튼은 클라인을 따라서 모세 시대에는 두 종류의 언약이 동시에 함께 작용한다고 주장했다.[138]

호튼은 모세 언약이 행위 언약이지만, 이스라엘 백성으로 하여금 그리스도와 그의 순종을 신뢰하도록 이끈다는 "그런 의미에" 한해서 은혜 언약의 시행이라고 말하는 것이다. 여기서 호튼이 말하는 것은 아브라함 언약과 모세 언약의 실체적 연속성이 아니라, 호튼이 흔히 말하는, 구속 역사적 연속성이다.

호튼은 구약을 "정경적으로," "신약적인 해석의 빛"에서 읽을 때, 아브라함의 언약과 시내 산 언약 둘 다가 그리스도를 가리킨다는 점

---

135 Horton, *Covenant and Salvation*, 98.

136 Horton, *Pilgrim Theology: Core Doctrines for Christian Disciples* (Grand Rapids, MI: Zondervan, 2013), 161=Horton, 『천국 가는 순례자를 위한 조직신학』, 박홍규 옮김 (서울: 부흥과개혁사, 2015), 222. Cf. Douglas J. W. Milne, "Review of *Pilgrim Theology: Core Doctrines for Christian Disciples*, by Michael Horton," *The Reformed Theological Review* 73/2 (August 2014): 136.

137 Horton, *Pilgrim Theology*, 160-61.

138 Meredith G. Kline, *God, Heaven and Har Magedon: A Covenantal Tale of Cosmos and Telos* (Eugene, OR: Wipf & Stock Publishers, 2006), 133; Horton, *Covenant and Salvation*, 97.

에서, 양자의 구속 역사적 연속성을 긍정할 수 있다고 말한다.[139] 그러나 이것은 전통적으로 말해지는 은혜 언약의 동일성과는 거리가 있다. 호튼에 따르면, 아브라함 언약은 그리스도의 인격과 사역을 무조건적으로 약속하는 은혜 언약인 데 반해, 시내 산 언약은 은혜 언약인 아브라함 언약과 실체에 있어서 다른 율법 언약으로서, 그리스도의 오심으로 쓸모없어지도록 의도된, 일시적이고 조건적이고 모형적인 언약이라고 한다.[140]

고전적 언약신학의 이중 언약주의와 은혜 언약의 연속성에 대한 호튼의 재해석은 시내 산 언약의 성격에 대한 그의 이해와 밀접한 관련이 있다.

호튼은 시내 산 언약을 은혜 언약과 유형적으로, 구조적으로, 원리적으로 다른 율법 언약으로 간주한다. 그는 타락 이전의 행위 언약과 타락 이후의 은혜 언약의 구별이라는 고전적 이중 언약주의를 창조 언약뿐만 아니라 시내 산 언약까지 포함하는 율법 언약과, 은혜의 원리에 의해서 좌우되는 약속 언약의 이중 언약주의로 수정한다.

그리고 호튼은 모세 시대의 은혜 언약의 통일성에 대한 고전적 이해를 실체가 동일한 은혜 언약의 모세적 시행으로가 아니라, 서로

---

139 Horton, *Pilgrim Theology*, 160-61.
140 Horton, *Covenant and Salvation*, 49-50. Horton이 이런 발언을 하는 부분의 소제목은 "하나의 언약인가 아니면 두 가지 언약들인가?"인데, 그는 아브라함 언약과 시내 산 언약 가운데 어느 하나를 "**부인하지도 동화시키지도 말고,**" "서로 나란히 가는 **두 가지 다른 언약들**로서 인정"해야 한다고 주장한다(Horton, *Covenant and Salvation*, 50, 강조는 Horton의 것).

다른 원리에 의해서 좌우되는 두 언약들인 약속 언약과 율법 언약의 동시 시행으로 재해석한다.

2) 투레틴의 시내 산 언약

(1) 실체에 있어서 동일한 은혜 언약으로서 시내 산 언약

투레틴은 이중 언약주의와 은혜 언약의 실체적 동일성과 시행의 다양성이라는 고전적 언약신학의 맥락에서, 시내 산 언약의 성격에 대한 문제를 직접적으로 다룬다.[141] 투레틴은 시내 산에서 하나님이 모세를 통해서 이스라엘 백성과 맺은 언약의 성격에 대해서 그 당시 개혁신학의 테두리 안에 있는 다양한 견해를 요약해 준다.

> 이 주제에 대해서는 신학자들의 견해가 다양하다. 어떤 신학자들은 시내 산 언약이 행위 언약이었다고 주장한다. 또 어떤 신학자들은 시내 산 언약이 행위 언약과 은혜 언약의 혼합이었다고 주장한다. 또 어떤 신학자들은 시내 산 언약이 자연 언약도 은혜 언약도 아니고, 종류에 있어서 둘 다와 구별된 제3의 언약으로서, 은혜 언약을 보조하기 위해서 수립된 (이런 이유로 "보조적" 언약으로 일컬어지는 것이 합당한) 언약이었다고 주장한다. 마지막으로 또 어떤 신학자들(우리와 일치하는)은 시내

---

141 Turretin, *Institutes of Elenctic Theology*, 12. 12. 1-25=2:262-69.

산 언약은 은혜 언약이지만, (당시 이스라엘 백성의 상태와 교회의 연령을 따라서 아주 두렵고 속박하는 방식으로 제재가 규정된) 율법 아래 그리고 율법과 함께 공포되었다고 주장한다.[142]

투레틴의 이런 발언에 대해서, 베네마는 당시 개혁주의 안에서도 시내 산 언약의 성격에 대해 상당한 의견 차이가 있었고, 완전한 합의에 이르지 못했음을 투레틴이 인정한다고 평가한다.[143] 하지만 투레틴의 이런 진술로부터, 시내 산 언약에 대한 개혁주의 신학자들의 우세한 견해마저 당시 없었다는 결론을 도출하는 것은 지나친 일일 것이다.[144]

실제로 투레틴의 『변증 신학 강요』가 나오기 30년도 더 전에 시내 산 언약의 성격에 대한 유의미한 합의가 웨스트민스터 신앙고백서에서 이미 발견된다.

어니스트 케반(Ernest F. Kevan)이 말하는 것처럼, 시내 산 언약이

---

142 Turretin, *Institutes of Elenctic Theology*, 12. 12. 1=2:262. Turretin에 앞서 John Ball(1585-1640)이 시내 산 언약의 성격에 대해서 유사한 네 가지 입장을 제안했다 (John Ball, *A Treatise of the Covenant of Grace* [London: Simeon Ash, 1645], 92-95, in Letham, "'Not a Covenant of Works in Disguise' [Herman Bavinck]," 153-58).

143 Venema, "The Mosaic Covenant: A 'Republication' of the Covenant of Works?" 66.

144 비록 Horton은 시내 산 언약이 타락 이전 행위 언약의 모종(Kline 식)의 재판이라는 견해를 우세한 고전적 견해로 간주하지만, 어쨌든 Horton도 시내 산 언약에 대한 옛 개혁신학자들의 다수 견해라고 일컬을 수 있는, 지배적인 견해나 유의미한 합의가 당시 존재했다는 것 자체는 긍정한다(Horton, *God of Promise*, 97). Venema도 시내 산 언약의 성격에 대한 완전한 합의에는 이르지 못했을지라도 우세한 일반적인 견해가 존재했다는 것은 인정한다(Venema, "The Mosaic Covenant: A 'Republication' of the Covenant of Works?" 64).

"은혜 언약의 한 형태"라는 대체로 일치된 견해가 신앙고백서로 표현되었고,[145] 나중에 보겠지만, 시내 산 언약의 성격에 대한 투레틴의 입장과 웨스트민스터 신앙고백서의 입장은 핵심에 있어서 차이가 없다. 시내 산 언약의 성격에 대한 투레틴의 설명 또는 투레틴이 찬동하는 견해는 클라인 식의 재판 이론이 시내 산 언약에 대한 고전적 견해이고 옛 언약신학자들의 유의미한 합의라는 주장의 역사적 타당성을 평가하는 중요한 기준이 될 수 있다.

시내 산 언약의 성격에 대한 호튼의 견해는 앞서 인용하여 투레틴이 제시한 네 가지 범주 가운데 어느 것에 포함시키는 것이 적절한가?

패트릭 램지(D. Patrick Ramsey)에 따르면, 호튼이 고전적 이해로 평가하는 클라인의 재판 이론에 가장 가까운 것은 시내 산 언약을 "보조적 언약"으로 보는 입장이라고 한다.[146] 물론 클라인의 재판 이론은

---

145 Ernest F. Kevan, *The Grace of Law: A Study in Puritan Theology* (Ligonier, PA: Soli Deo Gloria Publications, 1993), 117. Kevan은 WCF, 7. 5-6을 언급한다.

146 D. Patrick Ramsey, "In Defense of Moses: A Confessional Critique of Kline and Karlberg," *WTJ* 66/2 (2004): 378. Turretin에 따르면, 시내 산 언약이 보조적 언약이었다는 견해를 주장한 사람은 스코틀랜드 신학자 John Cameron(1579-1625)이라고 한다. Cameron은 하나님이 사람과 세 가지 언약, 즉 자연 언약, 은혜 언약, 그리고 보조적 언약을 맺으셨다고 가르쳤다(Turretin, *Institutes of Elenctic Theology*, 12. 12. 1=2:262). Turretin은 시내 산 언약이 행위 언약도 은혜 언약도 아닌 은혜 언약을 돕는 제3의 보조적 언약이라는 입장에 대해서, 언약 수립의 목적인 하나님과의 교제와 행복을 얻는 방식의 종류만큼 언약들이 존재하는데, 하나님과의 교제와 행복을 얻는 방식이 둘 뿐이기 때문에 언약도 두 종류뿐이라고 주장한다. Turretin에 따르면, 하나님과의 교제와 행복을 얻는 "방식은 둘 뿐이다. 즉 개인적인 순종이나 내재적인 덕에 의해서 아니면 전가된 순종에 의해서, 다시 말해 행위에 의해서 아니면 믿음에 의해서. 전자는 율법에 의해서인데, 율법의 공식은 '이것을 행하면 살리라'이고, 후자는 복음에 의해서인데, 복음의 공식은 '믿으면 네가 구원을 받으리라'이다. 행복을 얻는 어떤 중간 길도 있을 수 없다. 따라서 행위에도 믿음에도 속하

투레틴이 말하는 "보조적 언약" 입장과 딱 맞아떨어지지 않는다. 램지는 양자의 일치점과 차이점을 정리했는데, 먼저 양자의 일치점은 다음과 같다.

첫째, 영원한 구원의 길은 구속사 내내 은혜 언약이었고 동일했다.

둘째, 시내 산 언약의 복과 저주는 가나안 땅에서의 일시적인 복을 가리킨다.

셋째, 시내 산 언약은 행위 언약과도 다르고 은혜 언약과도 다르다.

넷째, 시내 산 "언약의 조건은 그리스도에 대한 믿음과 별개인 행위이다."

다섯째, 시내 산 언약은 이스라엘 백성의 죄를 노출시킴으로써 그들을 그리스도에게로 이끌기 위해서 의도되었다.

양자 사이에는 차이점도 존재한다.

첫째, 보조적 언약 견해에 따르면, 시내 산 언약의 조건은 "완전한 순종"인 데 반해, 클라인의 재판 이론에 따르면, 완전하지 않은 순종도 복을 얻는 근거로 받아들여진다.

둘째, 클라인은 시내 산 언약에서 이스라엘의 율법 순종의 의는 그

지 않는 가공(架空)의 제3의 언약은 헛되다"(Turretin, *Institutes of Elenctic Theology*, 12. 12. 8=2:264). Cf. Muller, "Divine Covenants, Absolute and Conditional," 37-53. Muller는 Cameron의 삼중 언약 견해를 "그 당시 정통주의의 대안으로서가 아니라, 이후 정통주의의 보다 정교한 언약적 모델로 나아가는 발전의 일부" 역할을 한 것으로 주장할 수 있다고 평가한다(Muller, "Divine Covenants, Absolute and Conditional," 50, 53).

리스도의 의의 모형이라고 가르치는 데 반해, 보조적 언약 견해는 이런 모형론을 가르치지 않았다.[147]

램지가 언급한 차이점은 사소한 차이점이 아니라, 클라인의 재판 이론의 독특한 성격을 보여 주는 차이점이고, 일치점도 둘째, 셋째 일치점을 제외하고는 보조적 언약 견해와 클라인의 재판 이론 간의 고유한 일치점이라고 보기 힘들다. 그러므로 클라인의 재판 이론을 보조적 언약 입장에 포함시키는 것은 녹록한 일이 아니다. 레담이 제안하는 것처럼, 클라인의 이론의 독특함을 생각할 때, "그 나름의 새로운 범주"를 만드는 것이 효과적일지 모른다.[148]

케반이 시내 산 언약에 대한 청교도들의 견해를 분류하는 것과 관련해서 한 충고가 우리의 논의에도 적절할 것 같다. 케반은 많은 청교도들이 시내 산 언약에 대해서 여러 견해를 다양하게 조합해서 견지했기 때문에, "정확하게 분류하는 것은 불가능하다"고 경고하고, 시내 산 언약의 성격에 대한 입장을 분류하고자 한다면, 시내 산 언약을 행위 언약으로 보는 자들과 은혜 언약으로 보는 자들로 포괄적

---

147 Ramsey, "In Defense of Moses," 381. Ramsey가 나열한 일치점과 관련해서 몇 가지 지적할 것이 있다. 우선, 첫째 일치점과 다섯째 일치점은 다른 입장도 인정하는 점이기 때문에, 보조적 언약 견해와 재판 이론의 고유한 일치점이라고 보기 힘들다. 그리고 Ramsey가 다섯째 일치점으로 소개한, 시내 산 "언약의 조건은 그리스도에 대한 믿음과 별개인 행위"라는 것은 Kline 자신의 말에 비추어 볼 때, Kline의 재판 이론에 적용될 수 없다. 왜냐하면 Kline은 시내 산 언약의 조건은 적절한 정도의 국가적 신실함 또는 의로움이고, 이스라엘이 소유한 모든 의로움이 구원 은혜의 선물이라고 말하기 때문이다(Kline, *Treaty of the Great King: the Covenant Structure of Deuteronomy* [Grand Rapids, MI: Eerdmans, 1963], 125). Kline이 구원 은혜의 열매로 말하는 어떤 행위를 믿음과 별개인 행위로 간주한다고 가정하는 것은 지나친 것 같다.

148 Letham, "'Not a Covenant of Works in Disguise' (Herman Bavinck)," 157.

으로 나누는 것이 현명할 것이라고 충고한다.[149]

호튼과 클라인의 재판 이론은 램지의 분석처럼, 보조적 언약 입장으로 분류될 수 있는 측면이 있으나, 호튼과 클라인의 입장을 범주화하는 것은 여전히 쉬운 일이 아니다.[150]

반면 투레틴은 시내 산 언약은 은혜 언약이라고 명백히 주장한다. 투레틴은 시내 산 언약은 새 언약과 시행 방식에서 차이가 나는 옛 언약에 속하지만, 실체와 종류에 있어서는 여전히 은혜 언약이라고 주장한다. 투레틴은 시내 산 언약을 아브라함 언약과 비교할 때, "은혜 언약의 새로운 경륜"(a new economy of the covenant of grace)이라고 일컫는다.[151]

다시 말해서, 시내 산 언약은 언약의 실체에 있어서는 "아브라함과 맺어진 언약과 실제로 동일한 언약"이지만, 언약의 "우유적인 요소와 환경"에 있어서는 율법의 엄한 공표를 통해서 "행위 언약의 형식"(the form of a covenant of works)을 입기에 아브라함 언약과 외적 시

---

149 Kevan, *The Grace of Law*, 113-14.

150 하지만 Kline이나 Horton은 시내 산 언약이 은혜의 원리와 대조되는 행위의 원리에 의해서 좌우된다고 주장한다(Kline, *Kingdom Prologue: Genesis Foundations for a Covenantal Worldview* [Overland Park: Two Age Press, 2000], 320)는 점에서, 또는 시내 산 언약 자체에는 자비나 은혜가 없다고 주장한다(Horton, *God of Promise*, 50, 54)는 점에서는, 시내 산 언약 자체만 고려할 때 Horton과 Kline의 재판 이론을 시내 산 언약을 행위 언약으로 간주하는 입장으로 분류할 수도 있을 것이다. 이를테면, Kevan의 제안을 따라서, 시내 산 언약을 행위 언약으로 보는 입장과 시내 산 언약을 은혜 언약으로 보는 입장이라는 포괄적인 두 범주밖에 없다면, Horton의 견해는 후자보다는 전자의 입장에 포함되는 것이 적절할 것이다.

151 Turretin, *Institutes of Elenctic Theology*, 12. 12. 5=2:263.

행에 있어 차이가 있었다는 것이다.[152]

은혜 언약인 시내 산 언약에서 율법이 "행위 언약적 형식"으로 공표되는 목적은 행위 언약을 재수립해서 행위의 원리를 실제로 도입하기 위해서가 아니라, "위반된 행위 언약을 날마다 상기시켜 책망을 받게 함으로써" 이스라엘 백성들이 자신의 죄와 하나님의 진노를 느끼고, 율법으로는 결코 의롭게 될 수 없다는 것을 인정하, "구속의 의"를 더 갈망하여 그리스도에게로 이끌리게 하기 위해서다.[153]

(2) 시내 산 언약과 율법 자체(law itself)

투레틴에게도 칼빈의 넓은 의미의 율법 언약과 좁은 의미의 율법 언약 간의 용법적 구별과 유사한 구별이 발견된다. 투레틴에 따르면 성경에서 시내 산 언약은 "하나님의 의도와 계획에" 일치하게 그리스도를 목적으로 두고 고려될 때도 있고, 하나님의 의도와 달리 그리스도와 별개로 분리되어 고려될 때도 있다. 후자의 경우에 시내 산 언약은 "행위 언약과 일치하고 이런 의미에서 죽이는 문자와 정죄의 직분으로 일컬어지기 때문에, 은혜 언약과 실제로 구별된다"고 한다.[154]

---

152 Turretin, *Institutes of Elenctic Theology*, 12. 12. 5=2:263. "행위 언약의 형식"(the form of a covenant of works)이라는 표현은 Turretin, *Institutes of Elenctic Theology*, 12. 12. 25=2:269에서도 발견된다.

153 Turretin, *Institutes of Elenctic Theology*, 12. 12. 5=2:263.

154 Turretin, *Institutes of Elenctic Theology*, 12. 12. 18=2:267. Venema는 Turretin이 Calvin과 마찬가지로, 신약성경이나 바울 서신에 나오는 모세의 율법과 은혜 언약의 대조를, 모세(또는 시내 산) 언약 자체와 은혜 언약의 대조가 아니라, 은혜 언약의 모세적 시행에서 분리된 율법과 은혜 언약의 대조로 이해한다고 지적한다(Venema, "The Mosaic Covenant: A 'Republication' of the Covenant of Works?" 67).

그러나 시내 산 언약에 대한 하나님의 의도 자체가 "사람이 율법으로부터 생명을 얻게 하기 위해서도, 죄인으로 정죄 받고 말기 위해서도 아니라, 자신의 비참과 약함을 느껴서 그리스도에게로 피해 달아나게 하기 위해서"이다. 시내 산 언약은 항상 하나님의 의도에 따라 고려되어야 되기 때문에, 후자의 경우는 "부당하게 분리된" 것으로 투레틴은 평가한다.[155]

투레틴은 "율법은 믿음에서 난 것이 아니"(갈 3:12)라고 말해질 때의 율법은 시내 산 언약을 의미하는 것이 아니라, "율법주의자들"이 그것으로부터 생명을 얻고자 한, "은혜의 약속과 별개로 분리된 도덕법"을 의미한다고 지적한다.[156] 왜냐하면 시내 산 언약 안에서도 "믿음이 가르쳐졌다"는 것이 확실하기 때문이다.[157] 호튼은 "시내 산 언약 자체"를 자비와 은혜가 없는 율법 언약으로 간주하지만, 투레틴은 "시내 산 언약 자체"(the Sinaitic covenant itself)가 죄와 무능을 깨닫게 해서 그리스도에게 인도하기 위해 제정된 율법과 함께 "그리스도의 은혜의 약속들"도 포함한 것으로 간주한다.[158]

시내 산 언약에 대한 호튼의 이해와 투레틴의 이해를 일치시키는 마크 킴은, 투레틴이 죄인은 율법을 완전하게 순종할 수 없다는 이

---

155 Turretin, *Institutes of Elenctic Theology*, 12. 12. 18=2:267.

156 Turretin, *Institutes of Elenctic Theology*, 12. 12. 21=2:267-68: "For it is proved that faith was taught even in the Sinaitic covenant."

157 Turretin은 "믿음의 대상인 그리스도"가 시내 산 언약에 포함되어 있었다는 것을 시내 산 언약에서도 믿음이 가르쳐진 첫 번째 증거로 꼽는다(Turretin, *Institutes of Elenctic Theology*, 12. 12. 21=2:268).

158 Turretin, *Institutes of Elenctic Theology*, 12. 12. 25=2:269.

유에 근거해 "모세 언약 자체"(the Mosaic covenant itself)가 영생에 이르는 수단이라는 것을 부정했다고 투레틴을 해석하지만,[159] 이것은 모세 언약 자체를 어떻게 이해하느냐에 따라 내용이 크게 바뀐다. 마크 킴의 이런 해석은 모세 언약 자체를 좁은 의미의 율법과 동일시하는 호튼의 시각으로 투레틴의 글을 읽는 경향에서 비롯된 것 같다. 마크 킴은 투레틴이 좁은 의미의 모세 언약을 "감당할 수 없는 율법적 의식이 첨가된 행위 언약"으로 간주했다고 주장한다.[160]

그러나 마크 킴이 이런 주장의 근거로 삼는 부분을[161] 살펴보면, 투레틴이 하는 말의 의미는, "은혜의 약속과 완전히 분리된" 행위 언약 또는 도덕법이 좁은 의미의 구약으로 일컬어지기도 한다는 것이다.

게다가 주목할 만한 것은 투레틴은 모세 언약 자체를 은혜의 약속과 철저히 분리된 도덕법이나 행위 언약으로 한정하는 것을 긍정하지 않고, 도리어 이것을 루터파의 전형적인 오해로 비판한다는 사실이다.[162] 호튼(그를 따라서 마크 킴)은 좁은 의미의 율법 또는 율법 자체와 시내 산 언약을 자주 동일시하지만, 투레틴은 좁은 의미의 율법 또는 율법 자체를 율법과 복음 둘 다 포함하는 시내 산 언약과 동일시하지 않는다.[163]

---

159 Mark Kim, "Michael Horton's Covenant Theology as a Defense of Reformation Theology in the Context of Current Discussions" (Ph. D. Dissertation, Wycliffe College of University of Toronto, 2013), 73.
160 Kim, "Michael Horton's Covenant Theology," 73.
161 Turretin, *Institutes of Elenctic Theology*, (12. 8. 4: Kim은 페이지만 밝힌다) 2:234.
162 Turretin, *Institutes of Elenctic Theology*, 12. 8. 9=2:235.
163 Turretin, *Institutes of Elenctic Theology*, 12. 12. 25=2:269.

호튼은 시내 산 언약 자체가 은혜와 자비를 포함한다는 주장이 복음과 율법의 혼합에서 그리 멀지 않는 것처럼 만든다고 우려를 나타내지만, 투레틴에게는 은혜 언약인 시내 산 언약 자체가 복음을 포함한다는 주장과 율법 자체가 복음이라는 주장은 전혀 다른 것이었다. 투레틴에 따르면, 전자는 옳은 주장이고 후자는 그릇된 주장이다.

물론 투레틴은 시내 산에서 십계명이 주어진 방식은 은혜 언약의 전형적인 시행 방식인 "약속의 달콤함"에 호소하는 방식이 아니라 양심에 두려움을 불어넣는 방식이라는 것과, 은혜 언약은 "순종을 요구할 뿐만 아니라 순종을 유발"하지만 십계명 자체에는 구원의 약속이나 보증이 존재하지 않고, 율법을 완수하는 자에게는 생명을 주고 율법을 범하는 자에게는 죽음을 내린다는 약속만 있다는 것을 인정한다.[164]

그러나 베네마가 말하는 것처럼, 모세 언약 안에서 십계명은 행위 언약의 엄격한 요구를 "되풀이"함으로써 생명과 복을 얻는 수단으로는 "행위 언약이 전적으로 폐지되었"음을 보여 주고, 행위 언약의 요구인 율법의 의무를 완전하게 성취할 수 있는 유일한 분인 그리스도에게로 죄인들을 이끌도록 애초에 의도되었다.[165]

그래서 투레틴은 분명히 말하기를, 십계명은 하나님이 정하신 본래 맥락인 시내 산 언약 안에서 애초에 죄인을 그리스도에게 인도하

---

164 Turretin, *Institutes of Elenctic Theology*, 12. 7. 28=2:226. Cf. Venema, "The Mosaic Covenant: A 'Republication' of the Covenant of Works?" 67

165 Venema, "The Mosaic Covenant: A 'Republication' of the Covenant of Works?" 68.

는 초등교사 역할을 하도록 의도되었다는 점에서 "선행적으로" 은혜 언약에 속할 뿐만 아니라, "결과적으로도" 은혜 언약에서 요구되는 의무인 순종과 거룩함을 규정하는 규칙이라는 점에서 하나님의 본래 의도와 계획 가운데 은혜 언약에 속한다고 한다.[166] 시내 산 언약의 십계명은 애초에 은혜 언약을 맥락으로 하고 있다.

호튼은 클라인을 따라서, 아브라함 언약이 주어지고 430년 뒤에 주어진 율법이 약속을 무효화하지 않았다는 것(갈 3:17)을 이해하기를, 시내 산 언약이 행위의 원리를 실제로 도입하지 않은 것이 아니라 행위의 원리를 모형적인 유업과만 관련된 한정적인 차원에 도입하여 행위의 원리와 믿음의 원리가 각기 다른 영역에 작용했다고 한다.[167]

이에 반해, 투레틴은 약속 이후에 주어진 율법이 약속을 무효화하지 않았다는 말씀을 이해하기를, 시내 산 언약의 율법은 율법 수여자인 하나님의 의도와 계획에서 애초에 행위의 원리를 도입하기 위한 것이 아니라 그리스도를 율법의 목적으로서 가리키기 위한 것이라고 한다.

투레틴에 따르면, 시내 산 언약의 율법이 은혜 언약의 실체인 그리스도를 애초에 염두에 두고 있었다는 것은, 시내 산 언약 자체가 행위 언약이지만 은혜 언약에 이바지한다는 점에서 은혜 언약과 연속

---

166 Turretin, *Institutes of Elenctic Theology*, 12. 7. 30=2:226. 그러나 전정구 박사는 Turretin이 시내 산 언약에서 완전한 순종을 요구하고 정죄하는 율법의 고유한 시행을 행위 언약에 속하는 것으로 간주했다고 주장한다(Jeon, *Covenant Theology*, 65-66).

167 Horton, *Covenant and Salvation*, 98.

성을 갖는다는 것이 아니라, 시내 산 언약은 "종류에 있어서 다른 언약이 아니라," "경륜의 방식"에 있어서만 다른 동일한 은혜 언약이라는 의미이다.[168]

(3) 시내 산 언약의 형식

호튼은 주장하기를, 아브라함에게 의무가 부과되지 않고 약속만 주어진 하사 형식의 아브라함 언약과는 정반대로, 시내 산 언약에서는 이스라엘 백성에게 구체적인 의무가 부과되었기에 시내 산 언약은 아브라함 언약과는 완전히 다른 종주권 형식의 "율법 언약"이라고 한다.[169]

호튼에 따르면, 아브라함 언약은 순수한 약속의 언약이고, 시내 산 언약은 철저히 조건적인 언약이라고 한다.[170] 호튼은 주장하기를, 언약의 유형에 대한 이런 구별 가운데 선지자가 이스라엘에게 언약적인 처벌을 선고할 때는 시내 산 언약에 기초해서 하고, 회복의 소망은 아브라함과 다윗 언약에 기초해서 선포한다고 한다.[171]

---

168 Turretin, *Institutes of Elenctic Theology*, 12. 12. 17=2:267. Turretin은 "율법적 경륜 아래" 사는 것과 "언약으로서의 율법 아래" 또는 "행위 언약"을 따라 사는 것은 다르다고 분명히 말한다. Turretin은 구약 조상들이 "율법적 경륜 아래" 있었다는 것은 맞는 말이지만, 언약으로서 율법 아래 있었다는 것은 사실이 아니라고 말한다 (Turretin, *Institutes of Elenctic Theology*, 12. 10. 29=2:255–56). Cf. Letham, "'Not a Covenant of Works in Disguise' (Herman Bavinck)," 154.

169 Horton, *Covenant and Salvation*, 15; Horton, *God of Promise*, 33.

170 Horton, *Covenant and Eschatology: The Divine Drama* (Louisville, KY: Westminster John Knox Press, 2002), 237.

171 Horton, *Covenant and Salvation*, 71. Horton은 "나쁜 소식은 시내 산에 기초해서

그러나 투레틴은 시내 산 언약의 이런 형식적 특징은 시내 산 언약을 아브라함 언약과 다른 종류의 언약으로 만드는 것이 아니라, 상황에 따른 "단지 우유적인"(only accidental) 특징으로 간주한다.[172] 호튼이 시내 산 언약을 약속 언약과 종류에 있어서 다르고 대조되는 율법 언약이라고 주장하는 주된 근거로서 삼는 것은 시내 산 언약의 유형적 특징이다. 투레틴은 이 시내 산 언약그이 유형적 특징을 은혜 언약의 외적 시행에 속하는 "우유적인" 것으로서, 은혜 언약의 어떤 실체에도 영향을 미치지 않는 것으로 본다.

투레틴에 따르면, 이런 "행위 언약의 형식"(the form of a covenant of works)은[173] 죄인으로 하여금 "자신의 의를 거부하고 율법 아래 숨어 계신 다른 분[그리스도]의 의를 받아들이도록" 이끌리게 하기 위해서 첨가된 것일 뿐이다.[174] 요컨대 투레틴은 시내 산 언약을 엄격한 율법적 경륜 아래서 동일한 은혜 언약의 시행으로 간주한다.

(4) 시내 산 언약 비준 의식과 성례

호튼은 "시내 산 언약 자체"에는 죄인에 대한 자비의 기초인 그리스도가 없다고 주장하지만,[175] 투레틴은 시내 산 언약 안에 그리스도

선포되고, 복음은 시온산에 기초해서 선포된다"고도 말한다(Horton, *Covenant and Salvation*, 88).

172 Turretin, *Institutes of Elenctic Theology*, 12. 7. 32=2:227.
173 Turretin, *Institutes of Elenctic Theology*, 12. 12. 5=2:263. Cf. Turretin, *Institutes of Elenctic Theology*, 12. 12. 25=2:269.
174 Turretin, *Institutes of Elenctic Theology*, 12. 7. 32=2:227.
175 Horton, *God of Promise*, 50.

가 있었다고 주장한다. 이에 대해 투레틴은 여러 가지 이유를 제시한다.[176] 이 가운데 시내 산 "언약이 그리스도의 피를 예표한 희생제물의 피로 비준"되었다는 논거는 특히 주목할 만하다. 왜냐하면 호튼은 모세가 언약 맹세자에게 피를 뿌린 의식에서 시내 산 언약이 일종의 행위 언약이라는 것이 분명히 드러난다고, 투레틴과 상반되는 주장을 하기 때문이다.[177] 호튼이 행위의 원리가 작용하는 맹세의 피를 발견하는 곳에서, 투레틴은 "순전히 복음적인"(purely evangelical) 것을 발견한다.[178]

투레틴에 따르면, 히브리서 기자(9:20; 12:24)는 시내 산 언약의 피가 공의를 만족시키고 속죄하기 위한, 그리고 죄인에게 그리스도의 공로와 칭의를 적용하기 위한 그리스도의 피 뿌림을 가리키는 것으로 가르친다. 또한 투레틴은 강조하기를, 시내 산 언약의 피 뿌림에, 전체 백성을 대표하는 장로들이 하나님께 나아가 "뵙고 먹고 마신" 언약 식사가 뒤따랐다(출 24:10-11)는 사실은 시내 산 언약의 피가 백성들의 맹세의 피에 불과한 것이 아니라, 그리스도의 피를 가리킨다는 "의심할 여지없는 증거"라고 한다.

---

176 Turretin은 여섯 가지 이유를 제시한다(Turretin, *Institutes of Elenctic Theology*, 12. 12. 20=2:267). **첫째**, 모세가 그리스도를 증거했다. **둘째**, 그리스도 없이는 죄인이 왕 같은 제사장과 거룩한 나라가 될 수 없기 때문에 이 약속에 그리스도가 내포되어 있다. **셋째**, 십계명의 서문에 하나님은 이스라엘 백성의 하나님과 구원자로 제시되는데, 그리스도 없이는 이 일은 이루어질 수 없었다. **넷째**, 시내 산 언약이 그리스도의 피의 상징이며 예표인 희생제물의 피로 비준되었다. **다섯째**, 율법의 모형과 그림자가 그리스도를 가리켰다. **여섯째**, 율법의 주된 의도와 정신이 그리스도였다.

177 Horton, *Covenant and Salvation*, 15-16.

178 Turretin, *Institutes of Elenctic Theology*, 12. 12. 13=2:265.

> [하나님과의 교제는] 율법 언약에 의해서 이루어질 수 없었고
> … 반드시 복음에 의해서 그리스도의 피에 힘입어 이루어졌어
> 야 했다.[179]

시내 산 언약에서는, 투레틴이 말하는 것처럼, 거룩한 하나님과 죄인을 분명히 구별하는 율법적 관계와, 피 뿌림으로 말미암아 하나님과 교제를 누리는 복음적 관계가 늘 결합되어 있었다.[180] 심지어 투레틴은 시내 산 언약에서도 복음적 관계가 "보다 중요하고 주된" 것이었다고 말하기도 한다.[181] 호튼은 시내 산 언약 비준 의식과 아브라함 및 새 언약 비준 의식에서 상반되는 원리를 발견하지만 투레틴은 동일한 은혜의 원리를 발견한다.

시내 산 언약의 성례에 대한 이해에 있어서도 투레틴은 호튼과 차이가 난다. 물론 세대주의자가 아닌 개혁주의 신학자인 호튼은 할례와 유월절이 세례와 성찬에 상응하는 구약 시대 은혜 언약의 표지와 언약 식사라는 것을 인정한다. 그러나 주목할 만한 것은, 시내 산 언약을 아브라함 언약과 종류가 다른 언약으로 구별하는 호튼은 동일한 할례가 아브라함 언약과 시내 산 언약에서 각기 다른 성격을 갖는 것처럼 말한다는 사실이다. 호튼은 멘덴홀의 다음 진술에 동의한다.

---

179 Turretin, *Institutes of Elenctic Theology*, 12. 12. 13=2:265.
180 Turretin, *Institutes of Elenctic Theology*, 12. 12. 13=2:265.
181 Turretin, *Institutes of Elenctic Theology*, 12. 12. 13=2:265.

아브라함에게 의무가 부과되지 않는다는 것이 자주 간과된다. 본래 할례는 의무가 아니라, 창세기 9장에 있는 무지개와 마찬가지로, 언약의 표다. 할례는 언약이 존재한다는 구체적인 표시일 뿐만 아니라, 언약의 수납재(들)을 식별하는 것에 기여한다. … 반면 모세 언약은 거의 정반대다.[182]

호튼은 은혜 언약의 성례가 율법주의자들에 의해서 행위 언약의 성례인 것처럼 오용될 수 있다고 말하는 정도가 아니라, 아브라함 언약의 경우에는 할례가 은혜 언약의 성례이지만 시내 산 언약의 경우에는 마치 할례가 행위 언약의 성례 역할을 하는 것처럼 말한다.

시내 산 언약의 표와 인으로서 해석된 할례는 약속의 상속자를 식별해 주기보다, 율법의 제재에 개인적으로 책임이 있게만 할 수 있었다.[183]

---

[182] George E. Mendenhall, *Law and Covenant in Israel and the Ancient Near East* (Pittsburgh: Biblical Colloquium, 1955), 36; Horton, "Traditional Reformed Response," in *Justification: Five View*, eds. James K. Beilby, Paul Rhodes Eddy, and Steven E. Eenderlein (Downers Grove: Inter-Varsity Press, 2011), 205.

[183] Horton, "Traditional Reformed Response," 205. Gentry와 Wellum이 말하는 것처럼, 전통적인 언약신학과 대조되는 세대주의 교회론의 특징 가운데 하나는 구약의 성례와 신약의 성례를 동일시하지 않는 것이다(Peter J. Gentry and Stephen J. Wellum, *Kingdom through Covenant: A Biblical-Theological Understanding of the Covenants* [Wheaton, Illinois: Crossway, 2012], 43). Horton은 구약의 할례와 유월절이 신약의 세례와 성찬과 동일한 성격을 갖는다는 것을 인정한다는 점에서 세대주의 교회론과 거리가 있다. 그럼에도 불구하고 시내 산 언약으로 범위를 줄이고, 시내 산 언약 공동체로 한정하면 상황은 달라진다.

호튼의 이 진술은 동일한 성례가 상반되는 원리에 의해서 좌우되는 서로 다른 언약들의 표와 인으로서 상반되는 의미와 기능을 갖는다는 의미인가?

또한 호튼은 은혜 "언약을 비준한" 식사인 유월절 식사도[184] 율법 준행에 대한 사람들 자신의 맹세에 기초한, 시내 산의 율법 언약 비준 식사와 구분한다.

반면, 투레틴은 시내 산 언약 이전에 이미 맺어진 은혜 언약의 두 성례인 할례와 유월절이 시내 산 언약과도 결합되어 있었다고 하며, 이 사실을 시내 산 언약이 은혜 언약이라는 중요한 증거로서 주장한다. 왜냐하면 은혜 언약의 성례를, 시행에서 차이가 있지만 실체가 동일한 은혜 언약이 아닌, 종류마저 다른 언약에 더하는 것은 부당하기 때문이다.[185]

4. 웨스트민스터 신앙고백서

우리는 "정통 스콜라 개혁신학의 결과 위에 세워진 개혁파 신학을 최종적으로 반영하는 실제적인 공적 신앙 문서"인[186] 웨스트민스터 신앙고백서(1643-1648)에서 언약신학에 대한 가장 분명하고 온건한

---

184 Horton, *God of Promise*, 156.
185 Turretin, *Institutes of Elenctic Theology*, 12. 12. 16=2:266.
186 김병훈, "웨스트민스터 신앙고백서와 언약신학," 343.

표준적인 표현을 발견할 수 있다. 호튼은 자신의 언약신학과 개혁교회 신앙고백서의 언약 이해의 연속성을 주장한다. 신앙고백서의 진술은 그 당시 정통 신학적 입장에 대한 가장 분명한 증거를 제공해 주므로 자신의 언약신학이 신앙고백과 일치한다는 것을 보여 주는 일은 자신의 언약신학이 고전적인 언약신학임을 증명하는 가장 현명한 길일 것이다.

호튼은 자신의 언약신학의 중심에는 서로 다른 유형의 언약들(율법 언약과 약속 언약)에 대한 구별이 있고, 이 구별은 고전적 언약신학과 "신앙고백적인 개혁주의 신학"(confessional Reformed theology)에서도 옹호되는 구별이라고 주장한다.[187]

호튼은 웨스트민스터 신앙고백서가 율법-복음에 상응하는 이중 언약주의에 대한 "칼빈주의 언약신학의 합의"의 가장 간단명료한 진술을 제공해 준다고 말한다.[188] 우리는 호튼의 이중 언약주의가 개혁 교회의 신앙고백적 이해와 일치하는지를, "언약에 대한 교리가 … 최초로 전면에 자리 잡고, 거의 모든 항목에 배어있다고 할 수 있는 개혁파 신앙고백서"의[189] 진술에 비추어 살펴보고자 한다.

---

187 Horton, *Covenant and Salvation*, 12. Cf. Horton, *Covenant and Salvation*, 72, n. 50. 그런데 Horton은 시내 산 언약에 대한 자신의 이해를 뒷받침하는 일에 WCF를 포함해서 개혁교회 신앙고백서의 구체적인 진술에 호소하지 않는다.

188 Horton, "Law, Gospel, and Covenant: Reassessing Some Emerging Antitheses," *Westminster Theological Journal* 64 (2002): 283.

189 이것은 WCF 대한 Vos의 평가다(Geerhardus Vos, *Redemptive History and Biblical Interpretation*, ed. Richard B. Gaffin [Phillipsburg, New Jersey: Presbyterian and Reformed Publishing Company, 1980], 239).

1) 행위 언약의 기원으로서의 하나님의 자발적인 내려오심

호튼은 타락 이전 언약에서 은혜의 요소를 완전히 배제하길 원하지만, 웨스트민스터 신앙고백서는 다음과 같이 고백한다.

> 하나님과 피조물의 간격은 너무도 크기 때문에, 비록 이성적 피조물들이 자신들의 창조자이신 하나님께 빚지고 있는 순종을 다할지라도, 하나님 편에서 자발적으로 낮춰 내려오심에 의한 것 외에 어떤 성과에 대해서도 하나님으로부터 복과 상을 받을 수 없었다. 이것을 하나님은 언약의 방식으로 나타내시기를 기뻐하셨다(WCF. 7. 1).

피조물인 사람은 언약 이전에 이미 창조로 말미암아 창조자에게 전적인 순종을 빚지고 있음에도 불구하고, 하나님은 자발적으로 낮추고 내려오셔서, 바로 그 마땅한 순종에 영생을 약속하는 언약을 맺으셨다. 베네마가 말하는 것처럼, 하나님의 형상으로 창조됨으로써 이미 "하나님께 순종할 의무를 본성적으로 갖는" 사람이 바로 그 마땅한 순종으로 완전한 영생을 누릴 수 있는 것은 하나님 편에서 자발적으로 내려오셔서 맺으신 언약 덕분이다.[190]

---

[190] Venema, "The Mosaic Covenant: A 'Republication' of the Covenant of Works?" 72-73.

그런데 호튼은 창조 언약을 맺으시는 하나님의 "자발적인 내려오심"은 하나님의 선하심과 친절이긴 해도 하나님의 은혜는 아니라고 못 박는다.

호튼이 타락 전에 언약을 맺으시는 하나님의 자발적인 내려오심을 은혜로운 것으로 간주하길 꺼리는 이유는 그가 은혜에 대한 좁은 정의를 따르기 때문이다. 호튼은 은혜를 죄과에도 불구하고 베풀어지는 호의로 정의하고, 죄와 허물을 전제하는 구속적인 은혜로 한정한다.[191] 그러나 17세기에 하나님의 "자발적인 내려오심"이란 표현을 신앙고백서에 사용한 사람들은 은혜를 구속적인 은혜로 한정하지 않았고, 하나님의 자발적인 내려오심도 은혜로운 것으로 보았다.[192]

호튼의 주장과 달리, 17세기 개혁주의 언약신학은 하나님이 무죄한 피조물과 관계를 맺기 위해 죄와 상관없이 내려오시는 것도 은혜

---

[191] Cf. Karl Barth, *Church Dogmatics*, II/1, trans. G. W. Bromiley (Edinburgh: T. & T. Clark, 1985), 356. Horton은 은혜에 대한 이런(은혜는 "단지 공로 없는 자들이 아니라 죄과 있는 자들에게 베풀어지는 하나님의 호의"라는) 정의가 Mastricht, Rollock, Ussher, Perkins, Ursinus, Olevianus, Zanchi, Owen, Polanus에게서 발견된다고 주장하고, WCF가 "은혜"대신 "자발적으로 낮춰 내려오심"이라는 표현을 의도적으로 사용한 것도 이런 정의에 대한 시사로 간주한다(Horton, *Covenant and Salvation*, 194, n. 51).

[192] Woolsey가 말하는 것처럼, Calvin도 하나님이 언약을 맺기 위해 낮춰 내려오시는 것을 은혜로운 것으로 말한다(Woolsey, *Unity and Continuity in Covenantal Thought*, 282). Calvin은 겔 20:11을 주석하면서 다음과 같이 말한다. "그[하나님]는 협약대로 처리하시므로 하나님 자신과 하나님의 백성 사이에는 상호 의무가 존재한다. 하나님이 사람들과 언약을 맺기 위해서 이렇게 스스럼없이 내려오실 때, 그의 **자비의 전형**을 보이신다는 것을 분명 아무도 부인하지 못할 것이다"(Calvin, *Commentaries on the First Twenty Chapters of the Book of the Prophet Ezekiel*, vol. 12, trans. Thomas Myers [Grand Rapids, MI: Baker Books, 2005], 299, on Ezekiel 20:11 [강조는 첨가한 것]).

로 간주했다.¹⁹³ 호튼은 공로와 반대되어 죄과를 전제하지 않는 비구속적인 호의를 은혜에 포함시키기를 거부하지만, 일반적으로 17세기 개혁주의 언약신학자들은 "공로 없는 호의"를 은혜라고 언급했고, 그래서 타락 이전 언약을 은혜로운 것이라고 주장할 수 있었다.¹⁹⁴

대부분의 청교도는 타락 이전의 언약이 순종을 조건으로 하고, 행위에 대한 보상의 약속이라고 생각했음에도 불구하고, 하나님이 사람의 본래 마땅한 순종에 보상을 약속하신다는 것 자체를 "은혜로운 것"으로 간주했다. 바빙크가 말하는 것처럼, 사람의 마땅한 의무인 하나님의 법을 지킨 사람에게 천상의 복과 영생을 줄 의무가 하나님께 전혀 없다는 것, 즉 "행위와 보상 사이에는 자연적인 어떤 연관성도 존재하지 않는다"는 것은 전통적인 언약신학의 일반적인 가르침이다.¹⁹⁵

케반에 따르면, "거의 모든 청교도들"이 아담이 율법에 순종했다면 받았을 모든 선한 것이 "은혜로 말미암는" 것이었다는 데 동의했다고 한다.¹⁹⁶ 케반이 "거의 모든 청교도들"이 여기 동의했다고 주

---

193 Woolsey는 이미 Calvin이 율법을 지키는 자에게 생명을 주는 언약을 맺기 위해서 자발적으로 내려오시는 하나님의 "은혜로운 경륜"과, 율법을 지킬 수 없는 자에게 필요한 "그리스도의 은혜"를 구별했었다는 것을 보여 준다(Woolsey, *Unity and Continuity in Covenantal Thought*, 282-83).

194 Richard A. Muller, *Post-Reformation Dogmatics: The Rise and Development of Reformed Orthodoxy, ca. 1520 to ca. 1725*, vol. 3: *The Divine Essence and Attributes* (Grand Rapids, MI: Baker Academic, 2003), 570-71.

195 Herman Bavinck, *Reformed Dogmatics*, vol. 2, ed. John Bolt, trans. John Vriend (Grand Rapids: Baker Academic, 2004), 571.

196 Kevan, *The Grace of Law*, 112. Kevan이 예로 드는 대표적인 청교도들은 다음과 같다. Thomas Goodwin, *Of Christ the Mediator*, in *Works*, V, ed. J. C. Miller (Edinburgh, 1861-1865), 82; *Of the Creatures, and the Condition of Their State by Cre-*

장하면서 예로 드는 대표적인 청교도 다섯 명 가운데 세 명(Thomas Goodwin, Anthony Burgess, 그리고 John Ball)이 웨스트민스터 신앙고백서와 직접적인 관련성을 갖는다.

토마스 굿윈(Thomas Goodwin)과 안토니 벌제스(Anthony Burgess)는 웨스트민스터 신앙고백서를 작성한 신학자들 가운데 하나였고, 존 볼(John Ball)의 『은혜 언약에 관한 논문』(A Treatise of the Covenant of Grace)은 웨스트민스터 회의 개회 중, 마침 신앙고백서 작성에 착수하려는 때에 출판되었는데, 레담에 따르면 이 책은 웨스트민스터 신앙고백서 작성자들로부터 광범위한 관심과 인정을 받았다.[197]

웨스트민스터 신앙고백서의 언약 교리에 큰 영향을 끼친 존 볼이 타락 이전 언약에서 아담의 순종이 공로적이라는 것을 부정하고, 이 행위 언약에도 하나님의 은혜가 배어 있다고 주장한 것을 생각할 때,[198] 타락 이전 언약에 대한 웨스트민스터 신앙고백서의 진술에 대

---

ation, in *Works*, VII, 25; John Owen, *The Doctrine of Justification by Faith, through the imputation of the Righteousness of Christ*, in *Works*, V, ed. W. H. Goold (London, 1850-1853), 277; Anthony Burgess, *Vindiciae Legis*, (London, 1646), 123, 128; John Ball, *A Treatise of the Covenant of Grace: wherein The graduall breakings out of Gospel-grace from Adam to Christ are clearly discovered* (London, 1629), 7, 9; Francis Roberts, *Of God's Covenants ··· The Mysterie and Marrow of the Bible: viz. Gods-Covenants with man* (London, 1657), 17.

197 Letham, *The Westminster Assembly*, 231-32. 그리고 Vos도 웨스트민스터 회의의 언약 교리와 관련된 신조 작성에 『은혜 언약에 관한 논문』(A Treatise of the Covenant of Grace)가 큰 영향을 끼쳤다고 생각하는 것은 시기상으로나 내용상으로나 자연스러운 가정이라고 말한다(Vos, *Redemptive History and Biblical Interpretation*, 241).

198 Ball, *A Treatise of the Covenant of Grace*, 6-12, in Letham, *The Westminster Assembly*, 231-32. 이런 Ball이 시내 산 율법 언약이 그 당시 교회의 상태와 조건에 적합하게 시행된, 실체에 있어서 동일한 은혜 언약이라고 주장한 이유들 가운데 주목

한 존 라이스(John H. Leith)의 다음 판단은 정당한 것 같다.

> [타락 이전 언약은] 공로의 언약이 아니었다. 왜냐하면 하나님과 사람의 큰 격차로 인해서 사람이 자신의 공로로 구원 얻는 행위는 완전히 불가능해서, 이 언약 자체가 하나님의 은혜로운 행위였기 때문이다.[199]

이로 보건대 타락 이전 행위 언약에는 하나님의 은혜가 없다는 호튼의 주장은[200] 웨스트민스터 신앙고백서와 그 배후에 있는 신학자들의 지지를 받지 못할 것이다. 웨스트민스터 신학자들은 호튼의 주장

할 만한 이유들을 소개하면 다음과 같다. **첫째**, 율법적인 행위 언약은 완전하고 영구적인 순종을 요구하기 때문에 파기되고 나서 갱신될 수 없다. 그러나 시내 산 언약은 범죄 후에 갱신과 회개가 용납되는 언약이고, 따라서 은혜 언약이다. **둘째**, 약하고 불완전하지만, 자발적이고 신실한 순종이 용납되는 언약은 은혜 언약이다. **셋째**, 시내 산 언약의 약속과 요구는 아브라함 언약의 약속 및 요구와 동일하다(Ball, *A Treatise of the Covenant of Grace*, 106–108, in Letham, "Not a Covenant of Works in Disguise' [Herman Bavinck]," 159–60).

[199] John H. Leith, *Assembly at Westminster: Reformed Theology in the Making* (Richmond: John Knox Press, 1973), 92. Bavinck는 개혁파 신학자들은 행위 언약의 상을 진정한 의미의 공로로는 결코 간주하지 않았다고 지적한다. Bavinck에 따르면, 하나님의 형상으로 창조된 사람은 추가적인 초자연적 능력 없이도 도덕법을 알고 지킬 수 있었지만, 에덴 동산의 복된 상태보다 나은 복된 상태나 영생은 "결코 공로로 얻을 수 없고, 하나님의 자유로운 처분에 의해서 주어질 수 있다"고 개혁파 신학자들은 굳건히 주장했다. 행위 언약은 "자유롭고, 특별하고, **은혜로운** 처분(free, special, and gracious dispensation of God)에 기초한다" (Bavinck, *Reformed Dogmatics*, vol. 2, 572 [강조는 첨가한 것]).

[200] Mark Kim의 묘사에 따르면, Horton의 창조 언약은 "비(非)은혜적이며 공로에 기초한 언약"이고(Kim, "Michael Horton's Covenant Theology," 122), "배타적으로 공로에만 기초한 언약"이다(Kim, "Michael Horton's Covenant Theology," 135).

과 달리, 은혜를 구속적인 은혜에 한정하지 않고, 무흠한 피조물과 관계를 맺으시는 하나님의 관계적 특성으로도 이해했고, 후자를 타락 이전 언약의 기원으로 간주했다.

따라서 이런 은혜는 호튼이 창조 언약의 성립 조건으로서 주장하는 피조물의 온전함과 전혀 충돌하지 않고, 완전한 순종에 대한 요구의 엄격함에도 아무 영향을 미치지 않으며, 신-인(神-人)이 아니라 인간이기만한 존재는 결코 진정한 공로를 획득할 수 없다는 것만 분명히 할 뿐이다.

2) 시내 산 언약의 성격에 대한 웨스트민스터 신앙고백서의 이해

(1) 은혜 언약의 율법 시대적 시행으로서 시내 산 언약

비록 시내 산 언약의 성격에 대해서 여러 견해들이 청교도들 가운데 존재했지만, 케반에 따르면 청교도들은 시내 산 언약이 은혜 언약의 시행이었다는 데 전반적으로 합의했고, 그것이 웨스트민스터 신앙고백서에 구현되었다고 한다.[201] 웨스트민스터 신앙고백서는 칼빈과 마찬가지로[202] 은혜 언약의 실체에 있어서의 동일성과 시행에 있어서의 다양성을 분명히 말한다.

---

201 Kevan, *The Grace of Law*, 117. 앞서 언급된, WCF의 언약신학에 큰 영향을 미친 Ball은 "성경이 하나님이 타락한 사람과 언약을 맺으시는 것에 대해서 말할 때면 언제든지 … 그 언약은 은혜 언약으로 이해되어야 한다"고 말한다(Ball, *A Treatise of Covenant of Grace*, 93, 95, in Kevan, *The Grace of Law*, 115).

202 Calvin, *Institutes*, 2. 9. 1-2, 11, 14.

이[은혜] 언약은 율법 시대와 복음 시대에 달리 시행되었다
(WCF. 7. 5).

실체가 다른 두 가지 은혜 언약이 있는 것이 아니라, 다른 시대에 하나의 동일한 은혜 언약이 있다(WCF. 7. 6).[203]

여기서 율법 시대에 시행된 은혜 언약은 베네마가 말하는 것처럼, 시내 산 언약을 가리킨다고 보는 것이 적절할 것이다.[204]

203　하이델베르크 요리문답서도 동일한 이해를 내포한다. 이남규 교수에 따르면, 비록 하이델베르크 요리문답서가 청소년과 대중을 위한 것이기에 다소 생소하며 어려울 수 있는 언약을 전면에 드러내는 것을 피하고 "언약"이라는 말을 다섯 번밖에 언급하지 않지만, 하이델베르크 요리문답서의 주 작성자인 우르시누스의 언약에 대한 이해를 고려할 때, 하이델베르크 요리문답서에 "언약이 실질적으로 드러나"고 하이델베르크 요리문답서의 구조는 "언약의 구조로 볼 수 있다"고 한다(이남규, "하이델베르크 요리문답서 구조에 나타난 개혁신학의 특징," 「신학정론」 33/1 [2015]: 237). 그리고 이남규 교수의 말대로, 좁은 의미의 율법을 우르시누스가 창조 언약 또는 자연 언약이라고 일컬었다는 것을 고려할 때(이남규, "하이델베르크 요리문답서 구조에 나타난 개혁신학의 특징," 236), 하이델베르크 요리문답서는 WCF의 이중 언약주의와 동일한 것을 내포한다고 볼 수 있을 것이다. 우르시누스는 하이델베르크 요리문답서 해설에서 WCF의 은혜 언약의 실체의 동일성과 시행의 다양성에 대한 고백과 동일한 내용을 말한다. 은혜 "언약은 본질은 하나요, 그 양상에서는 둘이다 … 그 운영의 양식에 있어서는 둘이다" (Zacharias Ursinus, 『하이델베르크 요리문답해설서』, 원광연 옮김 [고양: 크리스챤다이제스트, 2006], 187) 우리의 논의와 관련해서 주목할 만한 것은, 우르시누스는 그의 요리문답 해설서에서 Kline과 Horton이 행위 언약의 재판으로서 시내 산 언약의 특징에 속하는 것으로 간주하는 "일시적인 축복의 약속들"을 동일한 은혜 언약의 시행적 차이로 간주한다는 사실이다. "옛 [은혜] 언약에는 가나안 땅에 대한 약속(이는 교회에게 주어질 것이었다), … 모세 시대의 신정 체제(이는 메시야의 시대까지 그 땅에서 보존될 것이었다) … 등 일시적인 성격을 띤 여러 가지 특별한 약속들이 들어 있었다"(Ursinus, 『하이델베르크 요리문답해설서』, 189).

204　Venema, "The Mosaic Covenant: A 'Republication' of the Covenant of Works?" 74.

그러나 클라인과 호튼은 고대 근동에서 발견되는 특징적 조약 형식이 단지 언약의 시행과 관련 있는 우유적인 요소가 아니라, 시내 산 언약의 성격 자체를 좌우할 만큼 본질적인 요소로 취급하여, 종주권 조약 형식인 시내 산 언약을 아브라함 언약과 원리에 있어서 다른 언약으로 간주한다.[205]

비록 클라인과 호튼이 개인의 구원에 있어서 은혜 언약을 시대와 상관없이 유일한 구원의 길로서 강조한다고 할지라도, 시내 산 언약이 바로 그 동일한 은혜 언약의 시행임을 인정하지 않는 한, 웨스트민스터 신앙고백서의 언약신학과 거리가 있다.

웨스트민스터 신앙고백서가 시내 산 언약을 동일한 은혜 언약의 율법 시대적 시행이라고 말하는 반면, 호튼과 클라인은 시내 산 언약이 율법 시대에 동일한 은혜 언약의 복음적 시행과 나란히 시행되고, 은혜 언약과 종류(단지 강조점에서만 다른 것이 아니라[206])에 있어서도 다른, 일종의 행위 언약의 반복이라고 말하며, 이것을 개혁주의 언약신학의 우세한 입장으로 간주한다.[207] 호튼은 아브라함 언약과 시내 산 언약이 "단지 **연속적인** 두 언약들이 아니라, **나란히** 공존하는 두 언약들"이라고 주장한다.[208]

---

205 Horton, *God of Promise*, 97-98. Horton은 율법의 원리와 은혜의 원리는 "본질적으로 다른 유형의 언약"을 반영한다고 말한다(Horton, *God of Promise*, 76).
206 Horton, *Lord and Servant*, x.
207 Horton, *Covenant and Salvation*, 97-98.
208 Horton, "Which Covenant Theology?" in *Covenant, Justification, And Pastoral Ministry: Essays by the Faculty of Westminster Seminary California*, R. Scott Clark ed. (Phillipsburg, NJ: P&R Publishing Company, 2007), 212.

호튼은 아브라함 언약과 시내 산 언약의 은혜 언약으로서의 실체적 연속성을 말하지 않고, 시내 산 언약은 오히려 타락 이전 언약과 원리적 연속성(비록 창조 언약의 행위의 원리가 모형적인 신정 국가라는 한정적인 영역에 적용되고, 완전한 순종이 아니라 적절한 충성을 요구한다는 점에서는 차이가 있을지라도)을 갖는다고 말한다.[209] 호튼은 행위 언약과 은혜 언약의 구별을 거부하는 단일 언약주의자들만이 시내 산 언약이 행위의 원리에 의해서 좌우되지 않는 은혜 언약으로 간주하는 것처럼 말한다.[210]

(2) 시내 산 언약의 상벌 규정과 행위의 원리

호튼은 클라인을 따라서, 창조 언약과 시내 산 언약 둘 다에는 순종하면 살고 불순종하면 죽는다는 상벌 규정이 있고, "이를 행하면 그로 말미암아 살리라"는 행위의 원리가 두 언약 모두의 원리였으며, 이런 의미에서 시내 산 언약은 창조 언약의 재판이라고 주장한다.[211]

---

209 Horton은 비록 십계명이 "아브라함 약속과의 연속성"을 보여 주는 하나님의 해방에 대한 선언으로 시작할지라도, 십계명은 "기본적으로 율법 언약이다"라고 말한다(Horton, *God of Promise*, 100-101). Horton은 모세 시대에 발견되는 은혜로운 약속들을 시내 산 언약의 구성요소로 간주하지 않는 것 같다. 예를 들어, Horton은 모세 시대의 희생 제사가 시내 산 언약이 행위 언약이 아니라는 것을 증명하는 것이 아니라, 아브라함 언약이 시내 산 언약에 의해서 무효화되지 않음을 증명하는 것이라고 주장한다(Horton, *God of Promise*, 102). Horton에 따르면, 율법 시대에 유효한 은혜의 약속들은 시내 산 언약이 아니라 아브라함 언약에 속한다고 한다(Horton, *God of Promise*, 176).

210 Horton, *Covenant and Salvation*, 98.

211 Horton, *God of Promise*, 102.

즉, 시내 산 언약은 은혜의 원리와 대조되는 행위의 원리를 실제로 도입했으므로 율법의 행위로 유업을 얻는 원리가 모세 질서 아래 실제로 작용했고, 적어도 천국의 모형인 지상 가나안 땅에서의 이스라엘 공동체의 운명을 좌우하는 원리는 행위의 원리였다는 것이다.

모세 질서에서는 행위의 원리가 은혜의 원리와 나란히 함께 작용했다는 주장이 웨스트민스터 신앙고백서와 조화될 수 있는가? 클라인의 재판 이론을 고전적 언약신학의 발전으로 평가하는 전정구 박사는 이런 주장이 웨스트민스터 신앙고백서와 일치하는 것처럼 말한다. 전정구 박사는 비록 웨스트민스터 신앙고백서가 시내 산 언약을 "율법 언약" 또는 "행위 언약"이라고 지칭하지 않을지라도 이스라엘 신정 국가가 "행위의 원리"에 의해서 경영되는 것으로 진술한다고 주장한다.[212]

전정구 박사는 이것의 근거로서 웨스트민스터 신앙고백서 7장 5-6절을 길게 소개하지만,[213] 여기의 어디서 이스라엘 신정 국가의 경영이 행위의 원리에 의해서 좌우되었다는 근거를 발견할 수 있는지 궁금하다. 여기서 고백되는 핵심은 율법 시대와 복음 시대에 언약들은 시행의 차이에도 불구하고 동일한 은혜 언약이 시행되므로 구원에 있어서 본질상 동일한 효과를 갖는다는 것이다.

웨스트민스터 신앙고백서는 율법 시대에 발견되는 제사 제도를 포

---

212 Jeon, *Covenant Theology*, 44.
213 또한 전정구 박사의 책에는 WCF, "12. 5-6"이라고 잘못 표기되어 있다(Jeon, *Covenant Theology*, 44).

함해서 은혜로운 수단과 규례들은 은혜 언약의 실체인 그리스도를 가리킨다고 분명히 말하는 반면(WCF. 7. 5), 호튼과 클라인은 율법 시대의 각종 은혜 수단과 규례에도 불구하고 이스라엘이 결국 불순종으로 말미암아 가나안 땅을 상실해 버린 사실을 시내 산 언약이 행위의 원리에 의해서 좌우되었다는 증거처럼 간주한다.

즉, 이스라엘 백성이 가나안 땅에 머물러 사는 데 있어서 행위의 원리가 실제로 작용한 것이 아니라 은혜의 원리가 작용했다면, 이스라엘 백성이 불순종으로 가나안 땅을 상실하는 일은 벌어질 리 없었을 것이라는 것이다.

호튼은 시내 산 언약의 상벌 규정이 실현된 것으로부터 시내 산 언약에는 아브라함 언약과 달리, 행위의 원리가 작용했다는 결론을 도출해낸다. 그러나 김병훈 교수가 말하는 것처럼, 율법에 대한 순종 혹은 불순종에 따른 보상과 심판의 조건성 자체는 해당 언약이 행위 언약이냐 은혜 언약이냐를 증명하지 않는다.

> 이러한 조건성은 행위 언약 아래에서만 구원론의 의미를 갖는 것이고, 은혜 언약 아래에서는 은혜로 베푸신 구원의 의미를 드러내는 역할만을 할 따름이다. 은혜 언약 아래에서 "영생에 이르도록 작정하신 자들"에게도 율법이 행위 언약의 약속과 경고를 보이고 있는 것은 그들이 은혜 언약에 의하여 구원을 받지 못하였을 경우에 그들이 당했을 그들의 비참한 상태가 어떠한지를 보여 주는 것일 뿐이다. 즉 행위 언약으로서의 율법

의 기능을 통하여, 자신들이 본래 죄로 인하여 얼마나 비참한 상태에 놓여 있었으며, 죄에 대한 하나님의 심판이 어떠한지를 보여줌으로써 은혜 언약 아래에서 그들이 누리고 있는 구원의 은혜에 더욱 감사하도록 함이 율법의 기능 중 하나이다.[214]

시내 산 언약의 상벌 규정이 행위의 원리를 가리킨다는 호튼의 주장은 웨스트민스터 신앙고백서의 다음 진술과도 충돌하는 것 같다.

> 참된 신자는 행위 언약으로서의 율법 아래 있지 않기에, 율법으로 말미암아 의롭다 함 받거나 정죄 받지 않는다. 그럼에도 불구하고 율법은 불신자에게만 아니라 참된 신자에게도 크게 유용하다.
> 왜냐하면 율법은 하나님의 뜻과 자신의 의무를 알려주는 삶의 규범으로서, 따라 행해야 할 방향을 지시해 주고 의무를 정해 주기 때문이다.
> 또한 율법은 자신의 본성과 마음과 삶이 죄로 오염되어 있음을 발견하게 해 준다. 따라서 율법으로 자신을 검토함으로써 더 죄를 깨닫고, 죄로 인해 더 겸비하며, 죄를 더 증오하며, 그래서 그리스도와 그리스도의 완전한 순종이 자기에게 필요함을 더욱 분명히 보게 될 수 있다.

---

[214] 김병훈, "개혁신학의 구원과 성화," 『노르마 노르마타: 16, 17세기 개혁교회의 신학과 신앙』, 김병훈 엮음 (수원: 합신대학원출판부, 2015), 536-37.

또한 율법은 죄를 금한다는 점에서, 중생한 자에게도 자신의 부패를 억제하는 데 유용하다. **중생한 자들은 율법에 위협된 저주에서는 해방되었을지라도, 율법의 위협들은 그들의 죄에 마땅한 것이 무엇인지, 그리고 그들의 죄로 인해 세상에 사는 동안 그들이 어떤 고통을 예상할 수 있는지 보여 준다.**

마찬가지로 율법의 약속들은 하나님이 순종을 칭찬해 주시고, 율법을 이행할 때 어떤 복을 기대할 수 있는지 보여 준다. 그러나 이 복은 행위 언약으로서의 율법에 의한 당연한 보상이 아니다.

따라서 어떤 사람이 율법이 선을 권하고 악을 막기 때문에, 선을 행하고 악을 삼간다는 것이, **그 사람이 은혜 아래 있지 않고 율법 아래 있다는 증거는 전혀 아니다**(WCF, 19. 6. 강조는 첨가한 것).

웨스트민스터 신앙고백서의 위 진술에 따르면, 율법의 순종 여부에 따른 상벌 자체는 행위 언약 아래 있다는 것을 조금도 증명하지 않는다. 웨스트민스터 신앙고백서는 율법의 상벌 규정이 구약에서만, 또는 불신자에게만 한정되지 않고, 신자에게도 적용될 수 있다고 분명히 말한다. 웨스트민스터 신앙고백서에 따르면, 은혜 아래서도 신자의 순종과 복, 그리고 신자의 범죄와 고통이 상관 관계를 갖기 때문에, 율법의 상이 순종에, 범죄에 벌이 주어진다는 것 자체가 율법 아래, 즉 행위의 원리 가운데 있다는 증거가 못된다.

이와 관련하여, 웨스트민스터 신앙고백서 19장 6절은 다음과 같이 진술한다.

중생한 자들은 율법에 위협된 저주에서는 해방되었을지라도, 율법의 위협들은 그들의 죄에 마땅한 것이 무엇인지, 그리고 그들의 죄로 인해 세상에 사는 동안 그들이 어떤 고통을 예상할 수 있는지 보여 준다.

웨스트민스터 신앙고백서가 이에 대한 증거 구절로 에스라 9장 13-14절을 사용하는 것은 주목할 만하다.[215] 여기서 에스라가 언급하는 형벌은 바벨론에 포로로 잡혀간 일을 가리키는데, 이 일에 대해 호튼과 클라인은 행위의 원리가 이스라엘 신정 국가의 운명을 좌우한 증거로서 주장한다.[216]

호튼이나 클라인과 달리, 웨스트민스터 신앙고백서 작성자들은 하나님의 은혜에도 불구하고 바벨론 포로로 잡혀가는 일이 벌어진 것을 설명하기 위해 행위의 원리를 도입해야 할 필요성을 느끼지 않았다. 웨스트민스터 신앙고백서는 은혜의 질서 가운데 견인이 확실한 참된 신자도 심각한 죄에 빠질 수 있고, 따라서 일시적인 심판을 자초할 수 있다고 말한다.

그럼에도(견인이 확실함에도) 불구하고 성도들은 사탄과 세상의

---

[215] 스 9:13-14, "우리의 악한 행실과 큰 죄로 말미암아 이 모든 일을 당하였사오나 우리 하나님이 우리 죄악보다 형벌을 가볍게 하시고 이만큼 백성을 남겨 주셨사오니 우리가 어찌 다시 주의 계명을 거역하고 이 가증한 백성들과 통혼하오리까 그리하면 주께서 어찌 우리를 멸하시고 남아 피할 자가 없도록 진노하시지 아니하시리이까."

[216] Horton, *Covenant and Salvation*, 98; Kline, *Kingdom Prologue*, 322.

유혹, 성도 안에 남아 있는 부패의 강함, 그리고 견인의 수단들을 소홀히 함으로 인해 **지독한 죄에 빠질 수 있고**, 또 그런 죄 가운데 한동안 머무를 수도 있다. 이로 말미암아 성도들은 하나님의 분노를 초래하고, 하나님의 성령을 근심케 하며, 자신들이 받은 은혜와 위로 가운데서 다소의 분량을 상실하게 되며, 마음이 굳어지며, 양심이 상하며, 타인에게 해를 끼치고 실족케 하며, **일시적인 심판을 자초한다**(WCF, 17. 3, 강조는 첨가한 것).

이스라엘이 바벨론의 포로로 잡혀간 일은 지상 신정 국가의 멸망이므로, 신자나 교회에 대한 하나님의 일시적인 심판과는 비교하기 힘들다는 반문을 제기될 수도 있을 것이다.

이와 관련하여, 은혜 가운데 있는 참된 신자도 "일시적인 심판을 자초"할 수 있다는 부분에 대하여 웨스트민스터 신앙고백서가 증거 구절로 제시한 시편 89편 31-32절은 주목할 만하다.[217] 이 구절은 은혜 언약인 다윗 언약과 직접적인 관련이 있는데, 하나님은 다윗에게, 다윗의 후손이 죄를 범하면 징계하겠지만, 다윗의 왕위가 단절되지 않고 영원히 지속될 것이라고 약속하셨다.

호튼은 이런 다윗 언약에 대해서 은혜 언약 안에도 율법의 징계가 존재하고, 하나님의 무조건적인 약속은 "일시적인 징계의 가능성"을

---

217 시 89:31-32, "내 율례를 깨뜨리며 내 계명을 지키지 아니하면, 내가 회초리로 그들의 죄를 다스리며 채찍으로 그들의 죄악을 벌하리로다."

배제하지 않는다는 것을 인정한다.[218]

그런데 만약 그리스도의 영원한 왕권의 모형인 지상 다윗 왕조의 단절이 행위의 원리를 증명하는 것이 아니라면, 어째서 영원한 왕국의 모형인 지상의 신정 국가(지상의 다윗 왕조와 불가분의 관계에 있다)의 멸망은 행위의 원리가 작용한다는 증거가 되는가?

클라인에 따르면, 옛 언약에서 하나님의 참된 신자도 행위의 원리에 의해서 좌우되는 신정 국가의 구성원이기 때문에, 행위의 원리를 경험하지 않을 수 없다고 한다. 이를테면, 옛 언약의 참 신자는 주권적인 은혜에 의해서 보장된 영원한 왕국을 결코 상실하지 않았을지라도, 신정 국가와 가나안 땅에 있어서는 행위의 원리가 작용하기 때문에, 다수의 언약 파기자들의 집단적인 불충성으로 인해 그들도 신정 국가와 가나안 땅을 상실되고 말았고, 또 참된 신자일지라도 시민법을 심각하게 위반할 때 모형적 왕국에서 개인적으로 배제될 수 있었다고 한다.[219]

물론 이런 사태는 일어날 수 있었다. 그런데 클라인은 이런 사태가 발생한 이유를 모형적인 왕국과 그 복에는 행위의 원리가 작용하기 때문이라고 설명한다.

그러나 구약 시대에 언약 공동체 구성원 개개인이 언약 공동체의 운명을 공유하는 이런 일은 새 언약에서도 마찬가지로 발생한다. 이

---

218 Horton, *Covenant and Salvation*, 90.
219 Meredith G. Kline, "Of Works and Grace," *Presbyterian* 9 (1983): 87.

를테면 택자가 포함된 교회 공동체가 전체적으로 타락하고 배교했을 때, 그리스도는 촛대를 그 자리에서 옮겨버리실 테지만(계 2:5), 그럼에도 택자는 구원을 상실하지 않을 것이다.

그럼 이 교회가 전체적으로 배교하고 촛대가 옮겨진 이유가 교회에 공로적인 행위의 원리가 작용하기 때문인가?

또한 교회 안의 어떤 신자가 심각한 죄를 범해서 출교당한 것도 행위의 원리가 작용하기 때문인가?

이것은 행위의 원리를 도입할 필요 없이, 시내 산 언약이 국가적인 언약이었다는 것으로서 설명될 수 있는 문제다.

웨스트민스터 신앙고백서는 다음과 같이 진술한다.

> 만약 악명 높고 완고한 죄인들이 하나님의 언약과 언약의 인을 더럽히게 놔두면, 마땅히 하나님의 진노가 교회에 임할 수 있다(WCF. 30. 3).

"하늘 아래 가장 순수한 교회들에도 불신자가 섞여 있"어(WCF, 25. 5) 교회 안의 완악한 위선자들이 은혜 언약을 더럽힐 수 있다. 그러면 은혜 언약 공동체인 교회에 하나님의 진노가 임할 수 있다. 이를테면, 하나님이 자기 피로 사신 에베소 교회의 촛대도 그 자리에서 옮겨질 수 있다(계 2:5; cf. 행 20:28).[220]

---

[220] Horton은 계 2-3장이 선지자의 언약 고소를 반영한다고 주장한다(Horton, *Cove-*

이것을 두고, 교회 공동체의 구성원인 개별 신자에게는 은혜의 원리가 적용되지만, 교회 공동체에는 행위의 원리가 적용된다고 주장할 수 있겠는가?

호튼도 가시적 교회의 실패에도 불구하고 남은 택자들이 보존된다는 것을 인정한다.[221]

그런데 어째서 옛 언약 공동체의 실패를 설명하는 일에 행위의 원리를 도입할 필요가 있는가?

이스라엘 신정 국가에 하나님의 진노가 임한 이유도 구약의 언약 공동체는 신약의 언약 공동체와 달리 행위의 원리에 좌우되었기 때문이 아니라, 비록 은혜 언약 공동체 안에 남은 자들이 존재할지라도, 믿지 않고 회개하지 않는 다수의 완고한 위선자들에 의해서 은혜 언약인 시내 산 언약이 더럽혀졌고, 언약 공동체인 이스라엘 신정 국가가 거룩한 하나님 나라의 모형으로서의 역할을 더 이상 할 수 없을 만큼 부패했기 때문이라고 이해하는 것이 더 적절한 것 같다.

옛 언약 공동체인 신정 국가에 하나님의 진노가 임하는 것과 새 언약 공동체인 신약 교회에 하나님의 진노가 임하는 것 간의 차이는, 전자는 행위의 원리에 따른 심판이고 후자는 은혜의 원리에 따른 심

---

nant and Eschatology, 133). Horton은 언약의 검사인 선지자의 고소가 은혜 언약인 아브라함 언약에 기초할 수 없고, 율법 언약인 시내 산 언약에 기초해서 이루어진다고 내내 주장하지만, Horton의 이런 주장은 계 2-3장도 언약 고소로 간주하는 Horton 자신의 이해와 충돌하는 것 같다. 계 2-3장의 소아시아 교회에 대한 그리스도의 언약 고소는 율법 언약이 아니라 은혜 언약인 새 언약에 기초함에 명백하다.

221 Horton, *People and Place: A Covenant Ecclesiology* (Louisville, KY: Westminster John Knox Press, 2008), 201.

판이라는 데 있는 것이 아니라, 실체에 있어서 동일한 은혜 언약 공동체(교회와 통합된 신정 국가이냐 국가와 구별된 교회이냐)의 환경의 차이에 따른 진노 시행의 차이다.[222]

시내 산 언약에서의 조건적 보상도 마찬가지다. 웨스트민스터 신앙고백서는 은혜 언약 아래 있는 신자의 순종과 선행의 보상을 설명하는 데 행위의 원리를 도입할 필요를 조금도 느끼지 않는다.[223] 도리어 행위 언약의 원리를 도입하는 순간 하나님으로부터 상 받을 가능성이 완전히 사라져 버릴 것이다.

우리 최선의 선행으로도 하나님에게서 죄 사함이나 영생을 받을 만한 공로를 세울 수 없다. 우리 최선의 선행과 장차 받

---

[222] 시내 산 언약이 국가적 성격의 언약이었다는 것은 새로운 요소임에 분명하지만, 여전히 시행상의 차이지, 은혜 언약의 성격을 바꾸는 본질적 차이가 아니다. Vos가 말하는 것처럼, 시내 산 언약을 통해서 "이스라엘의 사회생활, 이스라엘의 국가 조직, 그리고 백성의 실존이" 은혜 언약과 직접적인 관계를 맺고, "불가분리적으로 결합되었다. 따라서 아무도 '나는 이스라엘 교회를 떠나기 원하지만 이스라엘 국가에는 그대로 머물기 원한다'고 말할 수 없"었다(Vos, *Reformed Dogmatics*, vol. 2, 129; cf. Louis Berkhof, *Systematic Theology* [Grand Rapids, MI: Eerdmans, 1996], 298). "이스라엘에서는 사회 관계에서도, 즉 언약의 사회적 측면에서도, **은혜 언약의 본질**이 반영되었다"(Vos, *Reformed Dogmatics*, vol. 2, 131 [강조는 첨가한 것]). 시내 산 언약이 새 언약과 시행에 있어서 차이가 나지만 실체에 있어서 은혜 언약인 것처럼, 시내 산 언약에 의해서 만들어진 국가적인 옛 언약 공동체는 새 언약에 의해서 만들어진 신약의 교회와 마찬가지로 본질에 있어서는 행위 언약의 공동체가 아니라, 은혜 언약의 공동체였다.

[223] 시내 산 언약의 율법의 순종을 조건으로 한 상벌은, 성주진 교수의 표현을 빌린다면, "공로사상이나, 사랑 없는 규정준수를 앞세우는 율법주의와 같은, 경직된 보응사상"을 극복하는 은혜 "언약적인 보응사상"을 가리킨다고 할 수 있을 것이다(성주진, 『사랑의 마그나카르타: 신명기의 언약신학』 [수원: 합동신학대학원출판부, 2005], 237-38).

을 영광 사이에는 엄청난 괴리가 있고, 우리와 하나님 사이에도 무한한 간격이 있기 때문에, 우리의 선행으로 하나님께 유익을 끼칠 수 없고, 이전의 죗값도 갚을 수 없다. 우리가 할 수 있는 모든 선행을 했을 때도, 단지 우리 의무를 행한 것뿐이며, 우리는 무익한 종에 불과하다. 왜냐하면 우리가 선행을 하더라도 그것은 성령에서 비롯된 것이며, 또한 우리의 선행은 오염되고 많은 연약함과 불완전함이 섞여 있어서 하나님의 준엄한 심판을 견딜 수 없기 때문이다(WCF. 16. 5).

그럼에도 불구하고 **신자의 인격이 그리스도로 말미암아 용납되기 때문에** 신자의 선행 또한 그리스도 안에서 용납된다. 이 세상에서 신자의 선행이 하나님이 보시기에 전적으로 흠이 없고 책망할 것이 없기 때문이 아니라, 하나님이 신자의 선행을 **자기 아들 안에서 보시기 때문에**, 비록 많은 연약과 불완전함이 있을지라도 진실하게 행한 것은 용납하시고 **상을 주시기를 기뻐하신다**(WCF. 16. 6, 강조는 첨가한 것).

마찬가지로 율법의 약속들은 하나님이 순종을 칭찬해 주시고, 율법을 이행할 때 어떤 복을 기대할 수 있는지 보여 준다. 그러나 **이 복은 행위 언약으로서의 율법에 의한 당연한 보상이 아니다**. 따라서 어떤 사람이 율법이 선을 권하고 악을 막기 때문에, 선을 행하고 악을 삼간다는 것이, 그 사람이 은혜 아래 있지 않고, 율법 아래 있다는 증거는 전혀 아니다(WCF. 19. 6. 강조는 첨가한 것).

이 신앙고백서는 분명히 말하기를, 불완전한 선행이 하나님께 용납되고 보상받는 것이 오직 그리스도의 의로 말미암아 우리의 인격이 이미 용납된 결과라고, 즉 은혜 언약의 열매라고 한다.[224] 그러나 호튼은 시내 산 언약 아래서 이스라엘 백성이 "적당한 신실함," 즉 불완전한 순종을 통해서도 신정 국가가 유지되고 가나안 땅에서 복을 누리는 이유는 창조 언약에 작용한 행위의 원리가 완화되어 되풀이되기 때문이라고 주장한다.

5. 소결론

이번 장에서 우리는 시내 산 언약에서 타락 이전의 언약의 법과 내용상 동일한 율법이 다시 반포되고 가르쳐질 뿐만 아니라 타락 이전의 행위 언약의 원리마저 한정적으로 실제로 되풀이된다고 주장하는 호튼의 재판 이론과 그의 '이중 언약주의'가 대표적인 개혁주의

---

224 Venema에 따르면, Calvin과 16-17세기 개혁주의 신학자들에게 익숙한 "**신자 인격의 칭의와 신자 행위의 칭의**의 구별"을 여기 신앙고백서에서도 발견할 수 있다고 말한다(Venema, *The Gospel of Free Acceptance in Christ: An Assessment of the Reformation and 'New Perspectives' on Paul* [Edinburgh: The Banner of Truth Trust, 2006], 264, 강조는 Venema의 것).

신학자들인 존 칼빈, 헤르만 비치우스, 프란시스 투레틴, 그리고 웨스트민스터 신앙고백서의 진술과 거리가 있다는 것을 밝혔다.

호튼은 칼빈의 '율법 언약'이 유업을 얻는 원리로서의 율법이나 행위 언약만을 가리키는 것처럼 주장했으나, 칼빈은 '율법 언약'을 좁은 의미의 율법뿐만 아니라, 은혜 언약의 모세적 시행을 가리키는 말로도 사용했고, 칼빈은 좁은 의미의 '율법 언약'을 율법주의적인 오용을 비판하는 맥락에서 주로 사용했다. 또한 칼빈은 시내 산 언약의 상벌에서 완화된 공로적 행위의 원리가 아니라, 그리스도의 완전한 의에 기초해서 죄인의 인격과 함께 불완전한 선행도 받아들여지는, 복음의 약속과 율법의 약속 간의 일치를 발견했다.

비치우스에게서 시내 산 언약에 행위 언약적 요소가 재현된다고 주장하는 명백한 표현이 발견되었다. 따라서 비치우스와 호튼 사이에 표현상의 유사점이 존재하는 것이 사실이다. 절충주의자인 비치우스는 시내 산 언약에 행위 언약적 요소와 은혜 언약적 요소 둘 다 반복된다고 주장하고, 시내 산 언약은 "정식적으로는" 행위 언약도 아니고 은혜 언약도 아니라고 말했다.

그럼에도 불구하고 비치우스는 칼빈과 마찬가지로 시내 산 언약을 실체에 있어서 동일한 은혜 언약의 구별된 시행으로 말했다. 또한 호튼이 행위의 원리를 발견하는, 율법 준행에 대한 이스라엘의 맹세에서 비치우스가 불완전한 순종도 용납되는 은혜의 원리를 발견했음을 우리는 보았다.

투레틴도 시내 산 언약을 실체에 있어서 동일한 은혜 언약으로 간주했다. 호튼은 시내 산 언약의 유형과 형식이 시내 산 언약의 종류와 성격을 좌우하는 것처럼 주장했으나, 투레틴은 시내 산 언약의 형식을 시내 산 언약의 은혜 언약적 실체에 영향을 미치지 않는 우유적인 특성으로 간주했음을 우리는 확인했다.

그리고 투레틴은 칼빈과 마찬가지로, 시내 산 언약을 좁은 의미의 율법 또는 율법 자체와 결코 동일시하지 않았다. 또한 호튼은 시내 산 언약 자체에는 자비가 없다고 주장하지만, 투레틴은 시내 산 언약 자체가 복음과 율법이 그 안에서 조화를 이루고 있는 은혜 언약이라고 분명하게 주장했다.

그리고 투레틴은 비치우스와 더불어, 호튼과 대조적으로 시내 산 언약 비준 의식의 피와 새 언약 비준의 피인 그리스도의 피의 연속성을 주장하고, 시내 산 언약의 피를 복음적인 피로 이해했다. 또한 투레틴은 아브라함 언약의 성례가 시내 산 언약에서 그대로 연속된다는 사실을, 시내 산 언약이 실체에 있어서 은혜 언약이라는 중요한 근거로 삼는다는 것을 확인했다.

정통 개혁주의 신학자들의 다수 견해의 요약이라고 할 수 있는 웨스트민스터 신앙고백서도 시내 산 언약을 동일한 은혜 언약의 율법 시대적 시행으로 말했다. 호튼은 시내 산 언약의 상벌 규정의 실현을 시내 산 언약이 행위의 원리에 의해서 좌우되는 율법 언약이라는 증거로서 간주했으나, 웨스트민스터 신앙고백서는 율법의 순종 여부에 따른 상벌 자체는 행위 언약 아래 있다는 증거가 결코 아니고, 불완전한 순종이 하나님께 용납되고 보상받을 수 있는 이유는 공로적인 행위의 원리가 완화되어 작용하기 때문이 아니라 다름 아닌 은혜의 원리가 작용하며 은혜 언약 아래 있기 때문이라고 고백했다.

이와 같이 시내 산 언약의 약속과 의무는, 호튼의 주장과 달리, 새 언약의 약속과 의무와는 실체와 원리에 있어 동일하다는 것이 전통적 개혁신학의 다수 견해였다.

우리는 전통적 언약신학의 다수 견해가, 타락 이전의 행위 언약과 이후의 은혜 언약은 실체에 있어서 다르지만 시내 산 언약을 포함한 모든 은혜 언약은 다양한 시행에도 불구하고 실체가 동일하다는 입장임을 확인했다.

따라서 베네마가 표현하는 것처럼, 시내 산 언약은 "실체적으로" 은혜 언약이고 "우유적으로만" 은혜 언약의 다른 시행들과 구별된다는 것이 시내 산 언약의 성격에 대한 전통적인 언약신학의 다수 견해라고 할 수 있을 것이다.[225] 다시 말해서, 동일한 은혜 언약의 여타 시행들과 구별되는 시내 산 언약의 특징들은 행위 언약의 실체에 속하지 않는 특징들로서, 은혜 언약의 본질에 실제로 영향을 미치지 않는 우유적 특징들이어야 한다.

전통적인 이중 언약주의는 행위 언약과 은혜 언약의 실체적인 차이를 전제한다. 그러나 호튼은 시내 산 언약이 행위 언약의 실체에 속하는 행위의 원리에 의해서, 비록 한정적일지라도, 실제로 좌우

---

225 Venema, "The Mosaic Covenant: A 'Republication' of the Covenant of Works?" 92. Letham은 Kline의 재판 이론과 유사한 입장이 개혁파 정통주의 시대에 없지 않았으나 분명 "소수 의견"(minority report)이었다고 말한다(Letham, "'Not a Covenant of Works in Disguise' [Herman Bavinck]," 169).

된다고 주장함으로써, 행위 언약의 실체적 요소를 은혜 언약의 시행에 도입했다. 이것은 베네마의 묘사처럼, "은혜 언약의 본질적으로 은혜로운 성격과 충돌하는" 원리, 은혜 언약의 실체와 충돌하는 실체를 시내 산 언약에 돌리는 것으로 평가할 수 있다.[226]

따라서 호튼은 시내 산 언약이 은혜 언약과 구속 역사적 연속성을 갖고 창조 언약의 모종의 되풀이로서 행위 언약과도 연속성을 갖는다고 주장함으로써, 적어도 시내 산 언약에 대한 이해에 있어서 자신이 내내 강하게 비판하는 단일 언약주의의 위험에 노출된다.

은혜 언약의 은혜성에 상반되는 행위의 원리를, 비록 한정적일지라도, 실제로 도입하는 호튼의 시도는 행위 언약의 원리에 있어서 본질적인 율법에 대한 완전한 순종의 요구를 적당한 순종의 요구로 완화하고, 시내 산 언약을 은혜 언약의 구별된 시행이 아니라, 국가적인 언약적 율법주의로 묘사하는 데로 이어지는 것 같다.

시내 산 언약을 언약적 율법주의로 묘사하는 호튼의 이해는, NPP의 구원론에 대한 그의 응답 가운데 두드러진다. 다음 장에서 우리는, 비록 호튼이 NPP의 구원론을 언약신학적으로 설득력 있게 논박함에도 불구하고, 그가 시내 산 언약의 집단적 차원을 언약적 율법주의로 규정함으로써 발견되는 문제점을 살펴볼 것이다.

---

226 Venema, "The Mosaic Covenant: A 'Republication' of the Covenant of Works?" 93. Venema는 은혜 언약의 "모세적 시행을 **어떤 의미로든** 행위 언약이라고 일컫는 것은 의미론적으로 그리고 신학적으로 문제가 있다"고 지적한다(Venema, "The Mosaic Covenant: A 'Republication' of the Covenant of Works?" 92 [강조는 Venema의 것]).

제 4 장

"바울에 대한 새 관점"에 대한 호튼의 응답과 호튼의 언약적 율법주의

호튼은 약속 언약과 율법 언약의 구별에 대한 자신의 언약신학의 구원론적 적용의 타당성을 보이기 위해서, 그리고 단일 언약주의의 문제점을 보이기 위해서, "바울에 대한 새 관점"(NPP)[1]을 자신의

---

[1] 이승구 교수에 따르면(이승구, 『톰 라이트에 대한 개혁신학적 반응: N. T. Wright의 신학적 기여와 그 문제점』 [수원: 합동신학대학원 출판부, 2013], 43-44, 44, n. 1-3), "바울에 대한 새 관점"(New Perspective on Paul)이란 말 자체는 James D. G. Dunn 이 1983년에 처음 사용한 것으로 일반적으로 알려져 있지만, 정작 Dunn은 자신에 앞서 N. T. Wright가 1978년 틴델 하우스의 발제에서 처음 사용했다고 언급한다. 이승구 교수가 말하는 대로, Wright가 1980/81에 학위를 한 것을 생각할 때, 이 발제문은 Wright의 "최초 발제문" 또는 "데뷔 발제문"이라고 할 수 있을 것이다. 그리고 E. P. Sanders에 앞서 그와 비슷한 주장을 한 사람들(Claude G. Montefiore, George Foot Moore, Albert Schweitzer, 그리고 Krister Stendahl 등)이 없지 않았지만(Cornelis P. Venema, *The Gospel of Free Acceptance in Christ: An Assessment of the Reformation and 'New Perspectives' on Paul* [Edinburgh: The Banner of Truth Trust, 2006], 94-98), Horton은 Sanders의 *Paul and Palestinian Judaism: A Comparison of Patterns of Religion* (Philadelphia: Fortress Press, 1977)의 등장을 NPP의 "공식적"인 출범으로 평가한다(Horton, *Covenant and Salvation: Union with Christ* [Louisville, KY: Westminster John Knox Press, 2007], 37). Guy Waters는 Sanders가 내용에 있어서는 새로운 것을 "단 하나도" 주장하지 않지만, 유대교의 1차 자료를 새롭게 읽고 그것을 근거로, 기존의 다양한 바울 해석의 종합을 제시했다고 평가한다(Guy Prentiss Waters, *Jus-

이중 언약주의와 대조되는 대화 상대자로 삼는다. 호튼은 자신의 언약신학은 구원론과 교회론, 구원론과 종말론, 그리고 구원론의 여러 측면들을 통합하는 일과, 개인적 측면과 집단적 측면을 통합하는 일과, 그릇된 양자택일을 극복하는 것에 유망하지만,[2] 일종의 단일 언약주의인 "언약적 율법주의"(covenantal nomism)를 내세우는 NPP는 정작 그들이 비판하는 환원주의적이고 축소된 구원론을 초래한다고 평가한다.

호튼은 NPP의 단일 언약주의를 NPP의 근본적 문제점 가운데 하나라고 비판하지만, 제2성전 시대 유대교를 언약적 율법주의로 묘사하는 것을 오해에 불과한 것으로 평가하지 않는다. 호튼은 다름 아닌 언약적 율법주의가 당시 초대교회에서 종교적 충돌을 낳고 바울의 비판을 받은 종교 유형이라고 간주한다.[3] 또한 호튼은 국가적 언약으로서 시내 산 언약과 그 질서를 언약적 율법주의로 묘사할 수 있다고 여러 곳에서 주장한다.[4]

본 장에서는 크게 두 가지에 초점을 맞출 것이다.

---

    tification and the New Perspectives on Paul: A Review and Response [Phillipsburg, NJ: P&R Publishing, 2004], 35).

2 Horton, *Covenant and Salvation*, 2–3.

3 Horton, *Covenant and Salvation*, 37–38.

4 Horton, *Lord and Servant: A Covenant Christology* (Louisville, KY: Westminster John Knox Press, 2005), 151; Horton, *Lord and Servant*, 252; Horton, *Covenant and Salvation*, 14; Horton, *Covenant and Salvation*, 37–38; Horton, *Covenant and Salvation*, 47; Horton, *Covenant and Salvation*, 50; Horton, *Covenant and Salvation*, 161; Horton, *God of Promise: Introducing Covenant Theology* (Grand Rapids, MI: Baker Books, 2006), 135.

첫째, NPP의 언약적 율법주의와 그것에 기초한 NPP의 구원론에 대하여 호튼이 어떻게 응수하는지 살펴볼 것이다.

둘째, (호튼 자신의 주장과 달리, 고전적 언약신학의 우세한 합의와 거리가 있는) 호튼이 자신의 이중 언약주의에 기초해서 시내 산 언약을 일종의 언약적 율법주의로 이해하는 견해가 시내 산 언약을 은혜 언약의 시행으로 이해하는 고전적 언약신학보다 (호튼의 언약적 구원론의 주된 목표 가운데 하나인) 통합적 구원론의 기초로서 덜 만족스러울 뿐만 아니라, 호튼이 NPP에 가한 호튼 자신의 비판으로부터도 자유롭지 못하다는 것을 확인해 볼 것이다.

1. NPP의 언약적 율법주의와 구원론에 대한 호튼의 응답

언약신학에 대한 NPP의 강조 자체는 환영받을 만한 일이다. 호튼은 "언약신학은 바울을 이해하기 위한 … 주된 실마리 가운데 하나"라는 확신이 증가하고 있다는 N. T. 라이트의 말 자체에는 전적으로 동의한다.[5]

호튼은 언약을 하나의 주제에 불과한 것이 아니라 "존재론적 패러다임"(ontological paradigm),[6] 성경의 "체계내적 범주들"(intrasystematic

---

5 N. T. Wright, *The Climax of the Covenant: Christ and the Law in Pauline Theology* (Edinburgh: T & T Clark, 1991), xi; Horton, *Covenant and Salvation*, 2.

6 Horton, *Covenant and Salvation*, 3.

categories),[7] 성경 내적인 "구조적 체계"[8]로 간주한다. 언약이 "체계내적 범주들"이라는 호튼의 말은, 언약이 하나의 교리나 중심적인 교리에 그치는 것이 아니라 모든 교리를 보는 "신학의 렌즈"이고, "구원 계시가 오는 형식과 모양"이며,[9] 교리들을 통합하는 구조와 콘텍스트이며,[10] "해석의 길잡이"[11]라는 의미다. 호튼은 "구원 드라마의 가장 중요한 측면들을 아우를 만큼 충분히 포괄적인 성경적 범주"로서 언약에 대한 강조는 신학의 그릇된 양자택일과 과도한 고립화와 파편화를 극복하는 재통합에 기여할 수 있을 것이라고 강조한다.[12]

언약의 이런 포괄적 성격은 구원론에도 적용된다. 호튼은 언약적 구원론은 구원의 개인적인 측면과 집단적인 측면, 역사적인 측면과 종말론적인 측면, 유기적인 측면과 대표적인 측면, 변화적인 측면과 법적인 측면을 혼합하지도, 어느 하나를 축소하거나 환원하지도 않고 통합함으로써 그릇된 양자택일을 극복할 수 있는 구원론이라고 하며 적극 제안한다.[13]

물론 모든 종류의 언약신학이 그릇된 구원론적 양자택일을 극복할 수 있는 성경적 언약신학은 아니다. 언약에 대한 관심의 증가와 언

---

7 Horton, *Covenant and Eschatology: The Divine Drama* (Louisville, KY: Westminster John Knox Press, 2002), 1.
8 Horton, *Lord and Servant*, vii.
9 Horton, *Covenant and Eschatology*, 5.
10 Horton, *Covenant and Eschatology*, 17.
11 Horton, *Lord and Servant*, vii.
12 Horton, *Covenant and Eschatology*, 18–19.
13 Horton, *Covenant and Salvation*, 3.

약신학에 대한 NPP의 강조 자체는 환영할만한 일일지라도, 호튼이 말하는 대로 언약 개념이나 언약신학에 대한 단순한 옹호는 언약신학의 "내용을 특정"하는 것이 아님에 명백하다.[14] 이를테면, 라이트는 언약신학을 열렬히 옹호할지라도, 그는 자신이 옹호하는 언약신학과 고전적 언약신학을 날카롭게 대조시킨다.[15]

NPP가 내세우는 언약신학은 어떤 언약신학인가?

1) NPP의 언약적 율법주의

(1) NPP의 근본 특성으로서 언약적 율법주의

NPP는 완전히 통일된 단일한 신학적 추구나 입장이 아니다. 바울에 대한 새로운 관점은 다양하게 시도되었다.[16] NPP 안에는 서로 다른 목소리들이 존재하고 신학적인 다양성도 상당하다. 이런 점에서 우리는, "단일한 새로운 관점"이 아니라 "일련의 다양한 관점들"이 있다는[17] 라이트의 주장에 동의할 수 있다. 그럼에도 불구하고 이승구 교수가 말하는 대로, "다양한 새 관점들을 하나로 묶는" 특성이 존재하고,[18] 언약적 율법주의가 바로 그런 특성에 해당한다. 호튼은

---

14 Horton, *Covenant and Salvation*, 11.
15 N. T. Wright, *What Saint Paul Really Said: Was Paul of Tarsus the Real Founder of Christianity?* (Grand Rapids: Eerdmans, 1997), 117.
16 이승구, 『톰 라이트에 대한 개혁신학적 반응』, 47.
17 Wright, *Justification: God's Plan and Paul's Vision* (London: SPCK, 2009), 12; 이승구, 『톰 라이트에 대한 개혁신학적 반응』, 47.
18 이승구, 『톰 라이트에 대한 개혁신학적 반응』, 47: 톰 라이트는 "샌더스와 던 등과

단일 언약주의로서의 언약적 율법주의가 "샌더스(E. P. Sanders)(그리고 NPP 일반)의 논지의 근본적인 전제(fundamental presupposition)"라고 말한다.[19] 비록 NPP 안에 다양한 신학적 목소리들이 있을지라도, 언약신학에 있어서는 언약적 율법주의라는 공통된 목소리를 낸다고 할 수 있다.[20]

샌더스는 NPP의 공식적인 출범이라고 할 수 있는 기념비적인 저서인 『바울과 팔레스타인 유대교』(*Paul and Palestinian Judaism*, 1977)에서, 제2성전 시대 유대교의 종교 유형을 언약적 율법주의로 규정하고, 언약적 율법주의의 특징을 다음과 같이 요약한다.

① 하나님이 이스라엘을 선택하시고,

② 율법을 주셨다. 율법은 다음 두 가지, 즉

③ 선택을 유지하시겠다는 하나님의 약속과

④ 순종하라는 요구를 내포한다.

⑤ 하나님은 순종은 보상하시고 범죄는 벌하신다.

⑥ 율법은 속죄의 수단을 제공하고, 속죄는 다음 결과, 즉

자신의 차이를 분명히 한 후에도 소위 '언약적 율법주의'(covenant nomism)에 대한 입장에서는 톰 라이트 자신이 공공연하게 이 분들과 비슷한 주장을 하고 있으므로 (라이트 자신이 기꺼이 인정하듯이) 각기 다른 다양한 새 관점들을 하나로 묶는 어떤 특성이 있다는 점도 말하지 않을 수 없다."

19 Horton, *Covenant and Salvation*, 39. 언약적 율법주의는 NPP의 "사상적 뼈대를 이루고 있다"(박재은, 『칭의, 균형 있게 이해하기: 하나님의 주권 대 인간의 역할, 그 사이에서 바라본 칭의』, [서울: 부흥과개혁사, 2016], 75).

20 바울에 대한 새로운 "일련의 다양한 관점들"이 있다고 주장한 Wright도 Sanders의 "근본 요점은 확립된 것"이라고 말한다(Wright, *What Saint Paul Really Said*, 20).

⑦ 언약 관계의 유지 또는 재수립을 낳는다.

⑧ 순종, 속죄, 그리고 하나님의 자비에 의해 언약 안에 머무른 모든 사람들이 구원받을 무리에 속한다.[21]

샌더스는 1세기 유대교를 율법주의적인 종교가 아니라, 은혜로 하나님과의 언약 관계에 들어가서 율법에 대한 순종으로 언약 안에 머무르는 언약적 율법주의적 종교라고 주장한다.[22] 즉 유대인들이 하나님의 언약 안으로 들어가는 것은 하나님의 은혜에 근거한 선택으로 가능하지만, 하나님의 언약 안에 머무르는 것은 율법을 지키는 순종으로 가능하다는 것이다.[23]

호튼은, 샌더스가 언약적 율법주의를 은혜의 종교로 미화하는 것에 대해서 이의를 제기하지만, 언약적 율법주의는 다양한 목소리를 내는 유대교 그룹들을 묶는 언약신학을 묘사하는 범주로서 타당하다고 주장하고, 1세기 예루살렘 교회와 갈라디아 교회에서 갈등을 초래하고 바울의 신랄한 비판을 받은 "종교 유형"이 다름 아닌 언약적 율법주의였다고 호튼은 주장한다.[24]

호튼은 언약적 율법주의로서의 유대교가 기독교와 마찬가지로 본질상 은혜의 종교라는 양자의 연속성에 대해서는 거부할지라도, 유

---

21 Sanders, *Paul and Palestinian Judaism*, 422.
22 Sanders, *Paul and Palestinian Judaism*, 180. Cf. 이승구, 『톰 라이트에 대한 개혁신학적 반응』, 48.
23 Sanders, *Paul and Palestinian Judaism*, 424.
24 Horton, *Covenant and Salvation*, 37-38. Cf. Horton, *Covenant and Salvation*, 51.

대교의 종교 형태를 순수한 율법주의가 아니라 언약적 율법주의로 묘사하는 것 자체는 타당하다고 긍정한다. 다시 말해서, 비록 샌더스의 분석처럼 유대교가 언약적 율법주의일지라도, 유대교는 기독교와 같은 은혜의 종교가 되지 못하고, 바울이 유대교에 가한 비판의 정당성은 여전히 유효하다고 한다.

(2) NPP의 언약적 율법주의와 로마교의 반(半)-펠라기우스주의

샌더스는 바울이 종교개혁의 시각에서 읽혀져 왔고, 1세기 유대교가 마치 중세 로마교인 것처럼 취급되어 왔다고 불평한다. 이런 불평에 대해서 호튼은, 비록 1세기 유대교에 대한 샌더스의 연구가 유대교를 은혜 없이 행위로 의를 얻는 순수 펠라기우스주의적인 종교 형태로 성급하게 일반화하는 것에 대한 경고는 될지라도,[25] 오히려 1세기 유대교의 언약적 율법주의와 중세 로마교와의 유사성에 대한 확신은 강화한다고 답한다.

제2성전 시대 유대교가 "펠라기우스주의"에 불과한 것이 아니라는 주장은 기꺼이 인정할 수 있다. 그리고 종교개혁자들도 유대교와 로마교 양자 모두 안에 은혜에 대한 긍정과, 죄 용서와 속죄의 수단이 존재함을 인정했다. 호튼이 말하는 것처럼, 유대교와 기독교, 로마

---

[25] Waters는 Sanders가 과거 독일 학계에 유행한 시각인, 1세기 유대교를 "순수한 펠라기우스주의적인 체계"로 보는 것을 교정하고, 1세기 유대교에 대한 보다 균형 잡힌 그림을 제공해 주었다는 것을 인정해야 한다고 말한다. Waters에 따르면, 비록 Sanders가 1세기 유대교에 대한 보다 균형 잡힌 그림을 그릴 수 있는 증거를 환기시키는 기여에도 불구하고, Sanders는 자신의 결론을 뒷받침하지 않는 증거들은 성급하게 묵살한다(Waters, *Justification and the New Perspectives on Paul*, 55).

교와 종교개혁의 차이는 은혜가 아예 없느냐 조금이라도 있느냐에 있는 것이 아니라, 언약적 율법주의로서의 유대교와 로마교는 은혜가 구원에 필요하다고 말하는 반면, "종교개혁자들은 은혜가 구원의 유일하게 충분한 기초라고 생각했다"는 것에 있다.[26]

샌더스가 유대교가 언약적 율법주의라는 것을 주장하기 위해서 제시하고 호소한, 제2성전 시대 유대교에 대한 문헌적 증거에 따르면, 유대교 안에는 은혜로운 요소와 율법주의적인 요소가 혼재한다.

> 랍비 문헌에는 이스라엘의 선택과 개인의 행함에 근거한 두 가지 구원론의 모델이 등장하며 어느 한쪽을 택하거나 선호할 수 없을 정도로 잘 풀리지 않는 긴장이 얽혀 있다.[27]

그런데 샌더스는 제2성전 시대 유대교를 있는 그대로보다 더 은혜로운 종교로 제시하기 위해서, 자신의 논지에 불리한 증거를 경시하는 경향을 보인다.[28]

이를테면, 샌더스는 제2성전 시대 유대교에서는 언약에 들어가는 것을 가능하게 하는 선택을, "선택된 자들 안에 선행하는 원인이 없

---

26 Horton, *Covenant and Salvation*, 38.
27 Friedrich Avemarie, "Erwaehlung und Vergelung: Zur optionalen Struktur rabbinischer Soteriologie," *NTS* 45 (1999), 108 이하, in 박영돈, 『톰 라이트 칭의론 다시 읽기: 바울은 칭의에 대해 정말로 무엇을 말했는가?』 (서울: 한국기독학생회 출판부, 2016), 150.
28 Waters, *Justification and the New Perspectives on Paul*, 55.

는 전적인 은혜"로 간주되는 것이 일반적이었다고 주장한다.[29] 그러나 샌더스 본인이 제시하는 랍비 문헌의 증거에 따르면, 하나님이 이스라엘을 선택한 이유는 세 가지이고, 가이 워터스(Guy Prentiss Waters)가 지적하는 대로, 은혜는 그 가운데 한 가지 이유일 뿐이다.[30] 샌더스가 제시하는 이스라엘이 선택된 세 가지 이유는 다음과 같다.

첫째, 하나님이 제시한 언약을 "이스라엘만 받아들였"기 때문이다.

둘째, "조상이나 출애굽 세대"에게서 발견되는, 또는 장래 순종을 조건으로 한 "공로" 때문이다.[31]

셋째, "하나님의 이름을 위해서"[32]이다.

샌더스 자신이 제시하는 증거에서도, 유대교의 신적 선택에서 이스라엘의 선행이 선택의 이유로 고려되고 있다.

호튼은 샌더스가 분석하는 증거를 보더라도, "선택이 사람의 공로와 무관했다"는 것을 유대교의 일반적인 합의로 주장할 수 없다고 평가하며,[33] 기껏해야 샌더스가 말하는 공로는 "엄격한 공로," 로마교의 표현을 빌리자면, 적정 공로 또는 지당한 공로가 아니라는 것이 증명될 뿐이라고 한다.[34] 요컨대 제2성전 시대 유대교는 이스라엘의

29　Sanders, *Paul and Palestinian Judaism*, 87.
30　Waters, *Justification and the New Perspectives on Paul*, 40.
31　Sanders, *Paul and Palestinian Judaism*, 87.
32　Sanders, *Paul and Palestinian Judaism*, 88.
33　Horton, *Covenant and Salvation*, 39.
34　Horton, "Which Covenant Theology?" in *Covenant, Justification, And Pastoral*

선택이 일부는 하나님의 은혜에 기인하지만 또 일부는 이스라엘의 과거나 장래의 공로 및 순종에 기인한다고, 다시 말해서, 선택이 전적인 은혜로 말미암는 것이 아니라고 보았다는 것이 샌더스가 제시하는 증거에 대한 공정한 평가인 것 같다.[35]

더구나, 적어도 언약 안에 머무르는 일이 계속된 순종에 의존한다는 것에 대해서는 논란의 여지없이, 제2성전 시대 유대교의 자료가 한 목소리를 내고 있다. 샌더스의 분석에 따르면, 바울에게는 "의"(righteousness)가 "입회 용어"(transfer term)인 것에 반해, 유대교에서는 "지위 유지"(maintenance of status)의 용어이다.

다시 말해서, 바울에게는 "의롭게 되다"가 언약으로 "들어감"을 의미하지만, 유대교에서는 "의롭게 되다"가 언약 안에 "머무름"을 의미한다.[36] 단, 언약 안에 머무르는 것에 요구되는 조건은 "율법적 완전"(legal perfection)이 아니라,[37] 언약의 모든 의무를 "순종하려는 의향"이고, 따라서 언약적 율법주의의 조건은 "좁은 의미에서 율법주의적인"(narrowly legalistic) 것이 아니었다고 한다.[38]

Ministry: Essays By the Faculty of Westminster Seminary California, R. Scott Clark ed. (Phillipsburg, NJ: P&R Publishing Company, 2007), 199.

35 반면 Sanders는 하나님이 이스라엘을 선택한 이유에 대한 세 종류의 진술들에 대해서, 이런 세 종류의 진술들은 선택의 이유에 대한 "체계적인 설명"으로 의도된 것이 아니기에, 이스라엘에 대한 하나님의 선택이 변덕스럽거나 자의적인 선택은 아니지만 은혜로운 선택이라는 것이 유대교의 일반적인 합의라는 데 영향을 미치지 않는 것처럼 말한다(Sanders, *Paul and Palestinian Judaism*, 98-99).

36 Sanders, *Paul and Palestinian Judaism*, 544. Cf. Horton, *Covenant and Salvation*, 45.

37 Sanders, *Paul and Palestinian Judaism*, 137.

38 Sanders, *Paul and Palestinian Judaism*, 94. Cf. Sanders, *Paul and Palestinian Judaism*, 138.

그러나 만약 유대교에서 의롭게 되는 것이 언약에 머무르는 것을 의미하고, 언약에 머무르는 것이 순종에 의존한다면, 샌더스의 주장과 달리, 유대교는 행위-의의 종교라는 의혹에서 자유롭기 힘들어 보인다. 호튼은, NPP에서 말하는 "은혜로 들어가지만, 순종으로 머무른다"는 말은 결국 "종국적인 칭의는 행위로 말미암는다"는 것을 의미한다고 평가한다.[39]

샌더스는 제2성전 시대 유대교 안에 회개와 죄 용서의 수단이 있다는 것도 유대교가 행위-의의 종교가 아니라는 증거로서 간주한다. 그러나 샌더스가 제시하는 진술들에 따르면, 제2성전 시대 유대교에서 고통과[40] 죄 고백 또는 회개는[41] 죄인이 죄를 갚는 속죄의 행위로서 간주된다. 샌더스는 다음과 같이 말한다.

> 의인들은 내세에서 중단 없는 행복을 누리기 위해서, 자기 죄에 대한 형벌을 지상에서 받는다.[42]

이것은, 호튼이 말하는 대로, 중세 로마교의 보속(補贖)의 논리와 유사해 보인다.[43] 또한 호튼은 샌더스가 "순종하려는 의향"이라고 일

---

39 Horton, "Which Covenant Theology?" 198.
40 Sanders, *Paul and Palestinian Judaism*, 170: "suffering is more effective and atones for more serious sins, because it is costlier."; Sanders, *Paul and Palestinian Judaism*, 172: "suffering brings atonement."
41 Sanders, *Paul and Palestinian Judaism*, 174.
42 Sanders, *Paul and Palestinian Judaism*, 170.
43 Horton, *Covenant and Salvation*, 43.

컫는 것도, 중세 로마교의 '암묵적 신앙'(implicit faith)과 별 차이가 없다고 평가한다.[44]

제2성전 시대 유대교를 언약적 율법주의로 규정함으로써 행위-의의 종교라는 혐의를 벗기려는 샌더스의 시도는 유대교가 펠라기우스주의가 아님을 보이는 것에 그칠 뿐이다. 샌더스의 언약적 율법주의는 반(半)-펠라기우스주의라는 혐의로부터는 여전히 완전히 자유롭지 못하다. 언약적 율법주의인 제2성전 시대 유대교가 행위-의의 종교라는 혐의를 벗으려면, 언약 안으로 들어가는 것뿐만 아니라 언약 안에 머무르는 것도 은혜의 원리에 의해서 좌우되는 종교 유형으로 밝혀져야 할 것이다.

그러나 제2성전 시대 유대교에는 공로적인 행위의 원리가 작용한다. 랍비 문헌에는 하나님이 자기 백성의 행한 선행과 악행의 수를 비교하여 무엇이 많으냐에 따라서 심판하신다고 말하는 진술이 있고, 하나의 계명만 이행해도 "구원을 공로로 얻는다"는 진술도 있으며,[45] 하나님의 은혜로 말미암아 사람은 단 하나의 공로적인 행위로 내세에 들어갈 수 있게 된다는 진술도 있다는 것은 샌더스도 인정하는 바이다.[46]

어쨌든 사람의 공로가 하나님의 심판에서 완전히 배제되지 않는다. 여기서 샌더스는 은혜를 공로를 얻을 수 있는 기준을 낮추는

---

44 Horton, *Covenant and Salvation*, 40.
45 Sanders, *Paul and Palestinian Judaism*, 143.
46 Sanders, *Paul and Palestinian Judaism*, 139.

신적 도움쯤으로 간주한다. 이승구 교수가 말하는 대로, 이런 은혜 이해는 전형적인 반(半)-펠라기우스주의적인 이해이다.

> 사람들이 자신들 스스로의 힘으로 하나님 보시기에 선한 것을 낼 수 없어도, 하나님께서 주시는 은혜와 성령님의 능력으로 어떤 선행을 한 바가 마지막 날에 그에게 공로로 여겨진다는 것, 바로 이것이 천주교적인 "반(半)-펠라기우스" 사상이 주장하는 바였기 때문이다.[47]

호튼도 언약적 율법주의가 좁은 의미에서 율법주의적이지 않은 정도로는 은혜의 종교가 될 수 없고, 따라서 바울의 비판을 피할 수 없다고 주장한다. 그리고 호튼은 지적하기를, 종교개혁자들이 로마교가 좁은 의미에서 율법주의적이라고 비판한 것이 아니라, "그리스도 이외의 다른 사람의 공로를 칭의의 근거로 포함시키고, 믿음 이외의 다른 것을 칭의의 수단으로 포함시킨다"는 점에서 율법주의적이라고 비판했다고 한다.[48]

호튼은 샌더스의 언약적 율법주의가 중세 후기 유명론자들의 다음과 같은 주장과 흡사하다고 평가한다.

---

47 이승구, 『톰 라이트에 대한 개혁신학적 반응』, 53. Cf. 이승구, "제임스 던의 칭의와 구원 이해에 대한 비판적 고찰," 「신학정론」 33/1 (2015): 94, 96.

48 Horton, *Covenant and Salvation*, 40.

하나님은 그들 자신 안에 있는 것을 행하는 사람들에게 하나님의 은혜를 베풀기를 거절하지 않으실 것이다.[49]

개신교 정통주의는, 루터파든 개혁파든, 그리스도 이외에 어느 누구의 행위도 은혜 이전이든 이후든 공로를 갖지 못한다고 주장한 데 반해, 중세 스콜라 신학은 사람이 구원받기 위해서 은혜의 도움으로 순종의 삶을 사는 것이 필요하고, 비록 그런 순종의 행위가 구원을 얻는 데 "적정 공로"(meritum de condigno) 혹은 "지당한 공로"는 갖지 못할지라도, 그 자체로는 그런 가치가 없지만 신적인 관대함에 의해 공로로 여겨지는 "재량 공로"(meritum de congruo) 또는 "여겨 주시는 공로"를 갖는다고 주장한다. 더군다나 중세 후기 신학은 은혜가 없는 자연적인 상태에서도 자기 안에 있는 것을 행함으로써 "재량 공로"를 획득할 수 있다고까지 주장했다.[50]

호튼은 "은혜로 들어가서 순종으로 머무른다"는 샌더스의 언약적 율법주의가 트렌트 공의회에서 공인된 중세 로마교의 칭의론(최초의 칭의인 세례는 오직 은혜로 말미암는데, 그 세례로 인해 세례 받는 자의 원죄가[51]

49　Horton, *Covenant and Salvation*, 41-42.
50　Richard A. Muller, *Dictionary of Latin and Greek Theological Terms: Drawn Principally from Protestant Scholastic Theology* (Grand Rapids: Baker Book House Company, 1985), 190-92. Cf. 김병훈, "천주교회의 선행론에 대한 개혁교회의 신학적 평가," 『노르마 노르마타: 16, 17세기 개혁교회의 신학과 신앙』, 김병훈 엮음 (수원: 합신대학원출판부, 2015), 489-50.
51　Sanders는 랍비들에게는 기독교적인 원죄 교리가 없었다고 주장한다. 모든 사람이 죄 짓는다는 것은 관찰되는 결과이지만, 사람은 죄악된 상태로 태어나는 것이 아니라, "사람이 실제로 불순종할 때만 죄가 발생한다. 만약 사람이 불순종하지 않는다면, 죄

제거하고 성향이 변화된다. 그리고 내세의 최종적 칭의에 이르기 위해 협력적 은혜를 위한 여러 가지 성례가 뒤따른다)을 놀라우리만큼 잘 요약해 준다고 지적한다.[52]

비록 샌더스가 랍비 문헌들을 다소 편향적으로 다루어서 제2성전 시대 유대교를 보다 은혜로운 종교 유형으로 제시하려고 할지라도, 호튼의 평가에 따르면, 샌더스의 언약적 율법주의는 여전히 율법주의적인 칭의 원리로서, 근본적으로 신인협력적인 율법주의적 유대교에 대한 묘사이다.[53] 호튼에 따르면, NPP의 언약적 율법주의는 다른 두 종류의 언약인 율법 언약과 약속 언약이 신인협력주의적인 형

인이 되지 않을 것이다. 누군가 죄를 짓지 않을 가능성이 존재한다. 불순종에 대한 사람의 경향에도 불구하고 사람에게는 순종하거나 순종하지 않을 자유가 있다. 랍비의 '구원론'이나 유대교의 본질과 특성을 이해하려면, 아우구스티누스주의적인 원죄 교리가 [유대교에] 없다는 것은 파악해야 할 중요한 요점이다"(Sanders, *Paul and Palestinian Judaism*, 114-15). Sanders에 따르면, 죄론에 있어서 유대교는 중세 로마교보다 훨씬 더 펠라기우스주의적이다.

[52] Horton, *Covenant and Salvation*, 42. 이로 보건대 Sanders에 대한 Paul Zahl의 논평은 아주 타당하다. "E. P. Sanders는 제2성전 유대교의 반(半)-펠라기우스주의를 펠라기우스주의로 오해한다. 그래서 Sanders는 바울에 대한 루터의 이해뿐만 아니라, 로마교에 대한 루터의 비판도 오해한다(Paul F. M. Zahl, "Mistakes of the New Perspective on Paul," *Themelios* 27, no. 1 [2001]: 7, in Horton, *Covenant and Salvation*, 42). 또한 Horton은 언약적 율법주의가 "훌륭한 개신교 교리"를 선포한다고 볼 수 있다는 Dunn의 주장에 대해서, 전통적인 로마교회는 모든 공로에 은혜가 선행한다고 가르치기 때문에, "Dunn이 말하는 '훌륭한 개신교 교리'는 전통적인 로마 가톨릭의 가르침과 다를 바가 없다"고 반박한다(James D. G. Dunn, "The Justice of God: A Renewed Perspective on Justification by Faith," *Journal of Theological Studies* 43/1 (April 1992): 7; Horton, *Covenant and Salvation*, 53).

[53] Horton, *Covenant and Salvation*, 49. Waters도 Sanders의 연구가 유대교가 "순수한 펠라기우스주의"라는 오해는 바로잡아 주었을지라도, 유대교가 "본질상 반(半)-펠라기우스주의적"이고 "신인협력적" 이라는 사실을 도리어 증명해 주었다고 말한다 (Waters, *Justification and the New Perspectives on Paul*, 57).

태로 합성된, 표면적으로 은혜로워 보이는 율법적 종교 유형으로서,[54] "은혜 언약에 대한 적법한 묘사"로 간주될 수 없고[55] 참된 은혜의 종교에 적용될 수 없다고 한다.

2) NPP의 "율법의 행위"

'바울에 대한 새 관점'은 전통적인 종교개혁의 '옛' 관점이 보편적인 교회보다는 개인주의적인 구원에 몰두하는 유산을 남겼다고 비판한다.[56] 호튼은 이런 비판에 대해서, 개신교가 개인의 구원을 교회론이나 종말론에서 분리시키는 실수를 종종 저질러 온 것이 사실이지만, 그런 책임이 종교개혁 신학이나 전통적인 언약신학 자체에 있다는 것은 강력하게 부정한다. 호튼은 개혁주의 언약신학이 "본래 공동체적"이라고 강조한다.

> 단 하나의 개혁파 신앙고백서나 교리문답도 우리가 어떻게 구원받느냐는 문제를 언약 공동체를 무엇이 또는 누가 구성하느

54　Horton, *Covenant and Salvation*, 39. Horton은 Hillers의 표현을 빌려서, 율법 언약과 약속 언약이 한 종류의 언약으로 합성된 언약적 율법주의를 여섯 가지 다른 종들(species)의 화석으로부터 조합해서 잘못 만들어 낸 괴물에 비교한다(Delbert R. Hillers, *Covenant: The History of a Biblical Idea* [Baltimore: Johns Hopkins University Press, 1969], 7, in Horton, *Covenant and Salvation*, 51; Horton, *God of Promise*, 37).

55　Horton, *Covenant and Salvation*, 51.

56　Dunn은 바울에 대한 종교개혁의 옛 관점이 루터의 주관적인 내적 갈등과, 로마교회의 외적 갈등이 바울에게 투영된 결과로 평가한다(James D. G. Dunn, *The New Perspective on Paul* [Grand Rapids, MI: Eerdmans Publishing Company, 2005], 101–102).

나는 문제와 연결하는 일에 실패하지 않는다.[57]

오히려 NPP가 쓸데없는 '이것이냐 저것이냐'의 그릇된 양자택일 또는 환원주의를 주장한다. 이승구 교수의 다음 지적은 NPP에 일반적으로 적용될 수 있다.

> 바울에게는 그 중요한 문제[모든 죄인들로부터 하나님께서 어떻게 단일한 언약적 가족을 창조하시는가]를 다루면서도 동시에 개인이 어떻게 칭의함을 받는가의 문제를 다룰 수 있는 가능성이 있음에도 불구하고 라이트는 바울이 그런 개인의 칭의를 언급하고 있지 않다고 주장한다.[58]

> 바울의 논의 중에 두 가지 문제에 대한 함의를 다 찾을 수 있다. 그런데도 라이트는 자신의 논의를 위해서 바울의 중심 논의만을 중심으로 논의하여 다른 한쪽의 논의가 함의될 수 있는 가능성을 배제한다.[59]

호튼은 NPP의 구원론과 교회론의 쓸데없는 양자택일과 그릇된 환원주의가, "율법의 행위"가 구원을 얻기 위해 율법을 지키는 행위

---

57 Horton, *Covenant and Salvation*, 55.
58 이승구, 『톰 라이트에 대한 개혁신학적 반응』, 58.
59 이승구, 『톰 라이트에 대한 개혁신학적 반응』, 58-59.

를 의미하는 것이 아니라 유대인과 이방인을 구별하는 경계표를 의미한다고 하는, "율법의 행위"에 대한 NPP의 정의와 깊은 관련이 있다고 분석한다.[60] 그리고 호튼은 "율법의 행위"에 대한 NPP의 잘못된 정의는 또 다시 NPP의 단일 언약주의와 깊은 관련이 있다고 주장한다.[61]

(1) 제임스 던의 "율법의 행위"

제임스 던(James Dunn) 이전에 이미 샌더스에 의해서 "율법의 행위"가 개인의 구원보다는 언약 구성원의 경계표와 관계있다는 주장의 토대가 마련되었다. 호튼에 따르면, 비록 샌더스가 유대교 구원론이 개인적인 차원과 공동체적 차원 둘 다 포함한다는 것을 긍정할지라도 개인의 구원 문제가 랍비 문헌에서 주된 것이 아니라고 주장함으로써,[62] 이후 NPP가 구원론과 교회론을 대립시키고 구원론을 교회론에 종속 또는 환원시키는 경향이 커지는 길을 닦았다고 한다.[63]

그럼에도 던은, 샌더스가 언약적 율법주의를 통해서 유대교에 대한 옛 관점을 무너뜨리고 유대교가 은혜의 종교라는 것을 증명하는 일에 성공했으나, 언약적 율법주의가 바울의 기독교의 종교 유형으로도 적절함에도 유대교와 바울의 기독교의 연속성을 주장하는 데

---

60 Horton, *Covenant and Salvation*, 64.
61 Horton, *Covenant and Salvation*, 79.
62 Sanders, *Paul and Palestinian Judaism*, 75.
63 Horton, *Covenant and Salvation*, 55.

까지 나아가지 못했다고 지적한다.[64] 던은 샌더스의 이런 한계가 바울이 믿음과 대조한 "율법의 행위"에 대해서 정확히 규명하지 못한 것에 그 이유가 있다고 주장한다.[65]

던은, 바울이 갈라디아서 2장 16절에서 칭의가 믿음으로 말미암는다고 말할 때, 예수 그리스도를 믿는 믿음과 대조시키는 "율법의 행위"가 의롭다 함을 받기 위해서 율법을 지키는 행위라고 이해하는 전통적인 관점을 거부한다.[66] "율법의 행위"는 하나님의 모든 율법에 대한 준수가 아니라, 유대인을 이방인과 구분하는 "신분 표시 역할

---

64 Dunn, *Jesus, Paul and the Law: Studies in Mark and Galatians* (Louisville, KY: Westminster John Knox Press, 1970), 188. Dunn은 바울이 다메섹에서 주님을 만난 이후에도 바울의 언약적 율법주의가 근본적으로 바뀌지 않았다고 주장한다(Dunn, "Paul and Justification by Faith," *The Road from Damascus: The Impact of Paul's Conversion on His Life, Thought, and Ministry*, Richard N. Longenecker, ed. [Grand Rapids, MI: Eerdmans, 1997], 89).

65 Dunn, *The New Perspective on Paul*, 131.

66 "율법의 행위"를 유대 민족을 구별하는 특정한 율법들의 준수로 한정하는 것도 사실 새로운 주해적 도전이 아니었다. Horton이 지적하는 대로, 이것은 종교개혁자들도 이미 직면한 도전이었다(Horton, *Covenant and Salvation*, 96). Calvin은 바울에 의해서 칭의의 방법에서 배제된 "율법의 행위"가 "율법의 의식적인 행위"(the ceremonial works of the law)에 한정된다는 주장을 일축하고, "율법에 의롭게 하는 능력이 없다고 말씀될 때, 이런 말씀에서 언급되는 것은 율법 전체"라고 말한다(John Calvin, *Institutes of the Christian Religion*, ed. John T. McNeill, trans. Ford Lewis Battles [Philadelphia: The Westminster Press, 1960], 3. 11. 19; cf. 안상혁, "'율법의 행위'에 대한 칼빈의 성경해석," 「신학정론」 34/1 (2015): 171-74). Calvin도 성경에서 의식법을 특별히 염두에 두고 율법이라는 말이 사용될 때(예를 들어, 엡 2:14-15)가 있다는 것과, 의식법이 유대인과 이방인을 분리시키는 담 노릇을 한다는 것을 인정한다. 그러나 Calvin은 의식법이 이방인과 구별된 유대인의 특권만 가리키는 것이 아니고, 은혜 언약과 별개로 "그 자체로서 고려된 의식들"은 사람의 죄와 부정함을 고발해 "쓴 증서"이기 때문에, "사람들의 구원을 '거스르고 반대하는 증서'로 일컬어지는 것이 아주 적절하다"고 말한다(Calvin, *Institutes*, 2. 7. 17). 율법의 행위에 대한 칼빈의 해석에 대해서는, 안상혁, "'율법의 행위'에 대한 칼빈의 성경해석," 159-86을 보라.

을 한" 특정한 율법 준수들을 가리킨다고 던은 말한다.[67]

비록 던도 "율법의 행위"라는 말이 일반적으로 "율법의 모든 요구를 지키는 원리"를 가리킨다는 것을 완전히 부정하지는 못한 것 같지만, 던에 따르면, "율법의 행위"는 주로 할례, 음식법, 정결법, 그리고 안식일 또는 절기법의 준수였다고 한다.[68]

던은, 바울이 이 표현을 이방인에 대한 선교적 상황에서 사용했고, 유대인 그리스도인들이 이방인 그리스도인들에게 유대인처럼 살 것을 요구한 정황을 고려할 때, "율법의 행위"가 유대인과 이방인을 나누는 담 역할을 하는, 의식법, 정결법, 그리고 안식일 준수 같은 특정한 율법들을 가리키는 것이 "아주 명백하다"고 주장한다.[69] 던은, 바울이 "율법의 행위"에 대한 이런 이해에 기초해서 반대한 것은 율법주의나 유대교의 언약적 율법주의가 아니라 단지 유대교의 민족적 배타주의였다고 결론 내린다.[70]

그러나 호튼은 "율법의 행위"가 유대인과 이방인을 구별하는 특정한 율법 준수 행위를 가리킨다는 NPP의 주장은 성경의 지지를 받을 수 없다고 단언한다.[71] 호튼에 따르면, 바울은 "율법의 행위"에 대해서 말할 때, "율법"을 의식법에 한정하지 않고 포괄적으로 말할 뿐만

---

67 Dunn, *Jesus, Paul and the Law*, 192.
68 Dunn, *Jesus, Paul and the Law*, 192.
69 Dunn, "New Perspective View," *Justification: Five Views*, James K. Beilby, Paul Rhodes Eddy, and Steven E. Eenderlein, eds. (Downers Grove: Inter-Varsity Press, 2011), 194.
70 Cf. Venema, *The Gospel of Free Acceptance in Christ*, 113-14.
71 Horton, *Covenant and Salvation*, 70.

아니라, "행위"도 언약 회원의 "신분 배지"를 가리키는 특정한 행위로 축소하지 않고, 보편적인 "채무 원리"(principle of debt)를 가리키는 말로 사용한다.

> 바울이 선물로서의 칭의 원리와 대조하는 것은 삯으로서의 행위의 **원리다**.[72]

호튼은, 바울이 로마서 첫 세 장에서 유대인이 자기네와 이방인을 구별하는 할례나 특정한 율법을 열심히 "**준수했다**"고 고발하는 것이 아니라, 율법 전체를 행할 의무를 가졌음에도 율법을 실제로는 "**준수하지 않은**" 것을 고발한다고 잘 지적한다.[73] 호튼이 말하는 대로, 바울의 복음이 주로 관계하는 것이, 모든 율법을 완전히 지키지 않으면 정죄 받는 도덕적인 곤경이 아니라 유대인과 이방인을 구별하는 특정한 율법에 한정되는 민족적 배타성이라면, "유대인과 이방인의 구별 없이 모든 사람이 아담 안에서, **행위 언약 또는 행위의 원리를** 따라서 저주 아래 있다"는 것을 논증하는 로마서 첫 세 장과 5장은 무의미해질 것이다.[74]

---

72 Horton, *Covenant and Salvation*, 68 (강조는 Horton의 것).
73 Horton, *Covenant and Salvation*, 66.
74 Horton, *Covenant and Salvation*, 101 (강조는 첨가한 것). Horton은 롬 4장(특히 4절)에서 바울이 믿음과 대조하는 행위는, "삯을 발생시키는" 모든 종류의 행위이지, 특정한 행위나 율법이 아니라는 것이 "명백해 보인다"고 말한다(Horton, *Covenant and Salvation*, 68).

존 머레이도 잘 지적한 것처럼, 여기서 "바울의 주된 목적은 모두가 죄 아래 있다는 것과 율법의 행위들로는 누구도 하나님 눈앞에서 의롭다 함을 받을 수 없다는 것을 증명하는 것"인데,[75] 율법의 행위들이 유대인과 이방인을 구별하는 의식법에 한정된다면, 바울의 논증은 의미를 갖지 못하게 되었을 것이다.

(2) N. T. 라이트의 "율법의 행위"와 환원주의

비록 라이트가 성경 주해에 있어서 던과 차이가 날지라도, 라이트는 "율법의 행위"에 대한 던의 논지에 대체로 동의한다.[76] 라이트는 "율법의 행위"가 공로를 얻기 위해서 행하는 도덕 행위가 아니라, 이방인과 유대인을 구별하는 특정한 율법적 행위들이라는 이해는 주해적으로 확립된 것처럼 간주한다.[77]

라이트는 "율법의 행위"가 전통적인 개신교에서 말하는 "율법주의"나 "자기-의(義)"와 관계있는 것이 아니라, "'이스라엘을 구분하는 표시가 되는 것들을 행함'이라는 의미로 가장 잘 이해"된다고 말함으로써,[78] "율법의 행위"를 민족주의의 문제로 한정하고 구원론과 교회

---

75 John Murray, *The Epistle to the Romans*, vol. 1, NICNT (Grand Rapids: Eerdmans, 1959), 63. Cf. 이승구, "제임스 던의 칭의와 구원 이해에 대한 비판적 고찰," 88.

76 Wright, *The Climax of the Covenant*, 139, n. 10. 그리고 Wright는 자신은 이미 1978년에 근본 논지에 있어서 Dunn의 논지와 같은 이해를 제안한 바 있다고 말한다.

77 Wright, "New Perspective on Paul," 10th Edinburgh Dogmatic Conferences, 25-28 August, 2003 Rutherford House, Edinburgh, 3, in 이승구, 『톰 라이트에 대한 개혁신학적 반응』, 49.

78 Wright, *The Climax of the Covenant*, 150.

론의 그릇된 양자택일을 제안한다.

예를 들어, 라이트는 "누구든지 율법 책에 기록된 대로 모든 일을 항상 행하지 아니하는 자는 저주 아래에 있는 자라"(갈 3:10; 신 27:26)는 말씀이 "이스라엘의 모든 각 사람이 실제로 죄인이라는 것을 증명하는" 것이 아니라, 전체로서의 이스라엘 국가의 삶과 관계된 진술이라고 주장한다.[79]

이에 대해서 호튼은 비록 시내 산 언약이 전체로서 이스라엘 "국가의 지위와 주로 관계"있음이 인정될지라도, 시내 산 언약은 이스라엘 각 사람(또는 적어도 이스라엘의 각 가정)과 맺어졌고, "여호와의 모든 말씀을 우리가 준행하리"(신 24:7)라는 시내 산 언약의 맹세는 "추상적인 집단"으로서의 이스라엘이 아니라, "한 백성으로서 이스라엘의 각 사람"이 맹세한 것이라고 적절하게 응수한다.[80]

더 나아가서, 호튼에 따르면, 라이트는 바울의 반대자들과 바울이 벌인 논쟁의 "모든 문제"(the whole question)를 아브라함의 자녀가 누구이고, 누가 그 약속에 실제로 속하느냐는[81] 교회론적 문제로 환원하려는 경향을 보인다고 한다. 호튼은, 비록 교회론적 문제가 바울과 그 반대자들의 논쟁에 중요한 문제였음에 분명하지만, 이 문제가 정말 "모든 문제"였냐고 반문한다.

호튼이 말하는 것처럼, 바울은 교회론에만 관심을 가진 것이 아니

---

79 Wright, *The Climax of the Covenant*, 142.
80 Horton, *Covenant and Salvation*, 71.
81 Wright, *The Climax of the Covenant*, 144.

라, "**어떻게** 유업을 얻을 수 있느냐"는 문제, 다시 말해서, 율법의 행위로 유업을 얻느냐 아니면 믿음을 통해서 일방적인 선물로 유업을 얻느냐의 문제에 관심을 가졌고, 바울의 교회론은 이런 구원론의 문제와 결코 분리될 수 없다.[82]

호튼은 "율법의 행위"에 대한 NPP의 오해와 그로 인한 쓸데없는 양자택일의 주된 원인을, 언약적 원리로서 구별되어야 하는 율법과 복음을 혼합한 것에서 찾는다.[83] 호튼은 NPP에서 언약적 율법주의로 묘사되는 한 가지 언약만 허용하는 경향을 발견한다.[84] 비록 라이트가 바울의 기독교를 "'언약적 율법주의'의 또 다른 형식"에 불과한 것이 아니라, "갱신된 언약"으로 말하지만,[85] 호튼은 여전히 그것은 동일한 언약적 율법주의의 갱신일 뿐이라고 비판한다.[86] 호튼은 이런 "단일 언약주의"가 "환원주의"를 초래한다고 비판한다.

> 그[Wright]는 **중보자들**이 다르다는 것은 인정하지만, 중보자들이 다르다는 것이 다른 **언약**을 요구한다는 것은 인정하지 않는다. 그는 존재할 수 있는 모든 차이를, 칭의의 기초(구원론)가 아니라 언약 회원권의 문제(교회론)로 한정한다. 명백한 순환논

---

82 Horton, *Covenant and Salvation*, 72.
83 Horton은 "율법의 행위에 대한 바울의 정의와 논쟁"을 제대로 이해하기 위해서는 율법과 약속에 대한 언약적 구별에 대한 이해가 "필수적"이라고 주장한다(Horton, *Covenant and Salvation*, 79).
84 Horton, *Covenant and Salvation*, 82.
85 Wright, *The Climax of the Covenant*, 156.
86 Horton, *Covenant and Salvation*, 83.

리가 여기 있다. 바울은 유대인으로서 "구원받는 방법"에 관심이 없었고, 언약을 이방인에게 개방하는 것에 관심이 있었다. 그러므로 "율법의 행위"는 율법 준수 전체가 아니라 경계 표시들을 가리켜야 한다는 것이다. 이런 가정이 모든 구체적인 구절들에 대한 [Wright의] 주해를 제어한다.[87]

호튼은 NPP의 언약신학에는 이방인을 언약 회원으로 포함하는 "교회론적인 재(再)정의"(ecclesiological redefinition)는 있어도, "기초가 다른 두 언약"이 애초에 존재하지 않기에, 언약적 율법주의라는 하나의 종교 유형만이 늘 존재한다고 평가한다.[88] 이에 반해, 호튼에 따르면, 전통적인 언약신학은 이방인을 언약 구성원으로 포함한다는 점에서만 아니라[89] 유업을 얻는 원리에 있어서도, 약속 언약인 "아브라함/새 언약"을 시내 산 언약과 구별했다고 한다.[90]

고전적 언약신학이 개인의 주관주의적인 구원에만 몰두했다는 식의 NPP의 주장은 고전적 언약신학을 명백히 희화(戱畫)화하는 것이다. 고전적 언약신학에서도 유대인과 이방인 사이의 막힌 담을 무너뜨리고 이방인을 하나님의 백성에 포함시키는 교회론의 문제가 다루어졌다. 호튼이 잘 지적하는 것처럼, 라이트에게 있어서는 "교

---

87 Horton, *Covenant and Salvation*, 83 (강조는 Horton의 것).
88 Horton, *Covenant and Salvation*, 84.
89 Horton, *Covenant and Salvation*, 84.
90 Horton, *Covenant and Salvation*, 90. 이런 진술도 Horton의 이중 언약주의가 타락 이전의 행위 언약과 타락 이후의 은혜 언약의 실체적 구별이 아님을 시사한다.

회론적 질문이 주된 것이고, 칭의가 결과"인 반면, 고전적 언약신학에서는 유대인과 이방인을 구별하는 경계표의 제거가 다름 아닌 "칭의의 결과"였다.[91]

모든 택자들(유대인이든 이방인이든)이 하나 되는 일은 바울의 선교 사역의 유일한 관심사는 아닐지라도, 관심사 가운데 하나임에 분명하다. 호튼에 따르면, 바로 이 일에 근본적인 걸림돌이 되는 것은 의식법이 아니라, 믿음으로 의롭다 함을 받는 원리와 상반되는 행위의 원리에 의해서 좌우되는 "율법 언약 자체"였다고 한다.[92]

그러나 NPP는 정작 중요한 율법과 복음의 구별에 그릇된 양자택일을 도입해서 결국 복음의 원리와 율법의 원리의 질적인 구별을 포기하고 마는 것 같다. 이를테면, 라이트는 "바울은 [갈라디아서 3장] 15-18절에서, '율법'과 '약속'이 상호 양립할 수 없는 종교 유형으로 단지 대조만 하는 것이 아니"라고 말한다.[93]

호튼은 라이트가 "단지 대조만 하는 것이 아니다"라는 말을 "전혀 대조하지 않는다"는 의미로 사용한다고 지적한다.[94] 호튼에 따르면, 라이트가 의를 얻는 원리로서의 율법과 복음의 대조와, 약속과 성취의 차원에서 율법과 복음의 구속사적인 조화 사이에 불필요한 양자

---

91 Horton, "Covenant and Justification: Engaging N. T. Wright and John Piper," in *Justified: Modern Reformation Essays on the Doctrine of Justification*, Ryan Glomsrud and Michael S. Horton eds. (n.p.: CreateSpace, 2010), 23.
92 Horton, "Covenant and Justification," 23.
93 Wright, *The Climax of the Covenant*, 166; Horton, *Covenant and Salvation*, 97.
94 Horton, *Covenant and Salvation*, 97.

택일을 요구하고, 결국 후자를 일방적으로 강조함으로써 칭의를 얻는 원리로서의 율법과 복음의 질적인 대조를 포기한다는 것이다.

호튼은 NPP가 빠진 그릇된 딜레마나 환원주의를 피하기 위해서는, 전통적인 개혁신자들이 채택한 구별인, "보다 넓은 **구속-역사적** 의미(즉, 구약의 약속과 신약의 성취)의 율법과, 유업을 얻는 특정한 조건과 기초를 가리키는, 보다 정확하고 **전문적인 의미**(즉 약속 언약과 율법 언약의 대조)의 율법"을 구별하는 것이 필요하다고 주장한다.[95] 호튼에 따르면, 전통적인 개혁주의 신학자들은 이런 구별을 통해서, NPP가 빠진 것 같은 환원주의를 피할 수 있었다고 한다.[96]

3) NPP의 "칭의"

(1) 칭의의 언약-법정적 맥락

언약 개념을 바울을 이해하는 주된 실마리로 간주하는 라이트는 칭의 교리도 "언약의 관점에서"(from the point of view of the covenant)

---

[95] Horton, *Covenant and Salvation*, 87 (강조는 Horton의 것). Horton은 이런 구별은 종교개혁자들이 고안한 것도, 심지어 바울이 고안한 것도 아니라, 이미 "시내 산 언약의 기록 보관소"인 신명기에 분명히 제시되어 있는 것이라고 말한다(Horton, *Covenant and Salvation*, 88).

[96] Horton은 율법과 복음을 혼합하는 NPP와 대조되며 율법과 복음을 참되게 구별하고 조화시키는 대표적인 실례로서 Calvin을 제시한다. "칼빈은 재세례파와의 논쟁에서 은혜 언약의 통일성을 강조하고, 약속과 성취의 구속 역사적 연속성을 강조했다. 그러나 어떻게 사람이 하나님 앞에서 의롭게 되느냐고 질문이 주어질 때 (유업을 얻는 원리로서 율법과 복음의 대립에 있어서) 그는 루터와 완전히 일치한다"(Horton, *Covenant and Salvation*, 99).

기술하려고 시도한다.[97] 라이트가 칭의 교리를 언약적 관점에서 보려는 시도 자체는 환영할만하다. 호튼은, 비록 라이트의 칭의론에 상당한 문제점이 발견되지만, "언약신학이 바울의 칭의론의 적절한 맥락이다"라는 것에는 전적으로 동의하고,[98] "칭의(또는 전가)는 반드시 언약적 맥락에 놓인다"고 말한다.[99]

또한 호튼은 의(righteousness)를 "언약적 재판(裁判)이라는 보다 넓은 맥락에 두는 것" 자체는 "고전적 언약신학"에서 발견되는 방식이라고 평가한다.[100] 하지만 호튼이 여러 번 강조하는 것처럼, 언약신학에 대한 일반적인 옹호가 언약신학의 특정한 내용으로 이어지는 것은 아니고,[101] 언약적 맥락에 대한 강조 자체가 성경적인 언약적 칭의론을 보장하지 않는다. 중요한 것은 언약적 맥락으로 사용되는 언약신학이 **어떤** 언약신학이냐이다. 호튼은 라이트의 칭의론에서 "문제

97　Wright, *What Saint Paul Really Said*, 33. Cf. 이승구, 『톰 라이트에 대한 개혁신학적 반응』, 50.
98　Horton, "Covenant and Justification," 11.
99　Horton, "Covenant and Justification," 26.
100　Horton, *Covenant and Salvation*, 103-104. 전통적으로 법정적인 용어로 이해되어 온 칭의 교리에 대한 가장 분명한 요약 가운데 하나를 우리는 WCF, 11. 1에서 발견할 수 있다. "하나님은 유효하게 부르신 자들을 또한 값없이 의롭다 칭해 주신다. 이 칭의는 하나님이 이들에게 의를 주입하심으로써가 아니라, 죄를 용서하시고 이들의 인격을 의롭게 여기며 인정해 주심으로써 되고, 이들 안에 이루어진 또는 이들에 의해 행해진 뭔가 때문이 아니라, 오직 그리스도 때문에 된다. 하나님은 믿음 자체와 믿는 행위, 혹은 다른 어떤 복음적인 순종을 이들의 의로서 이들에게 돌림으로써가 아니라, 이들이 그리스도와 그리스도의 의를 믿음으로 받아들이고 의지할 때, 그리스도의 순종과 속죄를 이들에게 전가함으로써 의롭다 칭해 주신다. 그리고 이 믿음도 이들 자신에게서 나온 것이 아니고 하나님의 선물이다."
101　Horton, "Covenant and Justification," 11; Horton, *Covenant and Salvation*, 11.

는 언약신학 일반이 아니라,""언약적 율법주의"라는 특정한 언약신학을 칭의론의 법정적 맥락에 적용하는 것에 있다고 지적한다.[102]

일단 라이트도 "칭의"를 법정 용어로서 말한다.[103] 다음의 경우에서 라이트는 전통적인 표현과 아주 유사한 표현을 사용하기도 한다.

> **법정의 배경에서** 성경적인 의미로 원고나 피고가 '의롭다'는 것은 **법정의 판결의 결과로서** 그 신분을 갖는 것이다. … 이것은 그(또는 그녀)가 선하고, 도덕적으로 올바르거나 덕스럽다는 것을 반드시 의미할 필요가 없고, 단지 이 사건에서 그(또는 그녀)의 옳음이 고소자의 주장과 달리 드러났다는 것, 다시 말해서 무죄 판결을 받았다는 것을 의미한다.[104]

그리고 라이트는 "법정의 관점"과 더불어 "언약의 관점"에서 칭의를 보아야 한다고 주장한다.[105] 라이트는 칠십인역 독자에게 "'하나님의 의'는 하나님의 약속, 곧 언약에 대한 하나님 자신의 신실하심이

102　Horton, "Covenant and Justification," 25. 같은 이유에서 Horton은 Wright의 문제점도 "언약신학을 괄호로 묶어버림으로써가 아니라," NPP의 언약적 율법주의와는 "다른 언약신학을 제시함으로써만" 해결될 수 있다고 제안한다(Horton, "Covenant and Justification," 27).

103　Wright, *What Saint Paul Really Said*, 33, 97, 98, 99, 117, 119, 129, 131.

104　Wright, *What Saint Paul Really Said*, 98 (강조는 Wright의 것).

105　Wright, *What Saint Paul Really Said*, 33. Cf. 이승구, 『톰 라이트에 대한 개혁신학적 반응』, 50.

라는 분명한 한 가지 의미를 가졌을 것"이라고 확신하고,[106] 하나님의 의(義)에 대한 이런 언약적인 의미와 법정의 은유를 결합하여 언약적인 재판 또는 소송을 칭의의 적절한 맥락으로 제안한다.[107] 라이트는 칭의의 언약적인 소송 또는 재판을 다음과 같이 묘사한다.

> 물론 하나님이 재판장이시다. 이스라엘은 자신을 괴롭히는 악한 이방인들을 고소하기 위해서 하나님 앞에 간다. 이스라엘이 갈망하는 것은 자신의 송사에 대한 재판이 열리고, 하나님이 송사를 들으시며, 하나님 자신의 의(righteousness) 가운데, 이스라엘을 대적에게서 구해 주시는 것이다. 다시 말해서, 이스라엘은 의롭다 함 받고, 무죄 판결을 받으며, 옳다는 것이 드러나길 갈망한다. 그리고 재판장이신 하나님은 또한 이스라엘의 언약의 하나님이시기 때문에, 이스라엘은 하나님에게 [다음과 같이] 탄원한다. 당신의 언약에 신실해 주십시오! 당신의 의 가운데 나의 옳음을 드러내 주십시오![108]

(2) 의(義)의 전가의 배제

그러나 라이트는 하나님의 언약적 법정의 판결에서 의의 전가를 전적으로 배제한다.

---

106 Wright, *What Saint Paul Really Said*, 96.
107 Wright, *What Saint Paul Really Said*, 98.
108 Wright, *What Saint Paul Really Said*, 98–99.

만약 우리가 법정의 언어를 사용한다면, 재판장이 자신의 의를 원고에게든 피고에게든 전가, 분배, 양도, 전달, 아니 다른 식으로도 옮긴다고 말하는 것은 완전히 터무니없다. 의는 법정을 가로질러 건네질 수 있는 물체나 가스 같은 대상이 아니다. ⋯ 피고가 재판장의 의를 어떤 식으로든 받는다고 생각하는 것은 그야말로 범주적인 오류(a category mistake)다.[109]

그들이 갖는 의는 하나님 자신의 의가 아닐 것이다. 이것은 완전히 터무니없다. 하나님 자신의 의는 언약에 대한 하나님의 신실함이고, 하나님은 언약에 대한 자신의 신실함 때문에 ⋯ 이스라엘의 옳음을 드러내시고, 옳다는 것이 드러나고 무죄 판결된 피고처럼, "의롭다"는 신분을 이스라엘에게 주실 것이다. 그러나 하나님의 의는, 말하자면, 하나님 자신의 속성으로 그대로 남는다. 하나님의 의는 하나님이 자기 백성의 옳음을 드러내시는 행위를 하시는 원인이지, 하나님이 자기 백성의 옳음을 드러내시는 행위를 하실 때 자기 백성에게 주시는 신분이 아니다.[110]

라이트는 하나님이 자신의 의인 자신의 언약적 신실함을 피고에게

---

109 Wright, *What Saint Paul Really Said*, 98.
110 Wright, *What Saint Paul Really Said*, 99 (강조는 Wright의 것).

전가하든지 주입하든지 이전하는 것은 법적 정의상 난센스라고 주장하면서 전통적인 전가 교리를 부정한다. 존 파이퍼는 전가를 철저히 배제하는 라이트의 이런 칭의론의 주된 원인 가운데 하나로, 칭의 이해에 있어서 언약을 "지배적인 개념"으로 삼는 것을 꼽는다.[111] 파이퍼는 라이트가 구속의 이야기를 이해하는 데 있어서 언약을 지배적인 범주로 삼고, "법정-은유"를 언약에 종속시켜 버렸다고 비판한다.[112]

그런데 호튼은 "성경에서 법정-언어는 언약적 맥락에서만 의미를 갖는다"고 말하면서, 법정 은유를 언약의 일부로 삼으며 언약에 종속시키는 점에 있어서는 "라이트에게 전적으로 동의한다"고 말한다.[113] 호튼은 라이트의 문제가 언약적 맥락을 강조하기 때문이 아니라, 라이트가 전제하는 언약적 맥락이 신인협력적인 "언약적 율법주의"라는 것에 있다고 지적한다.[114]

---

[111] John Piper, *The Future of Justification: A Response to N. T. Wright* (Weaton Illinois: Crossway Books, 2007), 39.

[112] Piper, *The Future of Justification*, 53.

[113] Horton, "Covenant and Justification," 25. Horton은 Wright가 바울과 제2성전 시대 유대교의 연속성을 가정한다는 것에 대한 Piper의 비판에 동의하고(Horton, "Covenant and Justification," 25), 순종과 칭의의 관계와 관련된 Wright의 주해 (특히 롬 2:13에 대한 주해)에 대한 Piper의 비판이 아주 설득력이 있음을 인정한다(Horton, "Covenant and Justification," 27). 하지만 Horton은 Piper의 이해에서는 "언약적인 맥락이 너무 희미하다"고 평가한다(Horton, "Covenant and Justification," 27). 또한 Horton은 Wright가 롬 3장에서 "하나님의 의"를 언약적 범주에 한정하는 것은 "지나치게 제한적"이라는 Piper의 비판(Piper, *The Future of Justification*, 68)에 대해서, "고전적 언약신학"의 이해에 따르면, 하나님의 의도 언약적 맥락에서만 형벌을 요구할 수 있었다고까지 주장한다(Horton, "Covenant and Justification," 26).

[114] Horton, *Covenant and Salvation*, 107. Wright에게 있어서, 언약은 죄인을 전제하고, 따라서 NPP가 일반적으로 그런 것처럼, Wright에게도 은혜 언약과 구별된 행

호튼에 따르면, 라이트는 바울의 칭의 교리가 "언약적인 배경과 결코 독립되어 있지 않는"[115] "신적인 법정"에 초점이 맞춰져 있다는 것과 "예수가 자신의 완전한 순종을 통해서," 자기 백성에게 전달될 수 있는 의를 획득하신다는 것(즉, 전가 교리)이 충돌하는 것처럼 말한다고 한다.[116] 그러나 라이트가 법정 정의상 난센스라고 주장하는 하나님의 본질적인 의가 전달되는 것과, 그리스도가 언약의 종으로서 완전한 순종을 통해서 획득한 의가 전가되는 것은 다른 문제다.

종교개혁자들이나 전통적 언약신학자들 가운데 아무도 죄인에게 하나님의 "본질적인" 의가 전가된다고 가르치지 않았고, 참 하나님이며 참 사람인 그리스도가 행위 언약의 요구를 완전히 만족시켜서 얻은 의가 전가된다고 주장했다. 그러나 전통적인 이해를 외면하는 라이트의 언약 법정에는, 호튼이 옳게 지적하는 것처럼, 재판장/검사(하나님)와 피고(이스라엘)는 있을지라도, 양쪽을 다 대변하는 언약의 중보자이신 그리스도의 자리는 없다.[117]

라이트는 언약과 법정의 관점에서 보는 것이 "1세기 유대교가 세상을 이해한 방식"을 배우는 것이라고 말하지만,[118] 전가 개념 자체도

위 언약 개념이 존재하지 않는다. Wright는 언약의 목적이 "아담의 죄를 처리하기 위함"이였다고 말한다(Wright, *What Saint Paul Really Said*, 130).

115 Wright, *What Saint Paul Really Said*, 117.

116 Wright, *Justification: God's Plan and Paul's Vision*, ix. Horton의 "Covenant and Justification," 26, n. 68에는 실제 출처(Wright, *Justification: God's Plan and Paul's Vision*, ix)가 "Wright, *What Saint Paul Really Said*, 12"로 잘못 표기되어 있다.

117 Horton, *Covenant and Salvation*, 104.

118 Wright, *What Saint Paul Really Said*, 33.

전통적인 유대교의 "법정 은유"와 충돌하지 않는다. 의의 전가 개념은 유대교 안에서도 발견되는 개념이다. 보스에 따르면, 이미 바울 이전에도 유대교에 "잉여 공로를 갖는 조상들로부터 의가 전가된다는(imputed righteousness) 요소"가 있었다고 한다.[119]

샌더스도 이스라엘의 선택과 관련하여, "족장들의 공로"가 전가된다는 개념이 유대교 안에 존재했음을 인정한다.[120] 게다가 라이트가 전통적 속죄관을 모호하게 표현하거나 심지어 비판할지라도, 라이트의 진술에서도 죄가 그리스도에게 모이는 부정적인 전가의 경우는 인정되는 것 같다.[121]

그렇다면, 호튼이 반문하는 것처럼, 어떤 사람의 죄책이 다른 사람에게 전가될 수 있다면, 어째서 의가 다른 사람에게 전가되는 것은 범주적인 오류로서 치부되어야 한단 말인가?[122]

여기서도 라이트는 잘못된 양자택일을, 즉 의로우신 하나님이 자신의 언약에 신실하신 것과 의의 전가 사이에 그릇된 이것이냐 저것이냐를 도입한다.[123] 그러나 전가에 대한 라이트의 희화화된 정의가 아

---

119 Geerhardus Vos, *The Pauline Eschatology* (Phillipsburg, NJ: P&R Publishing, 1994), 55.
120 Sanders, *Paul and Palestinian Judaism*, 97.
121 Wright는 "그것들이 영 단번에 해결되기 위하여 온 세상의 모든 악과 고통이 한곳에 집중적으로 모아진"다고 말하고(Wright, *The Challenge of Jesus: Rediscovering Who Jesus Was and Is* [Downers Grove, Ill.: IVP Academic, 1999], 93, in 이승구, 『톰 라이트에 대한 개혁신학적 반응』, 187에서 재인용), "하나님이 예수를 … 속죄의 수단으로 제시하신다"고 말하기도 한다(Wright, *What Saint Paul Really Said*, 128).
122 Horton, *Covenant and Salvation*, 105.
123 Horton, *Covenant and Salvation*, 106.

니라, 전통적인 언약신학을 따라서 구속 언약에서 정해진 중보자 그리스도가 행위 언약의 요구를 만족시키고 얻은 모든 의를 은혜 언약 안에서 공동 상속자들에게 돌리는 것으로 전가가 이해된다면, 전가는 하나님의 언약에 대한 신적 신실함의 결과라고 참으로 말할 수 있다.

(3) NPP의 "종국적 칭의"

의의 전가를 거부하는 라이트는, 언약 법정의 판결인 칭의가 "궁극적으로 역사의 끝에 내려진다"고 주장하면서, 바울의 칭의 교리를 제대로 이해하기 위해서 고려해야 할 핵심 범주에 "종말론"을 추가한다.[124] 바울의 칭의와 종말론의 깊은 연관성 자체는 일단 긍정될 수 있다. 보스도 바울의 칭의와 종말론 사이에는 깊은 관련이 있다고 말하고, 바울 이전에 이미 유대교에는, 하나님이 정산하실 때까지 공과(功過)를 저울질하시고 조상들의 "전가된 의"(imputed righteousness)도 고려하신다는 교리가 있었다고 말한다.[125]

그러나 바울의 교리와 유대교의 교리 사이에는 "형식상의 유사성"에도 불구하고 근본적인 차이가 존재한다.[126] 제2성전 시대 유대교와 바울의 기독교를 둘 다 언약적 율법주의적 종교 유형에 포함시키려는 라이트는, 칭의와 종말론적 함의에 있어서 바울과 유대교의 근본적 차이를 간과한다. 보스는 양자의 차이에 대해서 다음과 같이 잘

---

124 Wright, *What Saint Paul Really Said*, 131.
125 Vos, *The Pauline Eschatology*, 55.
126 Vos, *The Pauline Eschatology*, 55.

지적한다.

> 유대교적 체계에서는 나날이 대차(貸借)의 순식간의 변화와 더불어, 계산되어야 할 새로운 항목들이 들어오기 때문에, 저울의 움직임이 불안정하고, 거듭 변동된다. 바울은 이런 상대성과 불확실성을 절대성과 확실성으로 대체했다. 바로 여기에 종말론과 칭의의 교차점이 있다. 사도는 죄의 용서라는 소극적 요소와 구원의 은택의 수여라는 적극적 요소 둘 다를 조건 없는 것으로 만듦으로써, 칭의 행위(the act of justification)를 신자에 관한 한, 선취된 최종 심판(a last judgment anticipated)으로 사실상 만들었다. 만약 칭의 행위가 현재와 과거의 죄만 처리하고 미래의 결과는 불확실함 가운데 내버려두었다면, 칭의 행위가 그런 절대성을 지니고 있다고 간주될 수 없었을 것이고, 칭의 행위가 최종 심판에 비교되는 것이 결정적 지점에서 무너졌을 것이다.[127]

보스에 따르면, 유대교는 하나님의 은혜와 조상의 "전가된 의"를 고려할지라도, 최종 심판의 결과를 불확실한 사람의 행위에 달린 것으로 간주하지만, 바울은 최종 심판의 결과가 그리스도 의의 전가로 말미암는 칭의에 의해서 확정된다고 보았다. 이로 보건대, 신자의

---

[127] Vos, *The Pauline Eschatology*, 55.

행위에 근거한 "종국적 칭의"(the final justification)에[128] 대한 라이트의 주장은 바울의 이해가 아니라, 유대교의 이해에 더 가깝다.

라이트는 종국적 칭의, 곧 미래적 칭의를 현재적 칭의와 다음과 같이 구별한다.

> 현재적 칭의는, 미래적 칭의가 (롬 2:14-16; 8:9-11에 있는 대로) [신자의] 전 생애에 기초해서 공개적으로 확인 판결할 것을, 믿음에 기초해서 선언하는 것이다.[129]

여기서 주목할 것은, 이승구 교수가 지적하는 대로, 라이트는 칭의를 근본적으로 미래 종말론적 판결로서 간주하고, 칭의의 무게 중심을 미래로 옮기는 경향을 보인다는 것이다.[130] 이것은 "천주교회가 칭의를 뒤로 미루어 이를 의화(義化)로 이해하려는" 경향과 유사하다.[131] 보스도 칭의가 미래의 최종 구원을 지금 확정짓지 못한다는 주장은

---

128 Wright, *Paul: In Fresh Perspective* (Minneapolis: Fortress, 2006), 121.
129 Wright, *What Saint Paul Really Said*, 129.
130 이승구, 『톰 라이트에 대한 개혁신학적 반응』, 51, 54. 반면에 정통신학에서는 "이신 칭의를 중심으로 보고 이미 믿음으로 받은 칭의를 최후의 심판대에서 공적으로 선언 받는 것"으로 이해되었다(이승구, 『톰 라이트에 대한 개혁신학적 반응』, 54).
131 이승구, 『톰 라이트에 대한 개혁신학적 반응』, 55. 이남규 교수도 바울에 대한 새 관점의 미래적 칭의가 중세 신학의 의화(義化) 개념과 유사하다고 지적한다. 바울에 대한 새 관점의 "칭의는 각자의 공로에 의한 칭의가 되고 만다. 이것은 당시의 중세의 칭의관과 유사한 구조를 갖는다. … 중세 신학자들의 관점에서 칭의란 최후의 심판 자리에서 공의와 거룩에 대한 신적 기준을 만족시키는 과정으로서 의화(義化)가 된다"(이남규, "칼빈의 이중은혜론: 칼빈의 선행에 대한 이해를 중심으로,"「신학정론」34/1 [2016]: 95).

천주교의 가르침과 유사하다고 지적한 바 있다.

> [근래에] 바울이 칭의를 주로 선교적인 교리로 본다고 주장되어 왔다. 칭의는 개종자로 하여금 전과(前科) 없이 출발할 수 있게 해 주는 대신 최종 구원의 문제가 칭의에 의해서 결코 미리 판단되지 않고, 최종 결정이 더 이상 하나님의 용서하시는 은혜에 달려 있지 않으며, 세례 이후의 거룩한 삶에 달려 있을 것이라는 명백한 이해를 갖고 출발할 수 있게 해 준다고 주장되었다. 그리스도인은 심판 날에 하나님 앞에 흠 없이 서기 위해 성공적으로 매진하지 않으면 구원받을 수 없다는 것이다. 바울의 가르침이 이렇게 해석된다면, 보통의 개신교 교리와 갖는 공통점만큼 많은(더 많지는 않더라도) 공통점을 천주교 교리와 가질 것이다.[132]

보스가 말하는 것처럼, 바울은 칭의를 "생명의 칭의"(롬 5:18)로 묘사하고, "칭의의 결과로 선언되는 '생명'은" "영생"(롬 5:21)으로 일컫는다.[133] 그런데 만약 "하나님의 구원 절차에서 중심적인 행위"인 칭의가 미래의 최종 심판에 있어서 불확실한 "상대성"을 갖는다면, 구원의 확실성은 바울이 긍정한 것처럼, 결코 강하게 긍정될 수 없었

---

132 Vos, *The Pauline Eschatology*, 55–56.
133 Vos, *The Pauline Eschatology*, 57.

을 것이고, 칭의는 영생의 확실성의 근간이 아니라 "나머지 모든 것을 불확실성"에 빠트리는 치명적 약점에 불과했을 것이다.[134]

이로 보건대, "칭의의 종말론적 판결이 그리스도의 전체 삶과 순종이 아니라 신자의 '전체 삶'에 달려 있다는" 제안보다 바울의 복음을 심각하게 훼손하는 것은 없을 것이라는, "종국적 칭의"에 대한 호튼의 비판은[135] 지나친 평가가 아닐 것이다.

설령 라이트가 예수 그리스도를 믿는 믿음을 가진 모든 사람이 "다른 기초 말고" 믿음에 기초해서 "아브라함의 가족의 정회원"에 속한다고 아무리 강하게 주장할지라도,[136] 믿음에 기초한 현재적 칭의를 사람의 행위에 근거한 불확실한 미래적 칭의와 결합시키는 순간, 그는 전통적인 이신칭의 교리에서 이탈한다는 혐의를 피하기 힘들어 보인다.

그리고 이런 혐의를 피할 생각으로 종국적 칭의의 근거가 되는 신자의 전체 삶에는 성령이라는 은혜로운 원천이 있다고 주장할지라도 별 소용이 없다. 비록 라이트가 미래적 칭의가 성령의 능력 안에서 영위된 전 생애에 기초한다고 주장할지라도,[137] 호튼에 따르면, 이런 주장은 칭의가 "신자와 성령의 **협력**에" 기초한다는 말이고, 또 다

---

134 Vos, *The Pauline Eschatology*, 57-58.
135 Horton, *Covenant and Salvation*, 106.
136 Wright, *What Saint Paul Really Said*, 133.
137 Wright, "New Perspectives on Paul," *Justification in Perspective: Historical Developments and Contemporary Challenges*, Bruce L. McCormack, ed. (Grand Rapids, MI: Baker Academic, 2006), 260.

시 이것은 "공식적인 로마가톨릭의 입장"과 별 차이가 없다.[138]

호튼은 칭의가 언약적인 법적 판결이라는 라이트의 주장은 긍정하지만, 우리 자신의 언약적 순종이 아니라, "그리스도의 대표적이고 언약적인 순종의 공로에 근거해서 그리스도와 공동 상속자에게 선언되는 법적 판결이라고 옳게 말한다.[139]

이에 반해, NPP와 로마교는 개인이 최종적으로 어떻게 구원받느냐의 문제에 대해서, "도덕법이 요구하는 언약적 신실함을 산출하는 그런 식으로 성령에 협력함으로써" 최종적으로 구원받는다고 공통적으로 주장한다.[140]

그래서 호튼은, 종교개혁은 그리스도의 의가 우리에게 전가되기 때문에, 우리가 의롭다고 선언된다고 가르치지만, 라이트는 결국 모

---

[138] Horton, "Covenant and Justification," 27 (강조는 첨가한 것). 반면에 칭의, 선행, 그리고 최후 심판의 관계에 대한 개혁주의의 전통적 이해는 다음과 같이 요약될 수 있을 것이다. "그리스도로 말미암아 하나님의 자녀가 된 사람들은 이 땅 가운데서 성령님의 능력 가운데서 자연스럽게 하나님의 뜻에 부합한 바를 행해 나아가고, 하나님이 기뻐하시는 일을 하게 될 것이다. 그러나 그렇다고 해도 그것은 하나님 앞에 공로가 되지 못한다. 기본적으로 하나님의 은혜에 근거해서 하는 일이기에 공로가 되지 못한다. 더구나 그것들조차도 다 부패한 인간성으로 물들어 있는 것이니 그런 일들도 공로가 되지 못하고, 따라서 그 자체만으로는 그 누구도 하나님 앞에서 의롭다 함을 받지 못할 것이다. 최후의 심판대에서도 이 세상에서 하나님의 백성으로 헌신적으로 산 사람들조차 그들의 행위에 근거해서가 아니라 오직 십자가 공로만으로 공적으로 의롭다 함을 선언 받는 것이다. 그런 사람들은 이 세상에서 믿음으로 이미 의롭다 함을 받았으므로 이미 받은 그 칭의를 공적(公的)으로 **선언하시는 것이** '최후 심판'의 의미이다. 이 세상에서 믿음으로 의롭다 함을 받은 사람들이 성령님의 능력으로 하나님 앞에 선한 일을 하게 되지만, 그것도 부족하므로 오직 십자가의 공로에만 근거한 **공적(公的)인 칭의 선언**이 최후 심판에서 울려 퍼질 것이다"(이승구, 『톰 라이트에 대한 개혁신학적 반응』, 53-54 (강조는 이승구 교수의 것).

[139] Horton, *Covenant and Salvation*, 121.

[140] Horton, *Covenant and Salvation*, 121.

종의 내적인 의가 우리 안에 있기 때문에 의롭다고 선언된다고 가르친다고 양자를 대조한다.[141]

호튼은 라이트의 이런 반(半)-펠라기우스주의적인 칭의론의 근본 원인이, 라이트가 율법과 복음, 행위 언약과 은혜 언약의 질적인 구별을 부정하고, 언약적 율법주의적인 "단일 언약을 갖고 작업"하기 때문이라고 주장한다.[142] 그런데 주목할 만한 것은, 호튼은 NPP가 시내 산 언약을 언약적 율법주의적인 성격의 언약으로 간주하는 것 자체가 아니라, 이런 성격의 시내 산 언약을 구원의 문제에까지 적용한 것을 문제 삼는다는 사실이다. 그리고 이것은 호튼이 클라인을 따라서, 시내 산 언약을 행위의 원리에 의해서 좌우되는 율법 언약으로 간주하는 것과 밀접한 관련이 있다.

4) NPP에 대한 호튼의 논박의 장점

이신칭의에 대한 역사적 개혁주의 교리의 중심에는, 죄인이 의롭게 되는 원리에 있어서 율법과 복음의 근본적인 구별에 대한 이해가 있다. 율법 자체는 하나님의 거룩한 뜻에 대한 완전한 일치를 요구하고, 조금이라도 불일치하면 가차 없이 정죄한다. 그래서 죄인은 율법으로는 하나님께 결코 용납될 수 없고, 죄인이 하나님 앞에 의롭다

---

141 Horton, *Covenant and Salvation*, 122.
142 Horton, *Covenant and Salvation*, 70.

함 받는 것은, 율법의 형벌을 포함해서 율법의 모든 요구를 만족시키는 그리스도의 완전한 순종과 그로 인한 의의 전가에만 기초한다.

바로 이 전통적 이신칭의 교리에 대한 NPP의 공격을 호튼은 언약신학을 활용하여 잘 논박해낸다. 비록 호튼에게는 재판(再版) 이론을 고전적 개혁신학의 다수 견해로 간주하는 문제가 있음에도 불구하고, NPP에 대한 호튼의 언약신학적 논박에는 주목할 만한 기여점들이 있다.

(1) 언약신학에 대한 지속적인 고려

우선 일반적인 장점으로서, 호튼은 NPP를 논박할 때도 언약신학에 내내 초점을 맞춘다. 호튼은 NPP를 비판하면서도, 언약신학에 대한 NPP의 관심을 환영한다. 왜냐하면 호튼에 따르면, 언약은 단지 사람의 고안물이 아니라, 하나님의 계시가 오는 "형식과 모양,"[143] 구조와 콘텍스트가 되는,[144] 성경 자체에서 도출되는 "체계내적 범주"로서,[145] 구원 드라마의 주된 측면들을 모두 아우를 수 있는 "포괄적인 성경적 범주"이기[146] 때문이다.

호튼이 성경적인 칭의 교리에 대한 NPP의 공격을 논박하고 설명하는 데에 자신이 언약신학에서 눈을 떼지 않는 것은, 그는 언약적

---

143 Horton, *Covenant and Eschatology*, 5.
144 Horton, *Covenant and Eschatology*, 17.
145 Horton, *Covenant and Eschatology*, 1.
146 Horton, *Covenant and Eschatology*, 18–19.

접근을 전체 성경의 형식과 내용을 존중하는 접근 방식으로 생각하기 때문이다. 호튼에 따르면,

첫째, 언약적 접근은 인위적인 접근법이 아니라 성경 자체에서 도출되는 "고유한 권리를 갖는 존재론적 패러다임"이다.[147]

둘째, 성경 자체에서 도출되는 범주인 언약과, 거기 기초한 언약적 구원론은 구원의 "개인적인 측면과 집단적인 측면, 역사적인 측면과 종말론적인 측면, 유기적인 측면과 대표적인 측면, 실질적인 측면과 법적인 측면"을 혼합하지도, 어느 한쪽으로 환원하지도 않고 통합할 수 있다고 한다.[148]

호튼은, 언약신학이 바울을 이해하는 실마리라는 라이트의 주장을[149] 환영하고,[150] NPP의 문제는 언약 개념과 시각을 지나치게 강조한데 있는 것이 아니라, 비성경적인 단일 언약주의를 채택한 데 있다고 주장한다.[151] 호튼은 NPP를 논박하는 내내 언약신학에서 눈

---

147 Horton, *Covenant and Salvation*, 2–3.
148 Horton, *Covenant and Salvation*, 3.
149 Wright, *The Climax of the Covenant*, xi.
150 Horton, *Covenant and Salvation*, 2. Horton은 바울의 칭의 교리는 "언약신학이 바울의 틀이다"라는 인식 안에서만 제대로 이해될 수 있다고 말한다(Horton, *Covenant and Salvation*, 113).
151 John Piper는 Wright의 잘못된 칭의론의 주된 원인 가운데 하나를, 언약을 "지배적인 개념"과 범주로 삼고(Piper, *The Future of Justification*, 39), "법정-은유"를 언약에 종속시켰기 때문이라고(Piper, *The Future of Justification*, 53) 비판한다. 이에 대해 Horton은 "성경에서 법정-언어는 언약적 맥락에서만 의미를 갖는다"고 응수하면서, 법정 은유를 언약의 일부로 삼고 언약에 종속시키는 점에 있어서는 "라이트에게 전적으로 동의한다"고 밝히고(Horton, "Covenant and Justification," 25), Piper의 칭의론에서는 "언약적인 맥락이 너무 희미하다"고 지적한다(Horton, "Covenant and Justification," 27).

을 떼지 않는다.

호튼은 NPP가 바울의 칭의 교리를 환원주의적으로 왜곡하는 근본 원인을 NPP가 복음과 율법을 성경적으로 구별하지 않는, 단일 언약주의적인 언약적 율법주의를 채택하기 때문이라고 잘 지적한다. 그리고 칭의 교리에 대한 NPP의 환원주의적 왜곡의 근본 원인을 단일 언약주의에서 포착하는 호튼은 당연히 그 문제의 해법을 성경적인 언약신학과 거기 기초한 구원론에서 찾으려고 내내 애쓴다.

게다가 호튼은 NPP를 논박하는 데 율법과 복음의 구별에 기초한 이중 언약주의를 전제하는 데 그치는 것이 아니라, NPP의 칭의론을 논박하고 역사적 개혁주의 칭의론을 옹호할 때, 고전적 언약신학의 핵심적인 이해를 십분 활용하고, 성경 본문에 대한 언약신학적 이해를 내내 강조한다.

(2) 통합적인 구원론 추구

호튼은 자신이 언약신학에 초점을 맞추는 주된 이유 가운데 하나가, 양자택일이 불가피한 것처럼 흔히 제시되는 구원론적 주제들을 통합하는 데 유망하기 때문이라고 밝힌 바 있다.[152] 비록, 장차 살펴볼, 시내 산 언약을 언약적 율법주의로 묘사하는 호튼의 이해의 문제점에도 불구하고, 호튼은 고전적 언약신학의 이중 언약주의가 NPP의 언약신학인 언약적 율법주의보다 성경적인 통합적 구원론에

---

152 Horton, *Covenant and Salvation*, 1–3.

훨씬 더 적합하다는 것을 잘 보여 준다.

또한 호튼은 종교개혁과 역사적 개혁주의의 칭의론이 바울의 칭의론을 오해하고 왜곡한 개인주의적이고 환원주의적인 구원론의 원흉이라는 NPP의 의혹 제기가 사실무근임을 아주 잘 보여 준다.[153] 고전적 언약신학이 개인의 주관적 구원에만 몰두했다는 식의 주장은 고전적 언약신학에 대한 명백한 희화화다. 고전적 언약신학에서도 유대인과 이방인을 가르는 담을 제거하고 이방인을 하나님의 백성에 포함하는 교회론의 문제가 다루어졌다. 호튼은 구원론과 교회론을 연결하는 데 실패한 개혁파 신앙고백서나 교리문답은 단 하나도 없다고 잘 지적한다.[154]

---

153 Horton에 따르면, NPP는 개혁파 정통주의가 **첫째**, "바울과 종교개혁자들 둘 다나 어느 한 쪽을 잘못 이해하고," **둘째**, 구속의 "우주적, 종말론적, 형이상학적, 존재론적, 그리고 교회론적 측면들을 외적인 의의 전가에 의한 개인의 법적 칭의로 환원하고," **셋째**, 그리스도에 대한 참여나 연합보다 "칭의를 복음의 중심으로 만들고," 칭의를 종말론적 개념이 아니라 법적 개념으로 환원하며, 결과적으로 **넷째**, 신앙과 행위, 율법과 복음, 그리고 우리 밖의 그리스도의 사역과 우리 안의 그리스도의 인격을 지나치게 날카롭게 나눈다고 비판한다고 한다(Horton, *Covenant and Salvation*, 4). 그러나 비록 칭의가 역사, 종말론, 참여, 그리고 교회와 무관한, 개인적인 구원으로 축소되는 문제가 실제로 발생하기도 했지만, 그 원인은 고전적 언약신학 자체에 있는 것이 아니다. Horton이 말하는 것처럼, 고전적인 언약신학에도 구속 역사적이고 종말론적인 강조점이 발견되고, 바울과 고전적 언약신학자들에게 있어 칭의는 언약적, 역사적, 종말론적 맥락 가운데 있는 것이었다(Horton, *Covenant and Salvation*, 7).

154 Horton, *Covenant and Salvation*, 55. Horton은 개혁파 신앙고백서에 대한 NPP의 전반적인 무지를 정확히 지적한다. Wright는 WCF 저자들이 자신들의 "일반적인 또는 무시간적인 진리를 증명하기 위해 성경적인 각주를 덧붙였다"고 말하는 데 반해, "약속들이 실제로 누구에게 속하느냐? 아브라함의 자손이 누구냐"가 바울의 전체 쟁점이라고 주장한다(Wright, *Climax of the Covenant*, 144). 이런 주장에 대해서 Horton은 Wright가 신앙고백서와 성경주석의 "목적, 방법론, 장르"의 차이를 오해했다고 말하면서, WCF는 무시간적인 진리를 제안하는 것이 아니라, 역사 가

호튼은 통합적 구원론에 이르는 길은 복음과 율법을 혼합하는 NPP의 언약적 율법주의가 아니라, 고전적 언약신학에서처럼 행위 언약과 은혜 언약을 분명히 구별하면서도 그리스도 안에서 양자를 조화시키는 이해라고 주장한다.

호튼에 따르면, 고전적 언약신학에서 두 언약은 그리스도 안에서 만난다. 그리스도는 행위 언약을 그냥 무시하는 것이 아니라 행위 언약의 저주를 감당할 뿐만 아니라 행위 언약의 요구에 완벽하게 순종하심으로써 "언약의 머리로서 … 율법을 성취하시고, 언약의 중보자로서 자기 수고의 열매를" 은혜 언약의 상속자들에게 적법하면서 동시에 은혜로 나누어 주신다.[155]

호튼은 고전적 언약신학은, 구원의 메시지인 복음과 하나님 백성의 소속에 대한 메시지의 양자택일, 즉 구원론과 교회론의 그릇된 양자택일을 제안하는 NPP와 달리, 참 이스라엘에 대한 재(再)정의와 경계 자체가 칭의에 의존한다는 것을 분명히 한다고 잘 지적한다.[156] 그리고 호튼은, NPP가 일반적으로 하나님과 개인의 화해보다는 우주적 갱신에 치중하는 것과는 달리, 고전적 언약신학은 두 차원의 그릇된 양자택일을 거부한다고 옳게 말한다.[157]

운데 은혜 언약의 연속성과 차이를 말한다고 옳게 지적한다(Horton, *Covenant and Salvation*, 72, n. 50).

[155] Horton, *Covenant and Salvation*, 24.
[156] Horton, *Covenant and Salvation*, 30.
[157] Horton, *Covenant and Salvation*, 35-36.

호튼에 따르면, 고전적 언약신학에서는 삼위일체 하나님이 각 사람을 선택하고, 부르고, 의롭다 하고, 거룩하게 하고, 영화롭게 함으로써 우주적인 역사 드라마에 사람을 캐스팅하신다고 한다. 다시 말해, 개인이 홀로 구원받는 데 그치는 것이 아니라, 새로운 이스라엘, 새로운 피조물의 일부가 된다는 것이다.[158] 호튼은, NPP가 구원의 본질로 주장하는,[159] 그리스도의 우주적 승리 주제에 포함된 모든 것이, 다름 아닌 죽기까지 순종하신 그리스도의 행위 언약 성취에 기초한다는 것을 올바르게 지적한다. 호튼이 말하는 것처럼, 우주적 승리와 함께, 죽음 자체로부터의 해방은 행위 언약의 저주로부터의 해방에 근거한다. 왜냐하면,

> 죽음은 자연적인 위협이 아니라 언약적인 처벌이기 때문이다. "사망이 쏘는 것은 죄요 죄의 권능은 율법이라. 우리 주 예수 그리스도로 말미암아 우리에게 승리를 주시는 하나님께 감사하노니"(고전 15:56-57).[160]

---

158 Horton, *Covenant and Salvation*, 36. Horton에 따르면, 고전적 언약신학에서 구속사와 구원서정은 충돌하는 것이 아니라, "우주적, 종말론적, 그리고 구속–역사적 지평(구속사)이 개인 구원(구원서정)을 특징짓는 칭의 그리고 그리스도와의 연합의 복들의 원천이다"(Horton, *Covenant and Salvation*, 36).

159 Horton은 "'복음' 자체는 엄밀히 말해서, 왕 예수에 대한 내러티브적 선포다"라는 Wright의 정의가 "지독한 반쪽 진리"라고 비판한다(Horton, *Covenant and Salvation*, 33).

160 Horton, *Covenant and Salvation*, 36.

구원에 대한 루터의 개인주의적인 관심이 종교개혁의 개신교가 우주적 승리와 교회보다 개인 구원에 몰두하는 유산을 남겼다는 NPP의 비판에 대해서, 호튼은 "내가 어떻게 구원받을 수 있느냐?"는 질문은 주관주의적 구원론으로 축소되지 않으면서도, 언약 공동체적 맥락에서도 제기될 수 있다고 옳게 말한다.[161] 호튼이 말하는 것처럼, 양과 염소를 나누는 이야기를 포함해서, 예수의 종말론적인 설교들은 개인적인 구원과 대립되지 않음이 명백하다.[162]

또한 사도행전의 사도들의 설교에서도 종말론적인 부활 사건이 개인의 구원과 떼려야 뗄 수 없이 결합되어 있다.[163] 호튼은 "구속 역사적 지평과 개인적인 구원, 공동체의 정체성과 개인적인 신앙"이 사도행전과 서신서에서 하나로 결합되어 있다는 것을 잘 지적한다.[164] 호튼이 말하는 것처럼, '내가 어떻게 하여야 구원을 얻으리이까?'라는 물음은 구원의 전체 이야기는 아닐지라도 전체 이야기의 필수적인 부분임에 분명하다.[165]

알버트 슈바이처는 오직 믿음으로 말미암는 칭의 교리를 기독교 신앙의 중심으로 삼으면 구원에서 윤리가 도출될 여지가 없다고 하

---

161 Horton, *Covenant and Salvation*, 56.
162 Horton, *Covenant and Salvation*, 59.
163 Horton은 다음과 같은 구절들을 구체적인 예로 든다. 행 2:37-41; 11:17; 13:38-39; 16:30-31(Horton, *Covenant and Salvation*, 59).
164 Horton, *Covenant and Salvation*, 59-60.
165 Horton, *Covenant and Salvation*, 113.

며 이신칭의와 윤리의 잘못된 양자택일을 제안하는데,[166] 이러한 제안을 NPP가 일반적으로 공유한다.

호튼은 슈바이처의 이러한 제안에 맞서 오직 믿음으로만 말미암는 칭의의 복음은 우리를 정죄했던 그 율법을 기쁘게 받아들이게 한다고 응수한다.[167] 호튼이 말하는 것처럼, 종교개혁 신학은 칭의에서, 구원 서정의 나머지뿐만 아니라 윤리를 도출했고, 개혁파뿐만 아니라 루터파 교리문답도 신자의 삶에 대한 십계명의 적용을 포함하고 있다.[168]

(3) 종교개혁의 '옛 관점'의 정당성 옹호

NPP는 바울과 바울이 비판한 종교 유형이 종교개혁자의 눈으로 읽혀져 왔고, 그래서 1세기 유대교가 종교개혁이 비판한 중세 로마교처럼 간주되어 왔다고 이의를 제기한다. 그러나 호튼은 제2성전시대 유대교 자료들에서 발견되는, 순수한 율법주의가 아닌, 언약적 율법주의가 다름 아닌 바울이 비판한 종교 유형이고, 언약적 율법주의는 중세 로마교와 구원론에 있어서 상당히 유사하다는 것을 설득력 있게 논증한다. 요컨대, 유대교와 로마교 둘 다에 회개와 용서의 요소가 있다는 것을 인정하면서도,[169] 둘 다 참된 은혜의 종교가 아니

---

166 Albert Schweitzer, *The Mysticism of Paul the Apostle*, trans. William Montgomery (New York: Seabury, 1968), 225.
167 Horton, *Covenant and Salvation*, 123.
168 Horton, *Covenant and Salvation*, 123.
169 Sanders는 회개와 죄 용서의 방편이 유대교 안에 있다는 사실도 유대교가 행위-의의 종교가 아니라는 증거로 제시하지만, Sanders가 제시하는 증거에 따르면, 유대교에서 죄인의 회개는 죄인이 죄값을 갚는 행위와 밀접한 관련이 있고, Horton이 지

라 행위-의의 율법주의적인 종교로 평가하는 종교개혁의 '옛 관점'의 정당성을 호튼은 재확인해 준다.

샌더스의 분석에 따르면, 유대교에서 칭의는 언약 안에 머무르고 언약 구성원의 지위를 유지하는 것도 포함하는데,[170] 그 조건은 율법에 대한 완전한 순종이 아니라[171] 단지 "순종하려는 의향"이라고 한다.[172] 이렇게 샌더스는 엄격한 율법주의를 언약적 율법주의로 완화한다.

그러나 호튼은 종교개혁자들이 엄격한 율법주의를 언약적 율법주의로 완화한다고 은혜의 종교가 되지 않는다는 것을 모르지 않았다고 잘 지적한다. 이것은 종교개혁자들이 중세 교회를 비판할 때, 모르고 간과한 사실이 아니었다. 호튼이 말하는 것처럼, 종교개혁자들은 중세 로마교를 좁은 의미에서 "율법주의적"이라고 비판한 것이 아니라, 그리스도의 공로 외에 "다른 사람의 공로를 칭의의 근거로 포함시키고, 신앙 이외의 다른 것을 칭의의 수단으로서 포함시킨다"는 점에서 율법주의적이라고 비판했다.[173]

호튼은 종교개혁자들이 유대교와 로마교 둘 다 율법주의적인 종교로 비판한 것은, 순수한 펠라기우스주의적 행위-의의 종교로서가

적하는 대로, 이것은 중세 로마교의 보속 교리의 원리와 유사하다(Horton, *Covenant and Salvation*, 43).

170 Sanders, *Paul and Palestinian Judaism*, 544.
171 Sanders, *Paul and Palestinian Judaism*, 137.
172 Sanders, *Paul and Palestinian Judaism*, 94.
173 Horton, *Covenant and Salvation*, 40.

아니라, 반(牛)-펠라기우스주의적인 신인협력적인 종교로서 비판한 것이라고 잘 지적한다. 유대교에서 행위-의의 종교라는 혐의를 벗기려는 샌더스의 시도는 유대교가 단지 펠라기우스주의가 아니라는 것을 보여 주는 데 그칠 뿐이다.

호튼은, 유대교가 언약적 율법주의로서 행위-의의 종교라는 혐의를 정작 벗으려면, 은혜로 들어가서 은혜로 머무르는 종교여야 되지, 설령 은혜의 도움이 있다고 할지라도 머무는 것이 자신의 순종에 달려 있으면 안 된다고 말한다.[174]

어쨌든 제2성전 시대 유대교와 중세 로마교에서는, 사람의 공로가 하나님의 구원 및 심판에서 완전히 배제되지 않는다. 호튼은 구원과 칭의에 대한 샌더스의 입장이 다음의 중세 유명론의 명제와 아주 유사하다고 말한다.

> 하나님은 그들 자신 안에 있는 것을 행하는 사람들에게 하나님의 은혜를 베풀기를 거절하지 않으실 것이다.[175]

호튼은 칭의를 언약적 지위 유지의 용어로 간주하고, 언약 안에 머무르는 사람의 행위를 칭의의 근거에 포함시키는 언약적 율법주의

---

174 Horton, *Covenant and Salvation*, 40.

175 Horton, *Covenant and Salvation*, 41-42. 중세 유명론자들은 하나님은 사람들 자신의 불완전한 의를 비록 구원을 얻기에 지당한 공로인 "적정 공로"로는 아닐지라도, 하나님의 관대함에 따라 공로로 여겨지는, "재량 공로"로는 받아들이신다고 주장했다(Muller, *Dictionary of Latin and Greek Theological Terms*, 191-92).

는, 중세 로마교의 공식적인 칭의론을 요약하는 범주로 적절하다고 잘 지적한다.[176]

요컨대 NPP는, 종교개혁자들이 바울과 더불어 바울이 비판한 종교 유형을 잘못 읽었고, 바울에 대한 종교개혁자들의 '옛 관점'이 잘못되었다고 말하지만, 호튼은, 중세 로마교가 제2성전 시대 유대교의 단순한 복원이 아닐지라도, 중세 로마교와 제2성전 시대 유대교가 둘 다 언약적 율법주의적인 성격을 갖는다는 것을 설득력 있게 보여 주었다.

호튼은, 종교개혁자들은 언약적 율법주의로서의 유대교나 로마교를 은혜의 요소가 전무한, 엄격한 율법주의이기 때문에 비판한 것이 아니라, 바울과 마찬가지로 유대교나 로마교가 엄격하든지 느슨하든지 **"율법적인 칭의의 원리"**를 주장하고 순수한 은혜의 종교가 아니기에 비판한 것임을 잘 지적한다.[177]

(4) 전가 교리에 대한 언약신학적 변호

호튼은 역사적 개혁주의의 칭의 교리, 특히 전가 교리를 고전적 언약신학을 활용해 잘 변호한다. 라이트와 호튼은 둘 다 언약을 칭의 교리의 적절한 맥락으로 삼음에도 불구하고 상반되는 칭의 교리를 제시한다. 호튼은 그 차이의 주된 원인 가운데 하나를, 어떤 언약

---

176 Horton, *Covenant and Salvation*, 42.

177 Horton, *Covenant and Salvation*, 51 (강조는 Horton의 것).

신학을 칭의 교리의 맥락으로 채택하느냐에서 찾는다. 호튼은 라이트의 칭의론의 문제는 언약적 재판(裁判)을 바울의 칭의 교리를 이해하는 주된 맥락으로 삼은 것 자체가 아니라, 바울이 비판한 언약적 율법주의라는 특정한 언약신학을 칭의의 법정적 맥락에 적용한 데 있다고 잘 지적한다.

라이트는 주장하기를, 언약을, 더 구체적으로 언약적 재판을 칭의의 적절한 맥락으로 채택하면 칭의에서 의의 전가는 전적으로 배제된다고 한다. 라이트에 따르면, 하나님의 의는 "하나님의 언약에 대한 하나님 자신의 신실함"을 의미하고,[178] 칭의는 언약에 신실한 하나님의 판결의 결과로서 원고나 피고가 얻는 신분을 의미한다고 한다.[179] 그러나 라이트는 재판관이 자신의 의를 피고에게 주거나 전가하거나 이전하는 것은 법정적 정의상 난센스라고 말한다.

> 피고가 재판장의 의를 어떤 식으로든 받는다고 생각하는 것은 그야말로 범주적인 오류다.[180]

또한 라이트는 다음과 같이 말한다.

> 그들[하나님의 백성]이 갖는 의는 하나님 자신의 의가 아닐 것

---

178 Wright, *What Saint Paul Really Said*, 96.
179 Wright, *What Saint Paul Really Said*, 99.
180 Wright, *What Saint Paul Really Said*, 98.

이다. 이것은 완전히 터무니없다. 하나님 자신의 의는 하나님의 언약적 신실함이다.[181]

라이트의 이런 주장에 대해, 호튼은 라이트가 하나님의 언약적 신실함과 전가 사이에, 고전적 언약신학에서는 존재하지 않는 그릇된 양자택일을 제안한다고 비판한다.[182] 호튼은 라이트의 이런 양자택일에 대해, 비록 언약의 종으로서 율법을 성취한 분은 인간이면서 동시에 신적인 주님이실지라도, 하나님 자신의 본질적인 의가 인간에게 전가된다고 어떤 종교개혁자도 가르치지 않았다고 잘 지적한다.[183]

호튼이 말하는 것처럼, 종교개혁자들과 고전적 언약신학은 하나님이면서 사람이신 그리스도가 행위 언약의 요구를 만족시켜 얻은 의, "언약적 대표자로서의 시험의 성공적 성취"로 인한 의, 또는 언약의 주이면서 동시에 종이신 "그리스도의 공로적인 의"가 전가된다고 주장했다.[184] 호튼은 고전적 언약신학에서는 하나님의 언약적 신실함과 함께, 택자들의 대표로서 언약의 종인 그리스도의 언약적 신실함을 강조했고, 택자들에게 전가되는 의는 다름 아닌 그리스도의 언약적 신실함으로 말미암아 획득된 의다.

그러나 행위 언약을 인정하지 않는 라이트가 묘사하는 언약적 재

---

181 Wright, *What Saint Paul Really Said*, 99 (강조는 Wright의 것).
182 Horton, *Covenant and Salvation*, 103; Horton, "Covenant and Justification," 26.
183 Horton, *Covenant and Salvation*, 104.
184 Horton, *Covenant and Salvation*, 104.

판에는 재판장이며 검사이신 하나님과 피고인 이스라엘은 있지만, 양편을 대변하는 언약의 중보자 그리스도는 없다고 호튼은 잘 지적한다.[185] 호튼은 라이트가 하나님의 본질적인 의와, 하나님이 언약의 중보자인 그리스도의 순종을 통해 죄인에게 주시는 의를 함께 말할 수 없는 것처럼 주장하는 근본 이유를, 라이트가 행위 언약을 거부하고 율법과 복음을 적절하게 구별하지 못한 것에서 찾는다.

> 율법은 하나님이 의로우시다(따라서 모든 죄인을 정죄하셔야 한다)는 것을 계시하지만, 복음은 하나님이 의로우시면서 의롭게 하시는 분이시라는 것을 계시한다.[186]

호튼은 전가에 대해서 적극적으로 반대하는 입장뿐만 아니라 소극적으로 반대하는 입장에 대해서도 언약신학적으로 논박한다. 예를 들어, 마크 세이프리드(Mark Seifrid)는 NPP에 대해서 비판적일지라도, 칭의 교리를 견지하기 위해서 전가 필수적이지 않다고 주장한다. 세이프리드는 "그리스도의 능동적인 의의 전가"와 "그의 수동적인 순종"을 구별하는 것은 "불필요하고 오해를 초래한다"고 주장한다.[187] 그에 따르면, 칭의는 다름 아닌 죄 용서이고, 따라서 칭의에 필요

---

185 Horton, *Covenant and Salvation*, 104.
186 Horton, *Covenant and Salvation*, 106.
187 Mark A. Seifrid, *Christ, Our Righteousness: Paul's Theology of Justification* (Downers Grove, IL: InterVasity, 2000), 175.

한 것은 그리스도의 능동적인 순종의 전가가 아니라, 십자가 희생인 "수동적인 순종"뿐이라고 한다.[188]

그러나 호튼은 언약적 시각에서 볼 때, 단지 죄 용서만으로 어떻게 의가 세워지는지 반문한다. 호튼은 최종 심판을 견디게 하는 것은 "죄 용서(죄책의 제거)가 아니라, 의로움(의로운 적극적인 지위)"이며, "의로움 없이는 언약의 목표뿐만 아니라 언약의 조건도 성취되지 못한다"고 잘 지적한다.[189]

호튼에 따르면, 전가가 빠진 세이프리드의 칭의는 죄인을 단지 용서받은 죄인으로서가 아니라 의로운 자로서 어떻게 세울 수 있는지 설명하지 못한다고 한다. 언약의 저주와 벌을 감당하는 수동적인 순종만 있고 언약의 적극적인 성취의 전가가 없다면, "**용서**는 법적 근거를 가질지라도, **칭의**는 사실상 법적 허구가 된다"고 호튼은 잘 지적한다.[190]

호튼은 전통적인 전가 교리에 대한 또 다른 반대의 실례를 로버트 건드리(Robert Gundry)에게서 발견하고 언약신학적으로 비판한다. 건드리는 칭의와 관련된 모든 구절에서도 의로 여겨지는 것은 "그리스도의 의"가 아니라 "믿음"이라고 주장한다.[191] 호튼은 지적하기를, 이

---

[188] Seifrid, *Christ, Our Righteousness*, 175. Seifrid는 "그리스도의 전가된 의"라는 표현은 "틀린" 표현이라기보다는 "모자란" 표현이라고 말한다.

[189] Horton, *Covenant and Salvation*, 114.

[190] Horton, *Covenant and Salvation*, 115 (강조는 Horton의 것).

[191] Robert Gundry, "The Nonimputation of Christ's Righteousness," in *Justification: What's at stake in the Current Debates*, ed. Mark HusBands and Daniel J. Treier (Downers Grove, IL: InterVarsity Press, 2004), 18.

런 주장은 "그리스도가 아니라 믿음을 칭의의 근거로 삼는 것"이라고 한다.[192] 호튼은, 건드리가 칭의의 법적 성격을 완전히 거부하지는 않지만 그리스도의 능동적 순종이 흠 없는 제사를 보증하는 것 말고는 아무 의미가 없는 것처럼 간주한다고 평가한다.

호튼은 건드리의 이런 오해가 칭의를 언약적 맥락에서 충분히 고려하지 못하여 비롯된 결과라고 잘 지적한다.[193] 호튼은, 믿음을 칭의의 기초로 삼는 것처럼 보이는 건드리의 견해가 "믿음 자체나 … 여타 어떤 복음적인 순종도 그들의 의로 여겨지지 않는다"는 웨스트민스터 신앙고백서 13장의 진술과 충돌하고, 중세 후기 유명론의 구원론과 유사하게 칭의를 사람의 불완전한 순종에 조건 지운다고 옳게 지적한다.[194]

호튼은 잘 지적하기를, 율법과 복음을 혼합하는 NPP의 언약적 율법주의 안에서는 칭의가 결국 신자 자신의 전 생애에 기초해서 내려지는 언약적 판결이지만, 율법과 복음을 적절하게 구별하는 고전적 언약신학의 맥락에서는 칭의가 그리스도의 전 생애의 언약적 순종의 공로에 기초해서 그리스도와 그의 공동 상속자에게 선언되는 언약적 판결이라고 한다.[195]

---

192 Horton, *Covenant and Salvation*, 116.
193 Horton, *Covenant and Salvation*, 118.
194 Horton, *Covenant and Salvation*, 118.
195 Horton, *Covenant and Salvation*, 121.

2. 호튼의 언약적 율법주의와 그것의 문제점

1) 언약적 율법주의로서 시내 산 언약

호튼은 언약적 율법주의가 제2성전 시대 유대교의 종교 유형이라고 말할 수 있을지라도 구약성경에 의해서 정당화되는 종교 유형은 아니라고 말한다.[196] 구약성경에는 제2성전 시대 유대교와 NPP가 호소하는 신적 은혜의 요소 및 사람의 의무적 행위의 요소가 모두 있지만, 그들이 주장하는 것 같은 신인협력적인 방식으로 합쳐져 있지 않다.

호튼은, 구약 시대에는 아브라함 언약으로 대표되는 약속 언약과 시내 산 언약으로 대표되는 율법 언약이 서로를 부정하지도 서로 동화하지도 않고 서로 다른 언약들로서 나란히 간다고 주장한다.[197]

고전적 언약신학이 신인협력적인 방식으로 은혜와 행위, 복음과 율법을 혼합하거나 혼동하는 것을 반대했다는 주장은 타당하다. 그러나 호튼은 시내 산 언약 자체를 은혜 언약인 아브라함 언약과 종류가 다르다고 하고, 고전적 언약신학의 다수의 견해는 시내 산 언약이 행위 언약의 원리에 의해 좌우되는 율법 언약으로서 아브라함 언약과 나란히 공존한다고 주장한다.[198] 그러나 이런 주장은 사실과 거

---

196 Horton, *Covenant and Salvation*, 49-50.
197 Horton, *Covenant and Salvation*, 50.
198 Horton, "A Classical Calvinist View," *Four Views on Eternal Security*, J. Matthew Pinson, ed. (Grand Rapids, MI: Zondervan, 2002), 33.

리가 있다.

게다가 호튼은 시내 산 언약의 율법주의적인 왜곡이 아니라, 본래 주어진 대로의 시내 산 언약이 일종의 언약적 율법주의라고 여러 곳에서 주장한다.

> 이스라엘은 약속으로 [가나안] 땅을 물려받지만, 순종으로 그 땅에 머무른다. 나는 이 점에 있어서 E. P. 샌더스의 언약적 율법주의에 대한 주장에 진심으로 동의할 수 있다.[199]

> [시내 산 언약의 형식과 내용을 설명함에 있어서] '언약적 율법주의'는 완전히 정당해 보인다.[200]

> 언약적 율법주의는 시내 산 언약을 묘사하는 데 일반적으로 적절한 방법이다.[201]

> 나는 언약적 율법주의를 이스라엘의 국가적 언약에 적합한 체계로 수용하는 것이 구약 역사를 적절하게 이해하는 것이라고 주장해 왔다.[202]

---

199 Horton, *Lord and Servant*, 151.
200 Horton, *Covenant and Salvation*, 14.
201 Horton, *Covenant and Salvation*, 38.
202 Horton, *Covenant and Salvation*, 50.

[종주권 조약인 시내 산 언약은] 일종의 집단적인 언약적 율법주의(a kind of corporate covenantal nomism)[이다].[203]

언약적 율법주의는 시내 산 [언약]의 역학(力學)을 파악하는 좋은 방식이다.[204]

'은혜로 들어가서, 순종으로 머무른다'는 것은 시내 산 조약을 요약하는 좋은 방식[이다].[205]

사실 호튼의 이런 주장은 이전 장들에서 살펴본, 시내 산 언약에 대한 호튼의 이해를 고려할 때 아주 뜻밖의 주장이 아니다. 시내 산 언약을 동일한 은혜 언약의 구별된 시행이 아니라, 창조 언약의 재판(再版)으로서, 은혜로 완화된 행위의 원리에 의해서 좌우되는 율법 언약으로 간주하는 호튼의 이해를 생각할 때,[206] 시내 산 언약을 은혜로 완화된 율법주의인 언약적 율법주의로 묘사하는 것은 호튼에게 당연한 일일지 모른다.

203　Horton, *Covenant and Salvation*, 161.
204　Horton, "Traditional Reformed Response," in *Justification: Five View*, eds. James K. Beilby, Paul Rhodes Eddy, and Steven E. Eenderlein (Downers Grove: Inter-Varsity Press, 2011), 204.
205　Horton, "Traditional Reformed Response," 205.
206　Horton, "A Classical Calvinist View," 33: 시내 산 언약은 "에덴 동산에서 아담과 맺어진 언약과 마찬가지로, 대왕에 대한 종의 충성에 달려 있는 조건적인 언약"이었다.

호튼에 따르면, 시내 산 언약 안의 여러 가지 은혜의 요소들(이스라엘이 가나안 땅에 들어가는 것 자체는 선택과 아브라함 언약의 약속으로 말미암는다는 것, 제사 제도를 포함해서 죄에 대한 각종 자비로운 대책과 속죄 수단이 마련되어 있다는 것, 율법에 대한 완벽한 순종이 아니라 적절한 정도의 국가적 충성이 요구 조건이라는 것 등)은 시내 산 언약의 율법적인 행위의 원리 자체는 바꾸지 않고 그 엄격함과 적용되는 범위에만 영향을 미치므로, 시내 산 언약에는 은혜의 원리가 아니라 여전히 행위의 원리가 작용한다고 하는데, 이것은 NPP의 언약적 율법주의와 유사하다.

시내 산 언약 자체에 대한 호튼의 묘사는, 호튼이 "은혜로운(?) 율법의 '종교 유형'"으로 평가하는[207] 샌더스의 언약적 율법주의와 유사하다. 그럼에도 호튼은 샌더스의 언약적 율법주의는 반(半)-펠라기우스주의적인 율법주의지만, 자신의 시내 산 언약은 반-펠라기우스주의적인 율법주의가 아니라 은혜 언약에 기여하는 율법 언약이라고 하며 양자를 구별한다.

---

207 Horton, *Covenant and Salvation*, 39. Horton은 언약적 율법주의를 은혜로운 "언약"에 의해서 "율법주의"가 "표면적으로 보다 은혜로운 방향"으로 수정된 것으로 정의하기도 한다(Horton, *Covenant and Salvation*, 63; Horton, "Traditional Reformed Response," 204-205).

2) NPP의 언약적 율법주의와 호튼의 언약적 율법주의의 구별

(1) "지상적 약속들"과 "천상적 약속들"의 구별

호튼은 시내 산 언약의 언약적 율법주의를 1세기 유대교의 언약적 율법주의와 거리두기 위해서 시내 산 언약의 행위의 원리가 실제로 적용되는 영역을 한정한다. 호튼에게 있어서, NPP의 진정한 문제는 언약적 율법주의를 사용하는 것 자체가 아닌 것 같다. 호튼은, NPP의 언약적 율법주의가 영원한 나라의 모형으로서의 지상 이스라엘 나라에 한정되는 시내 산 언약의 행위의 원리를 오해해서 그 원리를 개인의 구원과 종말론적 왕국에까지 적용한 것은 문제가 있다고 보는 것 같다.

호튼은, 바울이 비판한 유대주의자들의 주된 문제 가운데 하나가, "지상적 약속들(땅, 성전, 그리고 왕국에 대한)은 언약 백성의 순종에 달린 것으로서 다루는 것이 적절하지만, 천상적 약속들(새 창조, 그리스도, 그리스도의 영원한 다윗 왕적 통치)은 그리스도 자신 말고 다른 사람의 순종에 달린 것으로서 다루지" 않고, 양자를 혼합한 것이라고 주장한다.[208]

호튼이 주장하기를, 지상의 집단적인 유업을 행위의 원리를 따라서 이스라엘 백성 자신의 순종으로 얻는 것이며, 이것이 시내 산 언약의 원래 의도라고 하고, 그 원형인 천상의 유업을 사람 자신의 순

---

[208] Horton, *Covenant and Salvation*, 50.

종으로 확보하려는 것은 율법주의로 비판한다. 그는 이렇게 양자를 구별한다.[209] 그러나 시내 산 언약의 지상적인 복에 대한 약속이 모든 은혜 언약에 약속된 동일한 실재인 천상의 복을 가리킨다는 점을 생각할 때, 호튼의 이러한 구별은 자의적인 것 같다.

그리고 NPP의 언약적 율법주의가 구원론에 있어서 받는 반-펠라기우스주의적인 공로주의가 아니냐는 의혹으로부터, 적어도 지상 신정 국가의 유지에 대한 호튼 자신의 이해도 완전히 자유롭지는 못한 것 같다.

앞서 언급한 것처럼, 비록 호튼이 시내 산 언약에 작용하는 행위의 원리가 공로적인 행위의 원리라고 클라인처럼 분명히 밝히지는 않지만, 클라인의 "공로적인 행위의 원리"라는 말에 전혀 이의를 제기하지 않고 찬동하는 것을 볼 때, 호튼도 행위의 원리를 공로적인 행위의 원리라는 의미로 사용한다고 생각할 충분한 이유가 있다.

만약 지상 이스라엘 국가가 가나안 땅에서 유지되는 것이 신적 은혜로 완화된 공로적인 행위의 원리에 의해서 좌우된다면, 시내 산 언약도 어느 정도 반(半)-펠라기우스주의적인 요소를 포함하고 있다는 것 아닌가?

또한 호튼은, NPP의 언약적 율법주의가 은혜 언약과 행위 언약을 혼합하는 단일 언약주의의 잘못을 범하지만, 자신의 언약신학은 은혜 언약과 율법 언약의 혼합 없이, 언약적 율법주의를 개인의 구원

---

[209] Horton, *Covenant and Salvation*, 21.

이 아니라 국가적 선택과 유업이라는 한정적인 영역에 적용할 수 있는 것처럼 주장한다.[210]

그러나 이스라엘 민족이 가나안 땅을 얻는 것이 은혜 언약인 아브라함 언약의 약속에 애초에 포함된 것임에도 불구하고, 호튼은 가나안 땅은 영원한 구원의 모형이지 원형이 아니기 때문에 은혜로 얻은 가나안 땅을 공로적인 행위로 유지해야한다고 주장한다. 그러면서도 호튼은 이것이 은혜의 원리에 의해서 좌우되는 언약과 행위의 원리에 의해서 좌우되는 언약의 혼합이 아니라고 주장하는 데, 이런 주장은 납득하기가 쉽지 않다.

가나안 땅에 머무르는 것이 여전히 은혜 언약의 원리 가운데서 신자의 순종으로 인해 은혜로 넘치게 상 받는 것이 아니라, 호튼의 주장대로, 타락 이전의 행위 언약과 원리는 같지만 신적 자비로 단지 엄격함의 정도가 완화된 행위의 원리에 따른 것이었다면, "은혜로 들어가서 순종으로 머무른다"는 NPP의 언약적 율법주의와 큰 차이가 없어 보인다.

(2) 이스라엘의 종교와 신정 국가의 구별

호튼은 제안하기를, 전체 "이스라엘의 역사"를 언약적 율법주의로 묘사하는 것은 율법주의를 은혜롭게 수정 완화하는 것에 불과한 단일 언약주의로서 부적절하지만,[211] 자신은 이스라엘 역사 전체가 아

---

210 Horton, *Covenant and Salvation*, 60.
211 Horton, *Covenant and Salvation*, 63.

니라 국가적 언약으로서 시내 산 언약만을 언약적 율법주의로 묘사하므로 아무 문제없이 적절하다고 한다. 호튼은 던이 전자의 실수를 저질러서 결국 행위의 의를 주장하고 있다고 말한다.

> 언약적 율법주의는 시내 산[언약]의 역학(力學)을 포착하는 좋은 방식이지만, 아브라함-다윗-새 언약(즉, 은혜 언약)과는 질적으로 다르다. 율법과 약속을 단일한 언약으로 동화시키는 것은 시내 산의 분명한 조건성과 새 언약을 융화시키려는 (내가 보기에는, 불편한) 시도로 이어진다. 예를 들어, 던(Dunn)은 "그래서 이스라엘의 의는 그들 자신의 노력으로 성취되는 어떤 것이었다기보다는, 언약의 법에 대한 순종, 곧 언약의 조건에 대한 신실함에 의해서 이해되고 측정되었다"고 말한다. "그들 자신의 노력으로 성취된다"는 말은 그것을 묘사하는 과도한 방식일지 모르지만, "언약의 법에 대한 순종에 의해서 측정되었다"는 말은 자신의 노력으로 성취되는 의의 개념을 거의 전혀 완화시키지 못한다![212]

호튼은 NPP가 언약적 율법주의의 "종교 유형"으로 묘사한 반-펠라기우스주의적인 1세기 유대교를, 구약 종교의 단일 언약주의적인 왜곡 또는 변질로 평가한다.

---

212 Horton, "Traditional Reformed Response," 204.

호튼은 아브라함 언약과 시내 산 언약을 합치는 "단일 언약주의"가 채택되면, 아브라함 언약의 은혜의 원리와 시내 산 언약의 행위의 원리가 혼합 없이 나란히 가는[213] "이스라엘의 역사"와 본래 의도된 구약 종교가, 표면상보다 은혜로워 보이도록 수정된 율법주의(다름 아닌 언약적 율법주의)로 바뀌게 될 것이라고 경고한다.[214] 즉 1세기 유대교가 그런 왜곡의 산물이라는 것이다.

그러나 시내 산 언약을 언약적 율법주의로 묘사하는 것과 이스라엘 종교 전체를 언약적 율법주의로 묘사하는 것은, 호튼의 의도와 달리, 그리 멀어 보이지 않는다. 왜냐하면 호튼은 국가적 언약으로서의 시내 산 언약을 은혜로 완화된 율법 언약, 곧 언약적 율법주의로 주장함으로써, 자신이 내내 반대한 아브라함 언약과 시내 산 언약의 모종의 동화를, 애초에 종교와 분리되지 않는 이스라엘 신정 국가와 관련해서 주장하는 것처럼 보이기 때문이다.

호튼은 고전적인 언약신학의 일반적인 이해와 달리, 시내 산 언약에서 발견하는 은혜로운 요소들, 예를 들어 죄에 대한 대비책과 속죄를 위한 수단과 조항 같은 것들을, 시내 산 언약이 은혜 언약이라는 증거로서 간주하지 않고, 시내 산 언약이 일종의 언약적 율법주의라는 증거인 것처럼 말한다.[215]

물론 호튼은 구원에 있어서 그 어떤 공로주의나 율법주의도 철저

---

213 Horton, *Covenant and Salvation*, 97.
214 Horton, *Covenant and Salvation*, 63.
215 Horton, "Traditional Reformed Response," 203-204.

히 거부한다. 사실 호튼은 바로 이것을 위해서 단일 언약주의를 내내 비판해 왔다. 그럼에도 불구하고 그는 국가적 차원의 언약적 율법주의를 주장함으로써, 적어도 신정 국가가 가나안 땅에서 유지되는 것에 있어서는 결국 은혜 언약과 행위 언약의 혼합인 은혜로운 율법주의를 제안하는 것 같다.

  1세기 유대교의 문제가 율법과 복음을 혼합한 것이라는 호튼의 비판이 타당하며, 칭의의 원리에 있어서 율법과 복음의 구별이 행위 언약과 은혜 언약의 구별에 상응한다는 주장도 타당할 수 있다. 하지만 호튼이 율법 자체를 시내 산 언약과 동일시해서, 시내 산 언약을 은혜로운 언약으로 간주하는 것이 율법과 복음을 혼합하는 잘못과 멀지 않는 것처럼 주장하는 것은[216] 지나쳐 보인다.

  시내 산 언약을 실체가 동일한 은혜 언약의 구별된 모세적 시행으로 보는 것보다, 시내 산 언약이 행위의 원리에 의해서 좌우된다고 주장함으로써, 한정적인 차원에서라도 언약적 혼합이 불가피해서 시내 산 언약을 언약적 율법주의로 묘사하는 것이 율법과 복음의 혼합에 도리어 더 취약해 보인다.

  개혁주의 언약신학이 창조 언약뿐만 아니라 시내 산 언약까지 은혜 언약과 원리와 종류가 다른 율법 언약으로서 구별했다는 호튼의 역사적 평가는,[217] 제3장에서 이미 살펴본 것처럼, 사실과 다르다. 고

---

216 Horton, "Traditional Reformed Response," 204.
217 Horton, *Covenant and Salvation*, 62.

전적 언약신학은 시내 산 언약을 아브라함 언약과 실체에 있어서 동일한 은혜 언약으로 간주하면서도 완전한 의를 요구하는 율법과 완전한 의를 제공하는 복음 간의 구별에 실패하지 않았다.[218] 또한 개혁주의 언약신학의 다수 견해는 시내 산 언약을 실체가 동일한 은혜 언약의 시행임을 인정하면서도, 시내 산 언약에서 선포된 율법의 엄격한 요구를 타협 없이 긍정할 수 있었다.

비록 율법 자체는 복음이 아니고, 좁은 의미의 율법에는 구원에 대한 보증이 전혀 없으면서 완전한 순종에 대한 요구와 그에 따른 상벌의 약속만 있을지라도, 투레틴이 말하는 대로, 모든 은혜 언약 안에서처럼, 동일한 은혜 언약인 시내 산 언약 안에서도 율법과 복음은 조화를 이룬다.

> 행위 언약에서 우리에게 요구된 것이 은혜 언약 안에서 그리스도에 의해서 성취된다. 이런 식으로 해서 칭의가 행위에 의해서 그리고 믿음에 의해서(그리스도의 행위에 의해서 그리고 우

---

218 Vos에 따르면, Cocceius는 율법을 "은혜 언약의 형식"으로 이해한 예외적인 경우이다. Vos는 말하기를, 율법 자체에는 믿음이나 속죄의 교리가 없고 "행위 언약의 내용"을 실제로 포함하고 있다는 점에서, 좁은 의미의 율법은 "은혜 언약의 형식"으로 이해되지 않고 복음과 구별된다고 한다. 그러나 Vos가 표현하는 것처럼, 율법은 "시내 산의 은혜 언약"에서 분리되어 있는 "독립된 행위 언약"이 아니었다(Vos, *Reformed Dogmatics*, vol. 2, 130-31). 또한 Muller에 따르면, 모세의 율법을 은혜 언약에서 분리하는 것은 전통적인 개혁주의 언약신학의 전체 경향에서 일탈로 평가될 수 있는 소수의 입장이다(Muller, "The Federal Motif in Seventeenth Century Arminian Theology," *Nederlands Archief voor Kerkgeschiedenis* 62:1 [1982]: 104, in 안상혁, 『언약신학, 쟁점으로 읽는다』 [수원: 영음사, 2014], 258).

리의 믿음을 통해서) 발생한다는 것은 모순이 아니다. 따라서 이 언약에서 율법과 복음은 달콤한 조화 가운데 함께 만난다. 율법은 복음 없이 시행되지 않고, 복음은 율법 없이 시행되지 않는다. 말하자면, 율법적-복음이고 복음적-율법이며, 순종으로 충만한 복음이고 믿음으로 충만한 율법이다. 복음은 우리에게 율법을 완벽히 성취하신 그리스도를 줌으로써, 율법을 파기하지 않고 굳게 세운다(롬 3:31). 그리고 율법은 율법의 목적인 복음을 가리키고 우리를 복음으로 이끌기 때문에 복음에 반대되지 않는다.[219]

3) 호튼의 언약적 율법주의와 통합적 언약신학

(1) 개인과 공동체

호튼은 구약 역사에서 적어도 시내 산 언약 이후로는, 개인의 영원한 구원과 국가로서의 전체 이스라엘의 운명이 상반되는 다른 원리에 의해서 각기 좌우되고,[220] 각 영역을 결정하는 아브라함 언약과 시내 산 언약이 나란히 함께 작용한다고 가정한다.[221]

---

219 Turretin, *Institutes of Elenctic Theology*, vol. 2, ed. James T. Dennison Jr., trans. George Musgrave Giger (Phillipsburg, NJ: P&R Publishing, 1994), 12. 12. 22; 2:268. Cf. Turretin, *Institutes of Elenctic Theology*, 12. 12. 5; 2:263.
220 Horton, *Covenant and Salvation*, 98.
221 Horton, "A Classical Calvinist View," 33.

이스라엘의 종교와 역사 전체에서 국가적 이스라엘의 운명을 구분해서 언약적 율법주의를 이렇게 한정적으로 적용하는 것이 정당한가?

앞서 언급한 대로 호튼은, NPP가 바울에 대한 과거 종교개혁적인 관점이 언약 공동체보다 개인의 구원에 몰두하는 유산을 남겼다고 비난하는 것에 대하여 응수하기를, 고전적 언약신학과 고전적 언약신학에 일치하는 자신의 언약신학은 개인과 공동체를 적절히 구별하면서도 연결하는 통합적 언약신학에 유망하다고 한 바 있다.

호튼은 언약적 시각은 "선택"과 "언약 공동체," "교회의 비가시성"과 "교회의 가시성"을 통합하는 일에 아주 유망하고, 특히 회중교회가 취약할 수 있는 "개인주의"에 큰 도전이 될 것이라고 주장한다.[222] 호튼은, 옛 언약신학에 공동체성이 결여되어 있다는 NPP의 비난은 아무 근거가 없고, 전통적인 언약신학은 "본래 공동체적"이고 개인적인 구원의 문제를 구원의 집단적이고 우주적인 차원과 분리시키지 않았다고[223] 옳게 응수한다.

그러나 호튼은 주장하기를, 시내 산 언약 아래서 개인은 여전히 은혜의 원리에 따라서 구원을 받지만, 국가적 차원에서는 시내 산 언약이 언약적 율법주의로서 행위의 원리에 따라서 신정 국가의 운명을 결정했다고 하는데, 이러한 주장은 언약 공동체와 거기 속한 개

---

222 Horton, *People and Place: A Covenant Ecclesiology* (Louisville, KY: Westminster John Knox Press, 2008), 198.

223 Horton, *Covenant and Salvation*, 55.

인의 영적 분리를 전제할 때나 가능한 것 같다. 호튼의 이해대로라면, 시내 산 언약은 개인과 언약 공동체 사이에 심각한 분열을 가져오고, 심각한 "영적 분열증"(Spiritual Schizophrenia)을[224] 유발하는 것 같다. 적어도 시내 산 언약 공동체[225]와 그 언약 공동체에 속하는 개별 회원 사이에, 즉 옛 언약 백성의 삶에 심각한 분열과 긴장이 초래되었을 것이다.

호튼은 시내 산 언약에서 은혜의 원리가 아니라 행위의 원리가 적용된 신정 국가의 유지 조건이 집단적 순종으로서의 국가적 충성임을 부각하지만, 이 집단적인 율법 준행이 애초에 구약 신자 개개인의 순종 또는 율법 준행과 결코 분리될 수 없다는 것을 기억해야 한다. 그런데 만약 호튼이 국가적인 충성과 구약 신자 개인의 순종을 분리한다면, 호튼은 자신이 NPP에 가한 바로 그 비판에 직면하게 될 것이다. 호튼은 추상적인 집단으로서 이스라엘 전체가 아니라, 언약 공동체 안에서 "이스라엘의 각 사람이" 신정 국가의 유지를 위해서 율법 준행을 맹세했다고 NPP에 응수한 바 있다.[226]

그렇다면, 호튼이 묘사하는 시내 산 언약 아래서는 동일한 순종이

---

224 Andrew M. Elam, Robert C. Van Kooten, and Randall A. Bergquist, *Merit and Moses: A Critique of the Klinean Doctrine of Republication* (Eugene, OR: Wipf & Stock, 2014), 142. Cf. Robert Letham, "'Not a Covenant of Works in Disguise' (Herman Bavinck): the Place of the Mosaic Covenant in Redemptive History," *Mid-America Journal of Theology* 24 (2013): 148.

225 Horton은 신정 국가적 이스라엘을 새 언약 공동체와 구별하여 "신명기 공동체"(Deuteronomistic community)라고도 일컫는다(Horton, *Covenant and Salvation*, 56).

226 Horton, *Covenant and Salvation*, 71.

개인의 경우에는 은혜에 대한 감사의 반응이면서 동시에, 신정 국가적인 차원에서는 공로적인 행위로서 작용할 수 있었다는 것인가?

리차드 개핀(Richard B. Gaffin)은 호튼의 『언약과 구원』(Covenant and Salvation: Union with Christ)에 대한 한 서평에서, 호튼이 시내 산 언약 아래의 이스라엘 백성에게 있어서 율법이 "은혜와 대립되는 행위로 말미암아 유업을 얻는 역할"을 하는 것으로, 또는 모형적인 차원에서 "행위 언약이 재도입되는" 것으로 이해한다고 지적한다. 그리고 이런 이해가 초래할 문제점에 대해서 다음과 같이 말했다.

> 모세 시대로부터 그리스도가 오시기까지 하나님의 언약 백성인 이스라엘의 신정 국가적 역할을 이런 식으로 보는 것이(구속사) 하나님 백성의 삶에, 은혜/믿음과 (선한) 행위/순종 사이의(구원서정) 대립까지는 아니더라도, 양자의 불편한 긴장을 초래하는 것을, 특히 모세 시대에, 어떻게 피할 수 있는지 나는 알기 어렵다.[227]

이스라엘에 상반되는 유업의 원리가 동시에 작용한다는 주장에 대해서, 엘람(Elam), 쿠텐(Kooten), 그리고 버퀴스트(Bergquist)는 더 분명하고 신랄하게 비판한다.

---

[227] http://www.opc.org/os.html?article_id=141 (2017.4.18. 검색).

평범한 이스라엘 신자가 하나님과의 관계에서 이런 종류의 모형론적 분열증(typological schizophrenia)을 어떻게 해결할는지 알기가 쉽지 않다. 재판(再版) 이론에 따르면, 위 차원[모형적인 신정 국가적 차원]에서 공로의 원리를 따라서 작용한, 집단적 이스라엘의 바로 그 순종이 아래 차원[개인의 영원한 구원과 종말론적 왕국]에서는 은혜의 원리를 따라서 작용한다. 순종이 이런 두 가지 원리를 따라서, 정반대되는 마음가짐에서 나온다는 것은 신자의 영적인 삶에 문제가 아닐 수 없다. 은혜의 마음가짐은 겸손, 감사, 그리고 자격 없음으로 특징 지워진다. 행위의 마음가짐은 수행한 행위에 마땅한 보상을 요구할 자격이 있다는 마음으로 특징 지워진다. 이런 두 마음가짐은 완전히 충돌하기 때문에, 모세 언약 가운데 있는 평범한 신자의 마음에 이런 두 마음가짐이 어떻게 공존할 수 있었는지 알기 어렵다.[228]

이스라엘의 동일한 순종이 개인적 차원에서는 은혜의 원리를 따라서 풍성히 보상받고 국가적 차원에서는 행위의 원리를 따라서 공로적이라는 주장이 "이스라엘 백성의 경건에 화해시킬 수 없는 긴장"[229]과 "정신분열증"에 가까운 이원론을 초래할 것이라는 비판은[230]

---

[228] Elam, Kooten, and Bergquist, *Merit and Moses*, 142.
[229] Elam, Kooten, and Bergquist, *Merit and Moses*, 129.
[230] Elam, Kooten, and Bergquist, *Merit and Moses*, 126.

지나지 않은 것 같다.

언약적 율법주의로서의 시내 산 언약 아래서 국가의 보존과 현세적인 복을 공로로 얻도록 요구받은 신자의 순종은 감사를 나타내지도, 구원의 확신을 강화하지도, 형제들을 교화하지도, 복음의 고백을 빛나게 하지도, 원수의 입을 막지도, 하나님을 참으로 영화롭게 하지도 못할 것이다.[231]

(2) 옛 언약 공동체와 새 언약 공동체

시내 산 언약을 창조 언약의 완화된 재판(再版)으로 보고, 그래서 NPP가 제안하는 언약적 율법주의를 시내 산 언약을 묘사하는 적절한 범주로 사용하는 호튼은, 자신의 언약신학의 주된 목표 가운데 하나로 내세운, 통합적 언약신학을 불가피하게 손상시키게 되는 것 같다.

호튼은 언약적 율법주의를 의와 구원을 얻는 원리로 사용하면 불가피하게 행위-의를 도입하게 되기 때문에, 언약적 율법주의를 완전히 포기하는 대신에(이렇게 하기 위해서는 아마도 공로적인 행위의 원리를 시내 산 언약에 실제로 도입하는 것도 그쳐야 할 것이다), 언약적 율법주의를 국가적 언약으로서의 시내 산 언약을 묘사하는 범주로 제한적으로 사용하는 길을 택한다.

호튼은 아브라함 언약의 은혜의 원리를 손상시키지 않기 위해서, 아브라함 언약의 약속 중에서 가나안 땅에서의 번성과 지상적인 복

---

[231] 이것은 신자의 선행의 목적에 대한 WCF, 16. 2의 묘사다.

만 따로 구별해서 일종의 언약적 율법주의인 시내 산 언약의 행위의 원리에 따라서 상실될 수 있었고 실제로 상실되었다고 주장한다. 요컨대, 호튼은 시내 산 언약을 행위의 원리에 의해서 좌우되는 언약적 율법주의로 묘사하기를 포기하지 않는 대신, 애초에 아브라함 언약에 약속된 영원한 구원과 그 모형인 지상적인 복과 번성을 상반되는 원리에 의해서 획득되는 것처럼 구분한다.[232]

이런 구분은 앞서 언급한 대로, 옛 언약 공동체와 개인 사이에만 아니라, 본질에 있어서 동일한 은혜를 누린[233] 옛 언약 공동체와 신약의 교회 사이에도 큰 분열을 가져온다. 호튼은 구약 신정 국가는 천상의 복의 모형인 지상 복을 자신의 순종을 근거로 해서 얻었지만, 신약 교회는 하늘에 속한 모든 복(엡 1:3)을 그리스도 "안에서만" 갖고, 율법에 대한 우리의 순종은 이 복의 근거가 아니라고 말한다.[234]

호튼은 신정 국가의 유지 조건으로서 율법 준행과, 은혜 언약의 비

---

[232] Horton은 바울의 반대자들의 주된 문제 가운데 하나가 아브라함의 복과 모세 언약의 복을 혼동해서 둘 다 은혜로 완화된 행위로 얻는다고 착각한 것이었다고 주장한다(Horton, *Covenant and Salvation*, 73).

[233] 조나단 에드워즈는 "기독교 교회 역사상 신앙이 가장 크게 부흥했던 시기라고 생각되는 사도들의 시대와 비견되는" 시대를 다름 아닌 시내 산 언약 아래의 모세와 여호수아 시대라고 말한다(Jonathan Edwards, *A History of the Work of Redemption*, ed. John F. Wilson [New Haven and London: Yale University Press, 1989], 192; cf. 이상웅, 『조나단 에드워즈의 성령론』 [서울: 부흥과개혁사, 2009], 31).

[234] Horton, "Traditional Reformed Response," 205. 심지어 Horton은 아브라함 언약 공동체와 시내 산 언약 공동체도 원리적으로 구별되어야 하는 것처럼 말한다. Horton은 아브라함의 복과 시내 산 언약의 복이 근본적으로 다른 원리에 의해서 좌우된다고 가정하고, 바울이 비판한 "단일 언약주의자들"은 아브라함의 복과 시내 산 언약의 복을 혼동해서 언약의 복이 아니라 저주를 받게 되었다고 말한다(Horton, "Which Covenant Theology?" 212).

공로적인 조건으로서 새 언약의 율법 준행을 원리상 전혀 다른 것으로 구별한다. 즉, 전자는 행위의 원리를 따르고 후자는 은혜의 원리를 따르는 것으로 구별한다. 전자는 "언약의 복을 위한 **근거**"이고 후자는 "하나님이 자비롭게 보시는 '합당한 예배'(롬 12:1)"이다.[235]

(3) 언약적 율법주의와 "율법의 용도"(*usus legis*)

시내 산 언약을 언약적 율법주의로 규정하는 호튼은 율법의 제2용도와 제3용도에 대한 전통적인 개혁신학적 이해에[236] 의도치 않은 혼란을 더한다. 호튼은 칼빈이 "몽학 선생의 용도," 곧 율법의 제2용도를 율법의 주된 용도로 간주했고,[237] 율법의 제3용도는 제한적인 의

---

235 Horton, "Traditional Reformed Response," 204 (강조는 첨가한 것).

236 은혜 언약에서의 율법의 용도에 대해 김병훈 교수는 다음과 같이 요약한다. "율법은 중생자들로 하여금 자신들의 죄성을 보게 하고(정죄의 용도, *usus elenchticus*), 교만한 자기 의를 버리며, 하나님 앞에 겸비하며, 자신의 죄를 미워하며, 그리스도의 이름으로 죄와 싸우게 한다. 또한 이러한 죄의 인식은 그리스도와 그의 완전한 순종의 필요성을 분명하게 깨닫게 한다(몽학 선생의 용도, *usus paedagogicus*), 아울러 성령님의 은혜로 인하여 중생한 신자들에게 주어진 새 성품과 관련하여 율법은 그들이 행하여야 마땅한 생활 규칙을 제시한다(교훈적 혹은 규범적 용도, *usus didacticus sive normativus*). 개혁신학은 죄를 드러내고 죄와 싸우도록 하는 율법의 기능(*usus elenchticus*)과 그리스도의 은혜의 필요성을 깨달아 그에게로 이끌려 나오도록 하는 율법의 기능(*usus paedagogicus*)을 합하여 율법의 제2용도로 일컬으며 … 중생자의 마땅한 생활 규범으로서의 율법의 기능(*usus didacticus sive normativus*)은 제3용도로 구별한다. 율법의 제1용도(*usus politicus sive civilis*)는 은혜 언약 아래에 있는 신자에게서나 행위 언약 아래에 있는 자연인 모두에게 해당되는 것으로 죄를 짓는 일을 억제하는 기능을 한다"(김병훈, "개혁신학의 구원과 성화,"『노르마 노르마타: 16, 17세기 개혁교회의 신학과 신앙』, 김병훈 엮음 [수원: 합신대학원출판부, 2015], 537).

237 Horton, "Calvin and the Law-Gospel Hermeneutic," *Pro ecclesia* 6/1 (1997): 36; Horton, "Calvin and the Law-Gospel Hermeneutic," 39. Cf. Horton, *Covenant and Salvation*, 90. 이에 반해 Venema는 Calvin이 "율법의 몽학선생의 용도"를 아담의 타락으로 죄가 들어옴으로 초래된 "'우연한' 기능" 또는 "'우연한' 용도"로 일컬

미에서만 주된 용도로 간주했다고[238] 주장할 정도로 율법의 제2용도를 강조한다.[239] 그러나 시내 산 언약을 언약적 율법주의로 묘사하는 호튼은 국가적 차원에서는 시내 산 언약의 율법이 NPP의 언약적 율법주의와 유사하게, 불완전한 순종으로도 만족되고 공로가 발생하는 것처럼 율법의 요구를 완화한다.

그러나 율법의 제2용도에는 "율법 책에 기록된 대로 모든 일을 항상 행하지 아니하는 자는 저주 아래에 있"다(갈 3:10)는 완전한 순종에 대한 요구가 본질적이다. 완전한 순종에 대한 철저한 요구가 있을 때만 모든 입이 막히고 그리스도의 완전한 순종의 필요성을 분명히 깨닫게 된다.

이에 반해 호튼의 언약적 율법주의로서의 시내 산 언약의 율법은 사람이 하나님 앞에서, 개인적 차원에서든 집단적 차원에서든, 결코 공로를 획득할 수 없음을 분명히 하지 않고, 완벽한 순종이 아니라 적절한 정도의 순종을 요구함으로써 공로의 획득 가능성을 열어 놓는다. 적절한 순종으로 만족되는 율법은 죄인을 완전히 절망시키고

는다고 주장한다(Cornelis P. Venema, "The Mosaic Covenant: A 'Republication' of the Covenant of Works?: A Review Article: *The Law Is Not of Faith: Essays On Works and Grace in the Mosaic Covenant*," *Mid-America Journal of Theology* 21 [2010]: 96, 100).

[238] Horton, "Calvin and the Law-Gospel Hermeneutic," 27.

[239] 이런 이해 자체도 전통적인 개혁신학의 이해보다는 루터파의 이해에 가까워 보인다. 김병훈 교수에 따르면, "루터파는 개혁신학의 율법의 제3용도가 행위의 의를 강조하는 오류를 낳을 것을 염려하며, 제3용도는 결국 제2용도로 환원이 된다고 주장하는 경향성을 보인다"고 한다(김병훈, "개혁신학의 구원과 성화," 537, n. 93).

그리스도에게로 이끄는 데 성공하지 못한다.

그리고 언약적 율법주의 안에서는 신자의 마땅한 감사의 규칙으로서의 율법의 제3용도도 제자리를 찾기 힘들다. 전통적인 언약신학에서는 시내 산 언약 아래서의 이스라엘의 순종은 새 언약에서와 마찬가지로 신자의 믿음의 참됨과 진실함의 표현 및 감사의 반응인데, 시내 산 언약 아래 있는 이스라엘에게 요구된 것은 새 언약에서 신자에게 요구되는 것과 본질에 있어서 다르지 않았다.[240] 다시 말해서, 율법의 제3용도는 은혜 언약 안의 신자에게 요구되는 마땅한 순종에 상응한다.[241]

그러나 언약적 율법주의로서의 시내 산 언약 안에서 순종은 율법의 제3용도와 정면으로 충돌하는 공로적인 행위의 원리를 따른다. 공로적인 행위의 원리가 작용하는 곳에서는 은혜의 원리에 따른 감사의 반응으로서의 순종은 자리할 여지가 없다. 호튼이 율법의 제3용도가 주된 용도가 아니라고 주장하는 것은 그의 언약신학을 생각할 때 놀라운 일이 아니다.[242]

---

240 Elam, Kooten, and Bergquist, *Merit and Moses*, 132.
241 Elam, Kooten, and Bergquist, *Merit and Moses*, 143.
242 Venema는 Kline의 재판(再版) 이론을 따르는 자들이 "모세 언약에서 감사의 규칙으로서 율법의 적극적인 기능을" "강력하게 긍정하지 않는 것은 우연이 아니"라고 평가한다(Venema, "The Mosaic Covenant: A 'Republication' of the Covenant of Works?" 97). Cf. Elam, Kooten, and Bergquist, *Merit and Moses*, 132.

4) 은혜 언약으로서 시내 산 언약의 조건성

(1) 언약적 순종과 보상

호튼은 시내 산 언약에서 발견되는 언약 백성에 대한 율법 준행의 요구와 그에 대한 (상벌의) 보상을, 은혜의 원리와 반대되는 행위의 원리가 도입되는 것으로 간주하고, 시내 산 언약을 은혜로운 요소와 행위의 원리가 함께 작용하는 언약적 율법주의로 묘사하는 것을 타당한 것으로 본다.

그러나 시내 산 언약에서 발견되는 조건성은, 시내 산 언약이 율법의 엄격함을 강조하는, 은혜 언약의 독특한 시행이었다는 전통적인 이해 가운데서,[243] 은혜 언약의 비(非)공로적인 조건성(호튼도 은혜 언약의 비공로적인 조건성 자체는 어느 정도 긍정한다[244])으로 더 적절하게 설명되는 것 같다.

웨스트민스터 신앙고백서는 그리스도를 믿는 믿음을 은혜 언약의 요구 조건으로 말하면서도, 그 믿음은 은혜 언약의 약속을 받는 도구적 조건일 뿐, 공로가 될 수 없는 선물임을 분명히 한다.

> 이 은혜 언약으로 하나님은 죄인들에게 예수 그리스도로 말미암는 생명과 구원을 값없이 주신다. 이 은혜 언약에서 하나

---

[243] Turretin, *Institutes of Elenctic Theology*, 12. 7. 31=2:227.
[244] Horton, *God of Promise*, 182. 그러나 Horton은 시내 산 언약의 상벌을 은혜 언약의 조건성으로 보는 것은 거부한다(Horton, "Traditional Reformed Response," 204를 보라).

님은 죄인의 구원을 위해 그리스도를 믿는 믿음을 죄인들에게 요구하시고, 생명을 얻도록 작정된 모든 자들에게 기꺼이 믿고자 하고, 믿을 수 있게끔 자신의 성령을 주시기로 약속하셨다(WCF. 7. 3).

이 믿음도 이들 자신에게서 나온 것이 아니고 하나님의 선물이다(WCF. 11. 1).

그리스도와 그리스도의 의를 이렇게 받아들이고 의지하는 믿음이 의롭다 함 받는 유일한 도구이다. 그러나 이 믿음은 의롭다 함 받은 사람 안에 홀로 있지 않고, 다른 모든 구원의 은혜들과 언제나 함께 있으며, 죽은 믿음이 아니라 사랑으로 역사하는 믿음이다(WCF. 11. 2).

그러면 시내 산 언약의 율법 준행에 대한 요구는 어떠한가? 율법 준행도 은혜 언약의 조건으로 간주될 수 있는가?

의롭다 함 받기 위해서 그리스도와 그분의 의를 받아들이는 도구는 믿음뿐이지 율법 준행은 결코 포함되지 않는다. 그러나 은혜 언약은 칭의에 한정되지 않는다. 칭의가 성화와 적절히 구별되는 한,[245]

---

[245] Turretin, *Institutes of Elenctic Theology*, 12. 3. 16=2:189. Turretin은 거룩함과 순종이 "칭의(또는 칭의에서 나오는 영생)에 관해서는 원인성(causality)을 갖지 못한다"고 분명히 지적한다.

투레틴이 말하는 것처럼 순종은 신자들의 의무로 간주된다는 점에서,[246] 우리가 은혜 "언약의 복을 완전히 소유하기에 이르는 수단과 길"이라는 점에서, 그리고 그리스도의 의를 받아들이는 바로 그 믿음이 복음적인 순종을 낳는 참 믿음이라는 점에서, 은혜 언약의 조건으로 일컬어질 수 있다.[247]

투레틴은 칭의에 있어서는 믿음만이 도구적 조건이지만, 일단 믿음으로 의롭다 함을 받으면, 순종은 믿음과 불가분리적이 된다고 말한다. 투레틴이 말하는 것처럼, 칭의에 있어서는 믿음만이 도구적 조건이지만, 언약의 준수에 있어서는 믿음 이외에 순종도 조건으로 요구된다고 할 수 있다.

> 믿음은 약속을 받아들임으로써 언약을 받아들이고, 순종은 명령을 이행함으로써 언약을 지킨다.[248]

그럼에도 불구하고 믿음과 불가분리적인 은혜 언약의 순종은 행위 언약의 순종과 혼동되지 않는다.

---

246 Turretin, *Institutes of Elenctic Theology*, 12. 3. 15=2:189. "새 생명의 순종은 언약의 의무 속에 넣어지기 때문에(요 13:17; 고후 5:17; 롬 8:13) 조건이라고 불려질 수밖에 없다."

247 Turretin, *Institutes of Elenctic Theology*, 12. 3. 16=2:189. Cf. WCF, 11. 2. Horton도 최종적인 구원에 있어서는, 믿음과 함께 "거룩함"과 "새로운 순종"을 은혜 언약의 시행 조건에 포함시키고(Horton, *God of Promise*, 182-83), 더 나아가서 "끝까지 견디는" 견인도 포함시킨다(Horton, *God of Promise*, 185).

248 Turretin, *Institutes of Elenctic Theology*, 12. 3. 16=2:189.

왜냐하면 율법적인 순종은 생명을 공로로 얻기 위해서 명령되지만, 복음적인 순종은 다만 생명의 향유를 위해서 명령된다. 전자는 생명의 원인으로서 선행하지만 … 후자는 생명의 열매로서, 당신이 살기 위해서가 아니라 당신이 살기 때문에 뒤따른다. 전자는 완벽하고 절대적이지 않으면 인정되지 않지만, 후자는 진실할진대, 불완전할지라도 인정된다. 전자는 사람의 의무로 명령만 되지만, 후자는 사람의 의무로서 명령될 뿐만 아니라 또한 하나님의 선물로서 약속되고 주어진다.[249]

여기서 투레틴은 불완전한 순종이 하나님께 받아들여진다는 점을, 불완전한 순종이 은혜 언약의 순종이라는 결정적 증거로 간주한다. 그리고 투레틴에 앞서 칼빈도 은혜 언약 또는 "자비의 언약" 안에서 하나님은 "올바름과 삶의 거룩함"을 언약적 의무로 요구하시고,[250] 하나님은 자신의 언약의 자비로 인해서, 마땅한 의무에 대한 불완전하지만 진실한 이행조차 기쁘게 받아들이시고 보상하신다고 말한다.[251] 릴백(Lillback)은 은혜 언약 안에서 요구된 순종과 보상에 대

---

249 Turretin, *Institutes of Elenctic Theology*, 12. 3. 17=2:189.
250 Calvin, *Institutes*, 3. 17. 5, "실로 모든 자비의 언약 안에서 주님은 그의 종들에게 올바름과 삶의 거룩함을 보답으로 요구하신다. 이는 하나님의 선하심이 조롱당하거나, 혹은 언약으로 인해 헛되이 우쭐해져서 자기 마음의 악한대로 행하면서도 자기 자신을 축복하지 않도록 위함이다(신 29:19). 그래서 하나님은 이런 식으로 언약의 교제 안에 허락된 자들을 그들의 의무 안에 머물게 하기를 원하신다. 그럼에도 불구하고 이 언약은 처음부터 값없는 언약으로서 만들어지고 영원히 그렇게 남는다."
251 Calvin, *Institutes*, 3. 17. 15. Cf. Peter A. Lillback, *The Binding of God: Calvin's*

한 칼빈의 이해를 다음과 같이 요약한다.

> 하나님은 자신의 언약의 자비 때문에 자기 백성의 불완전한 순종을 받으신다. 하나님은 하나님이 가능케 하신 순종에 대한 보상을 약속하신다. 하나님은 불순종을 용서하시고 죄인과 그 행위를 의롭게 하신다. 이 모든 것들이 하나님의 [자비의] 언약의 복이다.[252]

성주진 교수가 말하는 것처럼, 모세 언약이 율법을 순종하는 자에게 약속한 복은 은혜로운 상이고 이것은 공로적인 행위의 원리를 내포하지 않는다.

Role in the Development of Covenant Theology (Grand Rapids, MI: Baker Academic, 2001), 196. Calvin은 성경에 약속된 선행에 대한 보상을 설명하기 위해서 공로적인 행위의 원리를 도입할 필요성을 전혀 느끼지 않았다. "공로와 관련해서 많은 사람이 난감해 하는 어려움을 우리는 제거해야 한다. 자주 성경은 우리의 행위에 보상을 약속하기에, 그들은 성경이 우리의 행위에 어떤 공로를 허용한다고 생각한다. 대답은 쉽다. 보상은 빚(debt)으로서가 아니라, 단지 하나님의 선한 기뻐하심으로서 약속된 것이다. 보상과 공로 사이에 연관성이 있다고 가정하는 것은 큰 잘못이다. 왜냐하면 하나님이 우리의 행위를 보상해 주시게 되는 것은 하나님 자신의 과분한 호의 때문이지, 우리 행위의 가치 때문이 아니다. … 우리는 보상이라는 말을 마주할 때마다, 또는 보상이라는 말이 생각에 떠오를 때마다, 보상을 우리를 향한 하나님의 선하심에 왕관(王冠)을 씌우는 행위로 보자. 비록 우리는 하나님께 전적으로 빚지고 있을지라도, 하나님은 친히 내려오셔서 우리와 언약을 맺으신다"(Calvin, Luke 17:7-10, XVI, ii, 194-97, CO, XLV, 413-15, in Lillback, *The Binding of God*, 202-203)

252 Lillback, *The Binding of God*, 197.

축복은 순종이라는 인간의 공로에 기초한 것이 아니라 하나님의 은혜로운 상급으로 주어진 것이다. 순종하는 것이 마땅한 의무임에도 불구하고 순종하는 자에게 복을 베푸시는 것은 이스라엘을 기뻐하셔서 선택하신 하나님의 주권적인 사랑 때문이다. 하나님의 백성은 하나님께 공로를 주고 반대급부를 받는 식으로 거래하는 위치에 있지 않고, 하나님만 전적으로 의지하고 순종하는 자리에 있다. 이렇게 하나님의 축복은 이스라엘의 공로가 아니라, 상급 곧 하나님의 은혜이다.[253]

(2) 은혜 언약의 깨뜨림

호튼은, 이스라엘이 전체적으로 언약을 파기하고, 신정 국가가 시내 산 언약의 경고대로 결국 심판받고만 사건으로부터 도출하는 결론은, 시내 산 언약이 "은혜로 들어가지만 순종으로 머무르는" 언약적 율법주의라는 것이다. 그러나 칼빈이 말하는 것처럼, 어떤 의미에서 새 언약이 깨뜨림이 존재하고,[254] 새 언약 아래서도 배교가 발생하여 엄한 심판이 내려질 수 있다는 것을 생각할 때, 이 사건을 설명하는 것에 행위의 원리나 언약적 율법주의는 불필요해 보인다.

---

[253] 성주진, 『사랑의 마그나카르타: 신명기의 언약신학』 (수원: 합동신학대학원출판부, 2005), 203-204.

[254] Calvin, Rom. 11:22, XIX, 423, *CO*, XLIX, 223-25, in Lillback, *The Binding of God*, 219. Lillback에 따르면, Calvin도 "새 언약 시대에 언약 파기 또는 깨뜨림[covenant-breaking]이 존재한다는 것을 인정한다"고 한다(Lillback, *The Binding of God*, 219).

호튼은, 국가로서의 이스라엘이 전체적으로 언약을 깨트리고 언약의 심판을 당한 것에서, 시내 산 언약이 행위의 원리에 의해서 좌우되는 율법 언약이라고 주장하는 근거를 발견하는 반면, 칼빈은 말하기를, 비록 시내 산 언약이 자비의 언약이지만, 이스라엘 백성 가운데 일부만이 일반적이고 민족적인 선택과 구별되는 "특별한 은혜"(a special grace)와[255] "특별한 방식의 선택"(a special mode of election)을[256] 받았기 때문에, 나머지 많은 사람들이 언약을 깨트릴 수 있었고 실제로 깨트렸다고 한다.

시내 산 언약 공동체인 신정 국가는 새 언약 공동체인 교회와 마찬가지로 그 안에 있는 모든 사람이 택자인 것이 아니고, 릴백의 표현대로 은혜 언약 공동체는 일반적 선택과 구별되는 "특별한 선택에 있어서 택자들과 비택자들의 혼합"이다.[257] 따라서 비록 택자가 완전히 배교하고 구원을 상실하는 일은 없을지라도, 은혜의 원리에 의해서 좌우되는 은혜 언약 가운데서도 그 안의 다수가 언약을 깨트리고 배교하는 사태가 일어날 수 있다.[258]

호튼도 여기에 동의하고[259] 다음과 같이 말한 바 있다.

---

255 Calvin, *Institutes*, 3. 22. 6.
256 Calvin, *Institutes*, 3. 21. 7.
257 Lillback, *The Binding of God*, 216.
258 Lillback, *The Binding of God*, 222.
259 은혜 "언약의 범위는 선택의 범위보다 넓다"(Horton, "A Classical Calvinist View," 36). Kline도 이런 구별을 인정한다. 은혜 "언약 당사자로서 인간의 무리는 주 그리스도께 믿음을 고백하고 충성을 서약하는 사람들과 그들의 가족적 권위 아래에 속한 자들을 함께 포함하고 있다. 그런데 인류의 선택된 자들만이 영원 영원한 언약

은혜 언약 안에 있는 사람이 모두 택자인 것은 아니다. 지상의 이스라엘은 천상의 이스라엘보다 범위가 넓다. 이스라엘 백성 가운데 어떤 자들은 광야에서 복음을 듣고 믿음으로 반응했으나 어떤 자들은 그렇지 않았다.[260]

언약 공동체에 속하는 모든 사람이 끝까지 인내하는 것은 아니다. 언약 공동체의 어떤 사람들은 곡식 가운데 뿌려진 가라지다. ··· 외적으로 언약 안에 있으면서도 실제로는 믿음을 통해 그리스도와 연합되지 않은 사람들이 있을 수 있다.[261]

실제로 호튼 자신이 이런 이해를 활용하여, 신자의 견인과 배교에 대한 NPP의 주장에 응수하기도 한다. 호튼은, 참 신자도 구원을 상실할 수 있다는 것과, 배교에 대한 성경(예를 들어, 히 4장; 6장)의 경고를 일어날 수 없는 일에 대한 가상적인 경고로 치부하는 것 간의 그릇된 양자택일에 대해서, 참 신자도 구원을 상실할 수 있다는 주장은 아브라함 언약과 시내 산 언약을 합치는 언약적 율법주의의 논리적인 귀결일 뿐이며, 배교에 대한 성경의 경고를 참된 경고로서 진

가운데 (대표적으로) 포함되어 있지만, 은혜 언약이 집행되는 가운데에서는 선택되지 않은 사람들도 언약 공동체에 포함되어 있다"(Meredith G. Kline, 『하나님 나라의 도래: 하나님 나라와 하나님의 산, 목적 인과론의 관점에서 본 우주론에 관한 언약 이야기』, 이수영 옮김 [서울: 개혁주의신학사, 2010], 113).

260 Horton, *God of Promise*, 182.
261 Horton, *God of Promise*, 185.

지하게 다루는 유일한 길일 필요가 없다고 지적한다.[262]

호튼은 은혜 언약 안에서의 배교에 대한 히브리서의 경고를 다음과 같이 해석한다.

> 첫째, 새 언약 신자들과 옛 언약 신자들은 동일한 은혜 언약에 속한다. 그들은 그들에게 선포된 동일한 복음을 받았다(히 4:2). 둘째, 구약과 신약 모두에서 언약의 가시적인 회원권은 믿음으로 그리스도에게 실제로 참여하는 것과 구별된다. 언약 공동체 안에서 세례 받고 양육된 자들은 약속의 상속자들로서, 말씀과 성례를 통해서 내세의 능력을 맛보고, 어떤 의미로는 심지어 성령을 공유하기도 한다(히 6:4-8). 그럼에도 불구하고 가시적인 회원의 이런 복은 언약의 실재를, 즉 그리스도와 그분의 모든 유익을 믿음으로 받아들이는 것 없이는 구원을 가져오지 못한다(히 4:2; 6:7).
> 셋째, 이런 일시적인 복은 믿음 없이는 구원에 못 미친다(히 6:9). 오늘날 언약의 자녀들은 옛 언약의 자녀들과 정확히 동일한 처지에 있다. 장자의 명분을 에서처럼 거부하지 말고 약속의 유업을 받아들이도록 경고 받는 약속의 상속자들이다(히 12:15-17).[263]

---

262 Horton, "Covenant and Justification," 28.
263 Horton, "Covenant and Justification," 28.

호튼에 따르면, 히브리서 기자의 경고는 성령의 역사로 모종의 유익을 받는 "언약 공동체의 가시적 회원들(신앙을 고백하는 자들과 그들의 자녀들)"임에도 불구하고 구원의 선물을 받지 못할 수 있다는 경고라는 것이다.[264] 호튼은 택자의 구원 상실로서가 아니라, 은혜 언약의 백성이 은혜에서 떨어지는 것으로서의 배교는 "은혜로 들어가서 순종으로 머무는" 언약적 율법주의에서 말고도, "은혜로 들어가서 은혜로 머무는," "내내 오직 은혜"인 새 언약에서도 일어날 수 있고 실제로 일어나는 것이지, 한낱 가상에 불과한 것이 아니라고 말한다.[265]

이런 점에서, 은혜 언약 안에 있는, (택자들이 아니라) 은혜 언약의 회원들의 "은혜로부터 떨어질 위험"은 실재한다.[266] 호튼은 배교자를, 은혜 언약에 약속된 그리스도와 그 유익을 믿음으로 받아들이길 거부함으로써 은혜 언약에서 자신을 분리시키고 "자신을 행위 언약 아래 두는" 자들로 묘사한다.[267]

따라서 새 언약 안에 발생하는 배교자들은 은혜의 원리와 행위의 원리를 혼합하는 언약적 율법주의의 도움 없이도 설명될 수 있고, 마찬가지로 이스라엘 신정 국가의 멸망도 은혜와 상반되는 행위의 원리를 국가적 운명을 좌우하는 원리로서 도입할 필요 없이, 은혜 언약 안에서의 배교자의 증가와 국가적인 언약 공동체의 돌이킬 수

---

264 Horton, *For Calvinism* (Grand Rapids, MI: Zondervan, 2011), 121.
265 Horton, *For Calvinism*, 119.
266 Horton, "Covenant and Justification," 28.
267 Horton, "A Classical Calvinist View," 39.

없을 만큼 심각한 부패로 인한 심판으로 충분히 설명될 수 있다.²⁶⁸

요컨대, 시내 산 언약의 조건성은 새 언약의 조건성과 본질에 있어서 다르지 않고, 시내 산 언약의 상벌과 언약의 깨뜨림은 공로적인 행위의 원리를 증명하지 않는다.

3. 소결론

우리는 이번 장에서, '바울에 대한 새 관점'(NPP)에 대한 호튼의 언약신학적 응답, 그 응답의 장점, 그리고 그 가운데 드러나는, 시내 산 언약을 언약적 율법주의로 묘사하는 호튼의 이해의 문제점을 검토했다.

호튼은 NPP의 구원론을 신인협력적인 반(半)-펠라기우스주의적인 구원론으로 평가하고, 그런 구원론의 근본 원인을 은혜로 수정 완화된 율법주의라고 할 수 있는 NPP의 언약적 율법주의에서 발견했다. 호튼은 전통적 이신칭의 교리에 대한 NPP의 공격을, 고전적 언약신학을 활용하여 잘 논박해내었다. 우리는 NPP의 '언약적 율법주의,' '율법의 행위,' 의의 전가 거부, '종국적 칭의'에 대한 호튼의 언

---

268 Richard B. Gaffin은 이스라엘 신정 국가가 멸망하고 포로로 끌려간 원인을 이렇게 분석한다. "이스라엘이 포로로 잡혀간 이유는, 표면적으로 율법의 모든 세부사항들을 순종하는 필수적인 수준을 이스라엘이 국가로서 유지하는 일에 실패했기 때문이 아니었다. 다름 아니라, 이스라엘은 불신앙이라는 더 깊은 이유 때문에 가나안 땅을 상실했다"(http://www.opc.org/os.html?article_id=141 [2017.4.18. 검색]).

약신학적 응답을 살펴보았다.

우리는, 비록 호튼에게는 재판(再版) 이론을 고전적 개혁신학의 다수 견해로 간주하고, 국가적 언약으로서 시내 산 언약을 언약적 율법주의로 묘사하는 문제점이 있음에도 불구하고, NPP에 대한 호튼의 언약신학적 논박에는 큰 신학적 기여점들이 있다는 것을 확인했다.

호튼은 NPP를 논박할 때, 언약신학에 대한 지속적인 관심 가운데 고전적 언약신학을 적극 변호하고, 활용하며, 그릇된 양자택일과 비성경적인 환원주의를 거부하여 통합적인 구원론 추구하며, 바울에 대한 '새 관점'보다 종교개혁의 '옛 관점'의 뛰어남과 정당성을 잘 드러내며, 율법과 복음의 구별에 기초한 언약신학을 활용하여 역사적 개혁주의의 칭의 교리, 특히 전가 교리를 잘 변호했다.

그러나 호튼은 은혜로 완화된 행위의 원리를 시내 산 언약에 비록 한정적일지라도 실제로 도입하고, 시내 산 언약을 언약적 율법주의로 묘사하는 것을 주저하지 않았으며, 이것은 NPP에 대한 호튼의 논박의 장점이 극대화되지 못하게 만든다.

호튼은 완화된 행위의 원리를 구원과 종교 전체에 적용하는 NPP의 언약적 율법주의와, 완화된 행위의 원리를 지상적인 복과 이스라엘 신정 국가에 한정적으로 적용하는 자신의 언약적 율법주의 간에 구별하고자 했다. 그러나 시내 산 언약을 언약적 율법주의로 묘사하는 것은 구약 시대에 적어도 한정적으로는 공로주의를 용인하는 것이고, 애초에 종교와 정치가 분리되어 있지 않고 언약 공동체 각 회원의 순종과 국가적 충성 또는 순종이 분리될 수 없다는 것을 고려할 때, 타당한 구별이 되는 것이 쉽지 않아 보인다.

   게다가 호튼의 이런 구별은 자신이 언약신학의 목표로 제시한, 그릇된 양자택일을 극복하는 통합적 이해를 손상시키고, 개인과 공동체 사이에만 아니라, 옛 언약 공동체와 새 언약 공동체 사이에도 분열과 긴장을 초래한다. 시내 산 언약의 조건성과 그에 따른 상벌의 실현은, 완화된 행위의 원리나 언약적 율법주의보다 은혜 언약의 조건성에 대한 전통적인 이해로 더 잘 설명될 수 있는 것 같다.

제 5 장

결론

1. 논의 요약

하나님이 시내 산 언약에 행위 언약의 원리를 비록 한정적일지라도 실제로 재도입하셨다고 주장하는 마이클 호튼의 이해는 그 근거가 역사적 언약신학의 다수 견해에 있지 않고, 독특한 모형론을 통해 공로적인 행위의 원리를 은혜 언약에도 도입하는 메리데스 클라인의 언약신학에 크게 의존한다.

시내 산 언약을 창조 언약의 재판(再版)으로서 율법 언약에 포함시켜서 율법 언약(창조 언약, 시내 산 언약)과 약속 언약(아브라함 언약, 다윗 언약, 새 언약)의 이중 언약주의를 주장하는 호튼의 이해는 단지 타락 이전의 행위 언약과 타락 이후의 은혜 언약(시내 산 언약을 포함)으로 구별하는 전통적인 개혁신학자들의 다수 견해가 아니다. 우리가 이를 논증하기 위해서 펼친 논의는 다음과 같다.

우리는 제1장에서, 호튼의 언약신학을 창조 언약, 구속 언약, 원복음, 노아 언약, 아브라함 언약, 다윗 언약, 새 언약, 그리고 시내 산 언약의 순서로 검토했다. 호튼은 하나님의 형상으로 창조하는 것과 창조 언약적 관계의 수립을 결합하는 언약적 창조론을 주장하고, 하나님 편에서 자발적으로 낮춰 내려오셔서 창조 언약을 맺으신 행위에서 은혜를 배제하길 원했다. 그러나 정작 하나님의 "자발적인 낮춰 내려오심"이라는 용어를 신앙고백서에 사용한 17세기 개혁신학자들의 은혜에 대한 용법은 호튼과 달랐다.

호튼은 노아 언약, 아브라함 언약, 그리고 다윗 언약 같은 '하사 언약들'에 클라인과 마찬가지로 메시아 역할 모형론을 사용하여 행위의 원리를 한정적으로 도입했다. 클라인의 재판(再版) 이론을 고전적 언약신학의 현대판(現代版)으로 간주하는 호튼은 시내 산 언약에도 수정 완화된 행위의 원리를 실제로 도입했다.

호튼은 시내 산 언약이 행위의 원리에 의해서 좌우되는 조건적인 종주권 조약이라는 점이, 성경에 묘사된 시내 산 언약의 비준 의식에서, 특히 시내 산 언약의 피가 새 언약의 피와 성격이 다르다는 데서 분명히 드러난다고 주장하지만, 시내 산 언약의 피가 새 언약의 피와 마찬가지로 은혜 언약의 피라는 것이 주해적으로 더 타당해 보였다.

제2장에서는 호튼의 언약신학이 크게 의존하는 클라인의 언약신학을 검토했다. 창조와 언약을 합쳐 생각하는 클라인은 창조 언약의 출발에서조차 은혜를 배제하고자 할 뿐만 아니라, 창조자와 피조물

의 거리와, 피조물의 순종과 영생 간의 가치 차이를 전통적인 언약 신학에서처럼 충분히 고려하지 않고, 공로 개념을 재(再) 정의함으로써, 은혜 언약에도 공로적인 행위의 원리를 도입할 여지를 만들었다고 논의하였다.

클라인은 시내 산 언약이 영원한 구원과 천국의 모형인 신정 국가의 보존과 번성을 공로적인 행위의 원리로 좌우하는 창조 언약의 재판(再版)이라고 주장할 뿐만 아니라, 노아 언약, 아브라함 언약, 그리고 다윗 언약에도, 시내 산 언약에 사용된 모형론과 동일한 모형론을 사용해서 공로적인 행위의 원리를 도입했다.

제3장에서는, 시내 산 언약에서 타락 이전의 언약의 법과 내용상 동일한 율법이 다시 반포될 뿐만 아니라, 타락 이전의 행위 언약의 원리마저 한정적으로 실제로 도입된다고 주장하는 호튼의 재판(再版) 이론과 독특한 '이중 언약주의'가, 호튼 본인이 개혁주의 언약신학의 지배적인 견해를 발견할 수 있다고 인정한, 대표적인 개혁주의 신학자들인 존 칼빈, 헤르만 비치우스, 프란시스 투레틴, 그리고 웨스트민스터 신앙고백서의 진술과 일치하기 힘들다는 것을 밝혔다.

호튼은 칼빈의 "율법 언약"이 유업을 얻는 원리로서의 율법이나 행위 언약만을 가리키는 것처럼 주장하지만, 칼빈의 "율법 언약"은 좁은 의미의 율법뿐만 아니라 은혜 언약의 모세적 시행을 가리키는 말로도 사용되고, 칼빈이 "율법 언약"을 좁은 의미로 사용할 때는 하나님의 본래 의도가 아니라 율법주의적인 오용을 비판하는 맥락에서 사용했다. 그리고 칼빈은 호튼과 달리, 시내 산 언약의 상벌에서 완화된 행위의 원리를 발견하는 것이 아니라, 그리스도의 완전한 의에 기초해서 우리의 인격과 더불어 불완전한 선행도 받아들여지는, 복음의 약속과 율법의 약속의 완전한 일치를 발견했다.

시내 산 언약에 대한 표현에 있어서 비치우스와 호튼 사이에 유사점이 있는 것이 사실이다. 절충주의자인 비치우스는 시내 산 언약에 행위 언약적 요소와 은혜 언약적 요소 둘 다 반복된다고 주장하고, 시내 산 언약은 "정식적으로는" 행위 언약도 아니고 은혜 언약도 아니라고 말했다. 그럼에도 불구하고 비치우스는 칼빈과 마찬가지로 시내 산 언약을 실체에 있어서 동일한 은혜 언약의 구별된 시행으로 말했다.

또한 비치우스는 행위 언약은 결코 재수립될 수 없다고 못 박을 뿐만 아니라, 호튼이 행위의 원리를 발견하는 율법 준행에 대한 이스라엘의 맹세에서, 불완전한 순종도 용납되는 은혜의 원리를 전제했다.

투레틴도 시내 산 언약을 실체에 있어서 동일한 은혜 언약으로 간주했다. 호튼이 시내 산 언약의 형식이 시내 산 언약의 성격을 좌우하는 것처럼 주장하지만, 투레틴은 시내 산 언약의 형식이 시내 산 언약의 은혜 언약으로서의 실체에 조금도 영향을 미치지 않는 우연적인 특성이라고 주장했다. 그리고 투레틴은 칼빈과 마찬가지로, 시내 산 언약을 좁은 의미의 율법 또는 율법 자체와 결코 동일시하지 않았다.

호튼은 시내 산 언약 자체에는 자비가 없다고 주장하지만 투레틴은 분명하게 주장하기를, 시내 산 언약은 복음과 율법이 그 안에서 조화를 이루고 있는 은혜 언약이라고 했다. 호튼은 시내 산 언약이 행위의 원리에 의해서 좌우되는 율법 언약이라고 주장하는 주된 근거로 시내 산 언약 비준 의식과 시내 산 언약의 피를 제시한다. 호튼은 시내 산 언약 비준 의식과 시내 산 언약의 피에 대해 정반대되는 해석을 내놓지만, 투레틴은 시내 산 언약의 피가 그리스도의 피를 가리키는 복음적인 피로 이해하는 것을 우리는 확인했다.

정통 개혁주의 신학자들의 다수 견해가 요약된 웨스트민스터 신앙고백서도 시내 산 언약을 동일한 은혜 언약의 율법 시대적 시행으로 말했다.

호튼은 시내 산 언약의 상벌 규정의 실현을 시내 산 언약이 행위의 원리에 의해서 좌우되는 율법 언약이라는 증거로서 간주하지만, 웨스트민스터 신앙고백서는 율법의 순종 여부에 따른 상벌 자체를 행위 언약 아래 있다는 증거가 결코 아니라고 한다. 웨스트민스터 신앙고백서는 불완전한 순종이 하나님께 용납되고 보상받는 이유가 호튼이 주장하는 것처럼 완화된 행위의 원리가 작용하기 때문이 아니라, 은혜의 원리가 작용하고 은혜 언약 아래 있기 때문이라고 고백한다.

이와 같이 시내 산 언약의 약속과 의무는, 호튼의 주장과 달리, 그 실체와 원리에 있어 새 언약의 약속과 의무와 동일하다는 것이 전통적 개혁신학의 다수 견해였다.

제4장에서는, 호튼이 "바울에 대한 새 관점"에 응답할 때, 시내 산 언약을 언약적 율법주의로 묘사하는데, 호튼의 이러한 이해를 검토했다. 호튼은 바울에 대한 새 관점의 구원론을 반(半)-펠라기우스주의적이라고 평가한다. 그리고 호튼은 그 근본 원인을 은혜로 수정 완화된 율법주의라고 할 수 있는 언약적 율법주의에서 발견하고, 복음과 율법을 분명하게 구별하지 않고 합치는 단일 언약주의는 공로주의를 피하기 힘들다고 옳게 비판했다.

그러나 은혜로 완화된 행위의 원리를 시내 산 언약에 실제로 도입하는 호튼은 시내 산 언약을 언약적 율법주의로 묘사하는 것을 주저하지 않는다.

호튼은 완화된 행위의 원리를 구원과 종교 전체에 적용하는, 바울에 대한 새 관점의 언약적 율법주의와, 완화된 행위의 원리를 지상적인 복과 신정 국가에 한정적으로 적용하는 자신의 시내 산 언약의 언약적 율법주의를 구별하고자 애썼다.

하지만 시내 산 언약을 언약적 율법주의로 묘사하는 것은 구약 시대에 적어도 한정적으로는 공로주의를 용인하는 것이고, 애초에 이스라엘에서 종교와 정치가 분리되어 있지 않고 언약 공동체 각 회원의 순종과 국가적 충성 또는 순종이 분리될 수 없다는 것을 생각할 때 타당한 구별이 될 수 없다고 사료된다.

게다가 호튼의 이런 구별은 자신이 언약신학의 목표로 제시한 통합적 이해를 손상시키고, 개인과 공동체 사이에만 아니라, 옛 언약 공동체와 새 언약 공동체 사이에도 분열과 긴장을 초래한다. 호튼이 완화된 행위의 원리, 또는 언약적 율법주의를 도입해 설명할 필요가 있다고 느낀 시내 산 언약의 조건성과 그에 따른 상벌의 실현은, 전통적으로 이해되고 인정되어 온 은혜 언약의 조건성으로 충분히 잘 설명될 수 있다고 여겨진다.

2. 본 연구의 제한점과 추가적 연구를 위한 제안

필자는 호튼의 언약신학과 역사적 개혁주의 언약신학의 전반적인 연속성보다는 독특한 특징과 차이에 초점을 맞추었고, 호튼의 상당한 언약신학적 기여 가운데서 '바울에 대한 새 관점'에 대한 그의 논박의 신학적 기여점을 주로 언급했다.

호튼의 언약신학과 관련해 추가로 연구해볼 만한 내용을 다음과 같이 제안해볼 수 있다.

첫째, 호튼의 신학 방법론에는 언약과 종말론에 버금가는 지위를 갖는다고 할 수 있는 "유비"(analogy)가 있다. 호튼이 전 방위적으로 활용하는 유비적 방법론이 종교개혁자들이 주장하고, 개신교 스콜라주의자들에 의해서 다듬어진 유비에 대한 이해와 일치하는지 검토해볼만하다.

둘째, 일단 표면적으로 호튼이 임시변통적인 도구로만 사용하길 원한다고 말하는 화행 이론(speech-act theory)에 대한 그의 이해도 검토해볼만하다. 호튼은 케빈 밴후저(Kevin Vanhoozer)의 화행 이론을 적극적으로 활용해서 중생과 유효적 소명에 대한 구별을 거부하고, 언약적 존재론이라는 이름으로 중생을 유효적 소명에 포함시키는 자신의 입장을 고전적인 입장으로 제안한다. 화행 이론의 이런 적용이 정당하고 기존 이해보다 나은지 살펴볼 필요가 있는 것 같다.

셋째, 동방교회의 신적 본질(essence)과 에너지의(energy)의 구별에 대한 호튼의 적극적인 도입과 활용도 다시 검토해볼 만한 주제라고 생각된다.

참고 문헌

I. 국내 저서

김병훈 엮음. 『노르마 노르마타: 16, 17세기 개혁교회의 신학과 신앙』. 수원: 합신대학원출판부, 2015.
박동근. 『칭의의 복음: N. T. Wright의 칭의론에 대한 언약적/구원론적 비평』. 수원: 합신대학원출판부, 2012.
박영돈. 『톰 라이트 칭의론 다시 읽기: 바울은 칭의에 대해 정말로 무엇을 말했는가?』. 서울: 한국기독학생회 출판부, 2016.
박재은. 『칭의, 균형 있게 이해하기: 하나님의 주권 대 인간의 역할, 그 사이에서 바라본 칭의』. 서울: 부흥과개혁사, 2016.
_____. 『성화, 균형 있게 이해하기: 하나님의 주권 대 인간의 역할, 그 사이에서 바라본 성화』. 서울: 부흥과개혁사, 2017.
안상혁. 『언약신학, 쟁점으로 읽는다』. 수원: 영음사, 2014.
이상웅. 『조나단 에드워즈의 성령론』. 서울: 부흥과개혁사, 2009.
이승구. 『개혁신학에의 한 탐구』. 서울: 웨스트민스터 출판부, 1995.
_____. 『개혁신학 탐구』. 서울: 도서출판 하나, 1999.
_____. 『21세기 개혁신학의 방향: 한국 신학의 개혁신학적 정향을 위하여』. 서울: SFC 출판부, 2005.
_____. 『전환기의 개혁신학: 20세기 후반 영미 개혁신학의 동향』. 서울: 이레서원, 2008.
_____. 『톰 라이트에 대한 개혁신학적 반응: N. T. Wright의 신학적 기여와 그 문제점』. 수원: 합신대학원출판부, 2013.
성주진. 『사랑의 마그나카르타: 신명기의 언약신학』. 수원: 합동신학대학원출판부, 2005.

II. 국내 번역서

Bavinck, Herman. 『개혁 교의학』. 제2권. 박태현 옮김. 서울: 부흥과개혁사, 2011.
_____. 『개혁 교의학』. 제3권. 박태현 옮김. 서울: 부흥과개혁사, 2011.
Berkhof, Louis. 『조직신학』. 권수경, 이상원 옮김. 서울: 크리스챤다이제스트, 2008.
Bilby, James K., Paul Rhodes Eddy, and Steven E. Eenderlein. (Eds.) 『칭의 논쟁: 칭의에 대한 다섯 가지 신학적 관점』. 문현인 옮김. 서울: 새물결플러스, 2015.
Calvin, John. 『기독교 강요』. 3 Vols. 원광연 옮김. 파주: 크리스챤다이제스트, 2003.
_____. 『칼빈 주석: 로마서』. 박문재 옮김. 고양: 크리스챤다이제스트, 2013.
Dennison, Charles G., John Murray, Richard B. Gaffin Jr. and Edmund P. Clowney. 『개혁주의 신학 논문 선집(1): 언약, 성령, 교회』. 고려신학교 교수회 옮김. 고려신학교출판부, 2013.
Edwards, Jonathan. 『구속사』. 김귀탁 옮김. 서울: 부흥과개혁사, 2007.
Golding, Peter. 『(현대인을 위한) 언약신학: 개혁주의 사상과 전통의 흐름에서 본 신학의 열쇠』. 박동근 옮김. 김포: 그나라, 2015.
Kapic, Kelly M. and Bruce L. McCormack. (Eds.) 『현대신학 지형도: 조직신학 각 주제에 대한 현대적 개관』. 박찬호 옮김. 서울: 새물결플러스, 2016.
Kevan, Ernest F. 『율법, 그 황홀한 은혜』. 임원택 옮김. 서울: 도서출판 수풀, 2006.
Kline, Meredith. G. 『하나님 나라의 서막』. 김구원 옮김. 서울: 개혁주의신학사, 2007.
_____. 『하나님 나라의 도래: 하나님 나라와 하나님의 산, 목적 인과론의 관점에서 본 우주론에 관한 언약 이야기』. 이수영 옮김. 서울: 개혁주의신학사, 2010.
_____. 『스가랴 주석』. 조은혜 옮김. 서울: CLC, 2013.
_____. 『언약과 성경』. 이용중 옮김. 서울: 부흥과개혁사, 2013.
_____. 『언약과 성령』. 이용중 옮김. 서울: 부흥과개혁사, 2014.

Levenson, Jon D. 『시내 산과 시온: 성서신학의 두 기둥』. 홍국평 옮김. 서울: 대한기독교서회, 2012.
Lillback, Peter Alan. 『칼빈의 언약사상』. 원종천 옮김. 서울: CLC, 2009.
Heppe, Heinrich. 『개혁파 정통 교의학』. 이정석 옮김. 고양: 크리스챤다이제스트, 2007.
Horton, Michael S. 『십계명의 렌즈를 통해서 보는 삶의 목적과 의미』. 윤석인 옮김. 서울: 부흥과개혁사, 2005.
_____. 『사도신경의 렌즈를 통해서 보는 기독교의 핵심』. 윤석인 옮김. 서울: 부흥과개혁사, 2005.
_____. 『언약신학』. 백금산 옮김. 서울: 부흥과개혁사, 2009.
_____. 『그리스도 없는 기독교』. 김성웅 옮김. 서울: 부흥과개혁사, 2009.
_____. 『언약적 관점에서 본 개혁주의 조직신학』. 이용중 옮김. 서울: 부흥과개혁사, 2012.
_____. 『칼빈주의 찬성: 칼빈주의 핵심 정리』. 윤석인 옮김. 서울: 부흥과개혁사, 2012.
_____. 『위대한 사명』. 김철규 옮김. 서울: 복있는 사람, 2012.
_____. 『천국 가는 순례자를 위한 조직신학』. 박홍규 옮김. 서울: 부흥과개혁사, 2015.
_____. 『칼뱅이 말하는 그리스도인의 삶』. 김광남 옮김. 서울: 아바서원, 2016.
Murray, John. 『존 머레이 조직신학』. 박문재 옮김. 고양: 크리스챤다이제스트, 2008.
Muller, Richard A. 『종교개혁 후 개혁주의 교의학: 신학서론』. 이은선 옮김. 서울: 이레서원, 2002.
_____. 『16세기 맥락에서 본 진정한 칼뱅신학』. 이은선 옮김. 서울: 나눔과 섬김, 2003.
_____. 『칼빈 이후 개혁신학』. 한병수 옮김. 서울: 부흥과개혁사, 2011.
_____. 『하나님의 본질과 속성』. 김용훈 옮김. 서울: 부흥과개혁사, 2014.
Pinson, J. Matthew. 『한번 받은 구원 영원한가?』. 이한상 옮김. 서울: 부흥과개혁사, 2011.
Piper, John. 『칭의 논쟁』. 신호섭 옮김. 서울: 부흥과개혁사, 2009.

Robertson, O. Palmer. 『언약이란 무엇인가?』. 오광만 옮김. 서울: 도서출판 그리심, 2002.
_____. 『선지자와 그리스도』. 한정건 옮김. 서울: 개혁주의신학사, 2007.
_____. 『계약신학과 그리스도』. 김의원 옮김. 서울: 개혁주의신학사, 2013.
Sanders, E. P. 『바울, 율법, 유대인』. 김진영 옮김. 서울: 크리스챤다이제스트, 1994.
Sproul, R. C. 『웨스트민스터 신앙고백 해설』. 3 Vols. 이상웅, 김찬영 옮김. 서울: 부흥과개혁사, 2011.
_____. (Ed.) 『개혁주의 스터디 바이블』. 김진운, 김찬영, 김태형, 신윤수, 윤석인 옮김. 서울: 부흥과개혁사, 2017.
Ursinus, Zacharias. 『하이델베르크 요리문답해설서』. 원광연 옮김. 고양: 크리스챤다이제스트, 2006.
Vanhoozer, Kevin J. 『제일 신학』. 김재영 옮김. 서울: IVP, 2007.
Vos, Geerhardus. 『성경 신학』. 이승구 옮김. 서울: CLC, 1985.
_____. 『바울의 종말론』. 박규태 옮김. 서울: 좋은씨앗, 2015.
_____. 『개혁 교의학: 신론 · 인간론』. Vol. 1. 김영호 옮김. 서울: 솔로몬, 2016.

III. 국외 저서

Barth, Karl. *Church Dogmatics*. II/1. Trans. G. W. Bromiley. Edinburgh: T & T Clark, 1985.
Bavinck, Herman. *The Philosophy of Revelation*. Grand Rapids, MI: Baker Book House, 1979.
_____. *Reformed Dogmatics*. Vol. 2. (Ed.) John Bolt. Trans. John Vriend. Grand Rapids: Baker Academic, 2004.
_____. *Reformed Dogmatics*. Vol. 3. (Ed.) John Bolt. Trans. John Vriend. Grand Rapids: Baker Academic, 2006.
Berkhof, Louis. *Systematic Theology*. Grand Rapids, MI: William. B. Eerdmans, 1996.

Bilby, James K., Paul Rhodes Eddy, and Steven E. Eenderlein. (Eds.) *Justification: Five Views*. Downers Grove: Inter-Varsity Press, 2011.

Calvin, John. *Institutes of the Christian Religion*. Ed. John T. McNeill. Translated and Annotated by Ford Lewis Battles. Philadelphia: The Westminster Press, 1960.

_____. *Calvin's New Testament Commentaries*. Vol. 8. Trans. Ross Mackenzie. Grand Rapids, MI: Eerdmans, 1995.

_____. *Commentaries on the First Book of Moses called Genesis*. Vol. 1. Trans. John King. Grand Rapids, MI: Baker Books, 2005.

_____. *Commentaries on The Four Last Books of Moses*. Vol. 3. Trans. Charles William Bingham. Grand Rapids, MI: Baker Books, 2005.

_____. *Commentaries on the Book of the Prophet Jeremiah and the Lamentations*. Vol. 10. Trans. and ed. John Owen. Grand Rapids, MI: Baker Books, 2005.

_____. *Commentaries on the First Twenty Chapters of the Book of the Prophet Ezekiel*. Vol. 12. Trans. Thomas Myers. Grand Rapids, MI: Baker Books, 2005.

_____. *Commentaries on the Epistle of Paul to the Romans*. Vol. 19. Trans. and ed. John Owen. Grand Rapids, MI: Baker Books, 2005.

_____. *Commentaries on the Galatians*. Vol. 21. Trans. William Pringle. Grand Rapids, MI: Baker Books, 2005.

Dunn, James D. G. *Jesus, Paul and the Law: Studies in Mark and Galatians*. Louisville, KY: Westminster John Knox Press, 1970.

_____. *The New Perspective on Paul*. Grand Rapids, MI: Eerdmans Publishing Company, 2005.

_____. "New Perspective View." In *Justification: Five Views*. Eds. James K. Beilby, Paul Rhodes Eddy, and Steven E. Eenderlein. Downers Grove: Inter-Varsity Press, 2011.

Elam, Andrew M., Robert C. Van Kooten, and Randall A. Bergquist. *Merit and Moses: A Critique of the Klinean Doctrine of Republication*. Eugene, OR: Wipf & Stock, 2014.

Estelle, Bryan D., J. V. Fesko, and David VanDrunen. (Eds.) *The Law is Not of Faith: Essays on Works and Grace in the Mosaic Covenant*. Phillipsburg, NJ: P&R Publishing, 2009.

Fairbairn, Patrick. *Typology Of Scripture*. Grand Rapids, MI: Kregel Publications, 1989.

Fesko, J. V. *The Covenant of Redemption: Origins, Development, and Reception*. Goettingen :Vandenhoeck & Ruprecht, 2016.

Frame, John. *The Escondido Theology: A Reformed Response to Two Kingdom Theology*. Lakeland, FL: Whitefield Media Publishing, 2011.

Gentry, Peter J. and Stephen J. Wellum. *Kingdom through Covenant: A Biblical-Theological Understanding of the Covenants*. Wheaton, Illinois: Crossway, 2012.

Glomsrud, Ryan and Michael S. Horton. (Eds.) *Justified: Modern Reformation Essays on the Doctrine of Justification*. CreateSpace Independent Publishing Platform, 2010.

Heppe, Heinrich. *Reformed Dogmatics*. Revised and Edited by Ernst Bizer. Trans. G. T. Thompson. Grand Rapids: Baker Book House, 1950.

Hesselink, I. John. *On Being Reformed*. Ann Arbor, MI: Servant Books, 1983.

Hillers, Delbert R. *Covenant: The History of a Biblical Idea*. Baltimore: Johns Hopkins University Press, 1969.

Hodge, Charles. *Systematic Theology*. 3rd Edition. Vol. 2. Massachusetts: Hendrickson Publishers, 2003.

Horsley, Richard A. *Hearing the Whole Story: The Politics of Plot in Mark's Gospel*. Louisville, KY: Westminster John Knox Press, 2001.

Horton, Michael S. *Covenant and Eschatology: The Divine Drama*. Louisville, KY: Westminster John Knox Press, 2002.

_____. *Lord and Servant: A Covenant Christology*. Louisville, KY: Westminster John Knox Press, 2005.

_____. *God of Promise: Introducing Covenant Theology*. Grand Rapids, MI: Baker Books, 2006.

_____. *Covenant and Salvation: Union with Christ*. Louisville, KY: Westminster John Knox Press, 2007.

_____. "Which Covenant Theology?" In *Covenant, Justification, And Pastoral Ministry: Essays By the Faculty of Westminster Seminary California*. Ed. R. Scott Clark. Phillipsburg, NJ: P&R Publishing Company, 2007.

_____. *People and Place: A Covenant Ecclesiology*. Louisville, KY: Westminster John Knox Press, 2008.

_____. *Christless Christianity: The Alternative Gospel of the American Church*. Grand Rapids, MI: Baker Books, 2008.

_____. "Obedience Is Better than Sacrifice." In *The Law is Not of Faith: Essays on Works and Grace in the Mosaic Covenant*. Ed. Bryan D. Estelle, J. V. Fesko, and David VanDrunen. Phillipsburg, NJ: P&R Publishing, 2009.

_____. "Covenant and Justification: Engaging N. T. Wright and John Piper." In *Justified: Modern Reformation Essays on the Doctrine of Justification*. Eds. Ryan Glomsrud and Michael S. Horton. CreateSpace Independent Publishing Platform, 2010.

_____. *The Christian Faith: A Systematic Theology for Pilgrims on the Way*. Grand Rapids, MI: Zondervan, 2011.

_____. *For Calvinism*. Grand Rapids, MI: Zondervan, 2011.

_____. *The Gospel Commission: Recovering God's Strategy for Making Disciples*. Grand Rapids, MI: Baker Books, 2011.

_____. *Pilgrim Theology: Core Doctrines for Christian Disciples*. Grand Rapids, MI: Zondervan, 2013.

_____. *Calvin on the Christian Life: Glorifying and Enjoying God Forever*. Wheaton, Illinois: Crossway, 2014.

HusBands, Mark and Daniel J. Treier. (Eds.) *Justification: What's at stake in the Current Debates*. Downers Grove, IL: InterVarsity Press, 2004.

Jeon, Jeong Koo. *Covenant Theology: John Murray's and Meredith G. Kline's Response to the Historical Development of Federal Theology in Reformed Thought*. Lanham, MD: University Press of America, 2004.

_____. *Covenant Theology and Justification by Faith: The Shepherd Controversy and its Impacts.* Eugene, OR: Wipf & Stock Publishers, 2006.

Karlberg, Mark. W. *Covenant Theology in Reformed Perspective: Collected Essays and Book Reviews in Historical, Biblical, and Systematic Theology.* Eugene, OR: Wipf & Stock Publishers, 2000.

Kevan, Ernest F. *The Grace of Law: A Study in Puritan Theology.* Ligonier, PA: Soli Deo Gloria Publications, 1993.

Kline, Meredith, G. *Treaty of the Great King: the Covenant Structure of Deuteronomy.* Grand Rapids, MI: Eerdmans, 1963.

_____. *By Oath Consigned; A Reinterpretation of the Covenant Sings of Circumcision and Baptism.* Grand Rapids, MI: Eerdmans, 1968.

_____. "Genesis." In *The New Bible Commentary.* 3rd edition. Eds. D. Guthrie and J. A. Motyer. Grand Rapids, MI: Eerdmans, 1970.

_____. *The Structure of Biblical Authority.* Grand Rapids, MI: Eerdmans Publishing Co., 1972.

_____. *Kingdom Prologue: Genesis Foundations for a Covenantal Worldview.* Overland Park: Two Age Press, 2000.

_____. *Kingdom Prologue: Genesis Foundations for a Covenantal Worldview.* Eugene, OR: Wipf & Stock Publishers, 2006.

_____. *God, Heaven and Har Magedon: A Covenantal Tale of Cosmos and Telos.* Eugene, OR: Wipf & Stock Publishers, 2006.

Leith, John H. *Assembly at Westminster: Reformed Theology in the Making.* Richmond: John Knox Press, 1973.

Letham, Robert. *The Westminster Assembly: Reading its Theology in Historical Context.* Phillipsburg, NJ: P&R Publishing, 2009.

Levenson, Jon D. *Sinai and Zion: An Entry into the Jewish Bible.* New York: HarperCollins Publishers, 1987.

Lillback, Peter Alan. *The Binding of God: Calvin's Role in the Development of Covenant Theology.* Grand Rapids, MI: Baker Academic, 2001.

Lim, Won Taek. *The Covenant Theology of Francis Roberts.* Seoul: King & Kingdom, 2002.

Lints, Richard., Michael S. Horton, and Mark R. Talbot. (Eds.) *Personal Identity in Theological Perspective*. Grand Rapids, MI: Eerdmans, 2006.

Longenecker, Richard N. (Ed.) *The Road from Damascus: The Impact of Paul's Conversion on His Life, Thought, and Ministry*. Grand Rapids, MI: Eerdmans, 1997.

McCormack, Bruce L. (Ed.) *Justification in Perspective: Historical Developments and Contemporary Challenges*. Grand Rapids, MI: Baker Academic, 2006.

Mendenhall, G. E. *Law and Covenant in Israel and the Ancient Near East*. Pittsburgh: Biblical Colloquium, 1955.

Muller, Richard A. *Dictionary of Latin and Greek Theological Terms: Drawn Principally from Protestant Scholastic Theology*. Grand Rapids: Baker Book House Company, 1985.

_____. *Post-Reformation Dogmatics: The Rise and Development of Reformed Orthodoxy, ca. 1520 to ca. 1725*. Vol. 1: *Prolegomena to Theology*. Grand Rapids, MI: Baker Academic, 2003.

_____. *Post-Reformation Dogmatics: The Rise and Development of Reformed Orthodoxy, ca. 1520 to ca. 1725*. Vol. 3: *The Divine Essence and Attributes*. Grand Rapids, MI: Baker Academic, 2003.

_____. *After Calvin: Studies in the Development of a Theological Tradition*. New York: Oxford University Press, 2003.

Murray, John. *The Epistle to the Romans*. Vol. 1. NICNT. Grand Rapids, MI: Eerdmans, 1959.

_____. *Collected Writings of John Murray: Systematic Theology*. Vol. 2. Edinburgh: Banner of Truth, 1977.

_____. *Collected Writings of John Murray: Studies in Theology and Review*. Vol. 4. Edinburgh: Banner of Truth Trust, 1982.

_____. *The Covenant of Grace: Biblical & Theological Studies*. Phillipsburg NJ: Presbyterian and Reformed Publishing Company, 1988.

_____. *Principles of Conduct: Aspects of Biblical Ethics*. Grand Rapids, MI: Eerdmans, 1991.

Payne, J. Barton. *The Theology of the Older Testament.* Grand Rapids, MI: Zondervan Publishing House, 1962.

Pinson, J. Matthew. (Ed.) *Four Views on Eternal Security.* Grand Rapids, MI: Zondervan, 2002.

Piper, John. *The Future of Justification: A Response to N. T. Wright.* Weaton, Illinois: Crossway Books, 2007.

Ratzinger, Joseph. *Many Religions - One Covenant: Israel, the Church and the World.* San Francisco: Ignatius Press, 1999.

Robertson, O. Palmer. *The Christ of the Covenants.* Grand Rapids, MI: Baker Book House, 1980.

_____. *The Christ of the Prophets.* Phillipsburg, NJ: P&R Publishing Company, 2004.

Sanders, E. P. *Paul and Palestinian Judaism: A Comparison of Patterns of Religion.* Philadelphia: Fortress Press, 1977.

Schweitzer, Albert. *The Mysticism of Paul the Apostle.* Trans. William Montgomery. New York: Seabury, 1968.

Seifrid, Mark A. *Christ, Our Righteousness: Paul's Theology of Justification.* Downers Grove, IL: InterVasity, 2000.

Silva, Moises. "Is the Law against the Promises? The Significance of the Galatians 3:21 for Covenant Continuity." *Theonomy: A Reformed Critique.* Eds. William S. Barker & W. Robert Godfrey. Grand Rapids, MI: Zondervan Publishing House, 1990.

Smith, Ralph A. *Eternal Covenant: How the Trinity Reshapes Covenant Theology.* Moscow, Idaho: Canon Press, 2003.

Stamoolis, James J. (Ed.) *Three Views on Eastern Orthodoxy and Evangelicalism.* Grand Rapids, MI: Zondervan, 2004.

Sterrett, T. Norton. *How to Understand Your Bible.* Revised Edition. Downers Grove, IL: InterVarsity, 1974.

Turretin, Francis. *Institutes of Elenctic Theology.* Vol. 1. (Ed.) James T. Dennison Jr., Trans. George Musgrave Giger. Phillipsburg, NJ: P&R Publishing, 1992.

_____. *Institutes of Elenctic Theology*. Vol. 2. (Ed.) James T. Dennison Jr., Trans. George Musgrave Giger. Phillipsburg, NJ: P&R Publishing, 1994.

Venema, Cornelis P. *The Gospel of Free Acceptance in Christ: An Assessment of the Reformation and 'New Perspectives' on Paul*. Edinburgh: The Banner of Truth Trust, 2006.

Vos, Geerhardus. *Biblical Theology: Old and New Testament*. Grand Rapids, MI: Eerdmans Publishing Co., 1948.

_____. *The Teaching of the Epistle to the Hebrews*. Edited and Re-written by Johannes G. Vos. Grand Rapids, MI: Eerdmans, 1956.

_____. *Redemptive History and Biblical Interpretation*. Ed. Richard B. Gaffin, Jr. Phillipsburg, NJ: P&R Publishing, 1980.

_____. *The Pauline Eschatology*. Phillipsburg, NJ: P&R Publishing, 1994.

_____. *The Eschatology of the Old Testament*. Ed. James T. Dennison Jr. Phillipsburg, NJ: P&R Publishing, 2001.

_____. *Reformed Dogmatics*. Vol. 2: *Anthropology*. Trans. and Ed. Richard B. Gaffin, Jr. Bellingham: Lexham Press, 2014.

Waters, Guy Prentiss. *Justification and the New Perspectives on Paul: A Review and Response*. Phillipsburg, NJ: P&R Publishing, 2004.

Wellum, Stephen. *Christ Alone: The Uniqueness of Jesus as Savior*. Grand Rapids, MI: Zondervan, 2017.

Weeks, Noel. *Admonition and Curse: The Ancient Near Eastern Treaty/Covenant Form as a Problem in Inter-Cultural Relationships*. London: T & T Clark, 2004.

Witsius, Herman. *The Economy of the Covenants between God and Man: Comprehending a Complete Body of Divinity*. 2 Vols. Trans. William Crookshank. Phillipsburg, NJ: P&R Publishing, 1990.

Woolsey, Andrew A. *Unity and Continuity in Covenantal Thought: A Study in the Reformed Tradition to the Westminster Assembly*. Grand Rapids, MI: Reformation Heritage Books, 2012.

Wright, N. T. *The Climax of the Covenant: Christ and the Law in Pauline Theology*. Edinburgh: T & T Clark, 1991.

_____. *What Saint Paul Really Said: Was Paul of Tarsus the Real Founder of Christianity?* Grand Rapids: Eerdmans, 1997.
_____. *Paul: In Fresh Perspective.* Minneapolis: Fortress, 2006.
_____. *Justification: God's Plan and Paul's Vision.* London: SPCK, 2009.

IV. 국내외 논문

김병훈. "웨스트민스터 신앙고백서와 언약신학."「신학정론」 32/2 (2014): 325-46.
안상혁. "'율법의 행위'에 대한 칼빈의 성경해석."「신학정론」 34/1 (2016): 159-86.
이남규. "하이델베르크 요리문답서 구조에 나타난 개혁신학의 특징."「신학정론」 33/1 (2015): 233-57.
_____. "칼빈의 이중은혜론: 칼빈의 선행에 대한 이해를 중심으로."「신학정론」 34/1 (2016): 81-106.
이승구. "헤르만 바빙크의 언약 사상."「교회와 문화」 31 (2013): 9-49.
_____. "제임스 던의 칭의와 구원 이해에 대한 비판적 고찰."「신학정론」 33/1 (2015): 70-108.

Dennison, James T. Jr., Scott F. Sanborn, and Benjamin W. Swinburnson. "Merit or 'Entitlement' in Reformed Covenant Theology: A Review (of Bryan D. Estelle, J. V. Fesko, David VanDrunen, eds., *The Law is Not of Faith: Essays on Works and Grace in the Mosaic Covenant*, NJ: P&R Publishing, 2009)." *Kerux: The Journal of Northwest Theological Seminary* 24/3 (2009): 3-152.

Dunn, James D. G. "The Justice of God: A Renewed Perspective on Justification by Faith." *Journal of Theological Studies* 43/1 (1992): 1-22.

Dyer, John and Glenn R. Kreider. "Review of *God of Promise: Introducing Covenant Theology*. By Michael Horton." *Bibliotheca Sacra*, 165/658 (2008): 234-236.

Carlos, Heber de Campos Jr. "Review of *The Christian Faith: a Systematic Theology for Pilgrims on the Way*. By Michael Horton." *Themelios*, 37/1 (2012): 120-22.

Horton, Michael. S. "Calvin and the Law-Gospel Hermeneutic." *Pro ecclesia* 6/1 (1997): 27-42.

_____. "Law, Gospel, and Covenant: Reassessing Some Emerging Antitheses." *Westminster Theological Journal* 64 (2002): 279-87

_____. "Hellenistic or Hebrew?" *Journal of the Evangelical Theological Society* 45/2 (2002): 317-41.

_____. "Meeting Stranger: A Covenantal Epistemology." *Westminster Theological Journal* 66/2 (2004): 337-55.

Karlberg, Mark W. "Review of *Covenant and Eschatology: the Divine Drama*. By Michael Horton." *Trinity Journal* 24/1 (2003): 125-128.

_____. "Review of *God of Promise: Introducing Covenant Theology*. By Michael Horton." *Journal of the Evangelical Theological Society* 49/3 (2006): 627-30.

_____. "Review of *The law is not of Faith: Essays on Works and Grace in the Mosaic Covenant*." *Journal of the Evangelical Theological Society* 52/2 (2009): 407-11.

Kim, Mark. "Michael Horton's Covenant Theology as a Defense of Reformation Theology in the Context of Current Discussions." Unpublished Ph. D. Dissertation, Wycliffe College of University of Toronto, 2013.

Kline, Meredith G. "The Two Tables of the Covenant," *Westminster Theological Journal* 22/2 (1960): 133-46.

_____. "Law Covenant." *Westminster Theological Journal* 27/1 (1964): 1-20.

_____. "Of Works and Grace." *Presbyterian* 9 (1983): 85-92.

_____. "Gospel until the Law: Rom 5:13-14 and the Old Covenant." *Journal of the Evangelical Theological Society* 34/4 (1991): 433-46.

Letham, Robert. "'Not a Covenant of Works in Disguise' (Herman Bavinck): The Place of the Mosaic Covenant in Redemptive History." *Mid-America Journal of Theology* 24 (2013): 143-77.

Lillback, Peter Alan. "Ursinus' Development of the Covenant of Creation: A Debt to Melanchthon or Calvin." *Westminster Theological Journal* 43/2 (1981): 247-88.

Milne, Douglas J. W. "Review of *Pilgrim Theology: Core Doctrines for Christian Disciples*. By Michael Horton." *The Reformed Theological Review* 73/2 (2014): 134-36.

Muller, Richard A. "Review of *The Christ of the Covenants*. By Palmer Robertson." *Reformed Journal* 31/11 (1981): 23.

_____. "Divine Covenants, Absolute and Conditional: John Cameron and The Early Orthodox Development of Reformed Covenant Theology." *Mid-America Journal of Theology* 17 (2006): 11-56.

_____. "Toward the *Pactum Salutis*: Locating the Origins of a Concept." *Mid-America Journal of Theology* 18 (2007): 11-65.

Ramsey, D. Patrick. "In Defense of Moses: A Confessional Critique of Kline and Karlberg." *Westminster Theological Journal* 66/2 (2004): 373-400.

Robertson, O. Palmer. "Current Reformed Thinking on the Nature of the Divine Covenants." *Westminster Theological Journal* 40/1 (1977): 63-76.

Venema, Cornelis P. "Recent Criticisms of the 'Covenant of Works' in the Westminster Confession of Faith." *Mid-America Journal of Theology* 9/2 (1993): 165-98.

_____. "Covenant and Election in the Theology of Herman Bavinck." *Mid-America Journal of Theology* 19 (2008): 69-115.

_____. "The Mosaic Covenant: A 'Republication' of the Covenant of Works?: A Review Article: *The Law Is Not of Faith: Essays On Works and Grace in the Mosaic Covenant*." *Mid-America Journal of Theology* 21 (2010): 35-101.

Williams, Stephen N. "Review of *God of Promise: Introducing Covenant Theology*. By Michael Horton." *The Evangelical Quarterly* 80/2 (2008): 187-88.

V. 사전류

Osborne, G. R. "Type, Typology." *Evangelical Dictionary of Theology*, 2nd Edition. Ed. Walter A. Elwell. Grand Rapids, MI: Baker Academic, 2001, 1222-23.

Weinfeld, Moshe. "Berith." *Theological Dictionary of the Old Testament*. Vol. 2. Eds. G. Johannes Botterweck and Helmer Ringgren. Trans. John T. Willis. Grand Rapids: Eerdmans, 1975.

VI. 인터넷 자료

Gaffin, Richard B. Jr. "A Review of *Covenant and Salvation: Union with Christ*. By Michael S. Horton." http://www.opc.org/os.html?article_id=141. 2017.4.18.

Horton, Michael S. "A Response to John Frame's *The EscondidoTheology*." https://www.whitehorseinn.org/2012/02/a-response-to-john-frames-the-escondido-theology. 2012.2.10.

마이클 호튼의 언약신학

A Critical Study on Michael Horton's Covenant Theology

2018년 3월 16일 초판 발행

지은이 | 김찬영

편 집 | 정희연, 곽진수
디 자 인 | 서민정, 신봉규
펴 낸 곳 | 사)기독교문서선교회
등 록 | 제16-25호(1980. 1. 18)
주 소 | 서울시 서초구 방배로 68
전 화 | 02) 586-8761~3(본사) 031) 942-8761(영업부)
팩 스 | 02) 523-0131(본사) 031) 942-8763(영업부)
홈페이지 | www.clcbook.com
이 메 일 | clckor@gmail.com
온 라 인 | 기업은행 073-000308-04-020, 국민은행 043-01-0379-646
         예금주: 사)기독교문서선교회

ISBN 978-89-341-1779-7 (93230)

* 낙장·파본은 교환해 드립니다.

이 도서의 국립중앙도서관 출판시 도서목록(CIP)은 서지정보유통지원시스템 홈페이지(http://seoji.nl.go.kr)와 국가자료공동목록시스템(http://www.nl.go.kr/kolisnet)에서 이용하실 수 있습니다.
(CIP제어번호: CIP2018003084)